Objektivierung der Konzernrechnungslegung
unter Berücksichtigung und Beurteilung
der 7. EG-Richtlinie, der IAS und der US-GAAP

Europäische Hochschulschriften
Publications Universitaires Européennes
European University Studies

Reihe V
Volks- und Betriebswirtschaft

Série V Series V
Sciences économiques, gestion d'entreprise
Economics and Management

Bd./Vol. 2768

PETER LANG
Frankfurt am Main · Berlin · Bern · Bruxelles · New York · Oxford · Wien

Lars Peters

Objektivierung der Konzernrechnungslegung unter Berücksichtigung und Beurteilung der 7. EG-Richtlinie, der IAS und der US-GAAP

PETER LANG
Europäischer Verlag der Wissenschaften

Die Deutsche Bibliothek - CIP-Einheitsaufnahme

Peters, Lars:

Objektivierung der Konzernrechnungslegung unter Berücksichtigung und Beurteilung der 7. EG-Richtlinie, der IAS und der US-GAAP / Lars Peters. - Frankfurt am Main ; Berlin ; Bern ; Bruxelles ; New York ; Oxford ; Wien : Lang, 2001
(Europäische Hochschulschriften : Reihe 5, Volks- und Betriebswirtschaft ; Bd. 2768)
Zugl.: Hamburg, Univ., Diss., 2001
ISBN 3-631-38094-1

D 18
ISSN 0531-7339
ISBN 3-631-38094-1

www.peterlang.de

Vorwort

Mein ganz besonderer Dank gilt Herrn Prof. Dr. M. Layer. Er übernahm die weitere Betreuung dieser Arbeit nach dem Tode von Herrn Prof. Dr. L. Haberstock, an dessen Lehrstuhl ich einige Jahre tätig war. Danken möchte ich auch Herrn Prof. Dr. S. Grotherr für die freundliche Übernahme des Zweitgutachtens.

Mein Dank gilt darüber hinaus den Mitarbeitern an den Lehrstühlen von Herrn Prof. Dr. L. Haberstock und Herrn Prof. Dr. M. Layer für die kollegiale Zusammenarbeit sowie meinen beiden "Korrekturassistenten" Frau B. Liebert und Herrn Dr. W. Böhnke. Schließlich danke ich meinen Eltern, die meine Promotion stets mit Interesse verfolgt und unterstützt haben.

Buxtehude, im Februar 2001 | Lars Peters

Inhaltsübersicht

Inhaltsverzeichnis

Abkürzungsverzeichnis

a.a.O.	am angeführten Ort
AAER	Accounting and Auditing Enforcement Release (SEC)
ABl. EG	Amtsblatt der Europäischen Gemeinschaften
Abs.	Absatz
AcSEC	Accounting Standards Executive Committee
ADS	Adler, H./Düring, W./Schmaltz, K.
a.F.	alte Fassung
AG	Die Aktiengesellschaft (Zeitschrift); Aktiengesellschaft
AIA	American Institute of Accountants
AICPA	American Institute of Certified Public Accountants
AIN	Accounting Interpretation
AK	Anschaffungskosten
AktG	Aktiengesetz
Anm.	Anmerkung
APB	Accounting Principles Board
ARB	Accounting Research Bulletin
Art.	Artikel
ASB	Auditing Standards Board (USA); Accounting Standards Board (UK)
ASC	Accounting Standards Committee (UK)
ASR	Accounting Series Release (SEC)
AV	Anlagevermögen
BB	Betriebs-Berater (Zeitschrift)
Bd.	Band
Bearb.	Bearbeiter
BetrVG	Betriebsverfassungsgesetz
BFH	Bundesfinanzhof
BFuP	Betriebswirtschaftliche Forschung und Praxis (Zeitschrift)
BGBl.	Bundesgesetzblatt
BiRiLiG	Bilanzrichtlinien-Gesetz
BörsZulV	Börsenzulassungsverordnung
CA	Companies Act

CAP	Committee on Accounting Procedure
CPA	Certified Public Accountant
dass.	dasselbe
DB	Der Betrieb (Zeitschrift)
DBW	Die Betriebswirtschaft (Zeitschrift)
ders.	derselbe
dies.	dieselben
Diss.	Dissertation
DSK	Durchschnittkurs
DSOP	Draft Statement of Principles (IASC)
DStR	Deutsches Steuerrecht (Zeitschrift)
E; ED	Exposure Draft (IASC)
EFG	Entscheidungen der Finanzgerichte (Zeitschrift)
EG	Europäische Gemeinschaft(en)
EGR	EG-Richtlinie
EITF	Emerging Issues Task Force (FASB)
EK	Eigenkapital
EStG	Einkommensteuergesetz
EU	Europäische Union
EWG	Europäische Wirtschaftsgemeinschaft
EWGV	Vertrag zur Gründung der Europäischen Wirtschaftsgemeinschaft
f.; ff.	folgende; fortfolgende
FAF	Financial Accounting Foundation
FASB	Financial Accounting Standards Board
FAZ	Frankfurter Allgemeine Zeitung
FEE	Fédération des Experts Comptables Européens
FIN	FASB Interpretations
FK	Fremdkapital
FN-IDW	Fachnachrichten des IdW
FRR	Financial Reporting Release (SEC)
FRS	Financial Accounting Standards (ASB, UK)

GAAP	generally accepted accounting principles
GASB	Governmental Accounting Standards Board
GEFIU	Gesellschaft für Finanzwirtschaft in der Unternehmensführung e.V.
gem.	gemäß
GKV	Gesamtkostenverfahren
GmbH	Gesellschaft mit beschränkter Haftung
GmbHR	GmbH-Rundschau (Zeitschrift)
GoB	Grundsätze ordnungsmäßiger Buchführung
GuV	Gewinn- und Verlustrechnung(en)
HB	Handelsblatt (Zeitung); Handelsbilanz
HBM	Harvard Business Manager (Zeitschrift)
HFA	Hauptfachausschuß (IdW)
HGB	Handelsgesetzbuch
hist. K.	historischer Kurs
Hrsg.	Herausgeber
IAS	International Accounting Standards
IASC	International Accounting Standards Committee
ICAEW	Institute of Chartered Accountants in England and Wales
IdW	Institut der Wirtschaftsprüfer in Deutschland e.V.
i.e.S.	im engeren Sinne
IFAC	International Federation of Accountants
IOSCO	International Organisation of Securities Commissions
IRC	Internal Revenue Code
i.S.d.	im Sinne des
IStR	Internationales Steuerrecht (Zeitschrift)
i.V.m.	in Verbindung mit
IWB	Internationale Wirtschafts-Briefe (Zeitschrift)
i.w.S.	im weiteren Sinne
JofA	Journal of Accountancy (Zeitschrift)
KapAEG	Kapitalaufnahmeerleichterungsgesetz
KG	Kommanditgesellschaft

KGaA	Kommanditgesellschaft auf Aktien
KonBefrV	Konzernabschlußbefreiungsverordnung
KonTraG	Gesetz zur Kontrolle und Transparenz im Unternehmensbereich
NASDAQ	National Association of Securities Dealers Automated Quotation
NYSE	New York Stock Exchange
o.O.	ohne Ortsangabe
OTC	over the counter
o.V.	ohne Verfasserangabe
par(s).	paragraph(s)
PO	Point Outline
PublG	Gesetz über die Rechnungslegung von bestimmten Unternehmen und Konzernen (Publizitätsgesetz)
RIW	Recht der Internationalen Wirtschaft (Zeitschrift)
RL	Richtlinie
Rn.	Randnummer
rkr.	rechtskräftig
Rz.	Randziffer
S.	Seite; Satz
s(s).	Section(s)
SA 1933	Securities Act von 1933
SAS	Statement on Auditing Standards (Auditing Standards Board, USA)
sch.	Schedule
SEA 1934	Securities Exchange Act von 1934
SEC	Securities and Exchange Commission
Sec(s).	Section(s)
SFAC	Statement of Financial Accounting Concepts (FASB)
SFAS	Statement of Financial Accounting Standards (FASB)
SIC	Standing Interpretations Committee (IASC)
SOP	Statement of Principles (IASC)
SSAP	Statement of Standard Accounting Practice (ASC, UK)

STK	Stichtagskurs
Tz.	Textziffer
u.a.	und andere; unter anderem
UKV	Umsatzkostenverfahren
UV	Umlaufvermögen
Vgl.	Vergleiche
WPg	Die Wirtschaftsprüfung (Zeitschrift)
WP-Handbuch	Wirtschaftsprüfer-Handbuch
WPK-Mitt.	Wirtschaftsprüferkammer-Mitteilungen (Zeitschrift)
WT	Der Wirtschaftstreuhänder (Zeitschrift)
z.B.	zum Beispiel
ZfB	Zeitschrift für Betriebswirtschaft
zfbf	Zeitschrift für betriebswirtschaftliche Forschung
ZfhF	Zeitschrift für handelswissenschaftliche Forschung
ZGR	Zeitschrift für Unternehmens- und Gesellschaftsrecht

Abbildungsverzeichnis

Tabellenverzeichnis

1 Einleitung

Deutsche Aktiengesellschaften sind zu etwa 90 % konzerniert. Folglich gehen fast alle Aktiengesellschaften mit ihren Einzelabschlüssen in einen Konzernabschluß ein.[1)] Für die Zukunft ist zu erwarten, daß der Konzernierungsgrad aufgrund des verschärften Wettbewerbs und der Nutzung von Wachstumspotentialen im EU-Binnenmarkt noch steigen wird.[2)]

Für die Konzernrechnungslegung nach dem Aktiengesetz von 1965[3)] war noch der nationale Stammhauskonzern das Leitbild. Erst durch die Umsetzung der 7. EG-Richtlinie[4)] in nationales Recht durch das Bilanzrichtlinien-Gesetz von 1985[5)] wurde das Weltabschlußprinzip in das deutsche Handelsrecht übernommen, nachdem es zuvor von einigen Konzernen bereits auf freiwilliger Basis angewandt worden war.[6)] Zugleich wurden über die Aktiengesellschaften hinaus alle Kapitalgesellschaften konzernrechnungslegungspflichtig, also insbesondere auch GmbHs, die zuvor, wie auch Personengesellschaften, nur bei Überschreitung der Größenklassen des Publizitätsgesetzes konzernrechnungslegungspflichtig geworden waren.[7)]

---

1) Vgl. BÜHNER, R.: Aussagefähigkeit des Konzernabschlusses in der Management-Holding, in: DB, 47. Jg. (1994), S. 437-444, hier S. 439; THEISEN, M.R.: Der Konzern, Stuttgart 1991, S. 1. Andere Autoren kommen hier zu abweichenden Schätzungen. Vgl. die Aufzählung bei GÖRLING, H.: Die Verbreitung zwei- und mehrstufiger Unternehmensverbindungen, in: AG, 38. Jg. (1993), S. 538-547, hier S. 538 f.

2) Vgl. HOLTMANN, M.: Betriebswirtschaftliche Überlegungen zum Konzern vor dem Hintergrund des EG-Binnenmarktes 1992, in: Albach, H./Klein, G. (Hrsg.): Harmonisierung der Konzernrechnungslegung in Europa, Wiesbaden 1990, S. 11-24, hier S. 14 ff. sowie S. 20 f.

3) Die Vorschriften des Aktiengesetzes von 1965 werden zur Unterscheidung vom aktuellen Gesetzesstand im folgenden kurz bezeichnet als: AktG 1965.

4) Vgl. RAT DER EUROPÄISCHEN GEMEINSCHAFTEN: Siebente Richtlinie des Rates vom 13. Juni 1983 aufgrund von Artikel 54 Absatz 3 Buchstabe g) des Vertrages über den konsolidierten Abschluß (83/349/EWG), in: ABl. EG Nr. L 193 vom 18.7.1983, S. 1-17 (im folgenden kurz: 7. EGR). Die Präambel und die einzelnen Artikel der 7. EGR werden im folgenden wie Gesetzestexte behandelt. Die Fundstelle wird daher nicht erneut angegeben.

5) Vgl. BUNDESTAG: Gesetz zur Durchführung der Vierten, Siebenten und Achten Richtlinie des Rates der Europäischen Gemeinschaften zur Koordinierung des Gesellschaftsrechts (Bilanzrichtlinien-Gesetz - BiRiLiG) vom 19. Dezember 1985, in: BGBl. 1985, Teil I, Nr. 62 vom 24. Dezember 1985, S. 2355-2433.

6) Vgl. BÜHNER, R.: Aussagefähigkeit des Konzernabschlusses in der Management-Holding, a.a.O., S. 437 ff. PELLENS führt als typisches Beispiel großer Unterschiede zwischen Einzel- und Konzernabschluß die Kennzahl Bewegliches Sachanlagevermögen/Gesamtvermögen an. Vgl. PELLENS, B.: Der Informationswert von Konzernabschlüssen, Wiesbaden 1989, S. 196. Lediglich wenn in einem Stammhauskonzern die Tochterunternehmen autonom agieren, weist der Einzelabschluß des Mutterunternehmens noch eine höhere Aussagefähigkeit auf. Vgl. GOEBEL, A.: Die Aussagefähigkeit der Rechnungslegung von Konzernen, in: DStR, 34. Jg. (1996), S. 637-643, hier S. 640.

7) Vgl. KURON, I.: Der Konsolidierungskreis, in: Albach, H./Klein, G. (Hrsg.): Harmonisierung der Konzernrechnungslegung in Europa, a.a.O., S. 25-58, hier S. 26; RUPPERT, B.: Die Bedeutung des § 297 Abs. 3 S. 1 HGB für die Konzernrechnungslegung, in: Baetge, J. (Hrsg.): Rechnungslegung und Prüfung 1994, Düsseldorf 1994, S. 71-118, hier S. 73.

1.1 Problemstellung

BÜHNER zeigt an einem Vergleich der Einzelabschlüsse eines Stammhauskonzerns und einer Management-Holding, daß die Aussagefähigkeit des Einzelabschlusses mit zunehmender Delegierung der operativen Geschäftsverantwortung auf Tochterunternehmen abnimmt.[1] Gleichzeitig wird diese Organisationsform von immer mehr Konzernen angewandt,[2] was die größere Aussagefähigkeit und damit Bedeutung des Konzernabschlusses implizit bestätigt. Nachdem zunächst fast alle deutschen Konzerne in ihren Geschäftsberichten den Konzernabschluß vor dem Einzelabschluß veröffentlichten, gehen bereits seit längerem immer mehr dazu über, auf das Abdrucken des Einzelabschlusses im Geschäftsbericht vollkommen zu verzichten.[3] Somit wird auch in Deutschland die internationale Entwicklung nachvollzogen. Die zunehmende Bedeutung der Konzernabschlüsse in Verbindung mit der skizzierten zunehmenden Konzernierung führt zu ebenfalls zunehmenden Anforderungen an die Konzernrechnungslegung. Das macht sie zum Untersuchungsgegenstand dieser Arbeit. Unter Konzernrechnungslegung sollen im folgenden die zur Erstellung von Konzernabschlüssen notwendigen Maßnahmen und Methoden verstanden werden, die nicht schon bei der Erstellung von Einzelabschlüssen Anwendung finden.

Infolge des internationalen Wettbewerbs müssen insbesondere Konzernabschlüsse auch für ausländische Adressaten verständlich und vergleichbar sein. Aufgrund der erheblichen Unterschiede haben sich verschiedene Organisationen mit einer Harmonisierung der Rechnungslegung beschäftigt.[4] Trotzdem bestehen noch immer beträchtliche Unterschiede zwischen den verschiedenen nationalen Rechnungslegungsvorschriften, was insbesondere für international tätige Konzerne von Nachteil ist.[5]

Das Verhältnis zwischen Rechnungslegenden und Rechnungslegungsadressaten ist ein typisches Principal-Agent-Problem, bei dem die Rechnungslegenden (agents) als Insider gegenüber den Rechnungslegungsadressaten (principals) einen Informationsvorsprung

---

1) Vgl. BÜHNER, R.: Aussagefähigkeit des Konzernabschlusses in der Management-Holding, a.a.O., S. 437 ff.; ebenso SCHEREN, M.: Konzernabschlußpolitik, Stuttgart 1993, S. 14. Indem in Art. 33 Abs. 8 der 7. EGR für die Anwendung der Equity-Methode der Konzernabschluß eines assoziierten Unternehmens dessen Einzelabschluß vorzuziehen ist, geht auch der Richtliniengeber implizit von einer höheren Aussagefähigkeit des Konzernabschlusses aus.

2) Vgl. BÜHNER, R.: Reaktionen des Aktienmarktes auf die Einführung von Management-Holdings, in: ZfB, 66. Jg. (1996), S. 5-27, hier S. 6 ff.

3) Vgl. BAYER AG: Geschäftsbericht 1994; SCHERING AG: Geschäftsbericht 1994.

4) Vgl. ausführlich GIDLEWITZ, H.-J.: Internationale Harmonisierung der Konzernrechnungslegung, Frankfurt am Main 1996, S. 95 ff.

5) Vgl. GIDLEWITZ, H.-J.: Internationale Harmonisierung der Konzernrechnungslegung, a.a.O., S. 46 ff.

besitzen und gleichzeitig Interessenkonflikte bestehen.[1] Zur Vermeidung dieses Principal-Agent-Problems gibt es verschiedene Lösungsansätze.

Für Rechnungslegungsadressaten sind nur Informationen nützlich, die glaubwürdig sind. Folglich sollten die Informationen objektiv und willkürfrei ermittelt werden. Objektiv ist als intersubjektiv nachprüfbar und für jedermann gültig zu verstehen.[2] Tatsächlich ist es jedoch nicht möglich, in der Rechnungslegung Bewertungsobjekten unabhängig vom Bewertungssubjekt einen Wert zuzuordnen, der allgemeingültig ist. Daher ist eine objektive Rechnungslegung nicht möglich.[3] Um die Rechnungslegung aber von subjektiven Einflüssen durch den Rechnungslegenden zu befreien, ist statt dessen eine Objektivierung anzustreben.

Anlaß und Ausgangspunkt dieser Arbeit ist die Tatsache, daß bisherige Harmonisierungsbemühungen, wie erfolgreich sie auch immer sein mögen, noch diverse Unzulänglichkeiten aufweisen. Von den beiden bedeutendsten Harmonisierungsvorhaben enthält die 7. EGR entsprechend ihrem Kompromißcharakter zu viele Wahlrechte unterschiedlichster Art und Ermessensspielräume, als daß von einer wirklichen Harmonisierung im Sinne von Vergleichbarkeit gesprochen werden könnte. Aber auch das Harmonisierungsvorhaben des International Accounting Standards Committee (IASC), das den anfänglichen Kompromißcharakter der International Accounting Standards (IAS) zugunsten angelsächsischer Rechnungslegungsmethoden inzwischen weitgehend aufgab, weist insofern Unzulänglichkeiten auf, als es nicht deduktiv, sondern stark praxisorientiert und fallweise aufgebaut ist.

Die 7. EGR wurde am 13. Juni 1983 verabschiedet und ist eingebettet in die anderen Richtlinien zur Harmonisierung des Wirtschaftsrechts. So wie die 4. EG-Richtlinie[4] aufbauend auf Art. 54 EWGV die Harmonisierung der Einzelabschlüsse anstrebt, hat die 7. EGR die Harmonisierung der Konzernabschlüsse zum Ziel. Dabei baut sie grundsätzlich

---

1) Vgl. ELSCHEN, R.: Gegenstand und Anwendungsmöglichkeiten der Agency-Theorie, in: zfbf, 43. Jg. (1991), S. 1002-1012, hier S. 1004 ff.; EWERT, R.: Rechnungslegung, Gläubigerschutz und Agency-Probleme, Wiesbaden 1986, S. 10 ff.; HARTMANN-WENDELS, T.: Agency-Theory und Publizitätspflicht nichtbörsennotierter Kapitalgesellschaften, in: BFuP, 44. Jg., (1992), S. 412-425, hier S. 413 f.

2) Vgl. BAETGE, J.: Möglichkeiten der Objektivierung des Jahreserfolges, Düsseldorf 1970, S. 16 f.; POPPER, K. R.: Logik der Forschung, 10. Aufl., Tübingen 1994, S. 18 ff.

3) Vgl. BAETGE, J.: Möglichkeiten der Objektivierung des Jahreserfolges, a.a.O., S. 16; IJIRI, Y.: Measurement in Current Accounting Practices: A Reply, in: The Accounting Review, Vol. 47 (1972), S. 510-526, hier S. 514.

4) Vgl. RAT DER EUROPÄISCHEN GEMEINSCHAFTEN: Vierte Richtlinie des Rates vom 25. Juli 1978 aufgrund von Artikel 54 Absatz 3 Buchstabe g) des Vertrages über den Jahresabschluß von Gesellschaften bestimmter Rechtsformen, (78/660/EWG), in: ABl. EG Nr. L 222 vom 14.08.1978, S. 11-31 (im folgenden kurz: 4. EGR). Die Präambel und die einzelnen Artikel der 4. EGR werden im folgenden wie Gesetzestexte behandelt. Die Fundstellen werden daher nicht erneut angegeben.

auf der 4. EGR auf und regelt nur die konzernspezifischen Sachverhalte.[1] Die 7. EGR ist in allen zwölf Mitgliedstaaten, die der Europäischen Gemeinschaft bis 1986 beitraten, in nationales Recht umgesetzt.[2]

Aufgrund des Rechtsetzungsverfahrens der EG war ein möglichst weitgehender Konsens der Mitgliedstaaten bei der Verabschiedung der 7. EGR erforderlich. Das führte, wie schon bei der 4. EGR, zu einer additiven Harmonisierung, also einer Addition der verschiedenen, in den einzelnen Mitgliedstaaten möglichen Ansatz-, Bewertungs-, Gliederungs- und Konsolidierungsmethoden.[3] Dies steht aber grundsätzlich dem Ziel der Harmonisierung der Konzernrechnungslegung im Sinne einer Vergleichbarkeit der Konzernabschlüsse entgegen, auch wenn die Mitgliedstaatenwahlrechte von den EG-Richtlinien als gleichwertig angesehen werden. Denn Konzernabschlüsse sind nicht schon allein deshalb vergleichbar, weil sie in der 7. EGR die gleiche Basis haben. So betrachtete JONAS die Harmonisierung der Konzernabschlüsse bereits 1986 als gescheitert: "Es wird keine zwischen den Mitgliedstaaten vergleichbaren Konzernabschlüsse geben. Auch in der Rechnungslegung bleibt es bei einem »Europa der Vaterländer«."[4]

Durch steigende Konzernierung und Internationalisierung sind Unternehmen international präsent und geneigt, ihren steigenden Kapitalbedarf auch an ausländischen Kapitalmärkten zu decken.[5] Dies führt gleichzeitig zu einer Globalisierung der Kapitalmärkte.[6] Somit wird auch der an der Rechnungslegung interessierte Adressatenkreis internationaler. Aus diesem Grund sind bereits seit längerem einige Konzerne dazu übergegangen, zusätzlich zum Konzernabschluß nach der 7. EGR, einen Konzernabschluß nach US-GAAP[7] aufzustellen oder für die amerikanische Börsenaufsichtsbehörde (Securities and Exchange

---

1) Zusätzlich werden noch einige die 4. EGR betreffende Sachverhalte geändert.

2) Vgl. FEE (Hrsg.): Seventh Directive options and their implementation, London und New York 1993, S. 48 f., im folgenden zitiert als: Seventh Directive options.

3) Vgl. ROST, P.: Der internationale Harmonisierungsprozeß der Rechnungslegung, Frankfurt am Main 1991, S. 219.

4) JONAS, H.H.: Der Konzernabschluß, Stuttgart 1986, S. 89.

5) Vgl. LIENER, G.: The Function of a European Capital Market from a Corporate Perspective, in: ZfB, 63. Jg. (1993), S. 613-622, hier S. 614 ff.; DERS.: Accounting Standards Required of Global Corporations by the International Capital Markets, in: ZfB, 65. Jg. (1995), S. 741-751, hier S. 742 f.

6) Vgl. ausführlich GIDLEWITZ, H.-J.: Internationale Harmonisierung der Konzernrechnungslegung, a.a.O., S. 35 ff.; KÜTING, K./HAYN, S.: Der internationale Konzernabschluß als Eintrittskarte zum weltweiten Kapitalmarkt, in: BB, 50. Jg. (1995), S. 662-672, hier S. 662; WETZEL, W.: Zur Harmonisierung der Rechnungslegung, in: WPK-Mitt., 34. Jg. (1995), S. 206-208, hier S. 206.

7) Generally accepted accounting principles.

Commission, SEC) eine Überleitung (reconciliation) durchzuführen[1] bzw. einen Konzernabschluß aufzustellen, der sowohl die 7. EGR als auch die International Accounting Standards berücksichtigt.[2] Dies führte dazu, daß von deutscher Seite verschiedene Möglichkeiten zur Implementierung internationaler Rechnungslegungsnormen in deutsches Recht diskutiert wurden.[3] So wurde einerseits diskutiert, in § 292 HGB eine Öffnungsklausel einzufügen, die es deutschen Konzernen ermöglichen soll, einen befreienden Konzernabschluß nach US-GAAP bzw. IAS zu erstellen und somit eine Diskriminierung deutscher Konzerne zu beseitigen.[4] Dies wurde mittlerweile vom deutschen Gesetzgeber mit der Verabschiedung des Kapitalaufnahmeerleichterungsgesetzes (KapAEG)[5] am 24. April 1998

---

1) Vgl. DAIMLER-BENZ AG: Form 20-F - Listing on the New York Stock Exchange 1993, S. F-8 ff. Die Berücksichtigung amerikanischer Rechnungslegung beim Gang an die New Yorker Börse (New York Stock Exchange, NYSE) durch die Daimler-Benz AG hat in der deutschen Literatur zu einer großen Anzahl von Veröffentlichungen geführt. Vgl. statt vieler BIENER, H.: Wäre die Übernahme der allgemein anerkannten Rechnungslegungsgrundsätze der Vereinigten Staaten von Amerika nachteilig?, in: Baetge, J. (Hrsg.): Die deutsche Rechnungslegung vor dem Hintergrund internationaler Entwicklungen, Düsseldorf 1994, S. 123-134.

2) Die Berücksichtigung der IAS in den Konzernabschlüssen deutscher Aktiengesellschaften fand großes Echo in der deutschen Literatur. Vgl. u.a. GOEBEL, A./FUCHS, M.: Die Anwendung der International Accounting Standards in den Konzernabschlüssen deutscher Kapitalgesellschaften, in: BB, 50. Jg. (1995), S. 2363-2365, hier S. 2363; KIRSCH, H.-J.: Die “Anwendung” von International Accounting Standards in Konzernabschlüssen deutscher Mutterunternehmen, in: DB, 48. Jg. (1995), S. 1773-1778, hier S. 1773; NIEHUS, R.J.: Die neue “Internationalität” deutscher Konzernabschlüsse, in: DB, 48. Jg. (1995), S. 1341-1345, hier S. 1341. Französische Aktiengesellschaften pflegen diese Praxis bereits seit Jahren in wesentlich größerem Umfang. Vgl. WETZEL, W.: Zur Harmonisierung der Rechnungslegung, a.a.O., S. 208. Auch in Italien, den Niederlanden und Großbritannien werden bereits Konzernabschlüsse nach internationalen Regeln erstellt. Vgl. KLEEKÄMPER, H.: Aktuelle Entwicklungen beim IASC, in: BFuP, 47. Jg. (1995), S. 414-431, hier S. 429.

3) Vgl. BUHLEIER, C./HELMSCHROTT, H.: Auf dem Weg zu den Weltstandards bei der Konzernrechnungslegung?, in: BB, 52. Jg. (1997), S. 775-779, hier S. 776 f.

4) Vgl. NIEHUS, R.J.: “Befreiender” Konzernabschluß - Wer “befreit” eigentlich wen?, Gastkommentar in: DB, 48. Jg. (1995), Heft 4, S. I; o.V.: Internationaler Konzernabschluß - Änderung des § 292 HGB?, in: DB, 48. Jg. (1995), S. 1926; o.V.: Internationale Konzernbilanzen künftig ausreichend, in: Die Welt, Nr. 66-12 vom 18.3.1996, S. 12. Bereits 1971 wandte ein deutsches Unternehmen in seinem aktienrechtlichen Konzernabschluß die amerikanische Methode der Kapitalkonsolidierung an, soweit es das Aktienrecht zuließ. In den Folgejahren folgten weitere Unternehmen. Vgl. BUSSE VON COLBE, W.: Aufstellung internationaler Konzernabschlüsse - Ein Bericht aus dem Arbeitskreis Weltabschlüsse -, in: Bierich, M./Busse von Colbe, W./Laßmann, G./Lutter, M, (Hrsg.): Rechnungslegung nach neuem Recht, Wiesbaden 1980, S. 287-306, hier S. 298. In Frankreich ist es erlaubt, einen Konzernabschluß nach internationalem Recht zu erstellen. Dies verstößt zwar grundsätzlich gegen EU-Recht, wird jedoch bisher von der EU nicht sanktioniert. Vgl. HAYN, S.: Die International Accounting Standards, in: WPg, 47. Jg. (1994), Teil I: S. 713-721 und Teil II: S. 749-755, hier S. 715; OSER, P.: Aktuelle Entwicklungen im Recht befreiender Konzernabschlüsse, in: DStR, 34. Jg. (1996), S. 34-39, S. 34 f.

5) Vgl. BUNDESTAG: Gesetz zur Verbesserung der Wettbewerbsfähigkeit deutscher Konzerne an Kapitalmärkten und zur Erleichterung der Aufnahme von Gesellschafterdarlehen (Kapitalaufnahmeerleichterungsgesetz - KapAEG) vom 20. April 1998, in: BGBl. 1998, Teil I, Nr. 22 vom 23. April 19.98, S. 707-709, hier S. 708.

durch Einfügung von § 292a HGB im deutschen Recht befristet bis 31. Dezember 2004 verankert.[1] Alternativ wurde andererseits eine Änderung der Rechnungslegung für börsennotierte und somit insbesondere an ausländischen Börsen notierte deutsche Unternehmen erwogen. Eine solche Änderung des Börsengesetzes stellt im Vergleich zur Änderung der 7. EGR gemäß BUSSE VON COLBE eine "kleine Lösung" dar.[2] Beide Ansätze sollen jedoch nicht weiter betrachtet werden, da sie unilaterales Handeln verkörpern und somit keine echte Harmonisierung im Sinne einer Objektivierung darstellen, sondern sich nur einseitig an abweichende Rechnungslegungen anpassen, auf die von deutscher Seite nur wenig bis gar kein Einfluß genommen werden kann.[3] Sie führen höchstens zu einer Harmonisierung der Rechnungslegung der global players untereinander, freilich unter Berücksichtigung des jeweiligen nationalen Rechnungslegungsumfelds. Gleichzeitig bewirkt dies allerdings eine nationale "Entharmonisierung" der Konzernrechnungslegung, solange sich kleinere Konzerne nicht an der Rechnungslegungspraxis der großen orientieren.

Insofern ist aus Sicht der Streubesitzaktionäre die Neufassung ausgewählter Paragraphen im Kapitalaufnahmeerleichterungsgesetz nicht mit grundlegenden Vorteilen verbunden. Die Vergleichbarkeit der global players untereinander mag steigen, im Vergleich zu rein nationalen Anlagealternativen sinkt sie jedoch,[4] auch wenn KÜTING/HAYN diesen Vergleich nur für "theoretisch interessant, aber praktisch weitgehend irrelevant"[5] halten.

Da Unternehmen mit ihrer Rechnungslegungspraxis jedoch oft Entwicklungen vorwegnehmen,[6] war es insofern für die EU höchste Zeit zu handeln, wollte sie nicht ihre Glaubwürdigkeit in bezug auf die Harmonisierung verlieren und die Möglichkeit zur Beeinflussung einer künftigen Rechnungslegung beispielsweise an das IASC abgeben. Aber genau

---

1) Vgl. FÖRSCHLE, G./GLAUM, M./MANDLER, U.: Internationale Rechnungslegung und Kapitalaufnahmeerleichterungsgesetz - Meinungswandel bei Führungskräften deutscher Unternehmungen, in: DB, 51. Jg. (1998), S. 2281-2288, hier S. 2281; PELLENS, B./BONSE, A./GASSEN, J.: Perspektiven der deutschen Konzernrechnungslegung, in: DB 51. Jg. (1998), S. 785-792, hier S. 785.

2) Vgl. BUSSE VON COLBE, W.: Zur Anpassung der Rechnungslegung von Kapitalgesellschaften an internationale Normen, in: BFuP, 47. Jg. (1995), S. 373-391, hier S. 386 ff.

3) Vgl. zu den deutschen Einflußmöglichkeiten in bezug auf das IASC ausführlich PELLENS, B./FÜLBIER, U./ ACKERMANN, U.: International Accounting Standards Committee: Deutscher Einfluß auf Arbeit und Regelungen, in: DB, 49. Jg. (1996), S. 285-291, hier S. 286 ff.

4) Vgl. BUHLEIER, C./HELMSCHROTT, H.: Auf dem Weg zu den Weltstandards bei der Konzernrechnungslegung?, a.a.O., S. 778; GRUND, M.: Internationale Entwicklung und Bilanzrecht - Reform oder Resignation?, in: DB, 49. Jg. (1996), S. 1293-1296, hier S. 1294 f.

5) KÜTING, K./HAYN, S.: Die Konzernrechnungslegung wird internationaler, in: Blick durch die Wirtschaft Nr. 128 vom 05.07.96, S. 1 f., hier S. 1.

6) Hier ist insbesondere das im AktG 1965 nicht vorhandene Weltabschlußprinzip anzuführen, nach dem einige deutsche Unternehmen bereits vor Transformation der 7. EGR in deutsches Recht freiwillig ihre Konzernabschlüsse erstellten.

dies ist der Fall, denn seit November 1995 verfolgt die EU eine neue Strategie im Umgang mit dem IASC,[1] indem die Kommission der Europäischen Union den eigenen Harmonisierungsprozeß faktisch zugunsten der aktiveren Mitwirkung beim IASC zurückgestellt hat.[2]

Die 7. EGR soll jedoch trotzdem Berücksichtigung finden, da sie immer noch Grundlage der Konzernrechnungslegung in der EU ist, der Konzernabschluß in der Regel nur eine Informationsfunktion zu erfüllen hat und ihm also im Normalfall keine Zahlungsbemessungsfunktion für Dividenden- oder Steuerzahlungen zukommt.[3] Auf nationaler Einzelabschlußebene erscheinen daher zunächst ergänzende Informationen und die Abschaffung solcher Wahlrechte akzeptabel, die steuerlich nicht wirksam sind, bevor es an Bereiche geht, die aufgrund des Maßgeblichkeitsprinzips die Besteuerung betreffen.[4] VAN HULLE stellt fest: "Die 7. Richtlinie ist die erste Rechnungslegungsrichtlinie, in der ausdrücklich eine Frist für eine Überarbeitung der wichtigsten Wahlmöglichkeiten vorgesehen ist, um in einer späteren Phase eine stärkere Angleichung herbeizuführen."[5] Diese Phase scheint nun angebrochen zu sein. BAUER konstatierte bereits in bezug auf die 4. EGR, daß es lohnenswert erscheine, "einmal alle vorhandenen Wahlrechte ... zusammenzustellen und auf ihre Existenzbegründung hin zu untersuchen."[6] Auch WETZEL erscheint eine Nachbesserung der 4. und 7. EGR mit dem Ziel einer qualitativen Verbesserung der Aussage und einer Förderung der Vergleichbarkeit angebracht.[7] BUSSE VON COLBE hält insbesondere

---

1) Vgl. BUHLEIER, C./HELMSCHROTT, H.: Die neue Strategie der Europäischen Union zur Harmonisierung der Rechnungslegung und ihre möglichen Auswirkungen auf Deutschland, in: DStR, 34. Jg. (1996), S. 354-360, hier S. 356 f.

2) Vgl. KÜTING, K./HAYN, S.: Die Konzernrechnungslegung wird internationaler, a.a.O., S. 1.

3) Vgl. COENENBERG, A.G.: Einheitlichkeit oder Differenzierung von internem und externem Rechnungswesen: Die Anforderungen der internen Steuerung, in: DB, 48. Jg. (1996), S. 2077-2083, hier S. 2078. Auch das Accounting Advisory Forum ist der Ansicht, daß Harmonisierung in der nahen Zukunft eher für Konzernabschlüsse als für Einzelabschlüsse möglich scheint. Vgl. FEE (Hrsg.): Seventh Directive options, a.a.O., S. 12 ff.

4) Vgl. BUSSE VON COLBE, W.: Zur Anpassung der Rechnungslegung von Kapitalgesellschaften an internationale Normen, a.a.O., S. 382 f.

5) HULLE, K. VAN: Das Europäische Bilanzrecht, in: WPK-Mitt., 33. Jg. (1994), S. 9-17, hier S. 12; vgl. ebenso KLÖS, H. L.: Die 7. gesellschaftsrechtliche Richtlinie über den konsolidierten Abschluß (Ratsdokument 83/349/EWG), in: DBW, 44. Jg. (1984), S. 63-78, hier S. 77. Bei den in Art. 50 zur Überprüfung vorgesehenen Vorschriften handelt es sich um solche, bei denen eine Einigung besonders schwer fiel, weil entweder keine Erfahrungen existierten oder nur in einzelne Mitgliedstaaten vorhanden waren. Vgl. BIENER, H./SCHATZMANN, J.: Konzern-Rechnungslegung, Düsseldorf 1983, S. 80 f.

6) BAUER, J.: Zur Rechtfertigung von Wahlrechten in der Bilanz, in: BB, 36. Jg. (1981), S. 766-772, hier S. 771.

7) Vgl. WETZEL, W.: Zur Harmonisierung der Rechnungslegung, a.a.O., S. 207.

einen Verzicht auf Konsolidierungswahlrechte für akzeptabel.[1] So wie die erste Harmonisierungsrunde in Richtlinien zur Harmonisierung des Einzelabschlusses und des Konzernabschlusses aufgeteilt war, ist es grundsätzlich aus Praktikabilitätsgründen angebracht, in einer zweiten Harmonisierungsrunde ebenfalls getrennt, aber in umgekehrter Reihenfolge, vorzugehen.

Die Übernahme ausländischen Rechts, und hier insbesondere der US-GAAP, führt zwar auch zu einer Harmonisierung, aber diese entspricht nicht gänzlich den Informationsinteressen der Adressaten.[2] Im übrigen führen nationale Alleingänge in der Regel nicht zum Ziel, wie das Beispiel der SEC bisher zeigt. Auch die IAS als eine bisher unvollendete, ungeordnete Sammlung von Rechnungslegungsnormen entsprechen hier noch nicht den berechtigten Informationsinteressen der Adressaten. Eine Harmonisierung auf internationaler Ebene zum gegenwärtigen Zeitpunkt erscheint darüber hinaus noch nicht konsensfähig.

Wurde früher noch betont, daß es sich bei der Harmonisierung nur um eine Rechtsangleichung, nicht aber um eine Rechtsvereinheitlichung handelt,[3] so scheint aufgrund der fortgeschrittenen Globalisierung heute das Pendel mehr in Richtung tatsächlicher Rechtsvereinheitlichung auszuschlagen. Eine Harmonisierung der Rechnungslegung führt zu augenblicklich nicht bestehender gegenseitiger Akzeptanz, gleichwertigeren Zulassungsbedingungen und somit zum Abbau von Markteintrittsbarrieren. Dies ermöglicht einen freieren internationalen Kapitalverkehr durch Erleichterung der Finanzierung an ausländischen Kapitalmärkten und optimiert die internationale Kapitalallokation.

In Anbetracht der Tatsache, daß eine weitere Harmonisierung bzw. Standardisierung notwendig ist, sich die im Harmonisierungsprozeß Tätigen jedoch nicht von ihren jeweiligen Ausgangspositionen lösen können, soll in dieser Arbeit eine Objektivierung der Konzernrechnungslegung unter Berücksichtigung bestehender Vorschriften der 7. EGR, der IAS und der US-GAAP durchgeführt werden. Dabei ist im Wege der Deduktion eine strenge Ausrichtung am Zweck der Konzernrechnungslegung notwendig.[4]

---

1) Vgl. BUSSE VON COLBE, W.: Rechnungslegungsziele und Ansätze zur Internationalen Harmonisierung der Rechnungslegung deutscher Unternehmen, in: Ballwieser, W. (Hrsg.): US-amerikanische Rechnungslegung, 3. Aufl., Stuttgart 1998, S. 369-387, hier S. 380.

2) Vgl. ausführlich SCHILDBACH, T.: Rechnungslegung nach US-GAAP: Hoffnung und Wirklichkeit, in: BB, 54. Jg. (1999), Teil I: S. 359-365 und Teil II: S. 411-415, hier S. 413, der sich kritisch mit den US-GAAP auseinandersetzt und anmerkt, daß auch bei den US-GAAP, die Adressaten der Rechnungslegung am Entstehungsprozeß der Regeln nicht beteiligt sind.

3) Vgl. BRÖNNER, H.: Die Harmonisierung von Rechnungslegung und Abschlußprüfung in der Europäischen Gemeinschaft (EG) aus der Sicht der Wirtschaftsprüfer, in: BFuP, 33. Jg. (1981), S. 500-509, hier S. 501; LUTTER, M.: Europäisches Unternehmenssrecht, 4. Aufl., Berlin/New York 1996, S. 7 ff.

4) Vgl. GRUND, M.: Internationale Entwicklung und Bilanzrecht - Reform oder Resignation?, a.a.O., S. 1294.

Es ist nicht Ziel dieser Arbeit, die Harmonisierungsbestrebungen einzelner Organisationen zu propagieren, sondern vielmehr unabhängig davon die Konzernrechnungslegung mit Blick auf die Adressaten zu objektivieren. Trotzdem soll der Nutzen der bestehenden Vorschriften der 7. EGR, der IAS und der US-GAAP anhand einer Nutzwertanalyse beurteilt werden. Auch wenn bei einer Nutzwertanalyse die Zielkriterienbestimmung und -gewichtung sowie die Teilnutzenbestimmung nur subjektiv erfolgen können, so hat sie doch den Vorteil der Nachvollziehbarkeit und damit Überprüfbarkeit und führt, insbesondere bei multidimensionalen Zielsystemen, zu einem gesicherteren Urteil als eine intuitiv-subjektive Globalbewertung.[1)]

Es sollen keine Aussagen darüber getroffen werden, durch wen und in welchen räumlichen und zeitlichen Grenzen eine solche Objektivierung umgesetzt werden könnte. Vielmehr ist zu hoffen, daß dies schnell und umfassend geschieht. Dem Verfasser sind die Schwierigkeiten bei der Objektivierung der Konzernrechnungslegung durchaus bewußt und während der Arbeit nur zu deutlich geworden. "In dem Versuch, die Probleme des Konzernrechnungswesens zu lösen, kommt man sich zunehmend wie der Hase im Grimm' schen Märchen vor. Kaum meint man ein Problem gelöst zu haben, steht das nächste auf: 'Bin schon da'."[2)]

1) Vgl. Blohm, H./Lüder, K.: Investition, 8. Aufl., München 1995, S. 177.

2) Ordelheide, D.: Kapitalkonsolidierung und Konzernerfolg, in: WPg, 40. Jg. (1987), S. 309-315, hier S. 315. Ein Wettlauf der Tiere findet sich in vielen Facetten in der ganzen Welt. Ihr Ursprung ist nicht geklärt. Die erste gedruckte Ausgabe des Wettlaufs zwischen dem Hasen und dem Igel ist jedoch auf Wilhelm Schröder zurückzuführen, der auch den Ort der Handlung nach Buxtehude verlegte. Sie fand weite Verbreitung durch die Aufnahme in verschiedene Märchensammlungen, insbesondere in die der Brüder Grimm. Vgl. Schindler, M.: Blick in Buxtehudes Vergangenheit, 2. Aufl., Buxtehude 1993, S. 26 ff.

1.2 Gang der Untersuchung

Im zweiten Kapitel werden zunächst die Grundlagen der Konzernrechnungslegung in den USA als dem Land des Ursprungs der Konzernrechnungslegung vorgestellt, da die amerikanischen Institutionen direkt und indirekt großen Einfluß auf die Harmonisierung der Konzernrechnungslegung hatten und haben. Daran anschließend werden die Initiativen der beiden wichtigsten mit der Harmonisierung der Konzernrechnungslegung beschäftigten Organisationen, nämlich der Europäischen Union und des International Accounting Standards Committee, ebenfalls vorgestellt. Dies ist notwendig für ein besseres Verständnis der bestehenden Regelungen, die stets in die Betrachtung einbezogen und beurteilt werden. Abschließend werden im zweiten Kapitel die Grundlagen der Konzernrechnungslegung der beschriebenen Organisationen und Länder in einer Synopse einander gegenübergestellt sowie in einem Exkurs Konzernrechnungslegungstheorien vorgestellt.

Bevor Vorschläge in bezug auf einzelne Verfahren und Methoden der Konzernrechnungslegung gemacht werden können, werden im dritten Kapitel zunächst die konzeptionellen Grundlagen für die Objekivierung der Konzernrechnungslegung und die Beurteilung der 7. EGR, der IAS und der US-GAAP festgelegt. So werden der Konzern definiert und die Adressaten identifiziert, um unabhängig von nationalen Umfeldern auf die Zwecke der Konzernrechnungslegung zu schließen. Sodann wird die Objektivierung als notwendige Voraussetzung für die Erfüllung der Konzernrechnungslegungszwecke erkannt und definiert. Darauf aufbauend werden die Kriterien für die Objektivierung der Konzernrechnungslegung erarbeitet und für die Nutzwertanalyse gewichtet. Die Kriterien dienen gleichzeitig zur Beurteilung der bestehenden Bestimmungen der 7. EGR, der IAS und der US-GAAP.

Im vierten Kapitel, dem Hauptteil der Arbeit, werden aufbauend auf den konzeptionellen Grundlagen Vorschläge für die Objektivierung der Konzernrechnungslegungsvorschriften unterbreitet, wobei auch auf Detailunterschiede in den Konzernrechnungslegungsvorschriften der verschiedenen Länder und Organisationen eingegangen wird. Dabei werden zunächst die Konzernrechnungslegungspflicht und der Konsolidierungskreis abgegrenzt. Sodann werden konsolidierungsvorbereitende Maßnahmen und die Konsolidierungsmethoden im Rahmen der Vollkonsolidierung untersucht. Anschließend wird die Einbeziehung nicht vollkonsolidierter Unternehmen betrachtet. Außerdem werden die Steuerabgrenzung, der Konzernanhang, der Konzernlagebericht sowie ergänzende Berichte und Zusatzangaben untersucht.

Im fünften Kapitel werden die Einzelbeurteilungen in einer Nutzwertanalyse zusammengetragen. In der Schlußbetrachtung werden die erarbeiteten Ergebnisse beurteilt.

Die US-amerikanischen Rechnungslegungsvorschriften, die 7. EGR, die jeweiligen Gesetzestexte der wichtigsten EU-Mitgliedstaaten sowie die Verlautbarungen des IASC werden bei der Entwicklung von Vorschlägen zur Objektivierung der Konzernrechnungslegung berücksichtigt bzw. mit diesen verglichen. Dabei werden sowohl die Gemeinsamkeiten als auch die Unterschiede der bestehenden Konzernrechnungslegungsvorschriften aufgezeigt. Gleichzeitig wird damit ein Überblick über die bestehenden Lösungsansätze des IASC und der 7. EGR sowie ihrer Umsetzung geschaffen.

Länderschwerpunkte innerhalb der EU bilden die bereits im zweiten Kapitel vorgestellten Mitgliedstaaten Deutschland und Großbritannien, die die 7. EGR maßgeblich beeinflußten,[1] sowie Frankreich als Land, in dem vor Verabschiedung der 7. EGR Konzerne ebenfalls bereits in größerem Umfang Konzernabschlüsse aufstellten.[2] Nicht betrachtet werden sollen die neuen Mitgliedstaaten Finnland, Schweden und Österreich.[3]

Die Grundlagen der deutschen Konzernrechnungslegung werden als bekannt vorausgesetzt. Da in der Arbeit insbesondere Sachverhalte aus englischsprachigen Ländern behandelt werden, wird jeweils auf die jeweilige englische Originalterminologie hingewiesen. Mitunter ist es sogar notwendig, die Originalterminologie statt der deutschen zu verwenden, und zwar beim erstenmal begleitet von deutschen Begriffserklärungen. Die Groß- und Kleinschreibung orientiert sich dabei jeweils an den Originalquellen, und auch Silbentrennung und Pluralformen werden wie im Englischen verwandt. Auf das deutsche Genitiv-S und eine drucktechnische Hervorhebung durch Anführungszeichen oder Kursivschrift wurde verzichtet. Die Artikel der englischen Terminologie orientieren sich soweit möglich an den Veröffentlichungen der Dudenredaktion. Da insbesondere englischsprachige Literatur zur Erläuterung der IAS bzw. der amerikanischen Rechnungslegung Verwendung findet, werden wesentliche Aussagen durch Originalzitate ohne Übersetzung belegt. Auch Abkürzungen und Rechtsquellen werden so verwandt, wie es in den englischsprachigen Quellen üblich ist.

---

1) Vgl. LUTTER, M.: Europäisches Unternehmensrecht, a.a.O., S. 207.; KNOBLAUCH, P.: Die vierte EG-Richtlinie, Frankfurt am Main 1978, S. 14 f.

2) Vgl. FEE (Hrsg.): Seventh Directive options, a.a.O., S. 3 f.

3) Dies würde auch nicht zu wesentlich neuen Erkenntnissen führen, da sie als ehemalige EFTA-Mitgliedstaaten auch zur Europäischen Wirtschaftszone gehörten, die 1991 zwischen EG und EFTA vereinbart wurde. Daher haben sie sich verpflichtet, EG-Richtlinien zu übernehmen. Vgl. FEE (Hrsg.): Seventh Directive options, a.a.O., S. 11.

2 Grundlagen der Konzernrechnungslegung in den USA, in der EU und der International Accounting Standards (IAS)

In den folgenden Abschnitten sollen jeweils isoliert die Grundlagen der Konzernrechnungslegung in den USA, in der EU sowie der International Accounting Standards vorgestellt werden, bevor sie einander in einer Synopse gegenübergestellt werden.

2.1 Grundlagen der Konzernrechnungslegung in den USA

Historisch gesehen hat die Konzernrechnungslegung ihren Ursprung in den USA und wurde ständig an aktuelle Entwicklungen angepaßt. Der Blick über den Atlantik geschieht aber aus mehreren Gründen:

1. Die EG hat sich bewußt an den international anerkannten US-amerikanischen Standard angenähert. Dies geschah primär auf Betreiben Großbritanniens, das die US-amerikanische Rechnungslegung wesentlich beeinflußt hatte und dieser daher stärker verbunden ist als der kontinentaleuropäischen.[1)]

2. Die wirtschaftlichen Verflechtungen zwischen den USA und den EU-Mitgliedstaaten gestalten sich immer enger. Dies hat seine Ursache einerseits in der gegenseitigen Anziehungskraft der Märkte und andererseits in der besonderen Präsenz, die aufgrund der großen Entfernung durch Direktinvestitionen[2)] geprägt ist. Diese führen wiederum zu stärkeren finanziellen Verflechtungen und damit verbunden auch zur Verbreitung der amerikanischen Rechnungslegung,[3)] die im Vergleich zur EU natürlich traditionell einheitlicher ist, da in jedem europäischen Land selbst nach Transformation der EG-Richtlinien eine zumindest geringfügig unterschiedliche Rechnungslegung gilt.

3. Die amerikanischen Vorschriften haben weltweiten Einfluß, insofern, als sie von internationalen Organisationen bei der Kreditvergabe von den Kreditnehmern verlangt werden.[4)]

4. Die USA haben durch das Financial Accounting Standards Board (FASB) die IAS massiv beeinflußt. Die amerikanische Börsenaufsichtsbehörde (Securities and Exchange Commission, SEC) übt wiederum Einfluß auf die Internationale Organisation der Börsenaufsichtsbehörden (International Organisation of Securities Commissions, IOSCO) aus, die

---

1) Vgl. EISOLT, D.: US-amerikanische und deutsche Konzernrechnungslegung, Hamburg 1992, S. 3 f.

2) Vgl. bzgl. US-amerikanischer Direktinvestitionen in Deutschland STATISTISCHES BUNDESAMT (Hrsg.): Statistisches Jahrbuch 1998 für die Bundesrepublik Deutschland, Wiesbaden, 1998, S. 693.

3) Vgl. ELMENDORFF, W.: Harmonisierung der Rechnungslegungsvorschriften in der Europäischen Wirtschaftsgemeinschaft, in: WPg, 20. Jg. (1967), S. 621-628, hier S. 622.

4) Vgl. EISOLT, D.: US-amerikanische und deutsche Konzernrechnungslegung, a.a.O., S. 4.

zusammen mit dem IASC die anglo-amerikanisch geprägten IAS als internationale Börsenzulassungsvoraussetzungen durchzusetzen versucht.[1]

5. Der amerikanische Kapitalmarkt übt durch seine Größe eine starke Anziehungskraft auf kapitalsuchende internationale Unternehmen aus.[2] Die SEC verlangt jedoch trotz ihres Einflusses auf die IAS von den Unternehmen, entweder ihre Jahres- bzw. Konzernabschlüsse nach US-GAAP aufzustellen oder zumindest eine Überleitung durchzuführen. Insofern hat sich jedes ausländische Unternehmen, das mit dem Gedanken einer Notierung an einer US-Börse spielt, schon einmal mit der US-Rechnungslegung beschäftigt.

Aus dem restriktiven Verhalten der SEC gegenüber den IAS wird deutlich, daß hier die IAS durch die Träger der Gesetzgebung bisher genausowenig akzeptiert werden wie dies beispielsweise in Deutschland vor Verabschiedung des Kapitalaufnahmeerleichterungsgesetzes der Fall war. Mittlerweile gibt es jedoch auch in den USA Stimmen, die anmerken, daß dies mit zunehmender Akzeptanz der IAS langfristig zu Nachteilen sowohl für den amerikanischen Kapitalmarkt als auch für die amerikanischen Unternehmen führen kann, die sich bisher, insbesondere aufgrund der ablehnenden Haltung der SEC, nicht mit diesen beschäftigt haben.[3] Insofern ist zu erwarten, daß die SEC in Zukunft ihre restriktive Handhabung der Zulassungsbedingungen zu amerikanischen Börsen zumindest in bezug auf die IAS lockern wird. Eine Anerkennung der IAS durch die SEC kann allerdings noch bis zum Jahr 2002 dauern.[4]

Zum besseren Verständnis der rechtlichen Grundlagen der amerikanischen Konzernrechnungslegung sollen zunächst die Grundlagen des amerikanischen Wirtschaftsrechts kurz vorgestellt werden.

---

1) Vgl. BIENER, H.: Bedeutung und Chancen der IASC-Vorschriften als internationale Rechnungslegungsnorm, in: Dörner, D./Wollmert, P. (Hrsg.): IASC-Rechnungslegung, Düsseldorf 1995, S. 9-25, hier S. 16 ff.; KLEEKÄMPER, H.: Rechnungslegung aus der Sicht des IASC, in: Baetge, J. (Hrsg.): Die deutsche Rechnungslegung vor dem Hintergrund internationaler Entwicklungen, a.a.O., S. 41-65, hier S. 61 f.; DERS.: Aktivitäten und Tendenzen im IASC, in: Dörner, D./Wollmert, P. (Hrsg.): IASC-Rechnungslegung, a.a.O., S. 99-127, hier S. 113; DERS.: Aktuelle Entwicklungen beim IASC, a.a.O., S. 422 ff.

2) Vgl. ZACHERT, M.: Zugangshindernisse und Zugangsmöglichkeiten zum US-amerikanischen Eigenkapitalmarkt aus Sicht eines deutschen Unternehmens, in: AG, 39. Jg. (1994), S. 207-222, hier S. 207 ff.

3) Vgl. WYATT, A.R./YOSPE, J.F.: Wake-Up Call To American Business: International Accounting Standards Are On The Way, in: JofA, July 1993, S. 80-85, hier S. 80 ff.

4) Vgl. EISOLT, D./VERDENHALVEN, W.: Behandlung von Börseneinführungskosten nach US-GAAP, in: DStR, 37. Jg. (1999), S. 816-820, hier S. 816.

2.1.1 Grundlagen des amerikanischen Wirtschaftsrechts

Das amerikanische Rechtssystem wurde stark durch die Geschichte der USA beeinflußt. So entspringt das in den USA vorherrschende Gewohnheitsrecht (common law) dem Einfluß des hohen Anteils an englisch-stämmigen Siedlern. Das autonome Nebeneinander der Einzelstaaten hat zu einer ebenfalls föderalistischen Ordnung des Rechtssystems geführt. Darüber hinaus waren die Einwanderer aus den Schranken Europas ausgebrochen und übertrugen ihr Suchen nach individueller Freiheit auch auf das Rechtssystem, so daß der Staat nur dort regelnd eingreifen darf, wo es für das Gemeinwohl unbedingt notwendig ist.[1)]

In den USA obliegt die Gesetzgebungsgewalt primär den Einzelstaaten, da der Bund grundsätzlich nur für die Bereiche zuständig ist, die ihm durch die Verfassung direkt zugewiesen sind. Dazu gehört nicht das Handels- und Gesellschaftsrecht. Der Bund kann hier nur aktiv werden, wenn es sich um Fragen handelt, die über die Einzelstaaten hinausgehen. So ist der Bund zuständig für den Wirtschaftsverkehr zwischen den Bundesstaaten sowie mit dem Ausland.[2)]

Wichtiger als das von der Legislative kodifizierte Recht (statute law) ist jedoch das von Richtern gesetzte Fallrecht (case law), da es im angelsächsischen Rechtskreis aufgrund des Grundsatzes der Verbindlichkeit von Präzedenzfällen für vergleichbare Fälle alle nachgeordneten Instanzen bindet und daher faktisch den Status eines Gesetzes erhält.[3)] Seit der von Präsident Roosevelt eingeleiteten New-Deal-Politik wird das von Richtern geprägte, auf Einzelfallentscheidungen gestützte common law allerdings zunehmend durch das durch die Legislative entwickelte kodifizierte Recht verdrängt.[4)]

Neben der Legislative und der Judikative kommt auch der Exekutive in Form der Bundesoberbehörden noch eine wichtige Bedeutung zu. Diese sind vom Bundesgesetzgeber eingerichtet und daher für das gesamte Bundesgebiet zuständig. Sie sind ermächtigt, in den jeweiligen Sachgebieten durch administrative rules and regulations Verwaltungs- und teilweise auch Rechtsetzungsbefugnisse auszuüben. So entsteht ein allgemeinverbindliches

---

1) Vgl. HALLER, A.: Die Grundlagen der externen Rechnungslegung in den USA, 4. Aufl., Stuttgart 1994, S. 12 f.

2) Vgl. EISOLT, D.: US-amerikanische und deutsche Konzernrechnungslegung, a.a.O., S. 23; HALLER, A.: Die Grundlagen der externen Rechnungslegung in den USA, a.a.O., S. 16; LAULE, G.: Gesellschaftsrecht in den USA, in: Sonnemann, E. (Hrsg.): Rechnungslegung, Prüfung, Wirtschaftsrecht und Steuern in den USA, Wiesbaden 1989, S. 205-232, hier S. 207.

3) Vgl. EISOLT, D.: US-amerikanische und deutsche Konzernrechnungslegung, a.a.O., S. 24.

4) Vgl. HALLER, A.: Die Grundlagen der externen Rechnungslegung in den USA, a.a.O., S. 15 ff.

Verordnungsrecht der Exekutive. Im Bereich der Börsenaufsicht ist als Bundesoberbehörde die Securities and Exchange Commission (SEC) zuständig.[1)]

2.1.1.1 Gesetze auf Einzelstaatenebene

Jeder Einzelstaat hat sein eigenes Aktiengesetz (corporation act), da dieser Bereich nicht bundeseinheitlich geregelt ist. Obwohl die meisten Aktiengesetze an einen Musterentwurf (Model Business Corporation Act) der American Bar Association angelehnt sind, gibt es doch teilweise erhebliche Unterschiede. So hat beispielsweise Delaware als zweitkleinster Bundesstaat das liberalste Aktiengesetz, mit der Folge, daß die meisten großen sowie viele kleinere Aktiengesellschaften dort gegründet wurden, weil mit dem Gründungsstaat gleichzeitig das maßgebliche Aktiengesetz determiniert wird. Da eine Gesellschaft in ihrem Gründungsstaat weder ihren Verwaltungssitz haben noch sich dort geschäftlich betätigen muß, kann dies zum Mißbrauch führen. Um dies zu verhindern, müssen sich Gesellschaften vor der Geschäftsaufnahme in anderen Bundesstaaten dort ebenfalls registrieren lassen, und einige Bundesstaaten wenden darüber hinaus bei nennenswerten unternehmerischen Tätigkeiten sogar ihr eigenes Aktienrecht an.[2)]

Die dem Aktienrecht unterliegende Gesellschaftsform ist die corporation. Sie ist die mit Abstand bedeutendste Gesellschaftsform in den USA. Dabei ist allerdings zu unterscheiden zwischen der der deutschen AG am ehesten entsprechenden public corporation (auch publicly held corporation) mit mehr als 300 Aktionären und den übrigen corporations, die als close corporations (auch closely held corporations) bezeichnet werden und eher der deutschen GmbH entsprechen. Letztere zeichnet sich durch eine enge Bindung an ihre Gesellschafter aus und hat nur einen kleinen, überschaubaren Aktionärskreis,[3)] da ihre Aktien nicht öffentlich gehandelt werden. Daher unterliegen die close corporations auch

---

1) Vgl. EISOLT, D.: US-amerikanische und deutsche Konzernrechnungslegung, a.a.O., S. 25. Eine ausführliche Erläuterung der Aufgaben und wesentlichen Regelungen der SEC findet sich in HERTZ, R.H./DITTMAR, N.W. JR./LIS, S.J./DECKER, W.E. JR./MURRAY, R.J.: The Coopers & Lybrand SEC Manual, 7. Aufl., New York u.a. 1997.

2) Vgl. EISOLT, D.: US-amerikanische und deutsche Konzernrechnungslegung, a.a.O., S. 27 f.

3) Dieser ist durch das corporation law des jeweiligen Einzelstaats auf etwa 30 Gesellschafter festgelegt, wobei die Regelungen in Delaware zum Vorbild diverser anderer Staaten wurden. Ausnahmen bilden beispielsweise California mit 35 und Arizona mit nur 10 Gesellschaftern. Vgl. BUNGERT, H.: Die Stellung der Limited Liability Company im US-amerikanischen Recht, in: IStR, 2. Jg. (1993), S. 174-179, hier S. 177; MERKT, H.: US-amerikanisches Gesellschaftsrecht, Heidelberg 1991, S. 167.

nicht den bundes- oder einzelstaatlichen Regelungen zur Überwachung des Wertpapiermarkts. Sie sind also von den Publizitätsvorschriften befreit.[1]

Neben den Aktiengesetzen gibt es auf Einzelstaaten- und Bundesebene noch Wertpapiergesetze (Securities Acts). Die Wertpapiergesetze der Einzelstaaten sind entstanden, um potentielle Anleger vor Betrug durch bewußt falsche oder unvollständige Informationen zu schützen, nachdem die Aktiengesetze um die Jahrhundertwende liberalisiert worden waren. Diese sogenannten "blue-sky-laws" sind zwar uneinheitlich, gemeinsam ist den meisten jedoch eine Registrierungs- und Prüfungspflicht für die zu emittierenden Wertpapiere. Aufgrund des nur innerstaatlichen Anwendungsbereichs erwiesen sie sich jedoch als weitgehend wertlos. Nachdem es auf Bundesebene ebenfalls zum Erlaß von Wertpapiergesetzen gekommen war, ist die Bedeutung der einzelstaatlichen Wertpapiergesetze noch weiter zurückgedrängt worden. Wenn Emissionen jedoch nicht vom Bundesgesetz erfaßt werden oder unter dessen Befreiungsvorschriften fallen, sind die einzelstaatlichen Gesetze aufgrund ihrer teilweise strengeren Anforderungen von großer Bedeutung.[2]

2.1.1.2 Gesetze auf Bundesebene

Bei den Gesetzen auf Bundesebene handelt es sich mit Ausnahme der Steuergesetze primär um Wertpapiergesetze. Aufgrund der Betrügereien im Wertpapierhandel, des Zusammenbruchs der New Yorker Börse am 13. Oktober 1929 und des bis 1932 weiteren Verfalls der Aktienkurse wurden auf Bundesebene durch den Kongreß 1933 der Securities Act (SA 1933) und 1934 der Securities Exchange Act (SEA 1934) erlassen. Ersterer regelt die Erstausgabe von Wertpapieren, während letzterer den nachfolgenden Handel regelt. Diese Wertpapiergesetze sollten das Vertrauen in die Kapitalmärkte wieder herstellen und die Öffentlichkeit schützen.[3] Neben diesen beiden primary acts wurden noch weitere federal securities laws erlassen, die als secondary acts bezeichnet werden.[4] Letztere sollen jedoch nicht weiter betrachtet werden.

Der amerikanische Kapitalmarkt ist aufgeteilt in den amtlichen offiziellen Börsenhandel (exchange market) und den außerbörslichen Freiverkehr oder Freihandel (over-the-counter

---

1) Vgl. EISOLT, D.: US-amerikanische und deutsche Konzernrechnungslegung, a.a.O., S. 27 ff. Zu weiteren Unterschieden zwischen public und close corporation sowie einer abweichenden Größeneinteilung vgl. auch MERKT, H.: US-amerikanisches Gesellschaftsrecht, a.a.O., S. 164 ff.

2) Vgl. EISOLT, D.: US-amerikanische und deutsche Konzernrechnungslegung, a.a.O., S. 30 ff.

3) Vgl. EISOLT, D.: US-amerikanische und deutsche Konzernrechnungslegung, a.a.O., S. 32 ff.; LAULE, G.: Gesellschaftsrecht in den USA, a.a.O., S. 228; MERKT, H.: US-amerikanisches Gesellschaftsrecht, a.a.O., S. 262.

4) Vgl. HALLER, A.: Die Grundlagen der externen Rechnungslegung in den USA, a.a.O., S. 20 f.

market, OTC). Letzterer entspricht in etwa dem deutschen Freiverkehr und Telefonhandel. Der SEA 1934 gilt jedoch sowohl für den amtlichen Börsenhandel als auch für den over-the-counter market.[1)]

2.1.1.2.1 Securities Act von 1933

Der SA 1933 sieht eine Registrierungspflicht für jede Wertpapieremission vor. Dabei ist davon nicht nur jede Erst-, sondern auch jede Folgeemission betroffen. Die Emittenten (issuer) haben der SEC einen Registrierungsbericht (registration statement) einzureichen und potentiellen Investoren einen Prospekt (prospectus) zu überlassen, so daß alle für Anleger notwendigen Informationen offengelegt sind. Dabei ist jede Person Emittent, die beabsichtigt, ein Wertpapier auszugeben. Folglich sind nicht nur corporations gegenüber der SEC berichtspflichtig. Die Definition der registrierungspflichtigen Wertpapiere (securities) ist ebenfalls relativ weit gefaßt. Durch eine ziemlich allgemeine Definition des Gesetzgebers blieb es der Rechtsprechung vorbehalten, diesen Begriff genauer abzugrenzen. Er geht über den deutschen Wertpapierbegriff weit hinaus. Dies ist insofern von großer Wichtigkeit, als die Wertpapiergesetze inklusive der Rechnungslegungsverpflichtungen nicht an die Rechtsform der Gesellschaft anknüpfen, sondern an den Begriff des Wertpapiers. Dieser umfaßt sowohl Teilhaber- bzw. Anteilspapiere (equity securities) als auch Gläubigerpapiere (debt securities). Dennoch müssen die Wertpapiergesetze des Bundes nur von einer Minderheit der Gesellschaften beachtet werden, da es zahlreiche Befreiungsvorschriften gibt. Viele Emittenten versuchen daher, aufgrund des sehr aufwendigen und kostspieligen Registrierungsvorgangs, gezielt diese Befreiungstatbestände zu verwirklichen, so daß es sich bei der verbleibenden Emittentengruppe primär um public corporations handelt, die allerdings auch die wirtschaftlich bedeutendsten Unternehmen der USA darstellen.[2)]

2.1.1.2.2 Securities Exchange Act von 1934

Das Ziel des SEA 1934 ist geprägt vom Börsenzusammenbruch 1929. Daher sollen manipulierte Wertpapierpreise im amtlichen Börsenhandel an den nationalen Wertpapierbörsen sowie im over-the-counter market verhindert werden, da diese zu Spekulationen mit unnatürlichen Kurssteigerungen und Kursstürzen führen. Um dies zu kontrollieren, wurde

1) Vgl. Eisolt, D.: US-amerikanische und deutsche Konzernrechnungslegung, a.a.O., S. 35; Haller, A.: Die Grundlagen der externen Rechnungslegung in den USA, a.a.O., S. 24 f.

2) Vgl. Eisolt, D.: US-amerikanische und deutsche Konzernrechnungslegung, a.a.O., S. 38 ff.

die SEC als Bundesoberbehörde errichtet und mit der Verwaltung verschiedener Bundesgesetze beauftragt. Sie löste die Federal Trade Commission ab, die zunächst den SA 1933 verwaltete. Als wichtigste Vorschriften wurden Registrierungspflichten für bestimmte Wertpapierbörsen eingeführt, die gleichzeitig unter die Aufsicht der SEC gestellt wurden, sowie für Wertpapierkommissionäre (broker) und Wertpapierhändler (dealer). Die vorgeschriebene Registrierung der zu handelnden Wertpapiere geschieht durch Einreichen eines Registrierungsberichts bei der jeweiligen Börse sowie bei der SEC.[1]

Da nach SA 1933 für registrierungspflichtige Emissionen keine Verpflichtung zur Notierung an einer Börse besteht, folgt den meisten Emissionen keine Börsenzulassung, sondern nur eine wesentlich einfacher zu erreichende Registierung im computergestützten Handelssystem NASDAQ.[2] Für deutsche Unternehmen sind allerdings selbst diese Zulassungshürden noch zu hoch, so daß lange Zeit nur die Dresdner Bank bei der NASDAQ registriert war, während die anderen deutschen Unternehmen nur im Telefonverkehr gehandelt wurden.[3] Nachdem sich die Daimler-Benz AG am 17. September 1993 als erstes deutsches Unternehmen an der New Yorker Börse (New York Stock Exchange, NYSE) notieren ließ, hat sich die Zahl der dort gelisteten deutschen Unternehmen immerhin auf acht erhöht.[4] Emittenten von an Börsen registrierten Wertpapieren haben regelmäßig und zu bestimmten Anlässen verschiedene Berichte (reports) zu erstellen und der SEC, den Anteilseignern sowie der oder gegebenenfalls den Börsen einzureichen.[5]

2.1.1.2.3 Amerikanische Wertpapiergesetze aus ausländischer Sicht

Ausländische Emittenten unterliegen den Vorschriften der Wertpapiergesetze genauso wie amerikanische Gesellschaften und haben daher grundsätzlich den gleichen Anforderungen an Publizitätspflichten und der gleichen Haftung bei der Verletzung dieser Pflichten zu genügen. Im Gegensatz zu europäischen Börsen, die amerikanische Abschlüsse als gleichwertig anerkennen, fordert die SEC von ausländischen Unternehmen eine zweite Rechnungslegung nach amerikanischen Vorschriften, was zu erheblichen Kosten und orga-

---

1) Vgl. EISOLT, D.: US-amerikanische und deutsche Konzernrechnungslegung, a.a.O., S. 42 ff.

2) National Association of Securities Dealers Automated Quotation.

3) Vgl. EISOLT, D.: US-amerikanische und deutsche Konzernrechnungslegung, a.a.O., S. 43 f.; FRAUNE, C.: Börsennotierung deutscher Aktiengesellschaften in den USA, in: RIW, 40. Jg. (1994) S. 126-141, hier S. 126 ff.

4) Vgl. O.V.: "SAP wird das umsatzstärkste deutsche Wertpapier in Wall Street", in: FAZ, Nr. 176 vom 1.8.1998, S. 18.

5) Vgl. EISOLT, D.: US-amerikanische und deutsche Konzernrechnungslegung, a.a.O., S. 44.

nisatorischen Schwierigkeiten führt. Aus diesem Grunde sind nur sehr wenige europäische und insbesondere deutsche Unternehmen an amerikanischen Börsen notiert.[1)]

Die Vorteile einer Aktienemission mit anschließender Börsennotierung sind:

- Höhe des aufbringbaren Kapitals,
- objektivere Bewertung der Aktien und
- das mit einer Börsennotierung verbundene Prestige.

Die Nachteile einer Aktienemission mit anschließender Börsennotierung sind:

- umfangreiche Berichtspflichten,
- ein aufwendiges Registrierungsverfahren - primär aufgrund des SA 1933 - und
- die hohen Kosten, die beispielsweise für Wirtschaftsprüfer, Rechtsanwälte und das Emissionshaus (investment bank, underwriter) anfallen.[2)]

Zusammenfassend kann festgestellt werden, daß die amerikanische Kapitalmarktregelung zwar in allen Industrieländern als vorbildlich gilt,[3)] viele Unternehmen die ständig zunehmenden Publizitätsanforderungen der SEC aber mittlerweile als drückend empfinden und der Durchschnittsanleger nicht mehr in der Lage ist, die Fülle der ihm zur Verfügung stehenden Einzelinformationen selbst zu bewältigen, so daß er auf Analysen professioneller Wertpapieranalysten angewiesen ist.[4)] Dies gilt umso mehr für ausländische Emittenten und Anleger.

2.1.1.3 Vorschriften der Exekutive

Die Aufgaben der Exekutive werden in den USA durch die SEC wahrgenommen. Ihre Hauptaufgaben sind die ihr durch den SA 1933 und den SEA 1934 zugewiesene Überwachung der Neuemission und des Handels mit Wertpapieren. Zur Durchführung der ihr zugewiesenen Aufgaben ist die SEC mit umfangreichen exekutiven, judikativen und sogar legislativen Kompetenzen ausgestattet. Zum Schutz der Anleger prüft die SEC die ihr eingereichten Unterlagen und stellt sicher, daß diese dem interessierten Publikum zur Verfügung gestellt werden. Die SEC kann Vorschriften (rules, regulations und forms) als Ergänzung des SA 1933 und des SEA 1934 unabhängig und selbständig erlassen. Diese

---

1) Vgl. EISOLT, D.: US-amerikanische und deutsche Konzernrechnungslegung, a.a.O., S. 46 f.

2) Vgl. EISOLT, D.: US-amerikanische und deutsche Konzernrechnungslegung, a.a.O., S. 45.

3) Vgl. WIEDEMANN, H.: Gesellschaftsrecht, Band I Grundlagen, München 1980, S. 487.

4) Vgl. HOPT, K.J.: Die Publizität von Kapitalgesellschaften - Grundsätzliche Überlegungen zum Stand nach der 4. EG-Richtlinie und zur Reformdiskussion in den USA, in: ZGR, 9. Jg. (1980), S. 225-253, hier S. 236 ff.; WIEDEMANN, H.: Gesellschaftsrecht, Band I Grundlagen, a.a.O., S. 484.

binden dann sowohl Gerichte und Behörden als auch Emittenten. Als verbindliche und detaillierte Ausführungsvorschriften zu den Rahmenvorschriften der Bundesgesetze sind sie für die Adressaten von erheblicher praktischer Bedeutung. Darüber hinaus gibt es noch releases, die die Auslegung einzelner rules, regulations oder forms betreffen, Hintergrundinformationen zu den Vorschriften liefern, dem Fachpublikum beabsichtigte Änderungen oder Neuerungen bekanntmachen und zur Diskussion stellen bzw. rules, regulations oder forms verbindlich abändern oder ergänzen.[1)]

Die Flexibilität und die Geschwindigkeit, mit der die SEC ihre Vorschriften an neue Anforderungen anpassen kann, haben dazu geführt, daß seit Bestehen der Gesetze zu SA 1933 ca. 7.000 und zu SEA 1934 ca. 36.000 releases veröffentlicht wurden. Dies führt selbst bei amerikanischen Experten zu Problemen, müssen sie doch die releases zusätzlich zu den anderen verbindlichen Vorschriften beachten, um die jeweils aktuelle Vorschriftenlage zu kennen.[2)]

In diversen forms ist festgelegt, in welchen Registrierungsberichten und anderen Berichten (reports) die Emittenten welche Informationen zu welchen Anlässen der SEC einzureichen haben. Form S-1[3)] führt die Informationen auf, die ein Registrierungsbericht eines gemäß SA 1933 registrierungspflichtigen Wertpapiers zu enthalten hat. Form 10[4)] führt die Informationen auf, die ein der Börse und gegebenenfalls der SEC einzureichender Registrierungsbericht eines gemäß SEA 1934 registrierungspflichtigen Wertpapiers zu enthalten hat. Darüber hinaus müssen bestimmte Emittenten, deren Wertpapiere nach SA 1933 registrierungspflichtig sind, und alle Emittenten von nach SEA 1934 registrierungspflichtigen Wertpapieren der SEC und gegebenenfalls der Börse Jahresberichte (annual reports) gemäß Form 10-K[5)] und dreimal jährlich Quartalsberichte (quarterly reports) gemäß Form 10-Q[6)] einreichen. Regulation S-K[7)] gibt an, wie die verlangten

1) Vgl. EISOLT, D.: US-amerikanische und deutsche Konzernrechnungslegung, a.a.O., S. 51 ff.; HALLER, A.: Die Grundlagen der externen Rechnungslegung in den USA, a.a.O., S. 32 f.

2) Vgl. EISOLT, D.: US-amerikanische und deutsche Konzernrechnungslegung, a.a.O., S. 53; PAHLER, A.J./ MORI, J.E.: Advanced Accounting, 6. Aufl., Fort Worth u.a. 1994, S. 756.

3) Vgl. SEC: Form S-1, in: SEC: SEC Guidelines, Rules and Regulations 1995, Boston, Massachusetts 1995. Die einzelnen Verlautbarungen der die externe Rechnungslegung in den USA maßgeblich beeinflussenden Institutionen (vgl. unten Abbildung 2 in Abschnitt 2.1.2.4.1) werden nur beim ersten Mal voll zitiert. Anschließend werden sie wie Gesetzestexte behandelt. Die Fundstelle wird daher nicht erneut angegeben.

4) Vgl. SEC: Form 10, in: SEC: SEC Handbook, Rules and Forms for Financial Statements and Related Disclosures, as of October 15, 1991, Chicago 1991, S. 30,083-33,086.

5) Vgl. SEC: Form 10-K, in: SEC: SEC Guidelines, Rules and Regulations, a.a.O.

6) Vgl. SEC: Form 10-Q, in: SEC: SEC Guidelines, Rules and Regulations 1995, a.a.O.

7) Vgl. SEC: Regulation S-K, in: SEC: SEC Guidelines, Rules and Regulations 1995, a.a.O.

Nichtjahresabschluß-Informationen der einzureichenden Berichte auszusehen haben. Regulation S-X[1)] schließlich ist die zentrale Vorschrift für die Rechnungslegung der Emittenten. Seit der Schaffung des einheitlichen Offenlegungssystems (integrated disclosure system) Anfang der achtziger Jahre sind für die der SEC einzureichenden Berichte die financial statements[2)] als Teil dieser Berichte sowie deren Form und Inhalt (form and content) einheitlich festgelegt. Das heißt, daß den Erwerbern von Neuemissionen, den Erwerbern von bereits am Markt gehandelten Wertpapieren sowie den Wertpapierinhabern grundsätzlich die gleichen Informationen zur Verfügung stehen. Da Regulation S-X nur die Mindestanforderungen an Form und Inhalt festlegt und ansonsten auf die GAAP verweist, sind diese neben dem Formblatt und der Regulation S-X bei der Erstellung von financial statements ebenfalls zu berücksichtigen.[3)]

2.1.2 Rechtliche Grundlagen der amerikanischen Konzernrechnungslegung

Im Gegensatz zum deutschen Handelsrecht gibt es in den USA keine separaten Vorschriften zur Erstellung eines Konzernabschlusses. Vielmehr sind die Vorschriften für die Konzernrechnungslegung Teil der Rechnungslegungsvorschriften. Da in den USA der Konzernabschluß nicht zuletzt aufgrund von ARB No. 51[4)], par. 1 als grundsätzlich aussagefähiger angesehen wird als der Einzelabschluß, wird der Einzelabschluß in der Regel durch den Konzernabschluß ersetzt. Da die Rechnungslegung nicht für alle Unternehmen gesetzlich geregelt ist, sondern nur durch Wertpapiergesetze indirekt für aufgrund von Wertpapiergesetzen berichtspflichtigen Unternehmen, sind als Adressaten der Rechnungslegung auch primär Steubesitzaktionäre und Gläubiger mit geringer Marktmacht zu identifizieren und nicht etwa größere Gläubiger.[5)]

2.1.2.1 Gesetze auf Einzelstaatenebene

Wie bereits ausgeführt, gibt es auf Einzelstaatenebene sowohl Aktiengesetze als auch Wertpapiergesetze, die jedoch uneinheitlich sind. Nur wenige Aktiengesetze enthalten Vorschriften zur Aufstellung, Offenlegung oder Prüfung von Konzernabschlüssen. Die Wert-

---

1) Vgl. SEC: Regulation S-X, in: SEC: SEC Guidelines, Rules and Regulations 1995, a.a.O.

2) Als financial statements sind die Bestandteile von Jahres- und Konzernabschlüssen sowie Quartalsberichten zu verstehen.

3) Vgl. EISOLT, D.: US-amerikanische und deutsche Konzernrechnungslegung, a.a.O., S. 54 ff.

4) Vgl. AICPA: Accounting Research Bulletin No. 51: Consolidated Financial Statements, 1959, in: FASB (Hrsg.): Original Pronouncements, Accounting Standards as of June 1, 1998, Bd. II, Norwalk, Connecticut 1998, S. 74-79.

5) Vgl. HALLER, A.: Die Grundlagen der externen Rechnungslegung in den USA, a.a.O., S.233 ff.

papiergesetze verlangen von den public corporations zwar zum Anlegerschutz eine Wertpapierregistrierung und die Einreichung von Unterlagen, die Aufschluß über die finanzielle Situation geben sollen; detaillierte Rechnungslegungsvorschriften enthalten sie jedoch nicht, und die Erstellung von Konzernabschlüssen wird ohnehin nicht verlangt.[1)]

2.1.2.2 Gesetze auf Bundesebene

Die wichtigsten Gesetze mit Einfluß auf die Rechnungslegung auf Bundesebene sind erneut der Securities Act 1933 und der Securities Exchange Act 1934 sowie die Steuergesetze.

2.1.2.2.1 Securities Act von 1933

Die Registrierungspflicht entfällt bei Emissionen von aufgrund Sec. 3 SA 1933 befreiten Wertpapierarten (exempted securities) bzw. bei aufgrund Sec. 4 SA 1933 befreienden Wertpapiergeschäften. Von der Registrierungspflicht befreit sind beispielsweise Wertpapiere, die nur an Personen ausgegeben werden, die im Gründungsstaat ansässig sind (intrastate oder local offerings), Wertpapiere staatlicher Stellen sowie religiöser und gemeinnütziger Organisationen, Wertpapiere von Spar- und Kreditvereinigungen sowie von öffentlichen Verkehrsunternehmen. Darüber hinaus werden Wertpapiere betragsmäßig kleiner Emissionen (small offerings/issues) aufgrund Regulation A zu SA 1933 (Rules 251-263) und Wertpapiere kleiner Gesellschaften aufgrund Regulation D zu SA 1933 (Rules 501-506) von der Registrierungspflicht befreit. Diese größenabhängigen Befreiungen werden limited offerings exemptions genannt.[2)] "Infolge dieser Befreiungen fallen mehr als 97 % der durch Sec. 5 SA 1933 zunächst erfaßten Wertpapiere wieder aus der Registrierungspflicht heraus."[3)]

Eine Konzernrechnungslegungspflicht ergibt sich nur für Mutterunternehmen von gemäß SA 1933 registrierungspflichtigen Wertpapieren im Zusammenspiel mit den ergänzenden Vorschriften der SEC aus den folgenden Punkten:[4)]

---

1) Vgl. EISOLT, D.: Die rechtlichen Grundlagen der amerikanischen Konzernrechnungslegung, in: AG, 38. Jg. (1993), S. 209-233, hier S. 203 f.

2) Vgl. EISOLT, D.: Die rechtlichen Grundlagen der amerikanischen Konzernrechnungslegung, a.a.O., S. 210 f.; sowie ausführlich MERKT, H.: US-amerikanisches Gesellschaftsrecht, a.a.O., S. 267 ff.

3) Vgl. KRIPKE, H.: The SEC and corporate disclosure: regulation in search of a purpose, New York 1979, S. 233 f.

4) Vgl. EISOLT, D.: Die rechtlichen Grundlagen der amerikanischen Konzernrechnungslegung, a.a.O., S. 212 f.

1. Eine Person beabsichtigt gemäß Secs. 2 (2), 2 (4) SA 1933 die erstmalige Ausgabe von Wertpapieren.
2. Es handelt sich um ein Wertpapier (security) gemäß Sec. 2 (1) SA 1933.
3. Das Wertpapier ist gemäß Sec. 5 SA 1933 registrierungspflichtig; Befreiungsvorschriften greifen nicht.
4. Aufgrund der Registrierungspflicht muß gemäß Sec. 6 SA 1933 ein Registrierungsbericht eingereicht werden.
5. Der Inhalt des Registrierungsberichts wird durch ein Formblatt bestimmt, das festlegt, daß einzureichende financial statements nach den Vorschriften der Regulation S-X anzufertigen sind. Am gebräuchlichsten für die Erstellung eines Registrierungsberichts aufgrund des SA 1933 ist Form S-1. Diese enthält in Part I, Item 11 (e) einen uneingeschränkten Verweis auf die Vorschriften der Regulation S-X.
6. In Rules 3-01 (a) und 3.02 (a) von Regulation S-X ist festgelegt, daß die financial statements des Emittenten u.a. geprüfte Konzernbilanzen (consolidated balance sheets) der beiden letzten Geschäftsjahre sowie geprüfte Konzern-Gewinn- und Verlustrechnungen (consolidated income statements) und Konzernkapitalflußrechnungen (consolidated statements of changes in financial position) der letzten drei Geschäftsjahre enthalten müssen. Darüber hinaus muß gemäß Rule 3-04 der Regulation S-X eine separate Übersicht über die Entwicklung der Konzernrücklagen (statement of changes in other stockholders' equity) in den letzten drei Geschäftsjahren angefertigt werden, sofern dies nicht in den notes erfolgt, die ebenfalls Bestandteil des Konzernabschlusses sind.

Wichtig in diesem Zusammenhang ist, daß die genannten Formblätter lediglich eine Auflistung der einzureichenden Einzelinformationen sind und nicht etwa vom Emittenten auszufüllende Vordrucke. Weitere Anforderungen an den Konzernabschluß ergeben sich aufgrund eines direkten Verweises auf die GAAP in Rule 4-01 (a) (1) der Regulation S-X, so daß die Anforderungen mittlerweile einen erheblichen Umfang erreicht haben. Somit ergibt sich die Konzernrechnungslegungspflicht eines Emittenten konkret aus den Vorschriften der SEC.[1]

---

1) Vgl. EISOLT, D.: Die rechtlichen Grundlagen der amerikanischen Konzernrechnungslegung, a.a.O., S. 211 ff.

Emittenten, deren Wertpapiere aufgrund des SA 1933 registrierungspflichtig sind, haben der SEC darüber hinaus einen Jahresbericht einzureichen, wenn sie bestimmte Größenkriterien überschreiten bzw. die Wertpapiere einer Gattung sich im Besitz von mindestens 500 Personen (Publikumsgesellschaften) befinden. Dies gilt auch für Personengesellschaften. In der Regel ist hier Form 10-K zu verwenden, die ebenfalls auf die Regulation S-X verweist und somit zur Erstellung und Einreichung von Konzernabschlüssen führt. Dies muß spätestens 90 Tage nach Ende des Geschäftsjahres (fiscal year) geschehen. Im Zusammenhang mit den ebenfalls zu erstellenden Quartalsberichten führt dies zu einer wesentlich rascheren Offenlegung als beispielsweise in der Bundesrepublik. Daher geraten US-Unternehmen, die erst spät offenlegen, sehr schnell in den Verdacht, die Bekanntgabe unerfreulicher Entwicklungen verheimlichen zu wollen.[1)]

2.1.2.2.2 Securities Exchange Act von 1934

Wenn Wertpapiere an einer bei der SEC registrierten und von dieser beaufsichtigten Wertpapierbörse amtlich gehandelt werden sollen, so muß die Wertpapiergattung (class of securities) vorher gemäß Sec. 12 (a) SEA 1934 bei der Börse registriert werden. Zu diesem Zweck muß der Börse ebenfalls ein Registrierungsbericht eingereicht werden, der allerdings nicht so umfangreich wie das nach SA 1933 ist. Sofern nichts anderes vorgeschrieben ist, haben die Emittenten die in Form 10 verlangten Angaben zu machen, die denen von Form S-1 des SA 1933 vergleichbar sind. Da Form 10 unter Position 13 ebenfalls uneingeschränkt auf die Regulation S-X verweist, wird auch hier ein Konzernabschluß zum Bestandteil des Registrierungsberichts. Dieses ist gemäß Sec. 12 (b) SEA 1934 auch der SEC in achtfacher Ausfertigung einzureichen.[2)]

Darüber hinaus entstehen noch diverse periodische und aperiodische Berichtspflichten. So ist jeder Emittent einer gemäß Sec. 12 (a) oder (g) SEA 1934 registrierungspflichtigen Wertpapiergattung verpflichtet, der SEC einen Jahresbericht (annual report) einzureichen. Für börsennotierte Wertpapiergattungen ist mindestens eine Ausfertigung an jede nationale Wertpapierbörse zu liefern, an der eine Gattung des Emittenten registriert ist. Außerdem müssen noch die Zulassungsvoraussetzungen (listing requirements) der Börse erfüllt sein. Aus diesem Grund muß ein Börsenzulassungsantrag (listing application) gestellt werden. Erst wenn die Börse der SEC bescheinigt, daß sie sowohl die Registrierung (registration)

---

1) Vgl. EISOLT, D.: Die rechtlichen Grundlagen der amerikanischen Konzernrechnungslegung, a.a.O., S. 215 f.

2) Vgl. EISOLT, D.: Die rechtlichen Grundlagen der amerikanischen Konzernrechnungslegung, a.a.O., S. 214 f.

als auch die Notierung (listing) billigt, dürfen die Wertpapiere (listed securities) an der Börse gehandelt werden.[1]

1964 wurde der Kreis der registrierungspflichtigen Wertpapiere erweitert, und zwar auf einige, nicht an einer nationalen Wertpapierbörse notierte Anteilspapiere (equity securities). Seitdem sind zusätzlich Anteilspapiere, die beispielsweise an nicht registrierten Börsen notiert sind (exempted exchanges), und Wertpapiere, die im over-the-counter market gehandelt werden, registrierungspflichtig mit allen Konsequenzen. Voraussetzung ist gemäß Sec. 12 (g) (1) SEA 1934 jedoch, daß der Emittent bestimmte Größenkriterien überschreitet, es sich also um eine Publikumsgesellschaft handelt (publicly-owned company) und der Emittent außerdem im zwischenstaatlichen Geschäftsverkehr tätig, an einem diesen betreffenden Geschäft beteiligt ist oder wenn Wertpapiere mittels Post oder sonstiger Einrichtungen des zwischenstaatlichen Geschäftsverkehrs gehandelt werden. Folglich "unterliegen nun die meisten Publikumsgesellschaften, deren Anteilspapiere im over-the-counter market oder an einer nicht registrierungspflichtigen Börse gehandelt werden, den gleichen Registrierungs- und Rechnungslegungsvorschriften wie die Emittenten von Wertpapieren, die an einer als *national securities exchange* registrierten Börse zum amtlichen Börsenhandel zugelassen werden sollen."[2]

Inhaber von Teilhaberpapieren können durch Rechtsgeschäft einer anderen Person Vertretungsmacht (proxy) erteilen. Die Verwaltungen großer corporations nutzen dies, um sich von den Anteilseignern Stimmrechtsvollmachten für die Gesellschafterversammlung zu besorgen. Fordern sie ihre Gesellschafter zur Abgabe der Stimmrechtsvollmacht auf, müssen sie gemäß Regulation 14A[3] den Wertpapierinhabern einen umfangreichen Informationsbericht (proxy statement) zusenden. Regulation 14A bezieht sich auf Regulation S-X, so daß den Anteilseignern auf diesem Wege Konzernabschlüsse vorzulegen sind.[4]

1964 wurden durch eine Ergänzung (amendment) des SEA 1934 auch alle anderen Emittenten mit registrierungspflichtigen Wertpapieren verpflichtet, gemäß Regulation 14C ihren Anteilseignern vor der Jahreshauptversammlung (annual meeting) Informationen vorzulegen, die im wesentlichen denen des proxy statement entsprechen. Seit dem Anfang der achtziger Jahre von der SEC entwickelten einheitlichen Offenlegungssystem sind die financial statements eines annual report to security holders, eines Form 10-K annual report,

---

1) Vgl. EISOLT, D.: Die rechtlichen Grundlagen der amerikanischen Konzernrechnungslegung, a.a.O., S. 215.

2) EISOLT, D.: Die rechtlichen Grundlagen der amerikanischen Konzernrechnungslegung, a.a.O., S. 214 f.

3) Vgl. SEC: Regulation 14A, in: SEC Guidelines, Rules and Regulations 1995, Boston, Massachusetts 1995.

4) Vgl. EISOLT, D.: Die rechtlichen Grundlagen der amerikanischen Konzernrechnungslegung, a.a.O., S. 216.

eines Form 10 registration statement und eines Form S-1 registration statement grundsätzlich identisch. Die Vereinheitlichung erstreckt sich über die financial statements hinaus auch auf andere Berichte.[1)]

Seit 1970 besteht für Emittenten, deren Wertpapiere

- gemäß SEA 1934 registrierungspflichtig sind oder
- nur gemäß SA 1933 registrierungspflichtig sind und sich gleichzeitig im Besitz eines größeren Publikums befinden,

bei der SEC und - sofern börsennotiert - auch bei der Börse die Pflicht zur Erstellung und Einreichung von Quartalsberichten entsprechend Form 10-Q. Die hiernach zu erstellenden konsolidierten Quartalsberichte sind verkürzt (condensed statements), unterliegen keiner Prüfungspflicht und brauchen nicht den Anteilseignern zugesandt werden. Letzteres wird jedoch in der Praxis freiwillig oder aufgrund entsprechender Börsenbestimmungen von vielen Emittenten durchgeführt, insbesondere, da in den USA die Aktiengesellschaften auch Quartalsdividenden ausschütten.[2)]

2.1.2.2.3 Vorschriften der Steuergesetze

In den USA existieren steuerrechtliche Vorschriften zur Konzernrechnungslegung bereits seit 1918. US-Konzerne haben gemäß Secs. 1501 ff. IRC ein - wenn auch durch den Tax Reform Act 1984 mittlerweile stark eingeschränktes - Wahlrecht, statt mehrerer Einzelsteuererklärungen (separate returns) eine konsolidierte Steuererklärung (consolidated income tax return) abzugeben. Aufgrund der Vorteile der konsolidierten Steuererklärung, wie beispielsweise im Bereich des Verlustausgleichs und der Zwischenergebniseliminierung, werden diese von praktisch allen Konzernen eingereicht. Da aber handels- und steuerrechtliche Rechnungslegung fast völlig unabhängig voneinander sind, unterscheiden sie sich so stark, daß sich die Gemeinsamkeiten fast ausschließlich auf die Idee der Konsolidierung beschränken. Die Unterschiede liegen sowohl in Zweck und Aufbau als auch in den verschiedenen Berechnungen, so daß die Steuerbehörden handelsrechtliche Konzernabschlüsse für ihre Zwecke nicht anerkennen und umgekehrt steuerrechtliche nicht einer fair presentation entsprechen.[3)] Die weitgehende Autonomie der Staaten auf dem Gebiet des Handels- und Gesellschaftsrechts macht es dem Bundesgesetzgeber ohnehin unmöglich, sich beispielsweise mittels eines Maßgeblichkeitsprinzips auf ein in allen Staaten einheit-

---

1) Vgl. EISOLT, D.: Die rechtlichen Grundlagen der amerikanischen Konzernrechnungslegung, a.a.O., S. 216 f.

2) Vgl. EISOLT, D.: Die rechtlichen Grundlagen der amerikanischen Konzernrechnungslegung, a.a.O., S. 217 f.

3) Vgl. EISOLT, D.: Die rechtlichen Grundlagen der amerikanischen Konzernrechnungslegung, a.a.O., S. 220.

liches handelsrechtliches Regelwerk zu stützen.[1] Insofern werden die steuerlichen Vorschriften im folgenden nicht weiter berücksichtigt.

2.1.2.3 Bestimmungen der Börse

In den USA sind etwa 90 % aller Unternehmen Kapitalgesellschaften, die sich aufgrund des Fehlens eines Universalbankensystems größtenteils auf dem Kapitalmarkt refinanzieren müssen. Dies führt zu einer besonderen Bedeutung der Börsen im amerikanischen Wirtschaftsgeschehen und verdeutlicht, warum die amerikanische Rechnungslegung so stark investororientiert ist.[2]

Die elf amerikanischen Wertpapierbörsen haben in der Regel keine eigenen Rechnungslegungsvorschriften aufgestellt. Statt dessen beziehen sie sich bei der Erstellung von financial statements auf die Vorschriften der SEC und die ergänzenden GAAP. Seit 1964 der SEA 1934 ergänzt wurde, haben die Börsenbestimmungen für die Aktionäre keine große Bedeutung mehr, da die corporations bereits durch Regulation 14C ihren Aktionären berichtspflichtig sind.[3]

Für die erstmalige Registrierung und öffentliche Emission (public offering) muß eine Gesellschaft unter anderem die geprüften konsolidierten Bilanzen der letzten zwei Jahre und die geprüften konsolidierten Gewinn- und Verlustrechnungen der letzten drei Jahre bei der SEC einreichen und offenlegen.[4] Das spiegelt die höhere Bedeutung der GuV - und damit der Ertragslage - gegenüber der Bilanz wider, die in amerikanischen Abschlüssen im Gegensatz zu deutschen in der Mehrzahl der Fälle vor der Bilanz erscheint.[5] Ausländische Unternehmen, die an die NYSE streben, müssen noch weitergehende Voraussetzungen erfüllen. Beispielsweise muß hinsichtlich des Stammkapitals der aggregierte Marktwert der Aktien weltweit mindestens $ 100 Mio. betragen.[6]

---

1) Vgl. SCHREIBER, U.: Die Bedeutung der US-amerikanischen Rechnungslegung für die Besteuerung von Gewinnen und Ausschüttungen, in: Ballwieser, W. (Hrsg.): US-amerikanische Rechnungslegung, a.a.O., S. 47-94, hier S. 49 und S. 88.

2) Vgl. FÄRBER, T./JANSEN, M./KOCH, P./ LEIDINGER, P.W./RAUSCH, A.: Bilanzpolitische Gestaltungsmöglichkeiten in den USA, in: Küting, K./Weber, C.-P. (Hrsg.): Internationale Bilanzierung, Herne/Berlin, S. 64-93, hier S. 67.

3) Vgl. EISOLT, D.: Die rechtlichen Grundlagen der amerikanischen Konzernrechnungslegung, a.a.O., S. 219.

4) Vgl. FÖRSCHLE, G./KRONER, M./MANDLER, U.: Internationale Rechnungslegung: US-GAAP, HGB und IAS, 2. Aufl., Bonn 1996, S. 6.

5) Vgl. AICPA (Hrsg.): Accounting Trends & Techniques, 42. Aufl., New York 1988, S. 28, im folgenden zitiert als: Trends 1988; DASS.: Accounting Trends & Techniques, 50. Aufl., Jersey City 1996, S. 29, im folgenden zitiert als: Trends 1996.

6) Vgl. ZACHERT, M.: Erschließung des US-amerikanischen Eigenkapitalmarkts durch das American Depositary Receipt, in: DB, 46. Jg. (1993), S. 1985-1988, hier S. 1986.

2.1.2.4 Entstehung, Bedeutung und Inhalt der Generally Accepted Accounting Principles (GAAP)

Die GAAP entwickelten sich vor allem aus der überwiegenden, von Abschlußprüfern und Börsen gebilligten Bilanzierungspraxis der Unternehmen, wobei Impulse primär von der NYSE ausgingen. Der Begriff generally accepted accounting principles ist dann auch dadurch entstanden, daß die NYSE 1934 von den Wirtschaftsprüfern testiert haben wollte, daß die Abschlüsse der bei ihr notierten Gesellschaften in Anwendung von "accepted principles of accounting" erstellt wurden. Als generally accepted gilt, was mit den Verlautbarungen und Stellungnahmen der maßgeblichen und fachkompetenten Organisationen des Wirtschaftslebens übereinstimmt. Seit der Entwicklung der GAAP wurden diese jedoch durch diverse und im Zeitablauf wechselnde Organisationen in unterschiedlichem Maße beeinflußt. Aufgrund der Orientierung an jeweils drängenden Einzelproblemen sind gelegentlich Widersprüche und Ungereimtheiten feststellbar. Wegen des pragmatischen Vorgehens fehlt den GAAP auch eine theoretische Fundierung. Im Gegensatz zu den HGB-Vorschriften gibt es in den GAAP auch keine Unterteilung in Einzel- und Konzernabschluß.[1)]

2.1.2.4.1 Einfluß der US-Wirtschaftsprüfer auf die Entwicklung der GAAP

Aufgrund des Fehlens staatlicher Vorschriften zur Rechnungslegung stand die SEC vor der Alternative, für ihre Zwecke entweder selbst Rechnungslegungsvorschriften zu erstellen oder dies an den privaten Sektor weiterzugeben. Nach intensiven Diskussionen wurde die Erstellung von Rechnungslegungsvorschriften schließlich an den Berufsstand der Wirtschaftsprüfer delegiert. Nachdem in den Jahren nach dem Börsenkrach zunächst das American Institute of Accountants (AIA)[2)] durch das Special Committee on Accounting Procedures verstärkt Einfluß auf die GAAP nahm und anschließend von 1939 bis 1959 primär durch seine beiden Gremien, das Committee on Terminology und das Committee on Accounting Procedure (CAP), wurden diese Aufgaben von 1959 bis 1973 durch das

1) Vgl. Eisolt, D.: Die rechtlichen Grundlagen der amerikanischen Konzernrechnungslegung, a.a.O., S. 222 f.

2) Das AIA war die Vorgängerorganisation des AICPA. Es wurde 1957 umbenannt. Auch das AIA hatte bereits eine Vorgängerorganisation, nämlich die American Association of Public Accountants (AAPA), von 1877 bis 1917.

Accounting Principles Board (APB) übernommen.[1] Das APB war ausschließlich mit zunächst 18 und später 21 Wirtschaftsprüfern (certified public accountants, CPAs) besetzt. Diese waren beim APB nur nebenberuflich und unentgeltlich beschäftigt. Insofern bestand die Gefahr der wirtschaftlichen Abhängigkeit und der Manipulierbarkeit sowie der arbeitsmäßigen Überlastung. Aufgrund dieser Einseitigkeit und der faktischen Beherrschung durch die großen amerikanischen Wirtschaftsprüfungsgesellschaften stand das APB massiv unter Kritik. 1971 wurde daher das Wheat Committee eingesetzt, um dies zu untersuchen. Es bestätigte die Vorwürfe und schlug die Ablösung des APB durch das Financial Accounting Standards Board (FASB) vor, nachdem auch ernsthaft erwogen war, dem privaten Sektor seine Zuständigkeit für die GAAP zu entziehen und auf die Bundesregierung zu übertragen.[2]

In Umsetzung der Vorschläge des Wheat Committee ist, nach Auflösung des APB, seit 1973 das FASB für die Entwicklung der GAAP zuständig. Im Gegensatz zum APB ist das FASB kein Organ des American Institute of Certified Public Accountants (AICPA), sondern wird von einer von Berufsorganisationen unabhängigen Stiftung, der Financial Accounting Foundation (FAF), getragen und von sieben hauptberuflich tätigen Mitgliedern geführt.[3] Darüber hinaus braucht das Board für seine Verlautbarungen keine Zweidrittelmehrheit mehr, sondern kann mit einfacher Mehrheit entscheiden. Außerdem wurde 1973 ein neuer Code of Professional Ethics wirksam, der in Rule 203 alle Mitglieder des AICPA bei Prüfungen zur Beachtung der vom FASB formulierten Grundsätze ordnungsmäßiger Bilanzierung verpflichtet. Des weiteren hat auch die SEC in Accounting Series Release (ASR) No. 150 ausdrücklich konstatiert, daß die Verlautbarungen des FASB authoritative support genießen und somit GAAP darstellen.[4] Die GAAP lassen sich somit zunächst grob unterscheiden in vom FASB und seinen Vorgängerorganisationen erlassene Verlaut-

1) Vgl. Eisolt, D.: Die rechtlichen Grundlagen der amerikanischen Konzernrechnungslegung, a.a.O., S. 223 f.; Haller, A.: Die Grundlagen der externen Rechnungslegung in den USA, a.a.O., S. 37 f. Laut Sonnemann, E.: Institutionelle und konzeptionelle Grundlagen der externen Rechnungslegung in den USA, in: Sonnemann, E. (Hrsg.): Rechnungslegung, Prüfung, Wirtschaftsrecht und Steuern in den USA, a.a.O., S. 17-52, hier S. 24 f., ist das CAP bereits 1938 entstanden.

2) Vgl. Eisolt, D.: Die rechtlichen Grundlagen der amerikanischen Konzernrechnungslegung, a.a.O., S. 226.

3) Vgl. Eisolt, D.: Die rechtlichen Grundlagen der amerikanischen Konzernrechnungslegung, a.a.O., S. 226; Haller, A.: Die Grundlagen der externen Rechnungslegung in den USA, a.a.O., S. 42.

4) Vgl. Sonnemann, E.: Institutionelle und konzeptionelle Grundlagen der externen Rechnungslegung in den USA, a.a.O., S. 26 f.

barungen, die von der SEC anerkannt wurden (promulgated principles) und solche, die informell nur durch praktische Übung entstanden (non promulgated principles).[1]

Nach mehreren Unternehmenszusammenbrüchen geriet der gesamte Berufsstand der Wirtschaftsprüfer jedoch erneut massiv unter Kritik, und die Arbeit des FASB wurde in Frage gestellt. "Den Wirtschaftsprüfern wurden fachliche Fehler, mangelnde Unabhängigkeit und sonstiges berufliches Versagen vorgeworfen."[2] Aufgrund dieser Vorwürfe wurde vom Senat ein Untersuchungsausschuß unter dem Vorsitz von Senator Metcalf eingesetzt. Das nach seinem Vorsitzenden benannte Metcalf Committee bestätigte diese Mißstände in seinem Abschlußbericht (Metcalf-Report) 1977 weitgehend und empfahl, die Zuständigkeit für die Rechnungslegung der Bundesregierung zu übertragen. Selbst in der Literatur wurde die Ansicht vertreten, daß die Festlegung von Rechnungslegungsgrundsätzen eine der bedeutendsten Aufgaben der SEC und somit zu wichtig sei, um sie an Dritte zu delegieren.[3]

Durch verschiedene Maßnahmen vorwiegend organisatorischer Art im Anschluß an den Bericht konnte das AICPA die Übertragung der Rechnungslegungszuständigkeit an den Staat verhindern. Es bleibt daher festzuhalten, daß die von deutschen Autoren häufig gepriesenen nichtstaatlichen Rechnungslegungsvorschriften in den USA selbst aufgrund der Unzulänglichkeit der zuständigen Gremien schon lange nicht mehr unumstritten sind.[4] Abbildung 1 verdeutlicht, welche Institutionen die externe Rechnungslegung in den USA im Zeitablauf maßgeblich beeinflußten.

1) Vgl. HALLER, A.: Die "Generally Accepted Accounting Principles", in: zfbf, 42. Jg. (1990), S. 751-777, S. 759 ff.

2) EISOLT, D.: Die rechtlichen Grundlagen der amerikanischen Konzernrechnungslegung, a.a.O., S. 226.

3) Vgl. EISOLT, D.: Die rechtlichen Grundlagen der amerikanischen Konzernrechnungslegung, a.a.O., S. 226 f. SONNEMANN relativiert die Ergebnisse des Metcalf-Reports, indem er anmerkt, daß dieser von politischem Populismus und tiefem Mißtrauen gegenüber der Wirtschaftsmacht der Großunternehmen und deren Prüfern geprägt war. Vgl. SONNEMANN, E.: Institutionelle und konzeptionelle Grundlagen der externen Rechnungslegung in den USA, a.a.O., S. 23.

4) Vgl. EISOLT, D.: Die rechtlichen Grundlagen der amerikanischen Konzernrechnungslegung, a.a.O., S. 227.

Abb. 1: Historische Entwicklung der die externe Rechnungslegung in den USA maßgeblich beeinflussenden Institutionen seit 1934

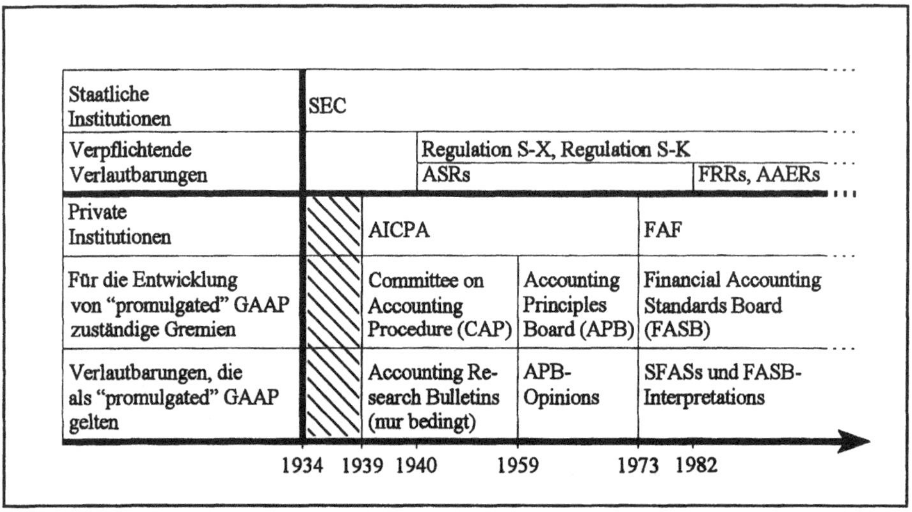

Quelle: In Anlehnung an HALLER, A.: Die Grundlagen der externen Rechnungslegung in den USA, a.a.O., S. 54.

Nachdem früher Bedenken aufgrund der Einseitigkeit des APB geäußert wurden, gibt es neuerdings Kritik an der eher zu großen Unabhängigkeit des FASB und dem zu langen Entwicklungsprozeß neuer Standards. Darüber hinaus werden im Board bisweilen Glaubenskriege unter anderem über die Theorien der Konzernrechnungslegung und die Konzepte der allgemeinen Konzernrechnungslegungs- und Konsolidierungspflicht geführt.[1)]

Obwohl der Verfahrensablauf (due process) bei der Verabschiedung eines Statement of Financial Accounting Standards (SFAS) ein relativ langwieriger Prozeß ist,[2)] wird von den Firmen am Output des FASB kritisiert, "that the FASB has promulgated too many hard-to-implement standards in too short a time and that the board adds too many unnecessary projects to its technical agenda."[3)]

1) Vgl. FEY, G.: Kritik am Bilanzierungsgremium, in: Blick durch die Wirtschaft Nr. 124 vom 1.7.1996, S. 9.

2) Vgl. ausführlich HALLER, A.: Die Grundlagen der externen Rechnungslegung in den USA, a.a.O., S. 46 ff.

3) O.V.: Beresford defends FASB actions, in: JofA, Januar 1989, S. 17.

2.1.2.4.2 Conceptual framework

Obwohl sich einige Autoren bereits seit Anfang des Jahrhunderts mit Rechnungslegungstheorien (accounting theories) auseinandersetzten,[1] und es von der American Accounting Association (AAA) bereits seit 1936 Bemühungen gab, die Rechnungslegung auf ein konzeptionell begründetes Fundament zu stellen,[2] blieben die GAAP immer eine fortlaufend numerierte Sammlung von Verlautbarungen der im Zeitablauf wechselnden Organisationen und Gremien, die die jeweils anstehenden Probleme fallweise lösten.

Die seit Anfang des Jahrhunderts entstandenen zahlreichen Rechnungslegungstheorien standen häufig zusammenhanglos nebeneinander, ohne daß versucht wurde, diese miteinander zu verbinden oder aufeinander aufzubauen. Daher entstand das Bedürfnis nach einer allgemeinen Rechnungslegungstheorie (general theory), die eine einheitliche, zusammenhängende und möglichst umfassende Theorie darstellen sollte.[3]

Erst das FASB schuf durch Selektion und Verknüpfung unterschiedlicher Theorien im Rahmen seines conceptual framework project eine quasi-theoretische Basis und verabschiedete 1978 das erste Statement of Financial Accounting Concepts (SFAC).[4] Das conceptual framework wurde nicht als Einheit an einem bestimmten Zeitpunkt veröffentlicht, sondern besteht aus sechs zu verschiedenen Zeitpunkten bis 1985 erlassenen SFACs.[5] Es ist als ein

---

1) Vgl. HALLER, A.: Die Grundlagen der externen Rechnungslegung in den USA, a.a.O., S. 79 ff.

2) Vgl. SONNEMANN, E.: Institutionelle und konzeptionelle Grundlagen der externen Rechnungslegung in den USA, a.a.O., S. 39 ff.

3) Vgl. HALLER, A.: Die Grundlagen der externen Rechnungslegung in den USA, a.a.O., S. 82 f.

4) Vgl. HALLER, A.: Die Grundlagen der externen Rechnungslegung in den USA, a.a.O., S. 195; DERS.: Wesentliche Ziele und Merkmale US-amerikanischer Rechnungslegung, in: Ballwieser, W. (Hrsg.): US-amerikanische Rechnungslegung, a.a.O., S. 1-27, hier S. 7 ff.; SONNEMANN, E.: Institutionelle und konzeptionelle Grundlagen der externen Rechnungslegung in den USA, a.a.O., S. 41 ff.

5) Vgl. FASB: Statement of Financial Accounting Concepts No. 1: Objectives of Financial Reporting by Business Enterprises, 1978, in: FASB (Hrsg.): Original Pronouncements, Accounting Standards as of June 1, 1998, Bd. II, a.a.O., S. 1005-1020 (im folgenden kurz: SFAC No. 1); DASS.: Statement of Financial Accounting Concepts No. 2: Qualitative Characteristics of Accounting Information, 1980, in: FASB (Hrsg.): Original Pronouncements, Accounting Standards as of June 1, 1998, Bd. II, a.a.O., S. 1021-1055 (im folgenden kurz: SFAC No. 2); DASS.: Statement of Financial Accounting Concepts No. 3: Elements of Financial Statements of Business Enterprises, 1980, in: FASB (Hrsg.): Original Pronouncements, Accounting Standards as of June 1, 1998, Bd. II, a.a.O., S. 1056-1057 (im folgenden kurz: SFAC No. 3); DASS.: Statement of Financial Accounting Concepts No. 4: Objectives of Financial Reporting by Nonbusiness Organizations, 1980, in: FASB (Hrsg.): Original Pronouncements, Accounting Standards as of June 1, 1998, Bd. II, a.a.O., S. 1059-1081 (im folgenden kurz: SFAC No. 4); DASS.: Statement of Financial Accounting Concepts No. 5: Recognition and Measurement in Financial Statements of Business Enterprises, 1984, in: FASB (Hrsg.): Original Pronouncements, Accounting Standards as of June 1, 1998, Bd. II, a.a.O., S. 1084-1107 (im folgenden kurz: SFAC No. 5); DASS.: Statement of Financial Accounting Concepts No. 6: Elements of Financial Statements, 1985, in: FASB (Hrsg.): Original Pronouncements, Accounting Standards as of June 1, 1998, Bd. II, a.a.O., S. 1108-1161 (im folgenden kurz: SFAC No. 6).

dynamisches Grundsatzsystem konzipiert, das an sich ändernde Rechnungslegungsbedingungen anzupassen ist. Dies wird beispielsweise dadurch deutlich, daß das 1980 erlassene SFAC No. 3 bereits 1985 durch SFAC No. 6 erweitert und ersetzt wurde.[1)]

Die erlassenen SFACs sind den folgenden vom FASB erarbeiteten Struktur- oder Deduktionsebenen zuzuordnen und bilden eine Theoriegrundlage für künftige Verlautbarungen, so daß spezielle Einzelfragen im Geiste der Theorie- bzw. Deduktionsbasis gelöst werden können. Dabei erhöht sich mit zunehmender Deduktionsebene grundsätzlich der Konkretisierungsgrad der Aussagen:[2)]

1. Zielsetzungen (Objectives of Financial Reporting): SFAC No. 1 und 4.
2. Zentrale Rechnungslegungsgrundsätze bzw. qualitative Merkmale (Qualitative Characteristics of Accounting Information): SFAC No. 2 sowie
   Grundelemente (Elements of Financial Statements): SFAC No. 6 (ersetzt und erweitert den Inhalt von SFAC No. 3).
3. Erfassung und Bewertung (Recognition and Measurement): SFAC No. 5.

Die erste Strukturebene legt die Hauptziele der externen Rechnungslegung fest und ist somit Basis für die nachfolgenden Ebenen. Das FASB greift die Ergebnisse des parallel zum Metcalf Committee tätig gewesenen Trueblood Committee auf. Als Funktion der Rechnungslegung identifiziert es in SFAC No. 1, par. 16 die Bereitstellung von Informationen, die für Personen nützlich sind, die wirtschaftliche Entscheidungen bezüglich des Unternehmens treffen bzw. dem Unternehmen Eigen- oder Fremdkapital zur Verfügung stellen. Gemäß SFAC No. 1, par. 30 stellen folglich Investoren und Kreditgeber die bedeutendste Nutzergruppe der externen Rechnungslegung dar, wobei im übrigen davon auszugehen ist, daß die für Investoren und Kreditgeber nützlichen Informationen auch für andere nützlich sind. Als Rechnungslegungsadressaten sind primär Kapitalgeber anzusehen, denen es an Macht fehlt, von den Unternehmen relevante Informationen für ihre Investitionsentscheidungen einzufordern. Hierbei handelt es sich insbesondere um Publikumsaktionäre und kleinere Gläubiger, nicht jedoch um Banken, da sie zur Minderung ihres Investitionsrisikos von den Kreditnehmern Informationen durch entsprechende Auflagen bei den Darlehensverhandlungen erhalten können. Dies macht auch die untergeordnete Rolle des

---

1) Vgl. HALLER, A.: Die Grundlagen der externen Rechnungslegung in den USA, a.a.O., S. 202 f.

2) Vgl. HALLER, A.: Die Grundlagen der externen Rechnungslegung in den USA, a.a.O., S. 202 ff; DERS.: Wesentliche Ziele und Merkmale US-amerikanischer Rechnungslegung, a.a.O., S. 7 ff.; SONNEMANN, E.: Institutionelle und konzeptionelle Grundlagen der externen Rechnungslegung in den USA, a.a.O., S. 43 f.

Gläubigerschutzes deutlich.[1] Insbesondere die gesetzlich festgelegten Bestimmungen zur Rechnungslegung sind in starkem Maße eigentümerorientiert, was in einem gewissen Gegensatz zu SFAC No. 1 zu stehen scheint.[2] Durch die Aussage des FASB in SFAC No. 1 relativiert sich diese Kritik jedoch: "The Board recognizes that in certain respects current generally accepted accounting principles may be inconsistent with those that may derive from the objectives and concepts set forth in this Statement and others in this series. In due course, the Board expects to reexamine its pronouncements, pronouncements of predecessor standard-setting bodies, a~d existing financial reporting practice in the light of newly enunciated objectives and concepts."

Die zweite Strukturebene enthält die Basisgrundsätze und ist zweigeteilt in Qualitative Characteristics of Financial Statements und Elements of Financial Statements. Bei ersteren handelt es sich um qualitative Merkmale, also die Anforderungen an Zahlen und sonstige Daten der Rechnungslegung, während es sich bei letzteren um die Definitionen von zehn Grundelementen der Rechnungslegung handelt. Die dritte Strukturebene schließlich beschäftigt sich mit der Erfassung und Bewertung und bildet in der Regel den komplexesten Bereich der externen Rechnungslegung.[3] Hier werden auch die einzelnen Jahresabschlußbestandteile vorgestellt.

Das FASB unterliegt bei seiner Arbeit dem Einfluß der unterschiedlichsten Gruppen. Bei kritischer Betrachtung der GAAP und des conceptual framework wird deutlich, daß diese zahlreichen Kompromissen unterliegen und daher insbesondere das conceptual framework aufgrund einer mangelnden klaren und logischen Deduktion oft nur vage, allgemeine und oberflächliche Aussagen trifft. Es wirkt nach außen deduktiv, besteht jedoch im wesentlichen aus induktiv ermittelten und aus der Praxis abgeleiteten Aussagen. Inkonsequent ist auch, daß die SFACs gemäß SFAC No. 1 keine GAAP sind, obwohl sie Prinzipien der GAAP beschreiben und zur Ableitung neuer und Überarbeitung alter GAAP dienen sollen. "Unlike a Statement of Financial Accounting Standards, a Statement of Financial Accounting Concepts does not establish generally accepted accounting principles ..."

Trotz dieser Unzulänglichkeiten wurde durch das conceptual framework in vielen Bereichen eine Basis zur Beseitigung der bestehenden terminologischen Konfusion ge-

---

1) Vgl. HALLER, A.: Die Grundlagen der externen Rechnungslegung in den USA, a.a.O., S. 204 ff; SONNEMANN, E.: Institutionelle und konzeptionelle Grundlagen der externen Rechnungslegung in den USA, a.a.O., S. 44 ff.

2) Vgl. HALLER, A.: Die Grundlagen der externen Rechnungslegung in den USA, a.a.O., S. 245 f.

3) Vgl. SONNEMANN, E.: Institutionelle und konzeptionelle Grundlagen der externen Rechnungslegung in den USA, a.a.O., S. 46 ff.

schaffen, und durch die Formulierung der Zielsetzung der Rechnungslegung und die Festlegung der wichtigsten an eine Rechnungslegungsinformation gestellten Anforderungen (qualitative characteristics) entstand eine nicht zu verachtende Fundierung des standard-setting, auch wenn in vielen Bereichen aufgrund fehlender, eindeutiger, normativer Aussagen keine konkrete richtungsweisende Hilfestellung geboten wird.[1]

2.1.2.4.3 Zentrale Rechnungslegungsgrundsätze

Die obersten Grundsätze der Rechnungslegung werden vom FASB im SFAC No. 2 definiert. Sie werden aus dem obersten Ziel, der Entscheidungsnützlichkeit (decision usefulness), abgeleitet.[2] Nutzerspezifische Merkmale wie die Verständlichkeit (understandability) sind laut SFAC No. 2, par. 40 in der Hierarchie so angeordnet, daß sie als Verbindung zwischen den Merkmalen der Benutzer (Entscheidungsträger) und entscheidungsspezifischen Merkmalen der Informationen fungieren. Abbildung 2 verdeutlicht die Hierarchie der US-amerikanischen Rechnungslegungsgrundsätze.

Als wichtigster Grundsatz ist die Entscheidungsrelevanz (relevance) der Informationen für die Rechnungslegungsadressaten anzusehen, und zwar sowohl in bezug auf die Voraussagetauglichkeit (predictive value) für die künftige Entwicklung als auch als Rückkopplungsqualität (feedback value) im Sinne einer Bestätigung oder Revidierung vergangener Erwartungen. Dies bedingt gleichzeitig den Grundsatz der Rechtzeitigkeit (timeliness). Neben der Entscheidungsrelevanz kommt der Zuverlässigkeit (reliability) der Informationen eine ähnlich große Bedeutung zu. Sie bedingt die getreue Wiedergabe (representational faithfulness), die Nachprüfbarkeit (verifiability) sowie die Neutralität (neutrality). Die Grundsätze der Entscheidungsrelevanz und der Zuverlässigkeit werden vom FASB als die primären Grundsätze (primary qualities) bezeichnet und häufig als fair presentation zusammengefaßt, wobei der Entscheidungsrelevanz tendenziell ein stärkeres Gewicht zukommt.[3]

1) Vgl. HALLER, A.: Die Grundlagen der externen Rechnungslegung in den USA, a.a.O., S. 220 ff.

2) Vgl. HALLER, A.: Die Grundlagen der externen Rechnungslegung in den USA, a.a.O., S. 207.

3) Vgl. BAETGE, J./ROß, H.-P.: Was bedeutet »fair presentation«?, in: Ballwieser, W. (Hrsg.): US-amerikanische Rechnungslegung, 3. Aufl., Stuttgart 1998, S. 29-45, hier S. 32 f.; HALLER, A.: Wesentliche Ziele und Merkmale US-amerikanischer Rechnungslegung, a.a.O., S. 12 f.; SONNEMANN, E.: Institutionelle und konzeptionelle Grundlagen der externen Rechnungslegung in den USA, a.a.O., S. 46 ff.

Abb. 2: Hierarchie US-amerikanischer Rechnungslegungsgrundsätze

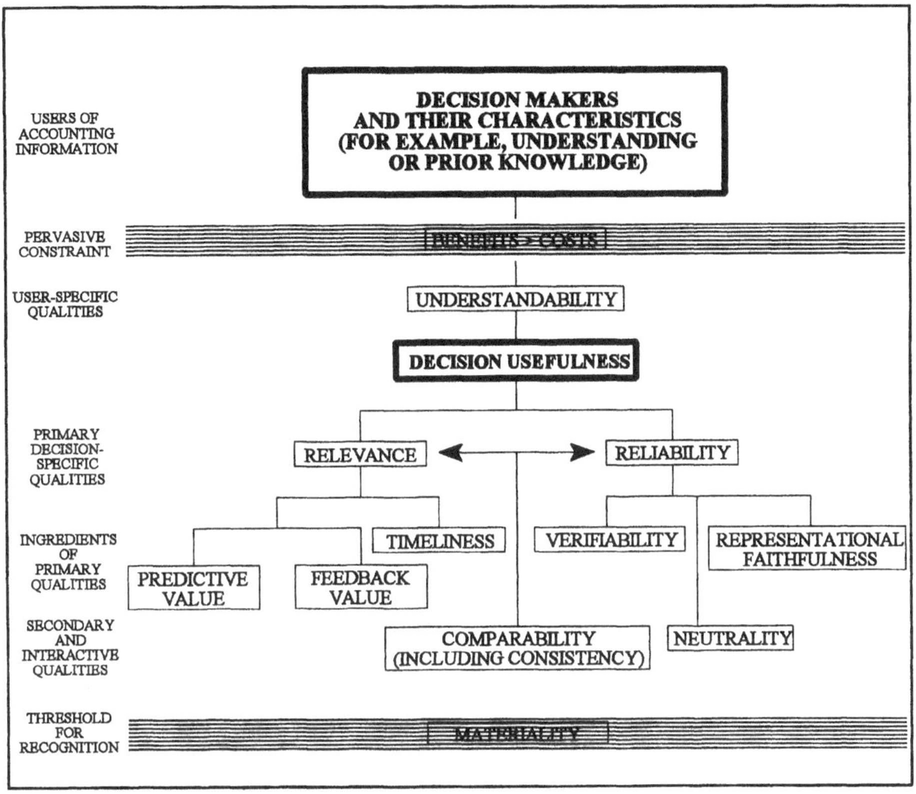

Quelle: SFAC No. 2, par. 32.

Im Bestätigungsvermerk der amerikanischen Wirtschaftsprüfer wird gemäß Statement on Auditing Standards (SAS) No. 58[1], par. 8 testiert, daß die Rechnungslegung des Unternehmens die beiden primären Qualitäten erfüllt und somit eine fair presentation der wirtschaftlichen Lage darstellt. Dies stellt gleichzeitig die Generalnorm der US-amerikanischen Rechnungslegung dar. Analog zu Art. 2 Abs. 5 der 4. EGR und Art. 16 Abs. 5 der 7. EGR ist die Generalnorm im US-Recht als overriding principle ausgestaltet, was bedeutet, daß in Abweichung von den Einzelvorschriften zu bilanzieren ist, sofern sich mit diesen kein der Generalnorm entsprechendes Bild darstellen läßt.[2]

1) Vgl. AUDITING STANDARDS BOARD: Statement on Auditing Standards No. 58: Reports on Audited Financial Statements, in: JofA, July 1988, S. 174-188.

2) Vgl. BAETGE, J./ROß, H.-P.: Was bedeutet »fair presentation«?, a.a.O., S. 33 ff.

Als sekundäre Grundsätze (secondary qualities) sind die Grundsätze der Vergleichbarkeit zu nennen, und zwar einerseits die zwischenbetriebliche Vergleichbarkeit (comparability) und die geschäftsjahresübergreifende Vergleichbarkeit bzw. Stetigkeit (consistency), wobei letztere von den Adressaten höher eingeschätzt wird.[1)]

Unabhängig von diesen Grundsätzen sind von den Informationen noch zwei Schwellen zu passieren, ehe sie Eingang in ein financial statement finden. Dies ist zum einen der Grundsatz der Wesentlichkeit (materiality), der als threshold for recognition bezeichnet wird. Er ist im Zusammenhang mit der Gewährung entscheidungsrelevanter Informationen zu sehen, da unwesentliche Informationen grundsätzlich nicht entscheidungsrelevant sein werden. Hierdurch soll gewährleistet werden, daß relevante Inhalte nicht durch eine Fülle unwichtiger Informationen verschleiert werden. Gleichzeitig führt die Unbestimmtheit des Wesentlichkeitsgrundsatzes allerdings zu einer mangelnden einheitlichen Auslegung und beeinträchtigt somit die zwischenbetriebliche Vergleichbarkeit.[2)]

Zum anderen ist der in SFAC No. 2 Abs. 133-144 beschriebene, dem Wesentlichkeitsgrundsatz ähnliche Wirtschaftlichkeitsgedanke (benefits > costs) als pervasive constraint zu erfüllen. Er vergleicht über die Wesentlichkeit der Informationen hinaus die Kosten, die dem Unternehmen bei der Informationserhebung entstehen, mit dem den Adressaten durch diese Information entstehenden Nutzen.[3)]

Außer den oben genannten Grundsätzen bestehen noch weitere wichtige Grundsätze. So gilt natürlich auch in den USA das Prinzip der Unternehmensfortführung (going concern). Darüber hinaus ist der Grundsatz der periodengerechten Erfolgsermittlung (accrual) als das für die Gewinnermittlung wichtigste Prinzip mit seinen beiden Unterprinzipien, dem Realisationsprinzip (realization) und dem Prinzip der sachlichen Abgrenzung (matching), zu beachten. Diese sind zwar analog auch im HGB zu finden, haben in den USA jedoch aufgrund der Unterordnung unter das Ziel der decision usefulness eine andere Ausprägung als in Deutschland. So ist das Realisationsprinzip in den USA weniger streng, da es einerseits nicht dem Vorsichtsprinzip (conservatism), sondern dem Grundsatz der periodengerechten Erfolgsermittlung untergeordnet ist und andererseits das Vorsichtsprinzip im Vergleich zur periodengerechten Erfolgsermittlung nur eine geringe Bedeutung hat. Unter das Vorsichtsprinzip ist das Niederstwertprinzip (lower of cost or market) einzuordnen. Ein

---

1) Vgl. BAETGE, J./ROß, H.-P.: Was bedeutet »fair presentation«?, a.a.O., S. 33 f.; HALLER, A.: Wesentliche Ziele und Merkmale US-amerikanischer Rechnungslegung, a.a.O., S. 13 f.

2) Vgl. BAETGE, J./ROß, H.-P.: Was bedeutet »fair presentation«?, a.a.O., S. 34; HALLER, A.: Wesentliche Ziele und Merkmale US-amerikanischer Rechnungslegung, a.a.O., S. 16 f.

3) Vgl. HALLER, A.: Wesentliche Ziele und Merkmale US-amerikanischer Rechnungslegung, a.a.O., S. 16.

Imparitätsprinzip besteht nicht explizit, sondern ist im Vorsichtsprinzip enthalten. Aufgrund des Ziels der decision usefulness tritt der Inhalt der Rechnungslegung gegenüber der formellen Gestaltung stark in den Vordergrund, was seinen Ausdruck in dem Grundsatz der substance over form[1] findet. Folglich sind in den Standards des FASB nur sehr wenige formelle Regelungen enthalten.[2]

2.1.2.4.4 Einteilung der GAAP in fünf verschiedene Hierarchieebenen

Aufgrund der im Zeitablauf wechselnden Organisationen und deren Gremien, die primär für die Ausgestaltung der GAAP zuständig waren, haben sich viele Verlautbarungen ergeben, die in ihrer Verbindlichkeit auf unterschiedlichen Ebenen stehen. Gemäß SAS No. 69[3], pars. 5-11 werden diese in fünf Kategorien eingeteilt:[4]

1. FASB Statements of Financial Accounting Standards (SFAS), FASB Interpretations (FIN), APB Opinions, AICPA Accounting Research Bulletins (ARB),
2. FASB Technical Bulletins (FTB), AICPA Industry Audit and Accounting Guides und AICPA Statements of Position (SOP),
3. AICPA Accounting Standards Executive Committee (AcSEC) Practice Bulletins und Consensus Positions of the FASB Emerging Issues Task Force (EITF),
4. AINs, "Qs and As" (Questions and Answers) des FASB Staff und "practices that are widely recognized and prevalent either generally or in the industry."[5] Letztere ergeben sich beispielsweise aus den jährlich erscheinenden AICPA Trends & Techniques[6].
5. Sofern Erklärungen der oberen Kategorien nicht existieren, kann andere Rechnungslegungsliteratur (other accounting literature) herangezogen werden. Das AICPA nennt hier beispielsweise "FASB Statements of Financial Accounting Concepts; APB Statements; AICPA Issues Papers;

1) Genauer: Economic substance over legal form.

2) Vgl. HALLER, A.: Wesentliche Ziele und Merkmale US-amerikanischer Rechnungslegung, a.a.O., S. 15 f.

3) Vgl. AUDITING STANDARDS BOARD: Statement on Auditing Standards No. 69: The Meaning of *Present Fairly in Conformity With Generally Accepted Accounting Principles* in the Independent Auditor's Report, in: JofA, March 1992, S. 108-111.

4) Vgl. EISOLT, D.: Die rechtlichen Grundlagen der amerikanischen Konzernrechnungslegung, a.a.O., S. 232 f.; WILLIAMS, J.R.: 1999 Miller GAAP Guide, San Diego u.a. 1999, S. xviii.

5) SAS No. 69, par. 10d.

6) Vgl. AICPA (Hrsg.): Trends 1996, a.a.O.

International Accounting Standards of the International Accounting Standards Committee; Governmental Accounting Standards Board (GASB) Statements, Interpretations, and Technical Bulletins; pronouncements of other professional associations or regulatory agencies; Technical Information Service Inquieries and Replies included in AICPA *Technical Practice Aids*; and accounting textbooks, handbooks, and articles"[1].

SEC-Vorschriften gehören ebenfalls zu den GAAP. Sie sind der Kategorie vier oder fünf zuzuordnen, haben aber für die der SEC berichtspflichtigen Unternehmen natürlich Vorrang.[2]

Von den fünf Kategorien besteht nur die erste aus offiziellen Verlautbarungen der von der SEC beauftragten, im Zeitablauf wechselnden Institutionen zur Erarbeitung von GAAP, die daher als promulgated principles anzusehen sind. Die anderen Ebenen stellen daher non promulgated principles dar.[3] Die ersten vier Kategorien werden auch als "established accounting principles" bezeichnet, da sie die Zustimmung des FASB finden, während die fünfte Kategorie nur in Zweifelsfällen als "other accounting literature" heranziehbar ist.[4] Grundsätzlich ließe sich die erste Kategorie auch als Verpflichtungsebene oder GAAP i.e.S. und die letzte Kategorie als Theorieebene bezeichnen.[5] Hierbei ist insbesondere die niedrige Einordnung der SFACs zu beachten, die in SFAC No. 1 sogar von sich behaupten, sie seien gar keine GAAP. Dies ist insofern logisch, als sie nicht konkrete Regelungen enthalten, sondern nur allgemeine Grundsätze darstellen.[6] Da sie nach SFAC No. 1 jedoch die Grundlage für die Entwicklung neuer und die Überarbeitung alter SFASs darstellen, sind sie in Zweifelsfällen natürlich doch heranzuziehen. Das AICPA schreibt daher auch in bezug auf die fünfte Kategorie: "FASB Statements of Financial Accounting Concepts would normally be more influential than other sources in this category."[7]

---

1) SAS No. 69, par. 11.

2) Vgl. EISOLT, D.: Die rechtlichen Grundlagen der amerikanischen Konzernrechnungslegung, a.a.O., S. 233.

3) Vgl. SAS No. 69, par. 5; HALLER, A.: Die "Generally Accepted Accounting Principles", a.a.O., S. 759 ff., der eine ansonsten etwas abweichende Einteilung vornimmt.

4) Vgl. EISOLT, D.: Die rechtlichen Grundlagen der amerikanischen Konzernrechnungslegung, a.a.O., S. 233.

5) Vgl. SONNEMANN, E.: Institutionelle und konzeptionelle Grundlagen der externen Rechnungslegung in den USA, a.a.O., S. 38 ff., der ebenfalls eine ansonsten etwas abweichende Einteilung vornimmt.

6) SCHILDBACH spricht von den SFACs als "werbewirksame Zielvorstellungen". Vgl. SCHILDBACH, T.: Rechnungslegung nach US-GAAP: Hoffnung und Wirklichkeit, a.a.O., S. 361.

7) SAS No. 69, par. 11.

Einige Autoren behaupten, die GAAP seien mit den deutschen Grundsätzen ordnungsmäßiger Buchführung (GoB) vergleichbar.[1)] Obwohl es sich bei beiden um unbestimmte Rechtsbegriffe handelt, sind doch erhebliche Unterschiede festzustellen. So ist der Geltungsbereich der GoB wesentlich größer, da sie gemäß § 243 HGB i.V.m. § 242 HGB für alle Kaufleute gelten und daher rechtsform- und größenunabhängig sind. Die GAAP sind dagegen nur von Unternehmen anzuwenden, die ihren Abschluß testieren lassen. Bei ihnen handelt es sich in der Regel um größere Unternehmen. Darüber hinaus stellen die GAAP sämtlich nicht kodifiziertes Recht dar, indem sie erst durch die Akzeptanz der SEC quasi Gesetzescharakter erhalten. Des weiteren regeln die GAAP den gesamten Bereich der Rechnungslegung, während die GoB nur allgemeine Grundsätze zur Schließung von Gesetzeslücken darstellen.[2)] Dies entspricht der Ansicht von LEFFSON, der als GoB nur die oberen - meist kodifizierten - und unteren Grundsätze ordnungsmäßiger Buchführung versteht und daher von den gesetzlichen Einzelvorschriften abgrenzt. Diese begriffliche Trennung von GoB und Gesetz erfolgt zu Recht, und zwar trotz Kodifizierung der oberen GoB durch den Gesetzgeber.[3)] In diesem Sinne ist auch das Testat gemäß § 322 HGB zu verstehen. So bestätigt ein deutscher Wirtschaftsprüfer: "Die Buchführung und der Jahresabschluß entsprechen ... den **gesetzlichen Vorschriften**. Der Jahresabschluß/Konzernabschluß vermittelt unter Beachtung der **Grundsätze ordnungsmäßiger Buchführung** ein den tatsächlichen Verhältnissen entsprechendes Bild der Vermögens-, Finanz- und Ertragslage der Kapitalgesellschaft/des Konzerns."[4)] Wenn von GoB gesprochen wird, so sind in der Regel implizit die oberen und unteren GoB im Unterschied zu den Einzelregelungen gemeint. Die Unterteilung im Testat in gesetzliche Vorschriften und GoB ist unabhängig von dieser Unterteilung daher ein wenig irritierend, da die oberen GoB gleichzeitig weitgehend gesetzlich geregelt sind. Ein amerikanischer CPA kennt diese Trennung nicht und bestätigt statt dessen gemäß SAS No. 58, par. 8: "In our opinion, the

---

1) Vgl. statt vieler EISOLT, D.: Die rechtlichen Grundlagen der amerikanischen Konzernrechnungslegung, a.a.O., S. 222.

2) Vgl. HALLER, A.: Die "Generally Accepted Accounting Principles", a.a.O., S. 774 f.; PELLENS, B.: Internationale Rechnungslegung, 2. Aufl., Stuttgart 1998, S. 119 f.

3) Vgl. LEFFSON, U.: Die Grundsätze ordnungsmäßiger Buchführung, 7. Aufl., Düsseldorf 1987, S. 25 ff. Anderer Ansicht ist LANG, J.: Grundsätze ordnungsmäßiger Buchführung I - Begriff, Bedeutung, Rechtsnatur -, in: Leffson U./Rückle, D./Großfeld, B. (Hrsg.): Handwörterbuch unbestimmter Rechtsbegriffe im HGB, Köln 1986, S. 221-240, hier S. 222, der die GoB in drei Klassen unterteilt, nämlich in:
   1. obere Grundsätze,
   2. untere oder konkretisierende Grundsätze und
   3. die Einzelregelungen,

   wobei erstere sehr wohl weitgehend gesetzlich kodifiziert sind.

4) Fettdruck nicht im Original.

financial statements ... present fairly, in all material respects, the financial position of X Company ... and the results of its operations ... in conformity with **generally accepted accounting principles**."[1] Insofern sind die GoB inhaltlich eher SFAC No. 2 gleichzusetzen, während die GAAP viel umfassender sind und daher eher den gesamten deutschen die Rechnungslegung betreffenden Veröffentlichungen inklusive der GoB sowie aller Kommentare und Lehrbücher gleichzusetzen sind.

2.1.2.4.5 Berücksichtigung der GAAP bei der Rechnungslegung

Die GAAP sind für die Konzernrechnungslegung anzuwenden, da der SEC bzw. den Börsen Abschlüsse nach Regulation S-X, die auch nähere Vorschriften über Form und Inhalt von Konzernabschlüssen enthält, einzureichen sind. In dieser Vorschrift wird direkt auf die Anwendung der GAAP hingewiesen, die den verbleibenden, umfangreichen Regelungsbedarf abdecken. Insofern bilden erst die SEC-Vorschriften zusammen mit den GAAP für die gegenüber der SEC berichtspflichtigen Emittenten ein umfangreiches Regelwerk.[2]

Auch nicht börsennotierte Unternehmen, die aus verschiedenen Gründen freiwillig einen Abschluß aufstellen und ihn prüfen lassen, müssen die GAAP anwenden; denn der Abschluß kann nur ein uneingeschränktes Testat erhalten, wenn er in Übereinstimmung mit den GAAP erstellt wurde, da die Abschlußprüfer hier ebenfalls an ihre berufsrechtlichen Vorschriften gebunden sind. Auf diese Weise entsteht für Unternehmen, die sich freiwillig prüfen lassen, aufgrund der berufsrechtlichen Vorschriften in Verbindung mit ARB No. 51 ebenfalls eine Konzernrechnungslegungspflicht.[3]

2.1.3 Entwicklung der Konzernrechnungslegung in den USA

Insbesondere in Deutschland wird in bezug auf das anglo-amerikanische Rechtssystem angemerkt, daß es aufgrund des case law zwar wesentlich flexibler, aber weniger geordnet sei als das kontinentaleuropäische Recht, so daß auch amerikanische Fachleute damit ihre Schwierigkeiten haben.[4] Dabei wird allerdings vergessen, daß der Istzustand des kodifizierten Rechts vor der Transformation der 4. und 7. EGR in Deutschland eine historisch

1) Fettdruck nicht im Original.

2) Vgl. EISOLT, D.: Die rechtlichen Grundlagen der amerikanischen Konzernrechnungslegung, a.a.O., S. 221 f.

3) Vgl. EISOLT, D.: Die rechtlichen Grundlagen der amerikanischen Konzernrechnungslegung, a.a.O., S. 231.

4) Vgl. EISOLT, D.: US-amerikanische und deutsche Konzernrechnungslegung, a.a.O., S. 5.

gewachsene Zersplitterung nach Rechtsformen, Unternehmensgrößen und Branchen zeigte.[1)]

Auch das in den USA nicht existierende Maßgeblichkeitsprinzip hat Einfluß auf die Entwicklung der Rechnungslegung. "The fact that the determination of accounting profit is influenced by taxation to a much lesser degree may also help to explain why Anglo-Saxon countries have been more active in introducing new accounting standards than other European countries."[2)]

Die USA sind das Land mit der längsten Konzernrechnungslegungstradition. So soll bereits im Jahre 1886 von dem American Cotton Oil Trust die erste konsolidierte Bilanz aufgestellt worden sein.[3)] Die Gründe für die frühe Durchsetzung der Konzernrechnungslegung in der Praxis sind in der Erlaubnis des Anteilserwerbs für Aktiengesellschaften an anderen Gesellschaften in den Aktiengesetzen der Einzelstaaten seit 1890 und dem damit verbundenen frühen Konzentrationsprozeß sowie dem Drängen von Kreditgebern zu sehen, die Konzernbilanzen für aussagefähiger hielten. Folglich flossen Kredite eher in solche Unternehmen, die diesen Anforderungen nachkamen, so daß nach Krisenjahren ein ruckartiger Anstieg von konsolidierten Bilanzen zu verzeichnen war.[4)]

In der US-amerikanischen Literatur bestand über den Zweck der Konzernrechnungslegung noch keine Einigkeit. Es wurden vier Zwecke diskutiert:

1. Darstellung der wirtschaftlichen Lage des Mutterunternehmens,
2. Ergänzung des Einzelabschlusses des Mutterunternehmens,
3. Abschätzung der Kreditwürdigkeit und
4. Darstellung der wirtschaftlichen Lage der wirtschaftlichen Einheit.

Ersteres gilt als Ursprung der Interessentheorie, die damals in den USA ganz klar dominierte, während letzteres den Ursprung der Einheitstheorie darstellt. Die Interessentheorie ist auch heute noch vorherrschend, wenngleich sie mit Elementen der Einheitstheorie durchsetzt ist.[5)]

---

1) Vgl. CHMIELEWICZ, K.: Vereinheitlichung durch ein rechtsformunabhängiges Rechnungslegungsgesetz, in: Bierich, M./Busse von Colbe, W./Laßmann, G./Lutter, M. (Hrsg.): Rechnungslegung nach neuem Recht, a.a.O., S. 15-52, hier, S. 16 ff.

2) FEE (Hrsg.): 1992 FEE analysis of European accounting and disclosure practices, London und New York 1992, S. 48., im folgenden zitiert als: 1992 FEE analysis.

3) Vgl. KÄFER. K.: Probleme der Konzernbilanzen, in: Käfer, K./Münstermann, H.: Konzernbilanzen, Zürich 1958, S. 9-40, hier S. 31.

4) Vgl. EISOLT, D.: US-amerikanische und deutsche Konzernrechnungslegung, a.a.O., S. 10.

5) Vgl. EISOLT, D.: US-amerikanische und deutsche Konzernrechnungslegung, a.a.O., S. 11.

Gesetzliche Regelungen zur Konzernrechnungslegung fanden sich zuerst im Steuergesetz von 1918, das die Abgabe von Konzernsteuererklärungen verlangte. Da die NYSE ab 1919 von den bei ihr zugelassenen Mutterunternehmen in der Rechtsform einer corporation verlangte, ihren Aktionären entweder verschiedene Einzelabschlüsse oder einen konsolidierten Abschluß vorzulegen, legten die meisten Muttergesellschaften ihren Aktionären lediglich einen konsolidierten Abschluß vor.[1)] Im Handelsrecht fand die Konzernrechnungslegung erst durch SA 1933 einen Niederschlag. Dort wurde allerdings der zuständigen Bundesbehörde (SEC) lediglich die Ermächtigung zum Erlaß von Rechnungslegungsvorschriften erteilt, aufgrund derer sie umfangreiche Ausführungsbestimmungen auch zur Konzernrechnungslegung erließ. Damit waren die USA das erste Land, in dem eine Konzernrechnungslegungspflicht in bestimmten Fällen bestand, auch wenn sich diese nicht aufgrund eines Gesetzes, sondern aufgrund eines Gesetzes durch Verordnungsrecht ergab.[2)]

In den USA gilt der Konzernabschluß gemäß ARB No. 51 im Sinne einer fair presentation als der grundsätzlich aussagekräftigere Abschluß. Daher hat er in den USA ein weitaus größeres Gewicht und wird von den der SEC berichtspflichtigen Unternehmen eingereicht. Darüber hinaus wird die Dividendenpolitik maßgeblich durch den Konzernabschluß bestimmt, der auch Grundlage der Besteuerung sein kann.[3)]

Wenn die Rechnungslegungsanforderungen einer Börsenaufsichtsbehörde wie beispielsweise der SEC jedoch dazu führen, daß die Anzahl möglicher Notierungen nicht ausgeschöpft wird, so beschränkt dies das Wachstum und den Ruf des Kapitalmarkts.[4)]

---

1) In deutschen Geschäftsberichten fanden sich bis vor kurzem noch die Einzelabschlüsse vor den Konzernabschlüssen. Erst seit kurzem hat sich diese Reihenfolge umgekehrt bzw. wird sogar auf die Veröffentlichung des Einzelabschlusses im Geschäftsbericht gänzlich verzichtet. Damit sind deutsche Mutterunternehmen heute auf dem Stand, auf dem ihre amerikanischen Pendants bereits vor 75 Jahren waren.

2) Vgl. EISOLT, D.: US-amerikanische und deutsche Konzernrechnungslegung, a.a.O., S. 11 f.

3) Vgl. FÖRSCHLE, G./KRONER, M./MANDLER, U.: Internationale Rechnungslegung: US-GAAP, HGB und IAS, a.a.O., S. 69.

4) Vgl. FEE (Hrsg.): Seventh Directive options, a.a.O., S. 16.

2.2 Die 7. EG-Richtlinie als Grundlage der Konzernrechnungslegung in der EU

Die EG-Richtlinien stellen die erste ernstzunehmende Initiative zur Harmonisierung der Rechnungslegung dar. Während die 4. EGR die Vorschriften für den Einzelabschluß enthält, wird in der 7. EGR die Rechnungslegung des Konzerns geregelt.

2.2.1 Rechtscharakter

Die EG konnte keine Gesetze erlassen, die von ihren Mitgliedstaaten anzuwenden wären.[1)] Um jedoch eine Rechtsangleichung innerhalb der Mitgliedstaaten herbeizuführen, mußte sich die EG des Rechtsinstruments der EG-Richtlinie bedienen, die von den Mitgliedstaaten gemäß Art. 189 Abs. 3 EWGV in nationales Recht zu transformieren ist.[2)] Durch die Transformation entsteht materiell europäisches und formell nationales Recht.[3)] Rechtsgrundlage für die Harmonisierung des Gesellschaftsrechts ist Art. 54 Abs. 3 Buchstabe g) EWGV, wonach die Schutzbestimmungen, die in den Mitgliedstaaten den Gesellschaften des bürgerlichen Handelsrechts einschließlich der Genossenschaften und der sonstigen juristischen Personen im Interesse der Gesellschafter sowie Dritter vorgeschrieben sind, mit dem Ziel der Gleichwertigkeit in den einzelnen Mitgliedstaaten aufeinander abzustimmen sind. Die Rechtsangleichung erfolgt dann gemäß Art. 54 Abs. 2 EWGV durch den Erlaß von Richtlinien.[4)]

Die Richtlinie dient dem Ziel der Rechtsharmonisierung durch Rechtsangleichung am besten, da sie den Vorteil hat, den Mitgliedstaaten bei der Umsetzung in nationales Recht Platz zur Berücksichtigung von Besonderheiten der nationalen Rechtsordnung zu lassen. Zu unterscheiden ist die Richtlinie daher von der Verordnung. Die Verordnung bietet diese

---

1) Dies gilt unverändert ebenfalls für die Europäische Union. Sie entstand am 1. November 1993 nach Zustimmung aller Mitgliedstaaten zum "Vertrag über die Europäische Union", der am 7. Februar 1992 in Maastricht unterzeichnet wurde. Seitdem besteht die bisherige primär wirtschaftlich orientierte Europäische Gemeinschaft i.w.S. aus einer "drei Säulen" umfassenden EU. Die bisherigen Europäischen Gemeinschaften stellen die primär wirtschaftliche Säule dar, während die bisherige Regelung über die Europäische Politische Zusammenarbeit (EPZ) unter dem Namen "Gemeinsame Außen- und Sicherheitspolitik" (GASP) die primär außenpolitische Säule repräsentiert. Die "Zusammenarbeit in den Bereichen Justiz und Inneres" wurde als primär innenpolitische Säule in den EU-Vertrag aufgenommen. Vgl. BOLDT, H.: Die Europäische Union, Mannheim 1995, S. 11, S. 27 ff. sowie S. 66 ff.

2) Vgl. KLOOS, G.: Die Transformation der 4. EG-Richtlinie (Bilanzrichtlinie) in den Mitgliedstaaten der Europäischen Gemeinschaft, Berlin 1993, S. 31, im folgenden zitiert als: Die Transformation der 4. EG-Richtlinie.

3) Vgl. LUTTER, M.: Rechtliches Gewicht und rechtspolitische Bedeutung der 4. Richtlinie, in: Bierich, M./ Busse von Colbe, W./Laßmann, G./Lutter, M. (Hrsg.): Rechnungslegung nach neuem Recht, a.a.O., S. 3-13, hier S. 6.

4) Vgl. GEIGER, R.: EG-Vertrag, 2. Aufl., München 1995, S. 180 ff.; WEBER-BRAUN, E.: Umsetzung der 7. EG-Richtlinie in den EG-Mitgliedstaaten, in: Küting, K./Weber, C.-P. (Hrsg.): Handbuch der Konzernrechnungslegung, Handbuch der Konzernrechnungslegung, 2. Aufl., Stuttgart 1998, S. 3-14, hier Rn. 1.

Freiräume nicht. Sie gilt allgemein und unmittelbar in jedem Mitgliedstaat und ist daher mit einem staatlichen Gesetz vergleichbar. Eine Verordnung führt also nicht zu bloßer Rechtsangleichung, sondern zur Rechtsvereinheitlichung.[1] Dies war jedoch nicht das Ziel der Harmonisierung des Konzernrechnungslegungrechts.[2]

Wird eine Richtlinie von einem Mitgliedstaat nicht fristgerecht oder nicht richtlinienkonform umgesetzt, so können sich die Bürger unmittelbar auf die Richtlinie berufen. Eine unmittelbare Anwendung kann jedoch nur zugunsten eines Bürgers, nicht jedoch zu seinem Nachteil erfolgen.[3]

2.2.2 Erlaß der 7. EG-Richtlinie

Die 7. EGR wurde auf Vorschlag der Kommission, nach Stellungnahme des Wirtschafts- und Sozialausschusses sowie des Europäischen Parlaments, am 13. Juni 1983 vom Rat der Europäischen Gemeinschaften erlassen.[4] Dabei hatte die Kommission von Anfang ihrer Beratungen an die Erörterung und Entscheidung über die Abschlüsse verbundener Unternehmen vom Jahresabschluß der Einzelgesellschaften getrennt, und zwar aufgrund des Umfangs der Materien und aufgrund praktischer Erwägungen, da mit der Abnahme der möglichen Konflikte gleichzeitig die Möglichkeiten der Einigung und des Kompromisses steigen.[5]

Der erste Vorschlag der Kommission vom 4.4.1976 folgte noch weitgehend dem deutschen Vorbild. Dieser unterlag jedoch zahlreichen und teilweise sehr kritischen Stellungnahmen, so daß sich die Kommission veranlaßt sah, dem Ministerrat am 12.12.1978 einen geänderten Vorschlag vorzulegen. Aufgrund ebenfalls starker Kritik wurde auch dieser bis zu seiner Verabschiedung am 13.6.1983 noch vielfach geändert und

---

1) Vgl. Boldt, H.: Die Europäische Union, a.a.O., S. 66 f; Kirchner, C./Schwartze, A.: Umsetzung der EG-Rechnungslegungsrichtlinien in nationales Recht, in: WPg, 38. Jg. (1985), S. 397-404, hier S. 400.

2) Vgl. statt vieler Weber-Braun, E.: Umsetzung der Richtlinien in den EU-Mitgliedstaaten, in: Küting, K./ Weber, C.-P. (Hrsg.): Handbuch der Rechnungslegung, 4. Aufl., Stuttgart 1995, S. 3-24, hier Rn. 5 f.

3) Vgl. Boldt, H.: Die Europäische Union, a.a.O., S. 67.

4) Vgl. Präambel der 7. EGR. Dies entspricht dem bei Erlaß der 7. EGR gängigen Verfahren, daß Richtlinien nur aufgrund des Inititiativmonopols der Kommission, nach Stellungnahmen des Wirtschafts- und Sozialausschusses sowie des Europäischen Parlaments, durch den Rat verabschiedet werden konnten. Durch die Einheitliche Europäische Akte, die am 1. Juli 1987 in Kraft trat, und insbesondere den am 1. November 1993 in Kraft getretenen Vertrag über die Europäische Union wurde die Stellung des Europäischen Parlaments gestärkt, das nunmehr an allen supranationalen Maßnahmen zu beteiligen ist und dessen Zustimmung zu Entscheidungen gemäß Art. 189b EGV (sog. Kodezisions- oder Mitentscheidungsverfahren) oft vonnöten ist bzw. zumindest ein Vetorecht gemäß Art. 189c EGV (sog. Einspruchsverfahren oder Verfahren der Zusammenarbeit) hat. Vgl. hierzu ausführlich Boldt, H.: Die Europäische Union, a.a.O., S. 68 ff.; Geiger, R.: EG-Vertrag, a.a.O., S. 660 ff.

5) Vgl. Lutter, M.: Rechtliches Gewicht und rechtspolitische Bedeutung der 4. Richtlinie, a.a.O., S. 12.

folgte schließlich nicht mehr dem deutschen, sondern dem englischen Konzept der Konsolidierung. Die erhebliche Dauer und die ständigen Änderungen vor Verabschiedung der Richtlinie beruhten einerseits auf der Tatsache, daß konsolidierte Abschlüsse in einigen Mitgliedstaaten nicht gesetzlich geregelt waren, und andererseits auf den erheblichen Unterschieden der Konzernrechnungslegungsvorschriften in der Bundesrepublik Deutschland und Großbritannien, die auf diesem Gebiet die weitestreichenden Regelungen besaßen.[1)]

Um die Rechtsetzung im Bereich der Rechnungslegung zu vereinfachen und zu beschleunigen, beabsichtigte die Kommission, mit Hilfe einer Ermächtigungsrichtlinie Durchführungsbefugnisse auf dem Gebiet der Rechnungslegung zu erhalten. Dadurch hätte sie im Wege von Verordnungen Vorschriften erlassen können, die direkt auf die nationalen Rechnungslegungen Einfluß nehmen, ohne daß der komplizierte und langwierige Prozeß des Erlasses und der Umsetzung von Richtlinien notwendig gewesen wäre.[2)] Aufgrund der Opposition gegen dieses Vorhaben,ist jedoch mit der Realisierung einer Ermächtigungsrichtlinie für den Bereich der Rechnungslegung vorerst nicht zu rechnen.[3)]

2.2.3 Ziele der 7. EG-Richtlinie

Die 7. EGR ist vom Rat der EG als Beschluß gefaßt und daher durch das Oberziel der EU, nämlich die Schaffung eines gemeinsamen europäischen Binnenmarkts, beeinflußt. Auf dem Weg zum Oberziel gilt es fünf Zwischenziele zu erreichen, nämlich die Schaffung

1) eines freien Warenverkehrs,
2) eines freien Dienstleistungsverkehrs und der Niederlassungsfreiheit,
3) eines freien Kapitalverkehrs und eines einheitlichen Kapitalmarkts,
4) einer Zoll- und Außenhandelsunion und
5) gleicher Wettbewerbsbedingungen.[4)]

---

1) Vgl. KNOBLAUCH, P.: Die vierte EG-Richtlinie, a.a.O., S. 14 f.; LUTTER, M.: Europäisches Unternehmensrecht, a.a.O., S. 207 ff.

2) Vgl. KÜTING, K./WEBER, C.-P. (Hrsg.): Internationale Bilanzierung, a.a.O., S. 42.

3) Vgl. HULLE, K. VAN: Das Europäische Bilanzrecht, a.a.O., S. 15.

4) Vgl. KLOOS, G.: Die Transformation der 4. EG-Richtlinie, a.a.O., S. 38 f.; ausführlicher SEIDEL, M.: Die Rechtsangleichung zur Herstellung des gemeinsamen Marktes und der Wirtschaftsunion, in: Gustav-Stresemann-Institut e.V. (Hrsg.): Einführung in die Rechtsfragen der europäischen Integration, Köln 1969, S. 207-217, hier S. 209 ff.

In diesem Zusammenhang erfüllt die 7. EGR nur die Funktion eines notwendigen Unterzieles auf dem Weg zur Erreichung des Oberzieles. Die Ziele der 7. EGR sind in ihrer Präambel festgelegt. Sie entsprechen den Zielen der 4. EGR.[1)]

2.2.3.1 Vergleichbarkeit und Gleichwertigkeit der Konzernabschlüsse in der EU

Wie bereits einleitend gesagt, nimmt die Aussagefähigkeit des Einzelabschlusses mit zunehmender Delegierung der Geschäftsverantwortung auf Tochtergesellschaften ab. Aufgrund der starken Internationalisierung sind Tochtergesellschaften nicht nur im jeweiligen Inland, sondern eben auch im Ausland angesiedelt. "Eine Koordinierung der nationalen Vorschriften über den konsolidierten Abschluß ist daher geboten, um die Vergleichbarkeit und Gleichwertigkeit der Informationen zu verwirklichen."[2)] Dies ist wegen der Bedeutung der Konzerne Voraussetzung für die Errichtung eines europäischen Kapitalmarkts. Des weiteren entstehen Kostenersparnisse und Arbeitserleichterungen bei der Einbeziehung von ausländischen Teilkonzernabschlüssen, wenn nicht für jeden Staat andere Rechnungslegungsregelungen gelten.[3)]

2.2.3.2 Schutz der Betroffenen

Der durch die Publizität des Konzernabschlusses zu schützende Personenkreis unterscheidet sich nicht von dem des Einzelabschlusses. Die 7. EGR nennt in ihrer Präambel explizit Gesellschafter und Dritte, die nicht näher spezifiziert werden. Letztere lassen sich unterteilen in Gläubiger, Arbeitnehmer und, aufgrund der Bedeutung der Konzerne, die interessierte Öffentlichkeit. Letztere soll im folgenden nicht gesondert behandelt werden. Zwar dürften alle Konzernabschlußadressaten am besten durch eine an der Abbildung der tatsächlichen Konzernsituation orientierten Rechnungslegung geschützt sein. Dies hindert sie jedoch nicht daran, Interessendiskrepanzen in bezug auf das Ergebnis zu haben.[4)] Gemeinsam ist allen Jahres- und Konzernabschlußadressaten ein Interesse an der Bestandserhaltung des Unternehmens sowie an verläßlichen und aussagefähigen Informationen über die finanzielle und wirtschaftliche Situation als Grundlage für individuelle Entscheidungen.[5)]

---

1) Vgl. Präambel der 4. EGR.

2) Präambel der 7. EGR.

3) Vgl. Kloos, G.: Die Transformation der 4. EG-Richtlinie, a.a.O., S. 41 ff.

4) In bezug auf die 4. EGR vgl. Kloos, G.: Die Transformation der 4. EG-Richtlinie, a.a.O., S. 45.

5) Vgl. Coenenberg, A.G.: Jahresabschluß und Jahresabschlußanalyse, Landsberg/Lech, 16. Aufl., 1997, S. 748 f.

2.2.3.2.1 Schutz der Gesellschafter des Mutterunternehmens

Wie schon in der 4. EGR werden auch in der Präambel der 7. EGR die Gesellschafter explizit als schutzwürdig erwähnt, während alle anderen nur als "Dritte" auftauchen. Dies ist Ausfluß der angelsächsischen Rechnungslegung, da dort den Eigenkapitalgebern traditionell eine hohe Bedeutung beigemessen wird.[1)] Es zeigt sehr deutlich den in Abbildung 3 dargestellten Wandel, den der Jahresabschlußzweck, der zunächst nur der Selbstinformation galt, aufgrund von Umfeldänderungen im Zeitablauf durchgemacht hat.

Bei wörtlicher Auslegung der Präambel der 7. EGR fällt auf, daß, wenn es um den Schutz bzw. die Information von Gesellschaftern geht, lediglich die Gesellschafter des jeweiligen Mutterunternehmens explizit erwähnt werden. So "kann - beziehungsweise in bestimmten Fällen muß - ein Mutterunternehmen von der Pflicht, einen konsolidierten Teilabschluß aufzustellen, befreit werden, sofern seine Gesellschafter und Dritte hinreichend geschützt sind."[2)] Dies entspricht der klassischen Interessentheorie. Da sich in der 7. EGR jedoch ebenfalls Elemente der Einheitstheorie finden, führt dies zu einer Vermischung der beiden Theorien aus pragmatischen Gründen.[3)] Eine Unterscheidung in Großaktionäre und Streubesitzaktionäre ist nur in bezug auf die Einflußmöglichkeiten sinnvoll, die bei Großaktionären naturgemäß größer sind. Obwohl dem Konzernabschluß keine Ausschüttungsbemessungsfunktion zukommt, wird von den Gesellschaftern wie auch beim Einzelabschluß eine eher optimistische Gewinnermittlung bevorzugt, um damit eine entsprechende Dividendenausschüttung und Börsenkursentwicklung zu beeinflussen.[4)]

---

1) Vgl. KLOOS, G.: Die Transformation der 4. EG-Richtlinie, a.a.O., S. 46.

2) Präambel der 7. EGR.

3) Zu den Theorien der Konzernrechnungslegung vgl. den Exkurs in Abschnitt 2.5.

4) Vgl. KLOOS, G.: Die Transformation der 4. EG-Richtlinie, a.a.O., S. 45; SCHREIB, H. P.: Der Jahresabschluß aus der Sicht der Streubesitzaktionäre, in: Baetge, J. (Hrsg.): Der Jahresabschluß im Widerstreit der Interessen, Düsseldorf 1983, S. 315-343, hier S. 320.

Abb. 3: Historische Entwicklung der Jahresabschlußzwecke

- **1511 bis 1579 Fugger**
  Buchhaltung und Bilanz als Controllinginstrument
- **1673 Ordonnance de Commerce / 1861 Allgemeines Deutsches HGB**
  Buchhaltung und Bilanzierung als Instrument der Gläubigersicherung durch Dokumentation und Selbstinformation
- **ab 1874 Gesetz zur Einkommensbesteuerung**
  Maßgeblichkeit der Handelsbilanz für die einkommensteuerliche Gewinnermittlung
- **1931 / 1937 Aktiengesetz**
  Bilanzierung als Instrument der Gläubigersicherung durch Ausschüttungsbegrenzung und Information nach außen
- **1965 Reform des Aktiengesetzes**
  Bilanzierung als Instrument der Gläubigersicherung und Aktionärssicherung durch Verbesserung der Information und Sicherung von Ausschüttungsinteressen
- **1969 Publizitätsgesetz**
  Bilanzierung als Instrument der Sicherung von Interessen der Öffentlichkeit durch verbreiterte Unternehmenspublizität
- **1985 Bilanzrichtliniengesetz**
  Bilanzierung als Instrument verstärkter Sicherung von Gläubiger- und Eigentümerinteressen

Quelle: COENENBERG, A.G.: Einheitlichkeit oder Differenzierung von internem und externem Rechnungswesen, a.a.O., S. 2077.

Beim Gesellschafterschutz ist insbesondere auch an aktuelle und potentielle Streubesitzaktionäre zu denken. So ist ein auf "Fachchinesisch" aufgebautes und erläutertes Rechenwerk nicht dazu geeignet, breite Bevölkerungsschichten an das Aktiensparen heranzuführen, und das zum Schaden der um Eigenkapital ringenden Unternehmen.[1] Die Senkung

1) Vgl. SCHREIB, H. P.: Der Jahresabschluß aus der Sicht der Streubesitzaktionäre, a.a.O., S. 318 f.

des Aktiennennwerts in Deutschland, durch den ja breitere Bevölkerungsschichten erreichet werden sollen,[1] könnte dann durchaus ins Leere laufen.[2]

2.2.3.2.2 Schutz Dritter

Der Schutz Dritter läßt sich unterteilen in Gläubigerschutz, Schutz der Minderheitsgesellschafter und den Arbeitnehmerschutz.

2.2.3.2.2.1 Gläubigerschutz

Der Gläubigerschutz ist in der Präambel der 7. EGR nicht explizit erwähnt und hat von daher sicherlich ein geringeres Gewicht als der Gesellschafterschutz. Der Gläubigerschutz läßt sich jedoch aus der Generalnorm indirekt ableiten. Dort wird analog zur 4. EGR "ein den tatsächlichen Verhältnissen entsprechendes Bild der Vermögens-, Finanz- und Ertragslage ..." gefordert. Da die korrekte Darstellung der Vermögenslage primär dem Gläubigerschutz dient, ist dieser als Ziel der 7. EGR indirekt verankert.[3]

Für die fehlende explizite Verankerung des Gläubigerschutzes könnten zwei Gründe angeführt werden. Erstens wirkt sich das EU-Ziel eines liberalen Kapitalmarkts stärker auf die Gesellschafterinteressen als auf die Gläubigerinteressen aus. Da nicht jede Aktiengesellschaft auch Obligationen emittiert, verändert die Internationalisierung des Kapitalmarkts den Aktienmarkt mehr als den Rentenmarkt. Darüber hinaus herrscht oft eine lokale Verbundenheit zwischen Kapitalgeber und -nehmer, so daß eine Internationalisierung nicht erfolgt. Außerdem ist der Erwerb einer Obligation mit weniger Risiko verbunden als der einer Aktie. Zweitens ist die GmbH der Aktiengesellschaft in bezug auf die Publizitätspflicht gleichgestellt, obwohl bei der GmbH der Gesellschafterschutz aufgrund der nur schwer marktgängigen Anteile wesentlich unbedeutender ist.[4]

Obwohl dem Konzernabschluß keine Ausschüttungsbemessungsfunktion zukommt, wird von den Gläubigern wie auch beim Einzelabschluß eine eher vorsichtige Gewinnermittlung

---

1) Vgl. SEIBERT, U.: Gesetzentwurf zur Herabsetzung des Mindestnennbetrags der Aktien, in: AG, 38. Jg. (1993), S. 315-318, hier S. 316.

2) Vgl. HANSEN, H.: Der Anteil der Privatpersonen am Aktienbesitz ging weiter zurück, in: AG, 40. Jg. (1995), S. R419-R422.

3) Vgl. KLOOS, G.: Die Transformation der 4. EG-Richtlinie, a.a.O., S. 47.

4) Vgl. KLOOS, G.: Die Transformation der 4. EG-Richtlinie, a.a.O., S. 47 f.

verlangt, damit die Gesellschafter der Muttergesellschaft nicht aufgrund eines besseren Konzernergebnisses zu höheren Dividendenforderungen angeregt werden.[1)]

Die Offenlegungspflicht[2)] der Jahresabschlüsse von Kapitalgesellschaften dient als Kompensation für die Haftungsbeschränkung.[3)] In der Literatur wird in bezug auf die deutsche Rechnungslegung oft angeführt, daß Ermessensspielräume sowie die Bildung und Auflösung stiller Reserven im Rahmen der Rechnungslegungsvorschriften dem Gläubigerschutz dienten.[4)] Fraglich ist jedoch, wie das praktisch möglich ist, wenn der Gläubiger durch Gewinnglättung im unklaren über die tatsächliche Lage der Gesellschaft gelassen wird. Durch Bildung stiller Reserven wird schließlich genauso der Gewinn und damit das Ausschüttungspotential gesenkt, wie bei der Auflösung stiller Reserven ein Verlust vermindert bzw. in einen Gewinn umgewandelt wird und somit ein eigentlich nicht vorhandenes Ausschüttungspotential entsteht, das nur insofern dem Gläubigerschutz dient, als noch Kapitaldienst geleistet wird.[5)]

2.2.3.2.2.2 Schutz der Minderheitsgesellschafter

Wie bereits oben angeführt, werden bei wörtlicher Auslegung der Präambel der 7. EGR lediglich die Gesellschafter des jeweiligen Mutterunternehmens erwähnt.[6)] Somit kann der Schutz der Minderheitsgesellschafter der Tochterunternehmen nur durch Subsumtion unter den Sammelbegriff "Dritte" begründet werden.

---

1) Vgl. KLOOS, G.: Die Transformation der 4. EG-Richtlinie, a.a.O., S. 45; SCHWARK, E.: Probleme der Unternehmenspublizität im Lichte der 4. und 7. gesellschaftlichen EG-Richtlinie, in: AG, 23. Jg. (1978), S. 269-279, hier S. 274.

2) Zur Abgrenzung der Begriffe Offenlegung, Veröffentlichung und Vervielfältigung vgl. § 328 HGB; KÜTING, K./HÜTTEN, C.: Der Geschäftsbericht als Publizitätsinstrument, in: BB, 51. Jg. (1996), S. 2671-2679, hier S. 2672 f.; OSBAHR, U.: Offenlegung und Veröffentlichung des Jahresabschlusses, in: Castan, E. u.a. (Hrsg.): Beck'sches Handbuch der Rechnungslegung, München 1986, Bd. I, B 610, Rz. 4 ff.

3) Vgl. BAETGE, J./APELT, B.: Publizität kleiner und mittelständischer Kapitalgesellschaften und Harmonisierung der Rechnungslegung, in: BFuP, 44. Jg. (1992), S. 393-411, hier S. 394.

4) Vgl. SCHREIB, H. P.: Der Jahresabschluß aus der Sicht der Streubesitzaktionäre, a.a.O., S. 322.

5) Das Vorsichtsprinzip und die Auflösung stiller Rücklagen in wirtschaftlich angespannter Situation kann zwar einerseits dazu führen, daß ein Unternehmen Kapital zu einem günstigeren Preis aufnehmen kann bzw. daß ein Unternehmen überhaupt noch Kapital aufnehmen kann, das den Fortbestand des Unternehmens sichert. Andererseits weckt es Begehrlichkeiten der Anteilseigner, die bei Nichtauflösung stiller Rücklagen nicht vorhanden wären. Insofern ist die Begründung für die Legung und Auflösung stiller Rücklagen durch das Vorsichtsprinzip durchaus ein zweischneidiges Schwert.

6) Vgl. Präambel der 7. EGR.

2.2.3.2.2.3 Arbeitnehmerschutz

Der Arbeitnehmerschutz wird von der 7. EGR analog zur 4. EGR nicht explizit angesprochen. Verwunderlich ist allerdings, warum die im Entwurf der 7. EGR explizit als schutzwürdig aufgeführten Arbeitnehmer in der endgültigen Fassung nicht mehr erwähnt werden, obwohl doch die geographische und finanzielle Entwicklung der einzelnen Konzernbereiche für die Arbeitsplätze in den nationalen Volkswirtschaften von erheblicher Bedeutung ist. Dies findet Ausdruck in Art. 34 Nr. 8 der 7. EGR, der die Aufgliederung der Nettoumsatzerlöse nach Tätigkeitsbereichen sowie nach geographisch bestimmten Märkten regelt, sowie in Art. 34 Nr. 9, der die Aufgliederung des durchschnittlichen Personalbestands und der Personalaufwendungen nach Gruppen regelt.[1)]

SCHWARK behauptet zwar in bezug auf die 4. EGR einerseits, daß das Vorsichtsprinzip auch den Arbeitnehmern diene und daß trotz der durch das Betriebsverfassungsgesetz eingeräumten Informationsrechte und der Vertretung im Aufsichtsrat nicht der Gegenschluß gezogen werden könne, die Rechnungslegungspublizität betreffe die Arbeitnehmer nicht, da sie anderweitigen Zugang besäßen. Erst der offengelegte Abschluß enthalte die definitive Erklärung der Verwaltung über die wirtschaftliche Lage und die Entwicklung des Unternehmens, auf deren Kenntnis Arbeitnehmer als am Unternehmen Beteiligte Anspruch besäßen. Andererseits verneint SCHWARK, daß die 4. EGR auch den Arbeitnehmerschutz zum Ziel habe, da dies sonst die Publizität jeder Unternehmensform nach sich ziehe.[2)]

Aufgrund des Inhalts von Art. 10 ist nicht davon auszugehen, daß der Arbeitnehmerschutz unter der Sammelgruppe "Dritte" in der Präambel der 4. EGR zu subsumieren ist; denn Art. 10 enthält eine von mehreren Mitgliedstaaten gewünschte Klarstellung, "daß im Rahmen der Harmonisierung des Gesellschaftsrechts nicht darüber entschieden werden kann, ob Arbeitnehmer, Verwaltungsbehörden oder Gerichte für ihre Zwecke einen konsolidierten Abschluß verlangen können. Soweit das nationale Recht für Zwecke der Aufsicht oder der Unterrichtung der Arbeitnehmer Konzernabschlüsse für erforderlich hält, muß es diese in den dafür vorgesehenen Spezialgesetzen ausdrücklich vorschreiben."[3)]

Dabei sind aus Sicht der Arbeitnehmer bzw. ihrer Vertreter, den Betriebsräten und Gewerkschaften, Informationen wünschenswert, die sich primär auf die Arbeitsplatzsicherheit konzentrieren. SCHEIBE-LANGE fordert, daß diese fest im Handelsrecht verankert

---

1) Vgl. SCHWARK, E.: Probleme der Unternehmenspublizität im Lichte der 4. und 7. gesellschaftlichen EG-Richtlinie, a.a.O., S. 272 f.

2) Vgl. SCHWARK, E.: Probleme der Unternehmenspublizität im Lichte der 4. und 7. gesellschaftlichen EG-Richtlinie, a.a.O., S. 271 ff.

3) BIENER, H./SCHATZMANN, J.: Der Konzernabschluß, a.a.O., S. 19.

werden sollten, damit berechtigte Informationsanforderungen des Wirtschaftsausschusses, wie sie in § 106 Abs. 3 BetrVG verankert sind, allen Arbeitnehmern und insbesondere den Gewerkschaften zugänglich seien. Arbeitnehmer hätten grundsätzlich über den Einzelabschluß hinaus auch ein berechtigtes Interesse am die wirtschaftliche Einheit darstellenden Konzernabschluß. Hier seien für Arbeitnehmer insbesondere Segmentinformationen und die Investitionspolitik von Interesse, da beispielsweise die Forschungs- und Entwicklungsausgaben sowie aktuelle und zukünftige Beteiligungen direkte bzw. indirekte Auswirkungen auf Standorte, Kapazitäten und somit auf die Beschäftigten hätten. Wichtig aus Arbeitnehmersicht sei darüber hinaus, daß sich auch ein ungeübter Jahresabschlußleser ein Bild von der Lage des Unternehmens machen könne.[1)]

In Deutschland kann zwar gemäß § 54 BetrVG für Unterordnungskonzerne (§ 18 Abs. 1 AktG) ein Konzernbetriebsrat gebildet werden, der grundsätzlich für den Konzern die gleichen Aufgaben übernimmt wie die Betriebsräte für einzelne Betriebe bzw. Teilunternehmen; Arbeitnehmer ausländischer Konzernunternehmen nehmen jedoch an der Bildung des Konzernbetriebsrates nicht teil. Darüber hinaus gilt das BetrVG natürlich nur für Muttergesellschaften mit Sitz in Deutschland und hier wiederum nicht für Gleichordnungskonzerne.[2)]

Obwohl dem Konzernabschluß keine Ausschüttungsbemessungsfunktion zukommt, wird auch von den Arbeitnehmern wie ebenfalls beim Einzelabschluß eine eher vorsichtige Gewinnermittlung verlangt,[3)] damit die Gesellschafter der Muttergesellschaft nicht aufgrund eines besseren Konzernergebnisses zu höheren Dividendenforderungen angeregt werden. Insofern stellt der Konzernabschluß für Arbeitnehmer zwar eine wichtige Informationsquelle dar. Dies impliziert aber nicht, daß sie vom Handelsrecht explizit als schutzwürdig genannt und somit zu Adressaten des Konzernabschlusses gemacht werden müssen.

2.2.3.3 Schaffung gleicher wettbewerbsrechtlicher Mindestbedingungen

Dies ist in der Präambel der 7. EGR nicht explizit erwähnt. Dennoch läßt sich dieses Ziel aus zwei Tatbeständen ableiten. Erstens aus der Präambel der 4. EGR, die ebenfalls Grundlage der Konzernrechnungslegung ist,[4)] und zweitens aus der hohen Anzahl von Wahl-

---

1) Vgl. SCHEIBE-LANGE, I.: Die Informationsanforderungen der Gewerkschaften an die Rechnungslegung, in: Baetge, J. (Hrsg.): Der Jahresabschluß im Widerstreit der Interessen, a.a.O., S. 47-67, hier S. 50 ff.; JONAS, H.H.: Der Konzernabschluß, a.a.O., S. 74 ff.

2) Vgl. SCHEFFLER, E.: Konzernmanagement, München 1992, S. 78 f.

3) Vgl. KLOOS, G.: Die Transformation der 4. EG-Richtlinie, a.a.O., S. 45.

4) Vgl. KLOOS, G.: Die Transformation der 4. EG-Richtlinie, a.a.O., S. 50.

rechten sowohl auf Unternehmens- als auch auf Mitgliedstaatenebene sowie den nicht geregelten Bereichen wie der Währungsumrechnung.

2.2.4 Systematisierung der Freiheitsgrade

BAUER definiert ein Wahlrecht als einen gegebenen Tatbestand, an den mindestens zwei sich gegenseitig ausschließende Rechtsfolgen anknüpfen, und der zur Rechnungslegung Verpflichtete entscheidet, welche eintritt.[1)]

Die in der 7. EGR enthaltenen Wahlrechte stellen keine insgesamt neuen Konzernrechnungslegungsmethoden dar. Vielmehr sind sie eine additive Verknüpfung verschiedener Methoden, die bereits vorher in der EG angewandt wurden. Wahlrechte konnten daher nur deshalb entstehen, weil sich die Vertragsstaaten nicht auf eine Methode einigen konnten. Jedes Wahlrecht der 7. EGR ist daher gleichbedeutend mit einem Freiheitsgrad entweder bei der Transformation (Mitgliedstaatenwahlrecht) oder bzw. und für die Unternehmen (Unternehmenswahlrecht). Darüber hinaus bestehen noch erhebliche Ermessensspielräume und ungeregelte Bereiche, die ebenfalls zu erheblichen Freiheitsgraden führen. Für die Klassifizierung von Freiheitsgraden gibt es verschiedene Systematisierungmöglichkeiten, die nicht überschneidungsfrei sind. So lassen sich Wahlrechte beispeilsweise unterscheiden in formale, Bilanzierungs- und sonstige Wahlrechte[2)], in bedeutende und unbedeutende Wahlrechte[3)] oder in Vereinfachungs-, Anpassungs-, Abbildungs- und Subventionswahlrechte[4)]. Für EG-Richtlinien im allgemeinen von besonderer Bedeutung sind jedoch die folgenden Wahlrechtsunterscheidungen.

2.2.4.1 Explizite und implizite Wahlrechte

Unter einem expliziten Wahlrecht ist ein Wahlrecht zwischen objektiv unterscheidbaren Sachverhalten zu verstehen. Implizite Wahlrechte können entweder dadurch entstehen, daß ein Sachverhalt nicht geregelt wird, oder dadurch, daß ein Sachverhalt zwar geregelt wird, dies aber mit unbestimmten Rechtsbegriffen geschieht, so daß letztlich durch den entstehenden Interpretationsspielraum ebenfalls ein Ermessensspielraum entsteht.[5)] Dies wird durch Tabelle 1 verdeutlicht.

---

1) Vgl. BAUER, J.: Zur Rechtfertigung von Wahlrechten in der Bilanz, a.a.O., S. 767.

2) Vgl. JONAS, H.H.: Zur Problematik der 4. EG-Richtlinie, in: DB, 31. Jg. (1978), Teil I: S. 1361-1366, Teil II: S. 1490-1415 und Teil III: S. 1457-1464, hier S. 1365 f.

3) Vgl. WEBER-BRAUN, E.: Umsetzung der Richtlinien in den EU-Mitgliedstaaten, a.a.O., Rn. 8 ff.

4) Vgl. BAUER, J.: Zur Rechtfertigung von Wahlrechten in der Bilanz, a.a.O., S. 768 ff.

5) Vgl. KLOOS, G.: Die Transformation der 4. EG-Richtlinie, a.a.O., S. 92 f.

Tab. 1: Explizite und implizite Wahlrechte

	Explizites Wahlrecht durch Regelungen	**Implizites Wahlrecht durch ...**	
		Nichtregelungen	**unbestimmte Rechtsbegriffe**
Gesetzgebungswahlrecht	Explizites Wahlrecht des nationalen Gesetzgebers kraft 7. EGR	Wahlrecht des nationalen Gesetzgebers durch Nichtregelung in der 7. EGR	Ermessensspielraum des nationalen Gesetzgebers durch unbestimmte Rechtsbegriffe
Unternehmenswahlrecht	Explizites Wahlrecht der Unternehmen kraft 7. EGR oder nationalem Recht	Wahlrecht der Unternehmen durch Nichtregelung in der 7. EGR oder im nationalen Recht	Ermessensspielraum der Unternehmen durch unbestimmte Rechtsbegriffe

Quelle: In Anlehnung an KLOOS, G.: Die Transformation der 4. EG-Richtlinie, a.a.O., S. 94.

Zu den in der 7. EGR nicht geregelten Sachverhalten gehört beispielsweise die Währungsumrechnung, die Erstellung von Kapitalflußrechnungen und die Cash-flow-Ermittlung. Zu den unbestimmten Rechtsbegriffen zählen alle die Wesentlichkeit betreffenden Begriffe wie beispielsweise "von untergeordneter Bedeutung".

Durch unbestimmte Rechtsbegriffe erfolgt zwar eine Regelung. Diese führt aber zu Ermessensspielräumen. Um diese auszuschließen, kann der Mitgliedstaat zur genaueren Beschreibung des Sachverhalts vom Richtlinientext abweichende Worte verwenden.[1] BLECKMANN verneint dies jedoch mit dem Hinweis, daß es sich bei den unbestimmten Rechtsbegriffen um autonome Gemeinschaftsbegriffe handelt, deren Einengung durch den nationalen Gesetzgeber unzulässig sei.[2] Seine Begründung, daß sich ein sachverständiger Dritter aus einem Drittstaat sonst nicht allein aufgrund des Jahresabschlusses über die Lage einer Gesellschaft informieren könne, ist jedoch nicht stichhaltig. Wenn ein unbestimmter Rechtsbegriff durch nationales Recht eingeschränkt wird, steigt die Interpretierbarkeit, da nun durch Blick in das jeweilige nationale Recht die Information erhältlich ist, wie der

---

1) Vgl. KLOOS, G.: Die Transformation der 4. EG-Richtlinie, a.a.O., S. 93.

2) Vgl. BLECKMANN, A.: Die Richtlinie im Europäischen Gemeinschaftsrecht und im Deutschen Recht, in: Leffson, U./Rückle, D./Großfeld, B. (Hrsg.): Handwörterbuch unbestimmter Rechtsbegriffe im Bilanzrecht des HGB, a.a.O., S. 11-28, hier S. 25.

unbestimmte Rechtsbegriff durch die Unternehmen zu interpretieren ist, während ansonsten durch die Unternehmen in der Regel keinerlei Interpretationshilfen gegeben werden. Dem widerspricht auch nicht die unterschiedliche Transformation in verschiedenen Staaten, solange dies innerhalb der Grenzen des unbestimmten Rechtsbegriffs geschieht.

2.2.4.2 Mitgliedstaatenwahlrechte und Unternehmenswahlrechte

In der 7. EGR sind zahlreiche Wahlrechte enthalten, die den Unternehmen direkt gewährt werden, ohne daß die Mitgliedstaaten diese bei der Transformation einschränken können. Sie werden als "originäre Unternehmenswahlrechte" bezeichnet.[1]

Abb. 4: Mitgliedstaaten- und Unternehmenswahlrechte

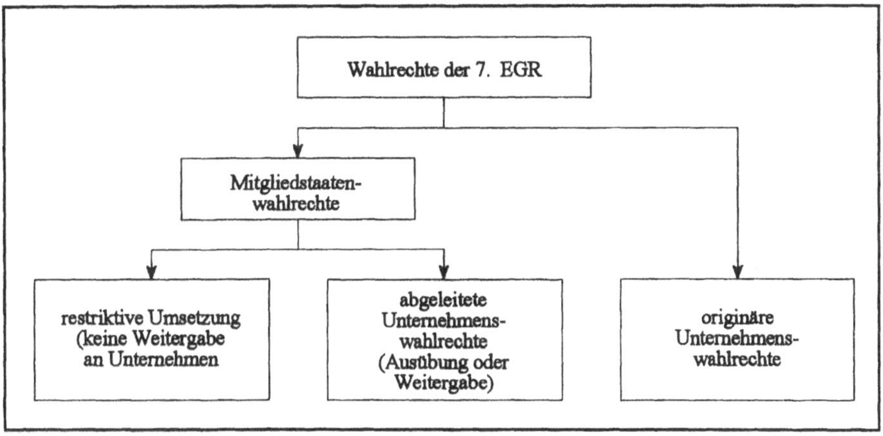

Quellen: In Anlehnung an KLOOS, G.: Die Transformation der 4. EG-Richtlinie, a.a.O., S. 95; WEBER-BRAUN, E.: Umsetzung der 7. EG-Richtlinie in den EG-Mitgliedstaaten, a.a.O., Rn. 7.

Daneben gibt es aber auch noch Mitgliedstaatenwahlrechte. In Abhängigkeit von der jeweiligen Ausformulierung kann es den jeweiligen Mitgliedstaaten freigestellt sein, diese Mitgliedstaatenwahlrechte entweder uneingeschränkt an die Unternehmen weiterzugeben bzw. sie auf zwei von mehreren Alternativen einzuschränken, wodurch "abgeleitete Unternehmenswahlrechte" entstehen, oder durch verbindliches Vorschreiben einer Ausprägung restriktiv umzusetzen, um den Unternehmen jeglichen Ermessensspielraum zu entziehen.

1) Vgl. WEBER-BRAUN, E.: Umsetzung der 7. EG-Richtlinie in den EG-Mitgliedstaaten, a.a.O., Rn. 7 ff.

Dies wird durch Abbildung 4 verdeutlicht. Die Umsetzung kann dabei aufgrund von nationalen Zielsetzungen in das jeweilige Landesrecht erfolgen.[1)]

Die Ausübung von Mitgliedstaatenwahlrechten ist den Mitgliedstaaten jedoch nicht freigestellt. Sie dürfen von Wahlrechten nur im Rahmen der Ziele der jeweiligen Richtlinie und des allgemeinen Ziels der Harmonisierung sowie der Zielsetzung des EWG-Vertrags Gebrauch machen. Die Richtlinie als Instrument der Rechtsangleichung soll nur eine schonende Anpassung des nationalen Rechts an die Richtlinie ermöglichen. Folglich ist die Weitergabe von Mitgliedstaatenwahlrechten an die Unternehmen nur dort statthaft, wo vorher ebenfalls ein entsprechendes Wahlrecht bestand oder eine Regelung noch nicht existierte. Wenn ein Mitgliedstaatenwahlrecht nur wegen eines oder mehrerer Mitgliedstaaten in die Richtlinie aufgenommen wurde, so dürfen auch nur diese das Wahlrecht weitergeben. Die anderen Mitgliedstaaten haben es durch Abbildung des bestehenden Rechts auszuüben.[2)] Insofern sind bei der Transformation über den Richtlinientext hinaus auch die Materialien und amtlichen Erläuterungen der Richtlinie zu berücksichtigen, einschließlich der besonders wichtigen Protokollerklärungen der im Entscheidungsprozeß Beteiligten, da sie den Hintergrund der Richtlinie und somit den objektivierten Willen des Gesetzgebers determinieren.[3)]

Die 7. EGR enthält 51 Mitgliedstaatenwahlrechte unterschiedlichster Ausprägung,[4)] sieben originäre Unternehmenswahlrechte und ein durch Zeitablauf bereits erledigtes Unternehmenswahlrecht. Darüber hinaus enthält die 7. EGR noch zahlreiche Ermessensspielräume aufgrund des true and fair view, insbesondere im Zusammenhang mit den Grundsätzen der Wesentlichkeit und Wirtschaftlichkeit.[5)]

2.2.4.3 Vorübergehende und dauernde Wahlrechte

"Die 7. Richtlinie ist die erste Rechnungslegungsrichtlinie, in der ausdrücklich eine Frist für eine Überarbeitung der wichtigsten Wahlmöglichkeiten vorgesehen ist, um in einer

---

1) KLOOS verwendet für abgeleitete Unternehmenswahlrechte noch synonym den Begriff verbundenes Wahlrecht, da ein abgeleitetes Unternehmenswahlrecht nur entsteht, sofern vorher das Mitgliedstaatenwahlrecht ausgeübt wurde. Vgl. KLOOS, G.: Die Transformation der 4. EG-Richtlinie, a.a.O., S. 95 f.

2) Vgl. KIRCHNER, C./SCHWARTZE, A.: Umsetzung der EG-Rechnungslegungsrichtlinien in nationales Recht, a.a.O., S. 403 f.

3) Vgl. LUTTER, M.: Europäisches Unternehmensrecht, a.a.O., S. 27.

4) Vgl. FEE (Hrsg.): Seventh Directive options, a.a.O., S. 23.

5) Bezüglich der Anzahl der Wahlrechte kommen unterschiedliche Autoren sicherlich zu unterschiedlichen Ergebnissen in Abhängigkeit von der Zählweise und Interpretation des Richtlinientextes. Dies kann auf Folgewahlrechten beruhen, auf Wahlrechten, bei deren Anwendung gleichzeitig ein Prozentsatz festzulegen ist, sowie auf Wahlrechten, die auf Ermessensspielräumen aufgrund undefinierter Rechtsbegriffe beruhen.

späteren Phase eine stärkere Angleichung herbeizuführen."[1] Dies bezieht sich direkt auf Artikel 50, der dem Rat explizit vorschreibt, auf Vorschlag der Kommission ab dem 1. Januar 1995 die Artikel 1 Abs. 1 Buchstabe d) zweiter Unterabsatz, Artikel 4 Abs. 2, die Artikel 5 und 6, den Artikel 7 Abs. 1 sowie die Artikel 12, 43 und 44 zu prüfen und erforderlichenfalls zu ändern, und zwar unter Berücksichtigung der bei der Anwendung der Richtlinie gewonnenen Erfahrungen, der Ziele der Richtlinie und der wirtschaftlichen und monetären Lage. Trotz Ablauf der Frist hat eine Prüfung und die erforderlichenfalls vorzunehmende Abänderung noch nicht stattgefunden.

Auch Art. 1 Abs. 2, der sich auf einen tatsächlich beherrschenden Einfluß und die einheitliche Leitung bezieht, gilt nur "bis zu einer späteren Koordinierung",[2] allerdings ohne ein konkretes Datum zu nennen. Folglich ist hier eine neue Regelung weder bereits getroffen noch abzusehen. Umgekehrt muß der Art. 7 Abs. 1 erst ab dem Jahr 2000 angewandt werden, sofern bisher in den genannten Fällen Teilkonzernabschlüsse zu erstellen waren.

2.2.5 Transformation der 7. EG-Richtlinie in den Mitgliedstaaten der EU

Art. 49 Abs. 1 schreibt eine Umsetzung vor dem 1. Januar 1988 und Abs. 2 die erste Anwendung der neuen Vorschriften auf Geschäftsjahre beginnend ab 1. Januar 1990 vor. Sofern Mitgliedstaaten Richtlinien nicht fristgerecht umsetzen, können sie von den jeweiligen Betroffenen nicht erwarten, daß sie diese bereits berücksichtigen, da sich die Richtlinien direkt an die Mitgliedstaaten richten. Umgekehrt kann ein Mitgliedstaat einen durch die Richtlinie Betroffenen nicht belangen, weil dieser die nicht fristgerecht umgesetzte Richtlinie bereits anwendet. Wird eine Richtlinie falsch umgesetzt, so entfaltet diese unmittelbare Wirkung. Das heißt, das nationale nicht richtlinienkonforme Recht darf in diesem Fall - genau wie bei nicht fristgerechter Umsetzung - ignoriert werden, um die Richtlinie unmittelbar anzuwenden.[3] Inzwischen ist die 7. EGR in allen Mitgliedstaaten umgesetzt, die der EG bis 1986 beitraten. Tabelle 2 listet diese Mitgliedstaaten in chronologischer Reihenfolge der Transformation auf.

---

1) HULLE, K. VAN: Das Europäische Bilanzrecht, a.a.O., S. 12.

2) Vgl. KIRCHNER, C./SCHWARTZE, A.: Umsetzung der EG-Rechnungslegungsrichtlinien in nationales Recht, a.a.O., S. 403.

3) Vgl. KLOOS, G.: Die Transformation der 4. EG-Richtlinie, a.a.O., S. 36 ff.

Tab. 2: EU-Mitgliedstaaten in chronologischer Reihenfolge der Umsetzung der 7. EGR

Mitgliedstaat in der Reihenfolge der Transformation	Datum der Transformation	Erstmalige Anwendung auf Geschäftsjahre beginnend nach dem
Frankreich	03.01.1985	31.12.1985 (börsennotierte Gesellschaften) bzw. 31.12.1989 (nicht börsennotierte Gesellschaften)
Deutschland	19.12.1985	31.12.1989
Griechenland	31.12.1987	30.06.1990
Luxemburg	11.07.1988	31.12.1989
Niederlande	10.11.1988	31.12.1989
Spanien	25.07.1989	31.12.1990
Vereinigtes Königreich	16.11.1989	22.12.1989
Belgien	06.03.1990	31.12.1990
Dänemark	16.05.1990	31.03.1991
Italien	17.04.1991	31.12.1993
Portugal	02.07.1991	Im Jahr der ersten Anwendung, 1991, wurde der Stichtag vom 31. März durch ein ministerielles Dekret auf den 30. Juni 1992 verschoben.
Irland	20.07.1992	31.08.1992

Quelle: FEE (Hrsg.): Seventh Directive options, a.a.O., S. 48 f.

Grundsätzlich sind die Staaten bei der Transformation von Richtlinien in ihr nationales Recht in der Wahl ihrer Rechtsmittel frei, sofern dadurch nicht die mit der Richtlinie bezweckte Zielsetzung betroffen ist. Die Transformation von Richtlinien muß also nicht unbedingt wörtlich in einer besonderen Gesetzesvorschrift erfolgen.[1)] Die 7. EGR erlaubt in Art. 16 Abs. 6[2)] den Mitgliedstaaten darüber hinaus noch eine gewisse Flexibilität, indem ausdrücklich über die in der Richtlinie festgeschriebenen Mindestanforderungen hinaus

1) Vgl. Kloos, G.: Die Transformation der 4. EG-Richtlinie, a.a.O., S. 32.

2) Artikelverweise ohne weitere Angaben beziehen sich in dieser Arbeit stets auf die 7. EG-Richtlinie.

weitere Vorschriften erlassen werden können. Insofern gibt es keine Obergrenze der Transformation, sondern nur eine Untergrenze in Form von Mindestanforderungen.[1)]

2.2.5.1 Ausdehnung auf andere Unternehmensformen

In Deutschland galt vor Umsetzung der 7. EGR eine Konzernrechnungslegungspflicht nur für Aktiengesellschaften und Unternehmen, die die Größenkriterien des Publizitätsgesetzes überschritten. Durch die Umsetzung der 7. EGR wurde dies auf alle Kapitalgesellschaften ausgedehnt. Dadurch sind von der Konzernrechnungslegung auch die zahlreichen in der Regel wesentlich kleineren GmbHs betroffen.

In Deutschland war lange strittig, ob die GmbH & Co. KG auch der Konzernrechnungslegungspflicht unterliege.[2)] Durch die GmbH & Co.-Richtlinie vom 8. November 1990[3)] wurde die 4. und 7. EGR auch auf die GmbH & Co. KG ausgedehnt. Sie ist von den Mitgliedstaaten bis zum 1. Januar 1993 umzusetzen. Die umgesetzten Regelungen sind ab dem Geschäftsjahr 1995 anzuwenden, so daß ab dem 1. Januar 1995 aufgrund der GmbH & Co.-Richtlinie auch eine inländische KG, bei der keine natürliche Person als Komplementär auftritt, konzernrechnungslegungspflichtig ist.[4)]

2.2.5.2 Zahl der betroffenen Unternehmen

Die 7. EGR hat die Zahl der konzernrechnungslegungspflichtigen Unternehmen in Deutschland von etwa 700 auf 3.000 bis 7.000 erhöht. Dies wird allein aufgrund der Ausdehnung der Konzernrechnungslegungspflicht über die Aktiengesellschaften hinaus auf alle Kapitalgesellschaften verursacht.[5)] In Großbritannien ist eher ein umgekehrter Effekt

---

1) In bezug auf den gleichlautenden Art. 2 Abs. 6 der 4. EGR vgl. KLOOS, G.: Die Transformation der 4. EG-Richtlinie, a.a.O., S. 35 f.

2) Vgl. SCHILDBACH, T./KOENEN, S.: Die GmbH & Co. KG ist grundsätzlich konzernrechnungslegungspflichtig, in: WPg, 44. Jg. (1991), S. 661-668, hier S. 663; SIEBOURG, P.: § 290 Pflicht zur Aufstellung, in: Küting, K./Weber, C.-P. (Hrsg.): Handbuch der Konzernrechnungslegung, a.a.O., S. 933-975, hier Rn. 11 und 89.

3) Vgl. RAT DER EUROPÄISCHEN GEMEINSCHAFTEN: Richtlinie des Rates vom 8. November 1990 zur Änderung der Richtlinien 78/660/EWG und 83/349/EWG über den Jahresabschluß bzw. den konsolidierten Abschluß hinsichtlich ihres Anwendungsbereichs (90/605/EWG), in: ABl. EG Nr. L 317 vom 16.11.1990, S. 60-62.

4) Vgl. FEE (Hrsg.): 1992 FEE analysis, a.a.O., S. 23; SCHILDBACH, T./KOENEN, S.: Die GmbH & Co. KG ist grundsätzlich konzernrechnungslegungspflichtig, a.a.O., S. 661; STREIM, H./KLAUS, H.: Zur Rechnungslegung, Prüfung und Publizität der GmbH & Co. KG, in: BB: 49. Jg. (1994), S. 1109-1116, hier S. 1109 f.

5) Vgl. o.V.: Die Konsolidierer sind keine Außenseiter mehr, in: HB, Nr. 233 vom 4.12.1990, S. 18.

sichtbar, da seit 1947 alle Konzerne Konzernabschlüsse zu erstellen haben, während durch die Transformation von Art. 6 Abs. 1 jetzt größenabhängige Befreiungen existieren.[1)]

2.2.5.3 Umfang der Neuerungen in den Mitgliedstaaten

Der Umfang der Neuerungen in den einzelnen Mitgliedstaaten der EU hängt ebenso wie die Zahl der betroffenen Unternehmen davon ab, ob vor Umsetzung der 7. EGR schon eine nationale Konzernrechnungslegung bestand und falls ja, welchen Umfang und welche Ausprägung sie hatte.

Im Gegensatz zu den USA, wo die Konsolidierung seit den frühen 1920er Jahren aus mehreren Gründen allgemeine Praxis ist, wurde in Europa erst später konsolidiert, und zwar von Land zu Land in unterschiedlichem Umfang. In Großbritannien setzte sich die Konsolidierung in den 1920er und 1930er Jahren nur langsam durch, da Unternehmen weniger Möglichkeiten der Legung stiller Reserven und der Gewinnglättung sahen, der konsolidierte Abschluß nur ergänzenden und nicht wie in den USA ersetzenden Charakter hatte und das Institute of Chartered Accountants in England and Wales eher gegen die Konsolidierung eingestellt war. Nur in den Niederlanden wurde damals ebenfalls die Konsolidierung praktiziert. Im übrigen Europa war sie dagegen eher selten. In Deutschland wurde die Konzernrechnungslegung durch das Aktiengesetz von 1965 verpflichtend, allerdings nur für Aktiengesellschaften. Darüber hinaus wich die deutsche Konsolidierung insofern stark von der anglo-amerikanischen Praxis ab, als beispielsweise ausländische Tochterunternehmen nicht einbezogen werden mußten und die Equity-Methode für assoziierte Unternehmen nicht angewandt wurde. Obwohl es in Frankreich vor 1985 kein Gesetz bezüglich der Konsolidierung gab, erstellten einige börsennotierte Gesellschaften bereits seit Anfang der 1960er Jahre aufgrund amerikanischen Einflusses konsolidierte Abschlüsse, freilich in sehr heterogener Art. Daher wurden 1968 und 1978 vom Conseil National de la Comptabilité Richtlinien herausgegeben, die allerdings in der Praxis nicht näher überwacht wurden. In Belgien und Spanien waren konsolidierte Abschlüsse bis zu den 1980er Jahren eher selten, und in Italien hielt dieser Zustand auch in den 1980er Jahren noch an.[2)] Als Gründe für diese kontinentaleuropäische Heterogenität können angeführt werden:[3)]

---

1) Vgl. FEE (Hrsg.): Seventh Directive options, a.a.O., S. 8.

2) Vgl. FEE (Hrsg.): Seventh Directive options, a.a.O., S. 2 ff.; JONAS, H.H.: Der Konzernabschluß, a.a.O., S. 58 f.

3) Vgl. FEE (Hrsg.): Seventh Directive options, a.a.O., S. 4.

- die Existenz von gesetzlichen Anforderungen machten lediglich Einzelabschlüsse verpflichtend und verhinderten neue Ideen,
- das Fehlen eines großen starken Berufsstandes, der Innovation betreiben könnte,
- die geringere Bedeutung von Großunternehmen und Holding-Gesellschaften,
- die Bedeutung von Banken und Kreditgebern, die aufgrund von vermischten Passiva einer Konsolidierung widersprechen könnten,
- die Bedeutung der Steuerbehörden und Regierungen, die aufgrund statistischer und Besteuerungszwecke auf die Einzelabschlüsse angewiesen sind sowie
- die relative Bedeutungslosigkeit von Aktionären, die einen umfassenden wirtschaftlichen Eindruck möchten.

Der Umfang der Neuerungen war daher in Großbritannien, Irland und den Niederlanden in der Praxis eher gering. Die wichtigste Neuerung besteht darin, daß es sich jetzt um Rechtsnormen handelt. Für Deutschland stellen die Ausweitung der Konzernrechnungslegung beispielsweise auf GmbH-Konzerne, das Weltabschlußprinzip und die neuen Konsolidierungsmethoden sowie die Anwendung der Equity-Methode auf assoziierte Unternehmen eine erhebliche Veränderung dar. In Frankreich sind die wichtigsten Neuerungen die Ausweitung der Konzernrechnungslegung auf nicht börsennotierte Gesellschaften sowie die Einführung einer größeren Einheitlichkeit. In Griechenland, Italien, Luxemburg, Portugal und Spanien wird die Konzernrechnungslegung erstmals verpflichtend geregelt.[1)]

In der Literatur wird oft angemerkt, daß die 7. EGR nur eine Sammlung von allen in der EG vorhandenen Wahlrechten sei. Angesichts der Tatsache, daß vor Verabschiedung der 7. EGR nicht alle Mitgliedstaaten eine Verpflichtung zur Konzernrechnungslegung kannten bzw. dies noch ziemlich neu war, reduziert sich die Wahlrechtssammlung auf die beiden prägenden Richtungen. Das sind die angelsächsische Rechnungslegung, primär repräsentiert durch Großbritannien, und die kontinentaleuropäische Rechnungslegung, primär repräsentiert durch die Bundesrepublik. Es wird sich im weiteren zeigen, daß diese Staaten einen prägenden Einfluß auf die 7. EGR ausübten, wobei im Gegensatz zur 4. EGR Großbritannien sich mit den angelsächsischen Konsolidierungsmethoden durchsetzen konnte.

---

1) Vgl. FEE (Hrsg.): Seventh Directive options, a.a.O., S. 7 ff.

2.2.6 Ausgestaltung in den wichtigsten Mitgliedstaaten

Hier ist insbesondere der Grad der Abweichung von dem vor der 7. EGR angewandten Recht interessant. Es steht zu erwarten, daß die Unternehmen in der EU die jeweiligen Wahlrechte je nach Herkunftsland und beabsichtigtem Informationsgrad in äußerst heterogener Weise nutzen.

2.2.6.1 Deutschland

Die deutsche Konzernrechnungslegung stand von jeher unter starkem US-amerikanischen Einfluß, auch wenn das im AktG 1965 nur halbherzig bzw. im BiRiLiG nur durch den Umweg über die 7. EGR umgesetzt wurde. Vor 1930 gab es in Deutschland nur sehr wenige Gesellschaften, die konsolidierte Abschlüsse erstellten. Dabei handelte es sich in der Regel um Gesellschaften, die sich um amerikanische Kreditgeber oder die Notierung an amerikanischen Börsen bemühten. Diese Gesellschaften nutzten die mit der Konzernrechnungslegung gewonnen Erkenntnisse in der Folge zumindest zur Erstellung von Konzernabschlüssen nach amerikanischem Muster als wertvolles Orientierungsmittel für interne Zwecke.[1)]

Nach dem Zusammenbruch mehrerer großer deutscher Konzerne während der Weltwirtschaftskrise wurde 1931 der Reichsminister der Justiz ermächtigt, im Einvernehmen mit dem Reichswirtschaftsminister Konzernrechnungslegungsvorschriften zu erlassen. Dies wurde jedoch in Deutschland nicht genutzt, obwohl in wissenschaftlichen Erörterungen auch in Deutschland die Aufstellung, Prüfung und Publikation von konsolidierten Abschlüssen fast einhellig befürwortet wurde. Ausschlaggebend war ein Bericht des Ausschusses für Aktienrecht der Akademie für Deutsches Recht. Dieser hatte zwar die Aufstellung in einigen Fällen für zweckmäßig und klarstellend befunden, ihn aber letztlich abgelehnt.[2)] Er äußerte Bedenken bezüglich der Konsolidierung wesensfremder und ausländischer Gesellschaften und stellte fest, daß ein konsolidierter Abschluß in "den meisten Fällen ... eine Künstelei und einen Wirrwarr bedeuten"[3)] würde.

Die nach 1945 entflochtenen Montangesellschaften erhielten aufgrund des Gesetzes Nr. 27 eine Mustersatzung, die die Aufstellung von konsolidierten Bilanzen und Gewinn- und Verlustrechnungen nach amerikanischem Vorbild verlangte. Diese Konzernabschlüsse haben für Mutterunternehmen anderer Wirtschaftszweige als Vorbild gedient und sie

---

1) Vgl. Eisolt, D.: US-amerikanische und deutsche Konzernrechnungslegung, a.a.O., S. 13.

2) Vgl. Kinne, S.: Der konzernbilanzielle Firmenwert von Tochterunternehmen, Frankfurt am Main 1989, S. 67 f.; Eisolt, D.: US-amerikanische und deutsche Konzernrechnungslegung, a.a.O., S. 14 f.

3) O.V.: Konzernbilanzen, in: WT, 4. Jg. (1935), S. 326.

veranlaßt, in ihren Geschäftsberichten oder Börsenzulassungsprospekten ebenfalls konsolidierte Bilanzen zu veröffentlichen.[1] Die Bundesregierung stellte in ihrer Begründung zum AktG 1965 daher fest, “daß nach einer von der Wirtschaft durchgeführten Untersuchung etwa 40 Konzerne freiwillig Konzernabschlüsse aufstellen und veröffentlichen.”[2] Es verwundert nicht, daß diese freiwilligen Konzernabschlüsse notwendigerweise an die angloamerikanische Praxis angelehnt waren.[3]

Erst das AktG 1965 enthielt gesetzliche Vorschriften über die Konzernrechnungslegung. Beeinflußt wurde das Gesetz außer vom englischen und schwedischen Aktienrecht primär durch die Richtlinien der SEC. Trotzdem blieben erhebliche Unterschiede zum amerikanischen Recht.[4] Dies wird im Regierungsentwurf damit begründet, daß versucht wurde, “vorsichtig und schrittweise vorzugehen, um es der Wirtschaft zu ermöglichen, reibungslos in die neuen Vorschriften hineinzuwachsen.”[5] Die Tatsache, daß bereits etwa 40 Muttergesellschaften Konzernabschlüsse mehr oder weniger nach amerikanischem Vorbild erstellten und das Aktiengesetz notwendigerweise nur für Aktiengesellschaften galt, degradiert dies jedoch zum Scheinargument. Bei Amerikanern stießen diese deutschen Regelungen auf Unverständnis,[6] und selbst in der deutschen Literatur wurde massiv Kritik geäußert.[7] Konsequenterweise wurde daher von einigen deutschen Mutterunternehmen begonnen, freie Weltabschlüsse zu erstellen, die allerdings nicht in allen Punkten mit dem AktG 1965 übereinstimmten und somit kein Testat erhalten konnten. Sie wurden daher zusätzlich zum Konzernabschluß nach AktG 1965 erstellt und sind nicht zu verwechseln mit befreienden Weltabschlüssen, die zwar auch die ausländischen Tochterunternehmen mit einbezogen, jedoch ansonsten allen aktienrechtlichen Anforderungen genügten. Bei den

---

1) Vgl. EISOLT, D.: US-amerikanische und deutsche Konzernrechnungslegung, a.a.O., S. 16 f.

2) DEUTSCHER BUNDESTAG: Begründung zum Entwurf eines Aktiengesetzes, in: Bundestags-Drucksache IV/171 vom 03.02.1962, S. 92-263, hier S. 241.

3) Vgl. Rätsch, H.: Kritische Betrachtungen zu Konzernabschlüssen in den USA und in der Bundesrepublik, in: Schwarz, H./Berber, K.H. (Hrsg.): Betriebswirtschaftslehre und Wirtschaftspraxis, Festschrift für Konrad Mellerowicz, Berlin 1961, S. 277-288, hier S. 278.

4) Vgl. EISOLT, D.: US-amerikanische und deutsche Konzernrechnungslegung, Hamburg 1992, S. 18.

5) DEUTSCHER BUNDESTAG: Begründung zum Entwurf eines Aktiengesetzes, a.a.O., S. 241.

6) Vgl. EISOLT, D.: US-amerikanische und deutsche Konzernrechnungslegung, a.a.O., S. 18 f.

7) Vgl. BUSSE VON COLBE, W.: Neuere Entwicklungstendenzen in der Konzernrechnungslegung, in: WPg, 31. Jg. (1978), S. 652-660, hier S. 653; JONAS, H.: Deutsches Aktienrecht und SEC-Vorschriften als Grundlage der konsolidierten Weltbilanz, in: BB, 25. Jg. (1972), Beilage Nr. 4/1972 zu Heft Nr. 18, S. 58-67, hier S. 58 ff.; DERS.: Aufstellung konsolidierter Abschlüsse nach den Richtlinien der Securities and Exchange Commission, in: DB, 25. Jg. (1972), S. 1785-1794, hier S. 1785 ff.; WEIN, E.A.: Die betriebswirtschaftliche Aussagefähigkeit der Konzern-Rechnungslegung nach dem neuen Aktiengesetz, Köln und Opladen 1968, S. 106; WYSOCKI, K.v.: Zwei Jahre Konzernrechnungslegung nach dem AktG 1965, in: WPg, 23. Jg. (1970), Teil I: S. 97-103 und Teil II: 124-133, hier S. 130 f.

Mutterunternehmen, denen das AktG 1965 zur Erstellung aussagefähiger Konzernabschlüsse nicht ausreichend erschien, handelte es sich in etwa um die gleichen, die auch heute ihre Konzernabschlüsse unter Berücksichtigung der IAS erstellen. So finden sich früher wie heute die Bayer AG, die Hoechst AG und die Schering AG unter den Avantgardisten der deutschen Konzernrechnungslegung.[1]

Durch das Publizitätsgesetz von 1969 wurde die Konzernrechnungslegungspflicht über die durch das AktG 1965 erfaßten AG und KGaA hinaus auf Mutterunternehmen unabhängig von der Rechtsform ausgeweitet, sofern sie bestimmte Größenkriterien erfüllten.[2]

Die 7. EGR wurde in Deutschland relativ schnell umgesetzt, und zwar zusammen mit der zurückgehaltenen 4. EGR im BiRiLiG vom 19.12.1985. Damit hielten endlich das Weltabschlußprinzip und amerikanische Konsolidierungsmethoden Einzug in die deutsche Konzernrechnungslegung. Darüber hinaus wurde die Maßgeblichkeit der Einzelabschlüsse durch die einheitliche Bewertung nach dem Recht des Mutterunternehmens ersetzt und GmbHs ebenfalls konzernrechnungslegungspflichtig.

Außer der im HGB geregelten Konzernrechnungslegungspflicht für Kapitalgesellschaften wird in § 11 Abs. 1 PublG unverändert eine "originäre" Konzernrechnungslegungspflicht für alle Unternehmen bei Überschreitung der dortigen Größenkriterien verlangt. Dadurch werden beispielsweise auch Personengesellschaften, Einzelunternehmen und Vereine konzernrechnungslegungspflichtig, sofern andere Unternehmen unter ihrer einheitlichen Leitung stehen und zwei von drei der folgenden Kriterien in drei aufeinanderfolgenden Jahren überschritten werden:[3]

- Konzernbilanzsumme > 125 Mio. DM,
- Konzernumsatzerlöse > 250 Mio. DM und
- im Jahresdurchschnitt > 5.000 Arbeitnehmer.

Die deutschen Börsenvorschriften enthalten keine eigenen Regelungen in bezug auf Inhalt und Umfang des Konzernabschlusses und des Konzernlageberichts. Daher können sie im folgenden vernachlässigt werden.[4]

---

1) Vgl. Busse von Colbe, W.: Neuere Entwicklungstendenzen in der Konzernrechnungslegung, a.a.O., S. 655; Kirsch, H.-J.: Die "Anwendung" von International Accounting Standards in Konzernabschlüssen deutscher Mutterunternehmen, a.a.O., S. 1773 ff.; Niehus, R.J.: Die neue "Internationalität" deutscher Konzernabschlüsse, a.a.O., S. 1341 ff.

2) Vgl. Kinne, S.: Der konzernbilanzielle Firmenwert von Tochterunternehmen, a.a.O., S. 69.

3) Vgl. Theisen, M.R.: Der Konzern, a.a.O., S. 356.

4) Vgl. Eisolt, D.: US-amerikanische und deutsche Konzernrechnungslegung, a.a.O., S. 38.

Die Besitzverhältnisse und Kaptitalmarktstrukturen sind durch Selbst- und Fremdfinanzierung geprägt. Der Bankeneinfluß ist dementsprechend groß, während die Zahl der börsennotierten Aktiengesellschaften mit 963 eher gering ist.[1)]

Obwohl es bereits seit 1965 gesetzliche Regelungen zur Konzernrechnungslegung in Deutschland gibt, blieb gemäß § 174 AktG dennoch der Einzelabschluß die Grundlage für die Gewinnverwendung von Aktiengesellschaften. Auch Verfahren zur Berücksichtigung der wirtschaftlichen Einheit eines Konzerns bei der Besteuerung knüpfen nicht an den Konzernabschluß an, sondern an die steuerliche Organschaft und das Schachtelprivileg.[2)] Insofern wird dem Konzernabschluß in Deutschland nicht der gleiche Stellenwert beigemessen wie beispielsweise in den USA, auch wenn bei der Gewinnverwendung stets das Konzernergebnis zusätzlich betrachtet wird.

In bezug auf Deutschland ist zu konstatieren, daß die das Vorsichtsprinzip konkretisierenden Prinzipien, also das Realisations- und das Imparitätsprinzip, dem Rechenschaftslegungszweck widersprechen, sofern Gewinne zwar noch nicht realisiert, jedoch jederzeit leicht realisierbar sind. Das Vorsichtsprinzip gerät bei der Auflösung stiller Anschaffungswertrücklagen eher zu einem "Unvorsichtsprinzip", weil es die verschlechterte Ertragslage verschleiert.[3)] Dies kann das rechtzeitige Erkennen von Unternehmenskrisen verhindern.[4)]

2.2.6.2 Großbritannien

Die Konzernrechnungslegung ist bereits seit 1948 in Großbritannien vorgeschrieben, hat aber analog zur Situation in der Bundesrepublik und im Gegensatz zu den USA zusätzlich zum Einzelabschluß zu erfolgen und kann diesen für die Zwecke der Ergebnisverwendung und Besteuerung nicht ersetzen. Da Großbritannien, wie bereits gezeigt, die 7. EGR massiv beeinflußte, wurden durch Umsetzung der 7. EGR zwar einige die Konzernrechnungslegung betreffende Vorschriften überarbeitet und neugefaßt, die substantiellen Änderungen waren jedoch gering.[5)] Dies ist nicht weiter verwunderlich, da viele Vorschriften der 7. EGR fast wörtlich aus der britischen Konzernrechnungslegung übernommen wurden.[6)]

---

1) Vgl. KLEEKÄMPER, H.: IASC - Das Trojanische Pferd der SEC?, in: Ballwieser, W. (Hrsg.): US-amerikanische Rechnungslegung, a.a.O., S. 351-367, hier S. 353.

2) Vgl. THEISEN, M.R.: Der Konzern, a.a.O., S. 391 ff.

3) Vgl. BUSSE VON COLBE, W.: Rechnungslegungsziele und Ansätze zur internationalen Harmonisierung der Rechnungslegung deutscher Unternehmen, a.a.O., S. 374 f.

4) Vgl. LAUPENMÜHLEN, M.: Internationale Rechnungslegungsprinzipien im Vergleich, in: IStR, 3. Jg. (1994), Teil I: S. 399-408 und Teil II: S. 460-464, hier S. 401.

5) Vgl. WEBER, C.-P.: Praxis der Kapitalkonsolidierung im internationalen Vergleich, Stuttgart 1991, S. 16 f.

6) Vgl. FLIESS, O.: Konzernabschluß in Großbritannien, Frankfurt am Main 1991, S. 3.

Ungewöhnlich für das britische Recht ist allerdings, daß durch die Umsetzung der EG-Richtlinien erstmals Einzelvorschriften, die zuvor ausschließlich in Standards zu finden waren, jetzt gesetzlich kodifiziert wurden.[1]

Das britische Bilanzrecht für Kapitalgesellschaften ist im wesentlichen im Companies Act (CA) von 1989 in den Sections (ss.) 221 bis 261 und in den Schedules (sch.) 4 bis 10 geregelt. Dort finden sich auch die fünf Rechnungslegungsprinzipien, nämlich die Unternehmensfortführung (going concern), Periodenabgrenzung (accruals), Stetigkeit (consistency), Vorsicht (prudence) und der Einzelbewertungsgrundsatz. Ergänzt werden diese Regelungen durch die Statements of Standard Accounting Practice (SSAP) des ehemaligen Accounting Standards Committee (ASC) und die Financial Reporting Standards (FRS) des Accounting Standards Board (ASB). Dies ist in s. 262 (3) CA 1989 geregelt.[2] In SSAP 2[3], par. 14 (b) ist geregelt, daß im Konfliktfall nicht der Periodenabgrenzung, sondern dem Vorsichtsprinzip der Vorzug zu geben ist.[4] Der true and fair view bestand bereits, bevor er 1948 in den Companies Act aufgenommen wurde, und geht als overriding principle den anderen Vorschriften grundsätzlich vor.[5]

Der Konzernabschluß wird zusätzlich zum Einzelabschluß erstellt und dient ausschließlich der Information, da er weder für Zwecke der Ergebnisverwendung noch für die Besteuerung verwandt wird. Er wird nach der parent-company-extension theory aufgestellt und ist primär an die Mehrheitsgesellschafter adressiert. Über die deutschen Konzernabschlußbestandteile hinaus umfaßt der britische Konzernabschluß noch ein Brutto-Konzernanlagengitter, eine Segmentberichterstattung nach SSAP 25[6] und gemäß FRS 1[7] eine Kapitalflußrechnung. Wenn ein Mutterunternehmen einen Konzernabschluß aufstellen muß,

---

1) Vgl. Ebert, M.: Einflußgrößen und Strukturen des britischen Accounting, Frankfurt am Main 1990, S. 142.

2) Vgl. Bastian, M./Beaujean, R.: Bilanzpolitische Gestaltungsmöglichkeiten in Großbritannien, in: Küting, K./Weber, C.-P. (Hrsg.): Internationale Bilanzierung, a.a.O., S. 94-124, hier S. 94 f.

3) Vgl. ASC: [SSAP 2] Disclosure of accounting policies, 1971, in: ICAEW (Hrsg.): Accounting Standards 1998/99, Extant at 30 April 1998, London 1998, S. 45-51. Die einzelnen Verlautbarungen des Accounting Standards Committee und des Accounting Standards Board werden nur beim ersten Mal voll zitiert. Anschließend werden sie wie Gesetzestexte behandelt und die Fundstellen daher nicht erneut angegeben.

4) Vgl. Ebert, M.: Einflußgrößen und Strukturen des britischen Accounting, a.a.O., S. 161; Hopcroft, T.: Rechnungslegung und Grundsätze der Abschlußprüfung in Großbritannien und Deutschland - Ein Vergleich -, Accounting and Auditing Standards and Principles in the United Kingdom and Germany - A Comparison -, Düsseldorf 1995, S. 9.

5) Vgl. Fliess, O.: Konzernabschluß in Großbritannien, a.a.O., S. 18 ff.

6) Vgl. ASC: [SSAP 25] Segmental reporting, 1990, in: ICAEW (Hrsg.): Accounting Standards 1998/99, Extant at 30 April 1998, a.a.O., S. 295-310

7) Vgl. Accounting Standards Board: [FRS 1] Cash flow statements (reviesed 1996), 1996, in: ICAEW (Hrsg.): Accounting Standards 1998/99, Extant at 30 April 1998, a.a.O., S. 313-356

kann es für den Einzelabschluß auf die Aufstellung einer GuV und Kapitalflußrechnung verzichten.[1] Die Konzern-GuV und die Konzernkapitalflußrechnung haben also eine Ersatzfunktion, während die übrigen Konzernabschlußbestandteile nur eine Ergänzungsfunktion besitzen.[2] Dies zeigt, daß dem Konzernabschluß grundsätzlich eine größere Bedeutung zugemessen wird, auch wenn er den Einzelabschluß nicht ersetzen kann.

In Großbritannien werden einige Konzernabschlüsse unter Berücksichtigung der IAS erstellt.[3] In diesem Zusammenhang sei erwähnt, daß London der Sitz des IASC ist, und die Börsen in London und Hongkong Abschlüsse nach IAS bereits als Zulassungskriterium akzeptieren.[4] Darüber hinaus haben sich die Briten, auf deren Initiative das IASC gegründet wurde, erfolgreich bemüht, ihr Recht in den IAS abzubilden, worauf sie auch in neu erlassenen SSAP hinweisen. Daher ist ein nach britischem Recht erstellter Konzernabschluß automatisch konform mit den IAS.[5]

In Deutschland wird, wenn von anglo-amerikanischer Rechnungslegung gesprochen wird, in der Regel unterstellt, daß die britische mit der amerikanischen identisch sei. Dies ist jedoch keineswegs der Fall, wie britische accountants unermüdlich betonen,[6] was sich auch in bezug auf die Konzernrechnungslegung im folgenden noch zeigen wird.

2.2.6.3 Frankreich

Die grundlegenden französischen Bilanzierungsvorschriften finden sich in den Artikeln 8-17 des französischen Handelsgesetzbuches (Code de Commerce). Durch die Umsetzung der 4. EGR nahm in Frankreich der Einfluß des Steuerrechts auf die Rechnungslegungsvorschriften ab und die Bedeutung des Vorsichtsprinzips zu.[7] Aus diesem wird das Realisationsprinzip abgeleitet.[8] Ebenfalls fand die dem angelsächsischen

---

1) Vgl. BASTIAN, M./BEAUJEAN, R.: Bilanzpolitische Gestaltungsmöglichkeiten in Großbritannien, a.a.O., S. 110 ff.

2) Vgl. FLIESS, O.: Konzernabschluß in Großbritannien, a.a.O., S. 53.

3) Auch in Italien, den Niederlanden und Großbritannien werden bereits Konzernabschlüsse nach internationalen Regeln erstellt. Vgl. KLEEKÄMPER, H.: Aktuelle Entwicklungen beim IASC, a.a.O., S. 429.

4) Vgl. WYATT, A.R./YOSPE, J.F.: Wake-Up Call To American Business: International Accounting Standards Are On The Way, a.a.O., S. 82.

5) Vgl. EBERT, M.: Einflußgrößen und Strukturen des britischen Accounting, a.a.O., S. 97.

6) Vgl. HALLER, A.: Wesentliche Ziele und Merkmale US-amerikanischer Rechnungslegung, a.a.O., S. 4.

7) Vgl. ALTMEIER, D./KAISER, U./KEBBE, T./KRETSCHMAR, M./MAIER, F./SCHENKEL, M.: Bilanzpolitische Gestaltungsmöglichkeiten in Frankreich, in: Küting, K./Weber, C.-P. (Hrsg.): Internationale Bilanzierung, Herne/Berlin 1994, S. 154-180, hier S. 154.

8) Vgl. KÜHN, K.-P.: Rechnungslegungs-, Prüfungs- und Publizitätsvorschriften in Frankreich, in: Boehmer, H. v. (Hrsg.): Deutsche Unternehmen in Frankreich - Leitfaden für die Wirtschaftspraxis -, Stuttgart 1991, S. 199-240, hier S. 204.

Recht entstammende Generalnorm (image fidèle) erstmals Eingang in die französischen Vorschriften.[1] Richtlinienkonform ist diese zwar als overriding principle ausgestaltet. Faktisch gehen jedoch die Einzelnormen vor.[2]

Die 7. EGR wurde mit dem Gesetz No. 85-11 vom 3.1.1985 umgesetzt und durch Dekret No. 86-221 vom 17.2.1986 ergänzt.[3] Die allgemeine Konzernrechnungslegungspflicht besteht in Frankreich erst seit Umsetzung der 7. EGR, auch wenn börsennotierte Unternehmen bereits vorher unter bestimmten Bedingungen einen Konzernabschluß aufzustellen hatten.[4]

Der Konzernabschluß hat die gleichen Bestandteile wie in Deutschland[5] und orientiert sich an der Einheitstheorie[6]. Im Plan Comptable Révisé wird darüber hinaus die Ergänzung durch eine Kapitalflußrechnung und eine Eigenkapitalveränderungsrechnung empfohlen, was in der Praxis zumeist auch erfolgt.[7]

Die Bilanzierung im Konzernabschluß hat sich an dem für das Mutterunternehmen gültigen Bilanzierungsrahmen zu orientieren, und alle einbezogenen Unternehmen müssen auf Konsolidierungsebene nach den gleichen Methoden bilanzieren, so daß ein einheitlich bewerteter Konzernabschluß entsteht. Auf Konsolidierungsebene unterscheidet das französische Recht in obligatorische und fakultative Bilanzänderungen. Erstere sind notwendig zur Herstellung der Einheitlichkeit; letztere gewähren dem Mutterunternehmen auf Konzernebene Wahlrechte, die für die Einzelabschlüsse nicht bestehen und teilweise eine Anpassung an internationale Normen darstellen oder in der Praxis gar nicht in Anspruch

---

1) Vgl. ALTMEIER, D./KAISER, U./KEBBE, T./KRETSCHMAR, M./MAIER, F./SCHENKEL, M.: Bilanzpolitische Gestaltungsmöglichkeiten in Frankreich, a.a.O., S. 155.

2) Vgl. HOSSFELD, C.: Der Vergleich ausgewählter Bilanzierungsgrundsätze in Deutschland und Frankreich, in: BB, 51. Jg. (1996), S. 1707-1713, hier S. 1713.

3) Vgl. SCHOLTISSEK, W.: Ergänzung der Vorschriften über den Konzernabschluß in Frankreich - Überblick über das Dekret No. 86-221 vom 17.2.1986 zum Gesetz Nr. 85-11 vom 3.1.1985, in: RIW, 33. Jg. (1987), S. 283-289, hier S. 283.

4) Vgl. ALTMEIER, D./KAISER, U./KEBBE, T./KRETSCHMAR, M./MAIER, F./SCHENKEL, M.: Bilanzpolitische Gestaltungsmöglichkeiten in Frankreich, a.a.O., S. 165 f.; BOHL, J.: Die Anwendung von IASC-Grundsätzen auf Konzernabschlüsse französischer Großunternehmen, in: DB, 49. Jg. (1996), S. 995-999, hier S. 996.

5) Vgl. SCHOLTISSEK, W.: Der konsolidierte Abschluß in Frankreich - Überblick über das Gesetz No. 85-11 vom 3.1.1985, in: RIW, 31. Jg. (1985), S. 467-472, hier S. 469 f.

6) Vgl. ALTMEIER, D./KAISER, U./KEBBE, T./KRETSCHMAR, M./MAIER, F./SCHENKEL, M.: Bilanzpolitische Gestaltungsmöglichkeiten in Frankreich, a.a.O., S. 166.

7) Vgl. ALTMEIER, D./KAISER, U./KEBBE, T./KRETSCHMAR, M./MAIER, F./SCHENKEL, M.: Bilanzpolitische Gestaltungsmöglichkeiten in Frankreich, a.a.O., S. 166; SCHOLTISSEK, W.: Ergänzung der Vorschriften über den Konzernabschluß in Frankreich - Plan Comptable Général 1986 - Übergangsregeln, in: RIW, 33. Jg. (1987), S. 762-774, hier S. 769 ff.

genommen werden.[1] Analog zur Bundesrepublik und zu Großbritannien hat auch in Frankreich der Konzernabschluß nur sekundäre Bedeutung neben dem Einzelabschluß.[2]

In Frankreich stellen einige Großkonzerne ihre Konzernabschlüsse nach IAS bzw. US-amerikanischen Vorschriften auf. Dies ist durch das Gesetz gedeckt, solange die internationalen Normen in Einklang mit dem französischen Recht stehen.[3] In der Praxis werden jedoch teilweise Normen angewandt, die französischen Vorschriften grundlegend widersprechen.[4]

---

1) Vgl. ALTMEIER, D./KAISER, U./KEBBE, T./KRETSCHMAR, M./MAIER, F./SCHENKEL, M.: Bilanzpolitische Gestaltungsmöglichkeiten in Frankreich, a.a.O., S. 166 ff.; BOHL, J.: Die Anwendung von IASC-Grundsätzen auf Konzernabschlüsse französischer Großunternehmen, a.a.O., S. 996.

2) Vgl. WEBER, C.-P.: Praxis der Kapitalkonsolidierung im internationalen Vergleich, a.a.O., S. 24.

3) Französische Aktiengesellschaften pflegen diese Praxis bereits seit Jahren in wesentlich größerem Umfang als deutsche. Vgl. ALTMEIER, D./KAISER, U./KEBBE, T./KRETSCHMAR, M./MAIER, F./SCHENKEL, M.: Bilanzpolitische Gestaltungsmöglichkeiten in Frankreich, a.a.O., S. 166; NIEHUS, R.J.: 7. EG-Richtlinie = "US GAAP"? - "Duale" Konzernrechnungslegung in Frankreich, in: WPg, 44. Jg. (1991), Teil I: S. 1-8 und Teil II: S. 34-39, hier S. 1; KLEEKÄMPER, H.: Aktuelle Entwicklungen beim IASC, a.a.O., S. 429; ORDELHEIDE, D.: Notwendigkeiten und Probleme der Weiterentwicklung der EG-Bilanzrichtlinien und des deutschen Konzernabschlußrechts, in: Baetge, J. (Hrsg.): Die deutsche Rechnungslegung vor dem Hintergrund der internationalen Entwicklungen, a.a.O., S. 11-39, hier S. 38; WETZEL, W.: Zur Harmonisierung der Rechnungslegung, a.a.O., S. 208.

4) Vgl. ALTMEIER, D./KAISER, U./KEBBE, T./KRETSCHMAR, M./MAIER, F./SCHENKEL, M.: Bilanzpolitische Gestaltungsmöglichkeiten in Frankreich, a.a.O., S. 166. Anderer Ansicht ist BOHL, J.: Die Anwendung von IASC-Grundsätzen auf Konzernabschlüsse französischer Großunternehmen, a.a.O., S. 998 f.

2.3 Grundlagen der Konzernrechnungslegung der International Accounting Standards

In einigen EU-Mitgliedstaaten erstellten einige Unternehmen ihre Konzernabschlüsse bereits nach IAS. Dies mag mehrere Gründe haben. Einerseits ist es sicherlich richtig, daß diese Abschlüsse für das internationale Publikum leichter verständlich sind, was die Kapitalbeschaffung im Zweifelsfall erleichtern könnte. Andererseits scheint es zur Zeit auch einfach "schick" zu sein, den Abschluß nach internationalen Regeln zu erstellen, da es den Eindruck von Progressivität vermittelt. So macht es im Augenblick direkt den Eindruck einer Hysterie, die unter den größeren Unternehmen diesbezüglich ausgebrochen ist. Daher ist es wichtig, im Hauptteil der Arbeit immer auch einen Blick auf die Haltung des IASC zu werfen. Um das Verständnis zu fördern, soll im folgenden kurz das IASC vorgestellt werden.

2.3.1 Gründung und Ziele des International Accounting Standards Committee (IASC)

Das International Accounting Standards Committee wurde 1973 unter Beteiligung des Instituts der Wirtschaftsprüfer in London als Zusammenschluß von Berufsorganisationen der Wirtschaftsprüfer aus neun Staaten gegründet. Die Initiative ging vom britischen Berufsstand aus, der durch den im gleichen Jahr erfolgten Beitritt Großbritanniens zur EG seinen Einfluß auf die Rechnungslegung schwinden sah, da in der EG die Rechnungslegung durch rechtsverbindliche Richtlinien geregelt wird und nicht mehr durch berufsständische Gremien. Damit sollte der Verrechtlichung und zu starken Reglementierung durch die EG entgegengewirkt werden.[1)]

Die beiden Hauptziele des IASC sind laut IASC Constitution[2)], par. 2 einerseits im öffentlichen Interesse die Formulierung und Veröffentlichung von Rechnungslegungsstandards und die Förderung deren weltweiter Akzeptanz und Einhaltung sowie andererseits, allgemein für die Verbesserung und Harmonisierung der Vorschriften, Rechnungslegungsstandards und Verfahren zu arbeiten, die sich auf die Präsentation von Jahresabschlüssen beziehen. Hierdurch wird deutlich, daß die IAS bei der Schließung von Lücken

---

1) Vgl. BIENER, H.: Die Rechnungslegungsempfehlungen des IASC und deren Auswirkungen auf die Rechnungslegung in Deutschland, in: BFuP, 45. Jg. (1993), S. 345-356, hier S. 345 f.; DERS.: Bedeutung und Chancen der IASC-Vorschriften als internationale Rechnungslegungsnorm, a.a.O., S. 21; KLEEKÄMPER, H.: IASC - Das Trojanische Pferd der SEC?, a.a.O., S. 354.

2) Die Constitution des IASC ist abgedruckt in: INTERNATIONAL ACCOUNTING STANDARDS COMMITTEE (Hrsg.): International Accounting Standards 1999, London 1999, S. 23-28. Sie wird im folgenden wie ein Gesetzestext behandelt. Die Fundstelle wird daher nicht erneut angegeben.

in der jeweiligen nationalen Rechnungslegung bzw. der Auslegung unbestimmter Rechtsbegriffe einen Vorrang vor anderen ausländischen Vorschriften und Praktiken genießen. Dabei ist der Stellenwert der IAS in Ländern, die nicht an Richtlinien einer supranationalen Staatengemeinschaft gebunden sind und denen deshalb eine solche Orientierungsquelle fehlt, höher als in EU-Mitgliedstaaten.[1)]

2.3.2 Historische Entwicklung des IASC sowie Konzeption, Umfang und Entwicklungsstand der IAS

Die Entwicklung des IASC ist eng verbunden mit der Konzeption, dem Umfang und dem Entwicklungsstand der IAS. Die Mitglieder der International Federation of Accountants (IFAC) sind laut IASC Constitution, par. 3 automatisch Mitglieder des IASC. Das IASC repräsentiert daher mittlerweile 142 Mitglieder aus 103 Ländern.[2)] Da es keine Gesetzgebungskompetenz hat, kann es nur Rechnungslegungsstandards herausgeben, ohne direkten Einfluß auf eine etwaige Umsetzung in den jeweiligen Ländern zu haben.[3)]

Die Arbeit des IASC läßt sich in drei Phasen unterteilen, in denen sich auch die Konzeption und Zielsetzung des Standardisierungsprozesses entscheidend änderte:[4)]

1. 1973 - 1988 Entwicklung von Standards mit zahlreichen Wahlrechten.
2. 1989 - 1993 Ausarbeitung eines framework[5)] und Reduzierung von Wahlrechten.
3. seit 1994 Vervollständigung der sogenannten core standards der IOSCO.

1) Vgl. KUBIN, K.: Die Relevanz ausländischer Rechnungslegungsgrundsätze, in: Sonnemann, E. (Hrsg.): Rechnungslegung, Prüfung, Wirtschaftsrecht und Steuern in den USA, a.a.O., S. 3-16, hier S. 13 f.

2) Vgl. INTERNATIONAL ACCOUNTING STANDARDS COMMITTEE (Hrsg.): International Accounting Standards 1999, a.a.O., S. 11.

3) Vgl. KLEEKÄMPER, H.: IASC - Das Trojanische Pferd der SEC, a.a.O., S. 364; KLOOS, G.: Die Transformation der 4. EG-Richtlinie, a.a.O., S. 79 f.

4) Vgl. KLEEKÄMPER, H.: Aktivitäten und Tendenzen im IASC, a.a.O., S. 110.

5) Das Framework for the Preparation and Presentation of Financial Statements des IASC ist abgedruckt in: INTERNATIONAL ACCOUNTING STANDARDS COMMITTEE (Hrsg.): International Accounting Standards 1999, a.a.O., S. 35-72. Es wird im folgenden wie ein Gesetzestext behandelt und die Fundstelle daher nicht erneut angegeben.

Das IASC stand vor dem Problem, vor dem jede Organisation steht, die sich mit Standardisierung[1] beschäftigt. Entweder, es werden enge Standards propagiert, die nur von wenigen befolgt werden können, oder es werden Standards mit vielen Freiheitsgraden propagiert, die zwar leichter einzuhalten sind, aber kaum zu einer wirklichen Standardisierung führen. Das IASC entschied sich für letzteres und hat bis 1989 zunächst 31 International Accounting Standards (IAS) zu verschiedenen Bereichen der Rechnungslegung herausgegeben, die zahlreiche Wahlrechte enthielten. "Die bis einschließlich 1994 anzuwendenden Empfehlungen zeichnen sich dadurch aus, daß ihre Anforderungen grundsätzlich sowohl den Bilanzrichtlinien der EG als auch den anglo-amerikanischen Grundsätzen entsprechen ..."[2] Außerdem mangelte es diesen IAS an einem separaten theoretischen Unterbau. Die drei Basisgrundsätze Unternehmensfortführung (going concern), Stetigkeit (consistency) und Periodisierung (accrual) wurden in dem heute nicht mehr gültigen IAS 1.3 (reformatted 1994) geregelt, und drei weitere Grundsätze, nämlich der Vorsicht (prudence), der wirtschaftlichen Betrachtungsweise (substance over form) und der Wesentlichkeit (materiality), befanden sich in IAS 1.5 (reformatted 1994).[3]

Erst 1989 wurde dieses Manko durch Verabschiedung des framework behoben. Es stellt die Grundlage für die Entwicklung neuer IAS dar und dient als Grundlage für eine deduktive Ableitung von Rechnungslegungsfragen, die nicht explizit in den IAS geregelt sind. So enthält das framework die Ziele der IASC-Rechnungslegung, die allgemeinen quantitativen Anforderungen an die Rechnungslegung sowie Fragen der Bilanzierungsfähigkeit und der Gewinnrealisierung in allgemeiner Form. Da das framework erst 1989 verabschiedet wurde, besteht zwischen framework und den vorangegangenen IAS keine volle Kompatibilität. Daher haben gemäß framework, par. 2 die IAS im Zweifel Vorrang.[4]

Das framework folgt zeitlich seinem US-amerikanischen Vorbild, dem conceptual framework des Financial Accounting Standards Board (FASB), an das es sich stark anlehnt.[5] Es hat allerdings einen wesentlich geringeren Umfang als das amerikanische Vorbild, ist

---

1) Vgl. KNOBLAUCH, P.: Die vierte EG-Richtlinie, a.a.O., S. 12, der bereits zwischen den Worten "Harmonisierung" und "Standardisierung" unterscheidet. Im allgemeinen wird das Wort "Harmonisierung" mit den EU-Richtlinien assoziiert und als Angleichung verstanden, während das Wort "Standardisierung" mit dem IASC assoziiert und insbesondere seit dem Comparability Project als Vereinheitlichung interpretiert wird.

2) BIENER, H.: Bedeutung und Chancen der IASC-Vorschriften als internationale Rechnungslegungsnorm, a.a.O., S. 22.

3) Vgl. WOLLMERT, P.: IASC-Rechnungslegung, Stuttgart 1995, S. 8.

4) Vgl. WOLLMERT, P.: IASC-Rechnungslegung, a.a.O., S. 7 f.

5) Vgl. DEMMING, C.: Grundlagen der Internationalen Rechnungslegung, München 1997, S. 78 f.; WOLLMERT, P.: IASC-Rechnungslegung, a.a.O., S. 7.

wesentlich straffer und weniger detailliert. Daher wird ein tieferes Verständnis auch erst durch das Studium der amerikanischen Rechnungslegungskonzeption möglich.[1] Die Harmonisierung durch das IASC geschieht also durch ein zweistufiges Regelwerk bestehend aus dem framework und den einzelnen IAS.[2]

Im Gegensatz zu den Richtlinien der EU entfalten die IAS keine unmittelbare Wirkung gegenüber den Unternehmen oder den Mitgliedern des IASC, sondern sind lediglich Empfehlungen ohne eigene verbindliche Wirkung.[3] Um die Akzeptanz seiner IAS zu fördern, setzte das IASC daher verstärkt auf strategische Allianzen durch internationale Kooperationen, deren wichtigste die Zusammenarbeit mit der Internationalen Organisation der Börsenaufsichtsbehörden (IOSCO) ist. So arbeitet das IASC seit 1987 mit der IOSCO zusammen, die dem IASC in Aussicht stellte, ihren Mitgliedern zu empfehlen, die Börsenzulassung ausländischer Unternehmen von der Beachtung der IAS abhängig zu machen. Voraussetzung dafür war jedoch die Abschaffung oder zumindest Einschränkung von Wahlrechten. Daraufhin änderte das IASC seine Politik. Mit der Verabschiedung von Exposure Draft 32 (E32) im Januar 1989, aus dem im Juli 1990 das Statement of Intent on the Comparability of Financial Statements[4] hervorging, revidierte das IASC im Dezember 1993 zehn der vorangegangenen 31 IAS und hob damit von ursprünglich 29 vorgeschlagenen Wahlrechten insgesamt 21 auf.[5]

Mit der Veranlassung des Comparability Project durch die IOSCO verließ das IASC die Phase der Suche nach dem kleinsten gemeinsamen Nenner. Kontinentaleuropäische Methoden wurden aus den Wahlrechten beseitigt oder nur noch als zulässige Alternative (Allowed Alternative Treatment) neben den angelsächsischen Methoden geduldet, die den Regelfall (Benchmark) darstellten.[6]

1993 empfahl die IOSCO ihren Mitgliedern bereits, Kapitalflußrechnungen anzuerkennen, die von Ausländern in Übereinstimmung mit dem 1992 überarbeiteten IAS 7 aufgestellt wurden. Trotz Beendigung des Comparability Project im Jahre 1993 sah die

---

1) Vgl. KLEEKÄMPER, H.: IASC - Das Trojanische Pferd der SEC, a.a.O., S. 356 ff.

2) Vgl. WOLLMERT, P.: IASC-Rechnungslegung, a.a.O., S. 8.

3) Vgl. KLEEKÄMPER, H.: IASC - Das Trojanische Pferd der SEC?, a.a.O., S. 364; WEBER, C.-P.: Praxis der Kapitalkonsolidierung im internationalen Vergleich, a.a.O., S. 28.

4) Im folgenden kurz: Comparability Project.

5) Vgl. BIENER, H.: Bedeutung und Chancen der IASC-Vorschriften als internationale Rechnungslegungsnorm, a.a.O., S. 15 ff.; KLEEKÄMPER, H.: Aktivitäten und Tendenzen im IASC, a.a.O., S. 110; DERS.: Aktuelle Entwicklungen beim IASC, a.a.O., S. 422 ff.; PRICEWATERHOUSECOOPERS: Understanding IAS, 2. Aufl., o.O. 1998, S. xi f.

6) Vgl. KLEEKÄMPER, H.: Rechnungslegung aus der Sicht des IASC, a.a.O., S. 62; DERS.: Aktuelle Entwicklungen beim IASC, a.a.O., S. 424.

IOSCO im folgenden von weiteren Einzelempfehlungen ab und empfahl den Börsen noch nicht die Anerkennung von nach den IAS erstellten Abschlüssen für die Börsenzulassung ausländischer Unternehmen, wie dies dem IASC durch das Comparability Project bereits in Aussicht gestellt wurde. Zwar bezeichnete die IOSCO 14 IAS als annehmbar, machte jetzt deren Empfehlung aber von der Vervollständigung einer Liste von sogenannten core standards abhängig.[1)]

Die zukünftige Zusammenarbeit zwischen IASC und IOSCO wurde im Jahre 1995 in einer gemeinsamen Vereinbarung niedergelegt. Darin wurde erstmals auch schriftlich in Aussicht gestellt, den Börsen zu empfehlen, die Börsenzulassung ausländischer Unternehmen von der Beachtung aller IAS abhängig zu machen. Sie soll jedoch erst erfolgen, wenn die IAS aus Sicht der IOSCO ein vollständiges Rechnungslegungssystem darstellen.[2)] Die Vervollständigung der core standards ist seit 1998 abgeschlossen, und die IOSCO prüft zur Zeit deren Empfehlung.[3)]

Das IASC numeriert seine IAS in chronologischer Reihenfolge der Veröffentlichung. Von den 39 IAS wurden IAS 3 durch IAS 27 und 28 ersetzt, IAS 5 und 13 durch IAS 1 sowie IAS 6 durch IAS 15, so daß zum 1.1.1999 nur noch 35 existierten. Von diesen hat jedoch IAS 15 keinen verbindlichen Charakter, da seine Anwendung aufgrund fehlender Akzeptanz in der Praxis vom Board nur noch empfohlen wird.[4)] Die im Rahmen des Comparability Project in zehn IAS vorgenommenen Wahlrechtseinschränkungen führten nicht zu neuen IAS, sondern nur zu einer Revision bestehender. Bei ihnen handelt es sich um die IAS 2, 8, 9, 11, 16, 18, 19, 21, 22 und 23, die am 1.1.1995 in Kraft traten.[5)] Seit 1997 besteht auch ein Standing Interpretations Committee (SIC), das durch Interpretation unklarer oder ungeregelter Bereiche existierender Standards Hilfe bei deren Anwendung gibt. Durch die Veröffentlichung von SIC Interpretations, die bei der Rechnungslegung

---

1) Vgl. INTERNATIONAL ACCOUNTING STANDARDS COMMITTEE (Hrsg.): International Accounting Standards 1999, a.a.O., S. 18; BIENER, H.: Bedeutung und Chancen der IASC-Vorschriften als internationale Rechnungslegungsnorm, a.a.O., S. 18 f.; KLEEKÄMPER, H.: Rechnungslegung aus der Sicht des IASC, a.a.O., S. 62; DERS.: Aktivitäten und Tendenzen im IASC, a.a.O., S. 113.

2) Vgl. o.V.: Vereinbarung zwischen IASC und IOSCO, in: FN-IDW, 1995, S. 365 f.

3) Vgl. INTERNATIONAL ACCOUNTING STANDARDS COMMITTEE (Hrsg.): International Accounting Standards 1999, a.a.O., S. 18 f.

4) Vgl. das Board Statement October 1989 in IAS 15.

5) Vgl. INTERNATIONAL ACCOUNTING STANDARDS COMMITTEE (Hrsg.): International Accounting Standards 1999, a.a.O., S. 1259 ff.; KLEEKÄMPER, H.: Aktivitäten und Tendenzen im IASC, a.a.O., S. 115; DERS.: Aktuelle Entwicklungen beim IASC, a.a.O., S. 423 ff.

nach IAS ebenfalls zwingend einzuhalten sind, soll deren weltweit einheitliche Anwendung gefördert werden.[1]

Obwohl Deutschland Gründungsmitglied des IASC war, blieb das Interesse an dessen Arbeit eher gering. Ein seit Anfang dieses Jahrzehnts gestiegenes Interesse wird dokumentiert durch einen Vertreter der deutschen Industrie als Delegierter im Board seit 1993, die Besetzung des Postens der technischen Direktorin 1994 durch eine Deutsche[2] und die Erstellung von Konzernabschlüssen unter Berücksichtigung der IAS in einigen deutschen Konzernabschlüssen seit dem Geschäftsjahr 1994.

2.3.3 Organisatorischer Aufbau des IASC

Das übergeordnete Organ des IASC ist laut IASC Constitution, par. 2 das Board. Ihm gehören Berufsverbände aus 13 Ländern an, die durch die IFAC bestimmt werden, sowie bis zu vier Organisationen, die im Zusammenhang mit Fragen der Rechnungslegung stehen.[3] Zu den Aufgaben des Board gehört die Leitung und Überwachung der Arbeiten des IASC, laut IASC Constitution, par. 12 also insbesondere die Verabschiedung der IAS, die Sicherstellung der Finanzierung[4] und die Öffentlichkeitsarbeit zur weltweiten Verbreitung der IAS.[5]

Zu inhaltlichen Fragen der IAS kommt das Board in periodischen Abständen mit der Consultative Group zusammen. Dieses Beratungsgremium umfaßt 17 internationale Organisationen, die sich als users and preparers mit der Erstellung oder Auswertung von Jahresabschlüssen beschäftigen.[6] Durch diese Beratungen soll die Verbindung zur

1) Vgl. INTERNATIONAL ACCOUNTING STANDARDS COMMITTEE (Hrsg.): International Accounting Standards 1999, a.a.O., S. 1159 f. Alle gültigen IAS und SIC Interpretations sind abgedruckt EBENDA, S. 73 ff. Sie werden im folgenden wie Gesetzestexte behandelt. Die Fundstelle wird daher nicht erneut angegeben.

2) Vgl. RISSE, A.: Standard-Setting beim IASC: Mitwirkungsmöglichkeiten aus deutscher Sicht, in: RIW, 41. Jg. (1995), S. 830-834, hier S. 831.

3) Statt der maximal vier möglichen Organisationen nehmen zur Zeit allerdings nur drei teil. Die EU-Kommission, das FASB, die IOSCO und die Volksrefpublik China haben Beobachterstatus. Vgl. INTERNATIONAL ACCOUNTING STANDARDS COMMITTEE (Hrsg.): International Accounting Standards 1999, a.a.O., S. 11 f.

4) Das IASC finanziert sich primär durch die Beiträge der Board-Mitglieder, Zuschüsse des IFAC aus gemeinsamen Mitgliedsbeiträgen sowie aus Publikationen und Spenden. Vgl. KLEEKÄMPER, H.: Aktuelle Entwicklungen beim IASC, a.a.O., S. 421.

5) Vgl. IDW (Hrsg.): Rechnungslegung nach International Accounting Standards, Düsseldorf 1995, S. 7.

6) Vgl. INTERNATIONAL ACCOUNTING STANDARDS COMMITTEE (Hrsg.): International Accounting Standards 1999, a.a.O., S. 12 f.

Wirtschaft sowie zu möglichst vielen Interessengruppen verstärkt werden, um dadurch die Akzeptanz des IASC zu erhöhen.[1)]

2.3.4 Entwicklungsprozeß der IAS

Das Board sucht unter den Projektvorschlägen, die von allen Seiten beim IASC eingereicht werden können, unter den Aspekten der vorhandenen Arbeitskapazität, Relevanz und Priorität des Themas diejenigen heraus, die ins Arbeitsprogramm aufgenommen werden.[2)] Der due process ist ein sehr umfangreicher Vorgang, innerhalb dessen sich die Entwicklung der Standards vollzieht. Für jedes Projekt ernennt das Board eine eigene Arbeitsgruppe, ein Steering Committee, welches nun die mehrjährige Arbeit[3)] zur Entwicklung des Standards entsprechend dem vorgeschriebenen due process aufnimmt. Das erste Arbeitspapier, als Point Outline (PO) bezeichnet, ist eine Bestandsaufnahme und Auswertung der verfügbaren Informationen. Bis es zur Verabschiedung des endgültigen IAS kommt, durchläuft es die Entwicklungsstadien des Draft Statement of Principles (DSOP), Statement of Principles (SOP), und Exposure Draft (ED).[4)]

Abbildung 5 zeigt, daß in verschiedenen Entwicklungsstadien der Entwurf im Board beraten, kommentiert und nach entsprechenden Änderungen verabschiedet wird. Des weiteren finden mehrmals Beratungen zwischen dem Board und der Consultative Group statt. Aber nicht nur Mitglieder des IASC, sondern auch interessierte Außenstehende haben aufgrund der Veröffentlichung des Entwurfs in zwei Entwicklungsstadien die Möglichkeit, Kommentare abzugeben (Comment Letters), welche im Steering Committee beraten werden.

---

1) Vgl. Risse, A.: Standard-Setting beim IASC: Mitwirkungsmöglichkeiten aus deutscher Sicht, a.a.O., S. 831.

2) Vgl. Risse, A.: Standard-Setting beim IASC: Mitwirkungsmöglichkeiten aus deutscher Sicht, a.a.O., S. 831.

3) Dies sind in der Regel 3-5 Jahre. Vgl. Wollmert, P.: IASC-Rechnungslegung, a.a.O., S. 6.

4) Vgl. International Accounting Standards Committee (Hrsg.): International Accounting Standards 1999, a.a.O., S. 14 f.; Kleekämper, H.: Rechnungslegung aus der Sicht des IASC, a.a.O., S. 54 f.

Abb. 5: Due Process

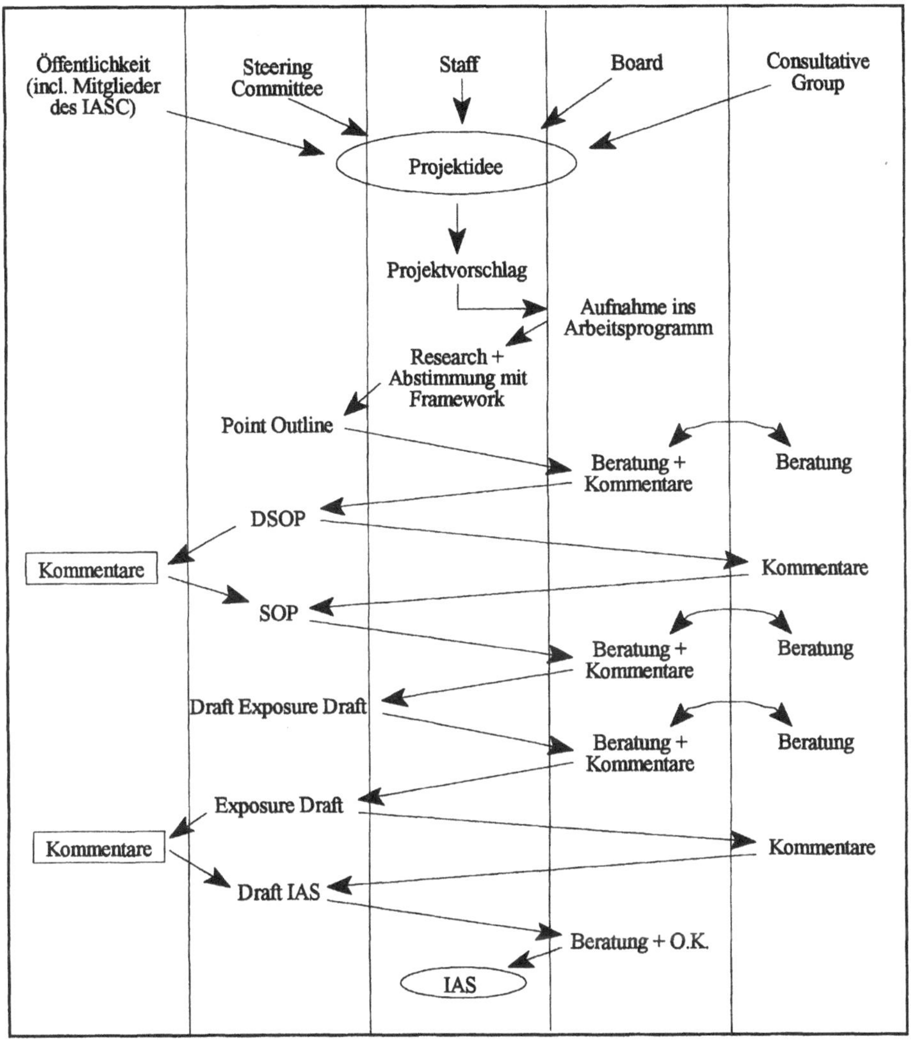

Quelle: In Anlehnung an RISSE, A.: Standard-Setting beim IASC: Mitwirkungsmöglichkeiten aus deutscher Sicht, a.a.O., S. 833.

Trotz des langjährigen Entwicklungsprozesses der IAS, der durch viele Beratungen in unterschiedlichen Personenkreisen gekennzeichnet ist, entscheidet letztendlich nur das

Board über eine Verabschiedung der Entwürfe und des endgültigen Standards.[1] Die Inhalte der IAS werden somit stark durch das Abstimmungsverhältnis im Board beeinflußt. Soweit bekannt ist, "war dieses entscheidende Gremium des IASC von der Gründung bis heute immer so zusammengesetzt, daß die Vertreter der anglo-amerikanisch geprägten Berufsstände eine komfortable Mehrheit hatten."[2] Konsequenterweise sind die IAS daher eher angelsächsisch ausgerichtet, insbesondere seit Abschluß des Comparability Project. Dies wird durch das grundsätzliche Bestreben der Vermeidung eines Einflusses der jeweiligen Steuerrechte und durch eine starke Investororientierung der Rechnungslegung deutlich, zu deren festen Bestandteilen daher auch eine Kapitalflußrechnung zählt. Andererseits dominiert bei der Konzernrechnungslegung die Einheitstheorie, und die Generalnorm des true and fair view ist nur subsidiär anzuwenden.[3]

2.3.5 Probleme bei der praktischen Anwendung der IAS

Trotz der Anerkennung und Förderung durch die IOSCO sind die IAS aus mehreren Gründen nicht unumstritten:

1. Das Problem des IASC bleibt trotz seiner vielen internationalen Mitgliedsorganisationen die einseitige Ausrichtung auf die angelsächsische Rechnungslegungsphilosophie. Dies steht ihrer internationalen Akzeptanz nachträglich im Wege. Da jedoch in der 7. EGR bereits primär angelsächsische Konzernrechnungslegungsmethoden Anwendung finden, sind die Abweichungen nicht so gravierend wie gegenüber der 4. EGR.[4]

2. Problematisch könnte darüber hinaus die zu erwartende einseitige Ausrichtung an den Bedürfnissen von Börsenteilnehmern werden, was für alle nicht börsennotierten Unternehmen zu erhöhten Publizitätsanforderungen führte. Dies ließe sich jedoch leicht umgehen durch eine Unterteilung in allgemeine IAS und solche für börsennotierte Unternehmen.[5]

---

1) Im Board sind zur Verabschiedung eines Entwurfs 2/3 der Stimmen und bei einem endgültigen Standard 3/4 der Stimmen notwendig, wobei laut IASC Constitution, par. 11 jedes Mitglied eine Stimme hat. Vgl. RISSE, A.: Standard-Setting beim IASC: Mitwirkungsmöglichkeiten aus deutscher Sicht, a.a.O., S. 833.

2) PROBST, H.: Mehr angloamerikanische Rechnungslegung in der EG durch geänderte Verfahren?, in: BFuP, 44. Jg. (1992), S. 426-440, hier S. 427.

3) Vgl. GOEBEL, A.: Die Konzernrechnungslegung nach HGB, IAS und US-GAAP, in: DB 48. Jg. (1995), S. 2489-2492, hier S. 2490 ff.

4) Vgl. KLOOS, G.: Die Transformation der 4. EG-Richtlinie, a.a.O., S. 87.

5) Vgl. BIENER, H.: Bedeutung und Chancen der IASC-Vorschriften als internationale Rechnungslegungsnorm, a.a.O., S. 22 f.

3. Im Gegensatz zum deutschen Bilanzrichtliniengesetz handelt es sich bei den IAS-Normen noch nicht um ein klar strukturiertes Gesamtkonzept der Rechnungslegung.[1)]

4. IAS-Normen orientieren sich zwar weitgehend am anglo-amerikanischen Recht, bilden dies aber natürlich nicht vollständig ab und unterliegen ebenfalls erheblichen Änderungen im Zeitablauf, was in bezug auf die IAS durch das Comparability Project deutlich wird. Somit stellt die Anwendung der IAS an den Anwender die Anforderung erhöhter Aufmerksamkeit in bezug auf Änderungen im Zeitablauf.[2)]

5. Es fehlten lange Zeit Hintergrundliteratur für die Anwendung der IAS wie beispielsweise ein "Wirtschaftsprüferhandbuch" sowie ein geordneter Erfahrungsaustausch.[3)] Die Ursache für eine mangelnde deutsche Beteiligung mag daher auch daran liegen, daß es einen deutschen Kommentar erst seit 1997[4)] und eine deutsche Übersetzung der IAS erst seit 1998[5)] gibt.[6)]

6. Nach Aufhebung von diversen Wahlrechten ab 1995 durch das Comparability Project ist beispielsweise eine deutsche Rechnungslegung unter weitgehender Berücksichtigung der IAS, wie sie von einigen deutschen Unternehmen im Konzernabschluß für das Geschäftsjahr 1994 angewandt wurde, nicht mehr möglich.

Aus den angesprochenen Problemen wird deutlich, daß die IAS nicht das Non-Plus-Ultra der Konzernrechnungslegung sind und daher kritisch betrachtet werden müssen. Ihre Beachtung führt in jedem Fall zu zusätzlichem zeitlichen und finanziellen Aufwand.

---

1) Vgl. BAUMGARTNER, B.: Integrationsschritte bei der Einführung einer IASC-Rechnungslegung am Beispiel der Oerlikon-Bührle Holding AG, in: Dörner, D./Wollmert P. (Hrsg.): IASC-Rechnungslegung, a.a.O., S. 27-39, hier S. 33; JACOBI, M.: Technische Aspekte bei der Umstellung auf eine IASC-Rechnungslegung am Beispiel der Ciba, in: Dörner, D./Wollmert P. (Hrsg.): IASC-Rechnungslegung, a.a.O., S. 41-55, hier S. 45.

2) Vgl. BAUMGARTNER, B.: Integrationsschritte bei der Einführung einer IASC-Rechnungslegung am Beispiel der Oerlikon-Bührle Holding AG, a.a.O., S. 33 f.

3) Vgl. JACOBI, M: Technische Aspekte bei der Umstellung auf eine IASC-Rechnungslegung am Beispiel der Ciba, a.a.O., S. 46.

4) Vgl. BAETGE, J./DÖRNER, D./KLEEKÄMPER, H./WOLLMERT, P. (Hrsg.): Rechnungslegung nach International Accounting Standards (IAS), Stuttgart 1997. Bereits 1995 gab es vom IdW eine Veröffentlichung mit dem Untertitel "Praktischer Leitfaden für die Aufstellung IAS-konformer Jahres- und Konzernabschlüsse in Deutschland". Vgl. IDW (Hrsg.): Rechnungslegung nach International Accounting Standards, a.a.O.

5) Vgl. INTERNATIONAL ACCOUNTING STANDARDS COMMITTEE (Hrsg.): International Accounting Standards 1997 - Deutsche Fassung, Stuttgart 1998.

6) Laut Preface to Statements of International Accounting Standards, par. 18 obliegt die Durchführung und Verantwortung für eine Übersetzung in die Landessprachen den jeweiligen Mitgliedern - in diesem Falle also insbesondere dem IDW und der WIRTSCHAFTSPRÜFERKAMMER. Vgl.: INTERNATIONAL ACCOUNTING STANDARDS COMMITTEE (Hrsg.): International Accounting Standards 1999, a.a.O., S. 33. Folglich liegt die Ursache der späten Übersetzung nicht beim IASC.

Trotz dieser Probleme sind in letzter Zeit immer mehr deutsche Konzerne dazu übergegangen, einen Konzernabschluß unter Berücksichtigung der IAS aufzustellen. Den IAS kommt daher mittlerweile der Status eines soft law zu.[1] In Anbetracht der Tatsache, daß die ersten 31 IAS diverse Wahlrechte enthielten, war dies auch ohne Verstoß gegen nationale Rechnungslegungsvorschriften möglich. Durch das Comparability Project ist dies jedoch seit 1995 schwieriger. Noch 1985 hob LEFFSON hervor, daß die Vieldeutigkeit der IAS eine Einbuße der Relevanz dieser Empfehlungen als Orientierungshilfe bewirke.[2] Dies hat sich allerdings durch Abschluß des Comparability Project ins Gegenteil verkehrt, so daß heute von einer erhöhten Relevanz gesprochen werden muß.

Bei der Aufstellung eines Konzernabschlusses nach IAS sind diese natürlich sämtlich zu beachten. Im Rahmen dieser Arbeit sollen aber nur jene betrachtet werden, die nicht schon für einen Einzelabschluß von Bedeutung sind. Damit konzentriert sich die Betrachtung auf

- IAS 22 Business Combinations,
- IAS 24 Related Party Disclosures,
- IAS 25 Accounting for Investments,
- IAS 27 Consolidated Financial Statements and Accounting for Investments in Subsidiaries,
- IAS 28 Accounting for Investments in Associates,
- IAS 31 Financial Reporting of Interests in Joint Ventures

sowie in bezug auf die in der 7. EGR nicht oder nur ansatzweise geregelten Sachverhalte auf

- IAS 12 Income Taxes,
- IAS 21 The Effects of Changes in Foreign Exchange Rates.

---

1) Vgl. ALLENSPACH, M.: Konzernrechnungslegung aus Internationaler Sicht, Zürich 1992, S. 129.

2) Vgl. LEFFSON, U.: Transnationale Einflüsse auf das Bilanzrecht, in: Gross, G. (Hrsg.): Der Wirtschaftsprüfer im Schnittpunkt nationaler und internationaler Entwicklung, Festschrift für Klaus v. Wysocki, Düsseldorf 1985, S. 1-16, hier S. 12 ff.

2.4 Synopse der Grundlagen der Konzernrechnungslegung

Die bisherigen Ausführungen haben die Entwicklung der Konzernrechnungslegung in den mit der Harmonisierung beschäftigten Organisationen und den sie maßgeblich beeinflussenden Ländern dargestellt. Abbildung 6 zeigt, wie die Bedeutung der Bilanzrichtlinien durch die Aktivitäten internationaler Standardsetter relativiert wird.

Abb. 6: Relativierung der Bedeutung der Bilanzrichtlinien durch die internationalen Standardsetter

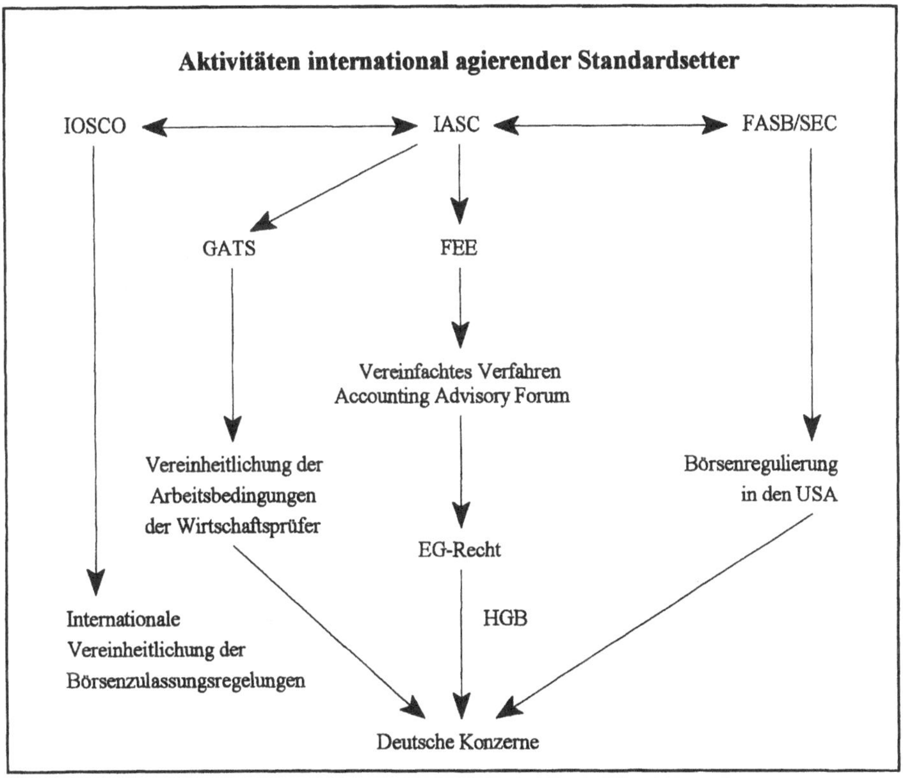

Quelle: ORDELHEIDE, D.: Notwendigkeiten und Probleme der Weiterentwicklung der EG-Bilanzrichtlinien und des deutschen Konzernabschlußrechts, in: Baetge, J. (Hrsg.): Die deutsche Rechnungslegung vor dem Hintergrund internationaler Entwicklungen, a.a.O., S. 11-39, hier S. 28.

Die Synopse in Tabelle 3 stellt die Unterschiede und Gemeinsamkeiten der jeweiligen Grundlagen der Konzernrechungslegung in den mit der Harmonisierung beschäftigten Organisationen und den sie maßgeblich beeinflussenden Ländern vergleichend dar.

Tab. 3: Synopse ausgewählter Grundlagen der Konzernrechnungslegung

	USA	**IAS**	**7. EGR**	**D**	**F**	**UK**
Art der Rechnungslegungsvorschriften	case law und framework	case law und framework	Richtlinie der EU, deren Inhalte durch die EU-Mitgliedstaaten zwingend umzusetzen sind	code law	code law	keine Kodifizierung im kont.-europ. Sinn, da Ergänzung durch SSAP und FRS
Träger	Privatorganisationen: SEC, AICPA (FASB)	IASC	Ministerrat der EU	Gesetzgeber	Gesetzgeber	Gesetzgeber; Wirtschaftsverbände
Funktion	Informationen für Investoren	Informationen für Investoren	Informationen für Investoren	Informationen für Investoren	Informationen für Investoren	Informationen für Investoren
Rechnungslegungsphilosophie	investor-(schutz-) orientiert	investor-(schutz-) orientiert	Schutz von Gesellschaftern und Dritten	haftungs- und gläubigerschutzorientiert	haftungs- und gläubigerschutzorientiert	vorwiegend investor-(schutz-) orientiert
Einfluß des Steuerrechts	kein Einfluß	grundsätzl. Bestreben der Vermeidung eines umgek. Maßgeblichkeitsprinzips	abhängig von der Ausübung der Wahlrechte durch die EU-Mitgliedstaaten	umgek. Maßgeblichkeit gilt nur für Einzelabschluß	umgek. Maßgeblichkeit gilt nur in Einzelfällen und nur für Einzelabschluß	kein Einfluß
Konzernabschlußbestandteile	Bilanz, GuV, Anhang, Kapitalflußrechnung, weitere Berichte für SEC-berichtspflichtige Unternehmen	Bilanz, GuV, Anhang und Kapitalflußrechnung	Bilanz, GuV, Anhang (und Lagebericht)	Bilanz, GuV, Anhang (und Lagebericht)	Bilanz, GuV, Anhang (und Lagebericht)	Bilanz, GuV, Anhang, Kapitalflußrechnung, Lagebericht und Segmentberichterstattung
Generalnorm	overriding principle	subsidiär	overriding principle	subsidiär	overriding principle	overriding principle

	USA	IAS	7. EGR	D	F	UK
dominierender Rechnungslegungsgrundsatz	accrual principle	accrual principle	vgl. 4. EGR (Vorsichtsprinzip)	Vorsichtsprinzip	Vorsichtsprinzip	Vorsichtsprinzip
Realisationsprinzip	Ableitung aus accrual principle	Ableitung aus accrual principle	vgl. 4. EGR; dort Ableitung aus Vorsichtsprinzip	Ableitung aus Vorsichtsprinzip	Ableitung aus Vorsichtsprinzip	Ableitung aus Vorsichtsprinzip
Konzernkonzeption	Interessentheorie dominiert	Einheitstheorie dominiert	Vermischung von Einheits- und Interessentheorie	Einheitstheorie dominiert	Einheitstheorie dominiert	parent company extension theory
Bedeutung des Konzernabschlusses	ersetzt i.d.R. den Einzelabschluß	keine Aussage, aber ersetzt wohl i.d.R. den Einzelabschluß	Präambel betont die größere Bedeutung des Konzernabschlusses	ständig wachsende Bedeutung des Konzernabschlusses	Konzernabschluß erst seit Umsetzung der 7. EGR von Bedeutung	Ergänzungsfunktion, aber Verzicht auf Kapitalflußrechnung und GuV im Einzelabschluß möglich
Verknüpfung Einzel-/ Konzernabschluß	ersetzt i.d.R. den Einzelabschluß	keine Differenzierung in Einzel- und Konzernabschluß	separater Abschluß, Bilanzierung unabhängig vom Einzelabschluß nach dem Recht des Mutterunternehmens	separater Abschluß, Bilanzierung unabhängig vom Einzelabschluß nach dem Recht des Mutterunternehmens	separater Abschluß, Bilanzierung unabhängig vom Einzelabschluß nach dem Recht des Mutterunternehmens	separater Abschluß, Bilanzierung unabhängig vom Einzelabschluß nach dem Recht des Mutterunternehmens

Quellen: In Anlehnung an GOEBEL, A.: Die Konzernrechnungslegung nach HGB, IAS und US-GAAP, a.a.O., S. 2490 ff.; KÜTING, K./WEBER, C.-P. (Hrsg.): Internationale Bilanzierung, a.a.O., S. 243 ff.; WOLLMERT, P.: IASC-Rechnungslegung, a.a.O., S. 11 ff.

2.5 Exkurs: Theorien der Konzernrechnungslegung

Die historischen Extrempositionen der Konzernrechnungslegungstheorien sind die entity theory (Einheitstheorie) und die ältere proprietary theory als älteste Ausprägung der Interessentheorie. Durch Ergänzung der proprietary theory um einheitstheoretische Charakteristika zur parent company theory und schließlich zur parent company extension theory entstand ein Theoriekontinuum,[1] das im folgenden ausgehend von den beiden Extrempositionen dargestellt werden soll.

Die beiden Theorien der Konzernrechnungslegung sind adressatenkreisorientiert. So betrachtet die Interessentheorie nur die Anteilseigner der Obergesellschaft als Adressaten des Konzernabschlusses, während die Einheitstheorie zusätzlich die Minderheitenanteile der Tochterunternehmen als Anteilseigner des Konzerns und somit Konzernabschlußadressaten ansieht.[2]

2.5.1 Einheitstheorie

Die Adressaten eines nach der Einheitstheorie erstellten Konzernabschlusses sind sowohl die Anteilseigner des Mutterunternehmens als auch die der Tochterunternehmen. Die wirtschaftliche Einheit wird hier als fiktive rechtliche Einheit behandelt, deren Einzelabschluß der Konzernabschluß ist.[3] Die Einheitstheorie mißt der Anteilseignerstruktur der Konzernunternehmen im Konzernabschluß keine Bedeutung bei. Sie unterstellt damit, daß alle Anteilseigner des Mutterunternehmens und der Tochterunternehmen unabhängig von den jeweiligen Einflußmöglichkeiten keine unterschiedlichen oder gar widerstreitenden Interessen verfolgen. Folglich werden auch die Minderheitenanteile unmittelbar als Eigenkapital des Konzerns interpretiert.[4] Somit entspricht ein nach der Einheitstheorie aufgestellter Konzernabschluß der Sicht des Konzernmanagements des Mutterunternehmens.[5]

Der Fiktion der rechtlichen Einheit folgend, sind alle Tochterunternehmen voll zu konsolidieren, und zwar unter Auflösung aller stiller Reserven und Lasten. Konsequenterweise ist

---

1) Vgl. OTTE, H.-H.: Gestaltungsspielräume bei der Erwerbskonsolidierung nach § 301 HGB, in: BB, 41. Jg. (1988), S. 100-105, hier S. 101; BERTSCH, A.: Rechnungslegung von Konzernunternehmen, Heidelberg 1994, S. 145.

2) Vgl. RUPPERT, B.: Die Bedeutung des § 297 Abs. 3 S. 1 HGB für die Konzernrechnungslegung, a.a.O., S. 76 f.

3) Vgl. FLIESS, O.: Konzernabschluß in Großbritannien, a.a.O., S. 42 f.; GRÄFER, H./SCHELD, G.: Grundzüge der Konzernrechnungslegung, a.a.O., S. 41.

4) Vgl. RUPPERT, B.: Die Bedeutung des § 297 Abs. 3 S. 1 HGB für die Konzernrechnungslegung, a.a.O., S. 77 f.

5) Vgl. HALLER, A.: Die Grundlagen der externen Rechnungslegung in den USA, a.a.O., S. 113; RUPPERT, B.: Die Bedeutung des § 297 Abs. 3 S. 1 HGB für die Konzernrechnungslegung, a.a.O., S. 78.

der Gewinnanteil der Minderheiten Bestandteil des Konzernerfolgs, der erworbene Geschäfts- oder Firmenwert ist als Konzerngeschäftswert inklusive Minderheitenanteil anzusetzen und Zwischenerfolge sind vollständig zu eliminieren.[1] Die Bewertung von Minderheitenanteilen bei der Erstkonsolidierung erfolgt zu anteiligen Konzernanschaffungskosten, und bei den Folgekonsolidierungen wird dieser Wert um den anteiligen Erfolg angepaßt.[2]

In Deutschland wird von vielen Autoren der Einheitstheorie seit Umsetzung des BiRiLiG eine noch stärkere Bedeutung als zuvor nach den Vorschriften des AktG 1965 beigemessen. Dies beruht einerseits auf den veränderten Einzelvorschriften und andererseits darauf, daß die Transformation des Art. 26 Abs. 1 Satz 1 der 7. EGR in § 297 Abs. 3 Satz 1 HGB in der Literatur häufig als Kodifizierung der Einheitstheorie angesehen wird.[3] RUPPERT kommt jedoch letztendlich zu einem anderen Ergebnis, da sich die vermeintliche Einheitstheorie explizit auf die in Art. 26 geregelte Schuldenkonsolidierung, Aufwands- und Ertragskonsolidierung und Zwischenergebniselimierung bezieht. Folglich hat sie gegenüber der Generalnorm lediglich eine dienende Funktion, was bereits aus dem Bezug auf die Generalnorm in Art. 26 Abs. 3 der 7. EGR deutlich wird.[4] Auch in Großbritannien wird die Forderung einer Abbildung des Konzerns als ein Unternehmen nicht als Ausdruck der Einheitstheorie verstanden.[5] Schließlich folgt die 7. EGR ansonsten auch nicht der reinen Einheitstheorie.

So stellt beispielsweise Art. 21 der 7. EGR einen gewissen Bruch der Einheitstheorie dar, indem er einen gesonderten Ausweis der Minderheitenanteile in der Bilanz fordert. Dies wird in Deutschland auch nicht durch die Transformation des Art. 21 der 7. EGR in § 307 Abs. 1 HGB geheilt, der den gesonderten Ausweis innerhalb des Eigenkapitals konkretisiert; denn selbst, indem der Ausweis der Minderheitenanteile innerhalb des Eigenkapitals verlangt wird, erfolgt eine Differenzierung, die von der Einheitstheorie nicht gefordert wird, auch wenn dies nur eine formelle Abweichung darstellt, die unter Infor-

---

1) Vgl. FLIESS, O.: Konzernabschluß in Großbritannien, a.a.O., S. 46 f.

2) Vgl. FLIESS, O.: Konzernabschluß in Großbritannien, a.a.O., S. 46 f.

3) Vgl. RUPPERT, B.: Die Bedeutung des § 297 Abs. 3 S. 1 HGB für die Konzernrechnungslegung, a.a.O., S. 74 und 91. Dort führt RUPPERT in Fußnote 70 zahlreiche Autoren an, die diese Ansicht vertreten. Weitere Autoren sind BAETGE, J./KIRSCH, H.-J.: § 297 Inhalt, in: Küting, K./Weber, C.-P. (Hrsg.): Handbuch der Konzernrechnungslegung, a.a.O., S. 1063-1092, hier Rn. 1 und 70; SAHNER, F./TAPPRICH, J.: Zur Ermittlung der Anteile anderer Gesellschafter bei Anwendung der Buchwertmethode gem. § 301 Abs. 1 Satz 2 Nr. 1 HGB 1985, in: DB, 39. Jg. (1986), S. 2501-2504, hier S. 2502.

4) Vgl. RUPPERT, B.: Die Bedeutung des § 297 Abs. 3 S. 1 HGB für die Konzernrechnungslegung, a.a.O., S. 118.

5) Vgl. FLIESS, O.: Konzernabschluß in Großbritannien, a.a.O., S. 52.

mationsgesichtspunkten zu begrüßen ist.[1] Die nur quotale Auflösung stiller Reserven und Lasten bei Anwendung der Buchwertmethode bei der Vollkonsolidierung sowie der nur anteiligen Berücksichtigung des Geschäfts- oder Firmenwerts stehen ebenfalls nicht in Einklang mit der Einheitstheorie.[2] Insofern wird hier nicht ausschließlich auf die wirtschaftliche Situation abgestellt, sondern teilweise die rechtliche Situation abgebildet.

2.5.2 Interessentheorie

Adressaten des interessentheoretisch ausgerichteten Konzernabschlusses sind ausschließlich die Eigentümer der Muttergesellschaft, da die Interessentheorie davon ausgeht, daß Minderheitsgesellschafter lediglich Interesse an ihren Einzelgesellschaften haben.[3] Die Interessentheorie geht zwar von zwei Gesellschaftergruppen mit unterschiedlichen Interessen aus, differenziert innerhalb der Gruppen jedoch nicht weiter. So wird davon ausgegangen, daß Groß- und Kleinanteilseigner des Mutterunternehmens - unabhängig von ihren Einflußmöglichkeiten - gleichgerichtete Interessen haben.[4]

Aus der Tatsache, daß keine deutschen Fachbegriffe für die Abwandlungen der Interessentheorie (proprietary theory) in Form der parent company und parent company extension theory existieren[5] und diese daher fast undifferenziert unter dem Ausgangspunkt der Interessentheorie subsumiert werden, läßt sich aus deutscher Sicht eine gewisse Ignoranz gegenüber den von der Einheitstheorie abweichenden Konzepten feststellen. Dies ist gleichzeitig ein Beleg für die von den Angelsachsen monierte mangelnde Flexibilität des code law, auch wenn die der deutschen Konzernrechnungslegung zugrundeliegende Theorie nicht ganz mit der Einheitstheorie übereinstimmt. So unterlag die Einheitstheorie seit Umsetzung des BiRiLiG keiner grundsätzlichen Diskussion mehr, obwohl sie auch in der 7. EGR nicht uneingeschränkt verwirklicht wurde.

---

1) Vgl. Beine, F./Gora, V.: Bedeutung außenstehender Gesellschafter für die Vermögens- und Finanzlage im Konzernabschluß, in: DStR, 35. Jg. (1997), S. 1419-1424, hier S. 1419; Ruppert, B.: Die Bedeutung des § 297 Abs. 3 S. 1 HGB für die Konzernrechnungslegung, a.a.O., S. 79.

2) Vgl. Abschnitte 4.4.2.1.1 und 4.4.2.1.5.1.

3) Vgl. Ruppert, B.: Die Bedeutung des § 297 Abs. 3 S. 1 HGB für die Konzernrechnungslegung, a.a.O., S. 80.

4) Vgl. Ruppert, B.: Die Bedeutung des § 297 Abs. 3 S. 1 HGB für die Konzernrechnungslegung, a.a.O., S. 81.

5) Baetge unterteilt die Interessentheorie zwar in Interessentheorie mit partieller Konsolidierung und Interessentheorie mit Vollkonsolidierung. Ersteres entspricht der proprietary theory und letzteres der parent company theory, ohne daß diese Begriffe erwähnt werden. Eine Abgrenzung zur parent company extension theory findet aber nicht statt. Vgl. Baetge, J.: Konzernbilanzen, 2. Aufl., Düsseldorf 1995, S. 10 ff.

2.5.2.1 Proprietary theory

Ursprünglich sah die Interessentheorie den konsolidierten Jahresabschluß als einen erweiterten Jahresabschluß des Mutterunternehmens an, der den Anteilseignern (proprietors) des Mutterunternehmens zeigt, welche Teilbeträge der Tochterunternehmen ihnen zuzurechnen sind, und somit verdeutlicht, was hinter dem Posten der Beteiligungen des Mutterunternehmens steht.[1] Die Interessentheorie betrachtet das Vermögen und die Schulden von Tochterunternehmen nur, soweit die prozentuale Beteiligung reicht, stellt also auf die rechtliche und nicht auf die wirtschaftliche Situation ab. Somit wird als Folge der ursprünglichen Interessentheorie die Quotenkonsolidierung angesehen, in der die Minderheiten samt ihrer anteiligen Vermögens- und Schuldpositionen vernachlässigt werden.[2]

2.5.2.2 Parent company theory

Nachdem früher die Interessentheorie zu einer quotalen Konsolidierung der Tochterunternehmen führen sollte, wird heute - analog zur Einheitstheorie - aufgrund der wirtschaftlichen Abhängigkeit der Tochterunternehmen davon ausgegangen, daß die Konzernleitung über sämtliche Vermögensgegenstände und Schulden der Tochterunternehmen voll verfügen kann. Aufgrund der Verfügungsmacht der Konzernleitung könnte eine quotale Konsolidierung von Tochterunternehmen sogar insofern mißbräuchlich angewandt werden, als es der Konzernleitung möglich ist, mittels konzerninterner Geschäfte Verlagerungen von Kapital, Liquidität und Gewinnen vorzunehmen und somit den Konzernabschluß zu beeinflussen. Dies entspricht nicht den Interessen der Eigner des Mutterunternehmens und verstößt aus heutiger Sicht sogar gegen die Zielsetzung der Interessentheorie.[3] Die Sicht der Konzernrechnungslegung erweitert sich vom Eigenkapitalanteil der Eigentümer am Mutterunternehmen zum Eigenkapitalanteil am Konzern. Die Eigenkapitalanteile der

---

1) Vgl. OBERST, O.: Beitrag zur Frage der Konzernbilanz, in: ZfhF 24. Jg. (1930), S. 209-234. Vgl. auch BAETGE, J.: Konzernbilanzen, a.a.O., S. 11; KUBIN, K.W.: Die Konzernrechnungslegung in den USA, a.a.O., S. 98.

2) Vgl. GRÄFER, H./SCHELD, G.: Grundzüge der Konzernrechnungslegung, a.a.O., S. 44 ff., insbesondere das dort angeführte Zahlenbeispiel. GRÄFER/SCHELD differenzieren die Interessentheorie nicht weiter und vermischen im Text die proprietary theory mit der parent company theory bzw. der parent company extension theory. Insofern ist der das Zahlenbeispiel (proprietary theory) erklärende Text widersprüchlich, als Minderheitsgesellschafter gemäß der proprietary theory nur entweder völlig vernachlässigt werden können, was zur Quotenkonsolidierung führt, oder als außenstehende Gläubiger, deren Kapital und Anteil an Vermögen und Schulden zu berücksichtigen ist, wie dies von der Interessentheorie in der Ausprägung der parent company theory und parent company extension theory vorgesehen ist. Vgl. Abschnitte 3.4.2.2 und 3.4.2.3.

3) Vgl. RUPPERT, B.: Die Bedeutung des § 297 Abs. 3 S. 1 HGB für die Konzernrechnungslegung, a.a.O., S. 81 ff.

Minderheiten an den Tochterunternehmen werden zwar berücksichtigt, aber nicht als Eigenkapital des Konzerns interpretiert, sondern als Fremdkapital und als solches in der Bilanz ausgewiesen.[1)]

Bei der parent company theory wird unterstellt, daß beim Erwerb eines Tochterunternehmens nur das Mutterunternehmen als Erwerber angesehen wird und nicht auch die Minderheiten. Daher werden bei der Kapitalkonsolidierung zum Erstkonsolidierungszeitpunkt nur stille Reserven in Höhe des Mehrheitenanteils aufgelöst. Konsequenterweise werden Zwischenerfolge anteilig gegen den Mehrheitenanteil eliminiert; der Gewinnanteil der Minderheiten ist nicht Bestandteil des Konzernerfolgs, und ein erworbener Geschäfts- oder Firmenwert wird ebenfalls nur entsprechend dem Mehrheitenanteil angesetzt.[2)]

2.5.2.3 Parent company extension theory

Die parent company extension theory ist, wie der Name schon sagt, eine Erweiterung der parent company theory, und zwar wiederum um Elemente der entity theory. Zwar bleibt der Adressatenkreis interessentheoretisch auf die Gesellschafter des Mutterunternehmens beschränkt, aus deren Sicht auch weiterhin die Konzernrechnungslegung erfolgen soll. Auch der Ansatz des Minderheitenanteils am Eigenkapital erfolgt entsprechend der parent company theory gesondert, allerdings nicht als Verbindlichkeit, sondern zwischen Verbindlichkeiten und Eigenkapital. Da aber analog der Unteilbarkeit einheitlicher Leitung auch stille Reserven und Lasten unteilbar sind, wird bei der parent company extension theory grundsätzlich die Gesamtheit der stillen Reserven aufgelöst. Ein Geschäfts- oder Firmenwert wird jedoch nur entsprechend dem Mehrheitenanteil angesetzt. Zwischenerfolge werden analog zur entity theory vollständig eliminiert.[3)]

2.5.3 Vergleich und Beurteilung der Theorien

Nach der Einheitstheorie soll der Konzernabschluß den Einzelabschluß der wirtschaftlichen Einheit Konzern darstellen, da alle Anteilseigner von Konzerngesellschaften nur Interesse am Konzern hätten. Dabei wird nicht zuletzt vernachlässigt, daß selbst Groß- und Streubesitzaktionäre des Mutterunternehmens bisweilen unterschiedliche Interessen und

---

1) Vgl. OTTE, H.H.: Gestaltungsspielräume bei der Erwerbskonsolidierung nach § 301 HGB, a.a.O., S. 101.

2) Vgl. FLIESS, O.: Konzernabschluß in Großbritannien, a.a.O., S. 46 ff.

3) Vgl. BERTSCH, A.: Rechnungslegung von Konzernunternehmen, a.a.O., S. 150 f.; FLIESS, O.: Konzernabschluß in Großbritannien, a.a.O., S. 46 ff. Gemäß FLIESS ist eine vollständige Zwischenerfolgseliminierung jedoch nur bei upstream-Lieferungen durchzuführen, während bei downstream-Lieferungen Zwischenergebnisse nur anteilig durchzuführen sind.

Informationsbeschaffungsmöglichkeiten allein schon aufgrund der unterschiedlichen Einflußmöglichkeiten haben. Durch die Konzernierung kommt aber in der Regel noch eine weitere Anteilseignergruppe hinzu, nämlich die der Minderheitsgesellschafter der Tochterunternehmen, deren Einfluß- und Informationsbeschaffungsmöglichkeiten in jedem Fall beschränkt sind. Aufgrund der indirekten Beteiligung dürfte ihr Interesse ebenfalls geringer sein. Daher ist die Einheitstheorie nicht uneingeschränkt auf die Konzernrechnungslegung übertragbar.

Auch die Interessentheorie ging zunächst vom Einzelunternehmer (sole proprietor) aus. Aktionäre unterscheiden sich jedoch erheblich von einem Einzelunternehmer, indem die Beteiligung zumindest der Streubesitzaktionäre eher passiver Natur ist, weil die Unternehmensleitung an besondere Organe delegiert ist. Darüber hinaus wechseln Aktionäre im Zeitablauf, während Einzelunternehmer das Unternehmen in der Regel nur als Ganzes verkaufen, vererben oder aufgeben.[1] Insofern ist es nicht verwunderlich, daß die Entwicklung der Unternehmensverbindungen von den beiden Theorien immer mehr abwich, was zu einer die Praxis abbildenden Fortentwicklung der Theorien führte. In Tabelle 4 werden die Theorien einander in Form eines Kontinuums gegenübergestellt.

In den USA existiert die Einheitstheorie in ihrer strengen Form nicht. Einzelabschlüsse können, wenn sie den US-GAAP entsprechen, auch bei divergierender Bilanzierung in der Regel ohne zusätzliche Anpassungen konsolidiert werden, sofern die divergierenden Rechnungslegungsmethoden in den notes zum Konzernabschluß offengelegt werden.[2] Unabhängig davon soll gemäß ARB No. 51.1 ein konsolidierter Abschluß natürlich die finanzielle Situation eines Mutterunternehmens und seiner Tochterunternehmen primär aus der Sicht der Anteilseigner und Gläubiger des Mutterunternehmens darstellen, aber so, als ob es sich bei der Unternehmensgruppe um ein einziges Unternehmen handelte. Diese Zielsetzung deutet auf eine Vermischung der Theorien hin, da der Hinweis auf die Sicht der Anteilseigner der Muttergesellschaft der Interessentheorie entspricht, während der Hinweis auf die Gläubiger und die Unternehmensgruppe der Einheitstheorie entstammt.[3]

---

1) Vgl. HALLER, A.: Die Grundlagen der externen Rechnungslegung in den USA, a.a.O., S. 110.

2) Vgl. FÖRSCHLE, G./KRONER, M./MANDLER, U.: Internationale Rechnungslegung: US-GAAP, HGB und IAS, a.a.O., S. 69.

3) Vgl. EISOLT, D.: US-amerikanische und deutsche Konzernrechnungslegung, a.a.O., S. 11; KUBIN, K.W.: Die Konzernrechnungslegung in den USA, a.a.O., S. 104.

Tab. 4: Vergleich der bedeutendsten Konzernrechnungslegungstheorien

	Einheitstheorie	**Interessentheorie**		
	Entity theory	**Parent company extension theory**	**Parent company theory**	**Proprietary theory**
Adressaten	Anteilseigner von Mutter- und Tochterunternehmen	Anteilseigner des Mutterunternehmens	Anteilseigner des Mutterunternehmens	Anteilseigner des Mutterunternehmens
Sicht der Konzernrechnungslegung	wirtschaftliche Sicht der Gesamtheit	gemischt wirtschaftliche und finanzielle Sicht der Anteilseigner des Mutterunternehmens	finanzielle Sicht der Anteilseigner des Mutterunternehmens	kapitalistische Sicht der Anteilseigner des Mutterunternehmens
Konsolidierung	voll	voll	voll	quotal
Auflösung stiller Reserven	voll	voll	quotal	quotal
Bewertung der Aktiva und Schulden der Tochterunternehmen	fingierte Konzern-AK	fingierte Konzern-AK	Buchwert + anteilige Differenz zwischen Konzern-AK und Buchwerten	Ansatz entsprechend dem Mehrheitenanteil
erworbener Geschäfts- oder Firmenwert	Ansatz eines Konzerngeschäftswerts inklusive Minderheitenanteil	Ansatz entsprechend dem Mehrheitenanteil	Ansatz entsprechend dem Mehrheitenanteil	Ansatz entsprechend dem Mehrheitenanteil
Bewertung von Minderheitenanteilen bei:				
- **Erstkonsolidierung**	anteilig der vom Konzern erworbenen Güter zu Konzern-AK bewertet	anteilig der vom Konzern erworbenen Güter zu Konzern-AK bewertet	Ansatz zum Buchwert	keine Berücksichtigung von Minderheitenanteilen
- **Folgekonsolidierung**	Wie oben +/- anteiliger Erfolg +/- Zwischenerfolg	Wie oben +/- anteiliger Erfolg +/- Zwischenerfolg	Ansatz zum Buchwert	keine Berücksichtigung von Minderheitenanteilen

	Einheitstheorie	**Interessentheorie**		
	Entity theory	**Parent company extension theory**	**Parent company theory**	**Proprietary theory**
Ansatz des Kapitals der Minderheiten	im EK	Zwischen Verbindlichkeiten und Eigenkapital	Verbindlichkeit	kein Ansatz
Gewinnanteil der Minderheiten in der GuV	Bestandteil des Konzernerfolgs	Nicht Bestandteil des Konzernerfolgs	Nicht Bestandteil des Konzernerfolgs	kein Ansatz
Zwischenerfolgs-eliminierung	vollständige Eliminierung	vollständige Eliminierung	anteilige Eliminierung gegen Mehrheitenanteil	anteilige Eliminierung gegen Mehrheitenanteil

Quelle: In Anlehnung an FLIESS, O.: Konzernabschluß in Großbritannien, a.a.O., S. 41 ff.

In der Präambel der 7. EGR wird indirekt auf den Schutz der Gesellschafter der jeweiligen Mutterunternehmen abgestellt,[1] und sowohl die Präambel als auch Art. 21 der 7. EGR sprechen von einem Ausweis unter einem gesonderten Posten mit entsprechender Bezeichnung, ohne dabei das Eigenkapital explizit zu nennen. Die 7. EGR macht also ebenfalls Ausnahmen von der Einheitstheorie, die die Interessentheorie unterstützen, wobei diese auf pragmatischen Überlegungen beruhen, unter der Zielsetzung, der einfacheren, aber nicht absolut perfekten Lösung den Vorzug zu geben.

Die obigen Aussagen belegen, daß sowohl die der älteren Ausprägung der Interessentheorie entstammende amerikanische als auch die an die Einheitstheorie angelehnte europäische Konzernrechnungslegung die ihnen zugrunde liegenden Theorien nicht als Dogmen betrachten, sondern nur als Ausgangspunkte oder Hauptausrichtungskriterien. Die parent company theory und parent company extension theory sind Erweiterungen der proprietary theory in Richtung auf die entity theory und stellen insofern Zwischenformen dar. Diesbezüglich konstatiert FLIESS, daß die Zwischenformen im Gegensatz zur proprietary theory und entity theory nur begrenzt als eigenständige Theorien zur Konzernrechnungslegung verstanden werden können und diese vielmehr nur als Erklärungsansätze für bereits bestehende, in der Praxis angewandte Verfahren anzusehen sind.[2] Dies kann jedoch nicht als Nachteil gegenüber der entity theory und der proprietary theory angesehen werden, da

1) Vgl. Abschnitt 2.2.3.2.1.

2) Vgl. FLIESS, O.: Konzernabschluß in Großbritannien, a.a.O., S. 45 ff.

diese ebenfalls nicht als theoretische Ansätze deduziert wurden, sondern auch induktiv aus Beobachtungen der Praxis entstanden.[1]

Da nur das Vermögen und die Schulden von Tochterunternehmen der wirtschaftlichen Verfügungsmacht der Konzernleitung unterliegen, beziehen sich sowohl die Einheitstheorie als auch die Ausprägungen der Interessentheorie nur auf die Konsolidierung von Tochterunternehmen. Folglich werden durch die beiden Theorien in bezug auf die Behandlung von Gemeinschaftsunternehmen und assoziierten Unternehmen keine Aussagen getroffen.[2]

Allgemein wird behauptet, daß die Quotenkonsolidierung Folge der Interessentheorie sei. Dies kann jedoch nur nach der heute nicht mehr aktuellen Interpretation in der Ausprägung der proprietary theory der Fall sein. Im übrigen findet die Quotenkonsolidierung heute für Tochterunternehmen keine Anwendung mehr, sondern nur noch für Gemeinschaftsunternehmen. In bezug auf die Anwendung der Equity-Methode auf assoziierte Unternehmen trifft weder die Einheits- noch die Interessentheorie eine Aussage. Vielmehr sind die Equity-Methode und die Quotenkonsolidierung Ausfluß des Stufenkonzepts, das die Konsolidierung oder Bewertung der in den Konzernabschluß einzubeziehenden Unternehmen vom Grad der Einflußnahme abhängig macht und in vier Stufen unterteilt.[3] Darüber hinaus findet die Equity-Methode in einigen Ländern und nach IAS 28 sowie als Mitgliedstaatenwahlrecht gemäß Art. 17 i.V.m. Art. 59 der 4. EGR und Art. 45 der 7. EGR bereits für den Einzelabschluß Anwendung.

---

1) Vgl. HALLER, A.: Die Grundlagen der externen Rechnungslegung in den USA, a.a.O., S. 107.

2) Vgl. BAETGE, J.: Konzernbilanzen, a.a.O., S. 14.

3) Vgl. BAETGE, J.: Konzernbilanzen, a.a.O., S. 105 f.; BUSSE VON COLBE, W./ORDELHEIDE, K.: Konzernabschlüsse, 6. Aufl., Wiesbaden 1993, S. 453; FLIESS, O.: Konzernabschluß in Großbritannien, a.a.O., S. 55 ff.; HARMS, J.E./KNISCHEWSKI, G.: Quotenkonsolidierung versus Equity-Methode im Konzernabschluß, in: DB, 38. Jg. (1985), S. 1353-1359, hier S. 1353.

3 Konzeptionelle Grundlagen der objektivierten Konzernrechnungslegung

Der Einzelabschluß eines Mutterunternehmens und auch die Addition der Einzelabschlüsse von Mutter- und Tochterunternehmen reichen in der Regel zur Beurteilung der wirtschaftlichen Lage eines Konzerns nicht mehr aus.[1] Als Gründe hierfür lassen sich anführen:[2]

- mangelnde Unabhängigkeit der rechtlich selbständigen Tochterunternehmen von den wirtschaftlichen Konzerninteressen,
- Manipulationsmöglichkeiten durch Gewinnverlagerungen, -abschöpfungen und Verlagerung von Liquidität und
- eine bloße Addition der Einzelabschlüsse führt mangels Konsolidierung zu Doppelerfassungen.

Der Konzernabschluß soll diese Unzulänglichkeiten durch Konsolidierung kompensieren. Im folgenden sollen die konzeptionellen Grundlagen für die Objektivierung der Konzernrechnungslegung gelegt werden. Dabei sind zunächst einmal der Konzernbegriff zu definieren und die Adressaten zu identifizieren. Daraus lassen sich dann die Zwecke der Konzernrechnungslegung und die Objektivierung als notwendige Voraussetzung zur Erfüllung des Hauptzwecks der Konzernrechnungslegung, nämlich der Informationsfunktion, ableiten. Basierend auf dem Zweck der Konzernrechnungslegung werden die zentralen Konzernrechnungslegungsgrundsätze für die Erstellung entscheidungsrelevanter Rechnungslegungsinformationen erarbeitet. Hier bietet das framework des IASC eine gute Grundlage, bei der gegebenenfalls abweichende Grundsätze oder deren Einordnung im conceptual framework des FASB berücksichtigt werden. Die frameworks des IASC und des FASB bieten hier gegenüber den deutschen GoB den Vorteil eines systematischeren Aufbaus, der vom Adressaten über den Zweck zu den zentralen Rechnungslegungsgrundsätzen führt.[3] Diese sind als Teilzeile der Konzernrechnungslegung gleichzeitig die Kriterien, die bei der Objektivierung der Konzernrechnungslegung zu berücksichtigen und bei der Beurteilung der bestehenden Vorschriften der 7. EGR, der IAS und der US-GAAP heranzuziehen sind.

---

1) Genau genommen ist es dem Einzelabschluß eines Mutterunternehmens gar nicht möglich, gemäß Art. 2 Abs. 3 der 4. EGR "ein den tatsächlichen Verhältnissen entsprechendes Bild der Vermögens-, Finanz- und Ertragslage der Gesellschaft zu vermitteln." Daher könnte aus handelsrechtlicher Sicht der Konzernabschluß den Einzelabschluß des Mutterunternehmens durchaus ersetzen, wenn an den Einzelabschluß nicht noch andere Zwecke geknüpft wären. Eine Ergänzungsfunktion bleibt dem Konzernabschluß des Mutterunternehmens in jedem Fall für die Einzelabschlüsse der Tochterunternehmen.

2) Vgl. GRÄFER, H./SCHELD, G.: Grundzüge der Konzernrechnungslegung, a.a.O., S. 2 f.

3) Vgl. DEMMING, C.: Grundlagen der Internationalen Rechnungslegung, a.a.O., S. 79.

3.1 Definition des Konzerns

Obwohl der Begriff Konzern täglich verwandt wird, ist er bisher nicht eindeutig definiert. Im folgenden soll unter dem Begriff Konzern daher ganz allgemein ein Verbund von rechtlich selbständigen Unternehmen zu einer wirtschaftlichen Einheit verstanden werden.[1)]

Die wirtschaftliche Einheit des Konzerns setzt eine tatsächliche oder mögliche einheitliche Leitung bzw. einen beherrschenden Einfluß voraus, da selbst bei maßgeblichem Einfluß die Unternehmensleitung nicht weisungsgebunden ist, sofern nicht ohnehin ein anderer Mehrheitsgesellschafter existiert. Auch ein Gemeinschaftsunternehmen gehört in diesem Sinne nicht zur wirtschaftlichen Einheit, sondern nur zum wirtschaftlichen Einflußbereich. Aufgrund des maßgeblichen Einflusses auf assoziierte Unternehmen und der gemeinschaftlichen Leitung von Gemeinschaftsunternehmen stellen diese eine Zwischenstufe zwischen Konzern und Nicht-Konzern dar.[2)]

---

1) Vgl. SCHEUCHZER, M.: Konzernbesteuerung in der Europäischen Union, Bielefeld 1994, S. 4.

2) Auf das Problem der Abgrenzung des Konzerns weist HARTLE, J.: Grundlagen und Grundsätze des Konzernabschlusses, in: Castan, E. u.a. (Hrsg.): Beck'sches Handbuch der Rechnungslegung, a.a.O., Bd. II, C 10, Rz. 35 hin.

3.2 Adressaten der Konzernrechnungslegung

Die Zwecke der Konzernrechnungslegung sind adressatenorientiert. Der Adressatenkreis läßt sich unterteilen in Adressatenkreis i.e.S., Adressatenkreis i.w.S. und Interessenten. Die Anteilseigner des Mutterunternehmens stellen entsprechend der Interessentheorie die primären Adressaten dar.[1] Ergänzt wird dieser Adressatenkreis allerdings noch um Gläubiger des Mutterunternehmens, da diese zur Beurteilung ihres Engagements in der Regel ebenfalls unmittelbar auf externe Informationen im Rahmen der Konzernrechnungslegung angewiesen sind. Zu den Adressaten i.e.S. zählen daher alle aktuellen und potentiellen Kapitalgeber des Mutterunternehmens, bestehend aus:[2]

- Anteilseignern des Mutterunternehmens,
- Gläubigern des Mutterunternehmens und
- Lieferanten des Mutterunternehmens.

Wie bereits in bezug auf die 7. EGR angeführt, dient die Offenlegungspflicht der Jahresabschlüsse von Kapitalgesellschaften als Kompensation für die Haftungsbeschränkung.[3] Haften muß eine Unternehmung jedoch nur gegenüber ihren Gläubigern, zu denen auch die Lieferanten gehören. Aktuelle und potentielle Anteilseigner haben in der Regel im Gegensatz zu Einzelkaufleuten und Gesellschaftern von Personengesellschaften keinen unmittelbaren Einblick in und Einfluß auf die Geschäftsführung der Gesellschaft, an der sie beteiligt sind bzw. sich zu beteiligen beabsichtigen. Insofern dient die Information durch die Rechnungslegung unmittelbar ihrem Schutz. Daher sind sie als Adressaten in den Präambeln der 4. und 7. EGR sowie in den IAS und notwendigerweise in den US-amerikanischen Wertpapiergesetzen explizit aufgeführt.

Neben den Kapitalgebern des Mutterunternehmens gibt es natürlich auch Kapitalgeber der Tochterunternehmen. Diese sollen als Adressaten i.w.S. bezeichnet werden, da sie aufgrund der Abhängigkeit des Tochterunternehmens von den Entscheidungen und der wirtschaftlichen Situation des Mutterunternehmens ein ganz besonderes Interesse an

---

1) Nach § 337 AktG und § 42a Abs. 4 GmbHG dient der Konzernabschluß und -lagebericht ausschließlich den Gesellschaftern des Mutterunternehmens und dem Aufsichtsrat. Vgl. PELLENS, B.: Internationale Rechnungslegung, a.a.O., S. 163.

2) Vgl. HOPT, K.J.: Die Publizität von Kapitalgesellschaften - Grundsätzliche Überlegungen zum Stand nach der 4. EG-Richtlinie und zur Reformdiskussion in den USA, a.a.O., S. 235; KINNE, S.: Der konzernbilanzielle Firmenwert von Tochterunternehmen, a.a.O., S. 131 ff., der den Adressatenkreis allerdings geringfügig abweichend unterteilt.

3) Vgl. BAETGE, J./APELT, B.: Publizität kleiner und mittelständischer Kapitalgesellschaften und Harmonisierung der Rechnungslegung, a.a.O., S. 394; HARTMANN-WENDELS, T.: Agency-Theory und Publizitätspflicht nichtbörsennotierter Kapitalgesellschaften, a.a.O., S. 412. HARTMANN-WENDELS sieht Publizitätsvorschriften für nichtbörsennotierte Kapitalgesellschaften jedoch als überflüssig und, sofern den Kosten der Publizität kein entsprechender Nutzen gegenübersteht, sogar als schädlich an. Vgl. EBENDA, S. 425.

Informationen über die wirtschaftliche Situation des Mutterunternehmens haben. Die Kapitalgeber der Tochterunternehmen sind im einzelnen:

- Minderheitsgesellschafter der Tochterunternehmen,
- Gläubiger der Tochterunternehmen,
- Lieferanten der Tochterunternehmen.

Über diese Adressaten i.e.S. und i.w.S. hinaus gibt es noch Interessenten, die am Konzernabschluß ein geringeres, eher allgemeines oder statistisches Interesse haben. Sie werden im folgenden aufgeführt:[1)]

- Leitung des Mutterunternehmens,
- Arbeitnehmer des Mutterunternehmens,
- Kunden des Mutterunternehmens,
- Leitung der Tochterunternehmen,
- Arbeitnehmer der Tochterunternehmen,
- Kunden der Tochterunternehmen,
- der Staat,
- überstaatliche Organisationen (UNO, OECD),
- die Konkurrenz und
- die interessierte Öffentlichkeit.

Im Rahmen der Objektivierung der Konzernrechnungslegung sollen nur die oben aufgeführten Adressaten i.e.S. als Adressaten der Konzernrechnungslegung Berücksichtigung finden. Sie haben im allgemeinen ein gleichgerichtetes Interesse am Konzern, dessen Mutterunternehmen sie Eigen- oder Fremdkapital zur Verfügung gestellt haben. Sowohl bei Eigen- als auch bei Fremdkapitalgebern steigt mit der Höhe des zur Verfügung gestellten Kapitals gleichzeitig die Möglichkeit, von einer Unternehmung Informationen zu erhalten, die über die im Abschluß enthaltenen hinausgehen.[2)]

Die Informationsinteressen der Adressaten i.w.S. und sonstigen Interessenten dürften damit ebenfalls weitgehend gedeckt sein. Den am Eigentum von Tochterunternehmen auf gesellschaftsrechtlicher oder schuldrechtlicher Basis Interessierten sollte ein für die Adressaten i.e.S. erstellter Konzernabschluß als zusätzliche Information zum jeweiligen Einzel- oder Teilkonzernabschluß des Tochterunternehmens reichen. Tochterunternehmen

1) Mit Ausnahme der Konkurrenz findet sich eine detaillierte Darstellung der Interessenten bei JONAS, H.H.: Der Konzernabschluß, a.a.O., S. 67 ff., der allerdings nicht zwischen Adressaten und Interessenten differenziert.

2) Vgl. in bezug auf Großaktionäre KINNE, S.: Der konzernbilanzielle Firmenwert von Tochterunternehmen, a.a.O., S. 134 f. und in bezug auf Großgläubiger EBENDA: S. 139.

gehen durch die Konsolidierung im Konzernabschluß unter, und ihr jeweiliges Gewicht ist aufgrund der Konsolidierung konzerninterner Vorgänge nicht ohne weiteres erkennbar, so daß die Minderheitsgesellschafter von Tochterunternehmen aus dem Konzernabschluß lediglich Informationen bezüglich des Konzernverbunds erhalten können, in dem das Tochterunternehmen, an dem sie beteiligt sind, nur ein Teil ist. Die Unternehmensleitung des Mutterunternehmens ist ohnehin im Besitz umfangreicherer Informationen und könnte daher sogar ein Interesse daran haben, in Verfolgung eigener Interessen mehr oder weniger Informationen offenzulegen, um die Entscheidungen der Adressaten und Interessenten zu beeinflussen. Für die Arbeitnehmer wären zusätzliche Informationen wie beispielsweise eine Sozialbilanz von Interesse. Da dies in erster Linie den Interessen der Arbeitnehmer entspricht, sollte ein primär an die obengenannten Adressaten gerichteter Konzernabschluß nicht durch Informationsinteressen einzelner Interessentengruppen aufgebläht und verteuert werden. Der Staat hat zwar im Zweifelsfall von den Adressaten abweichende Interessen, könnte aber ebenfalls durch den für die Adressaten i.e.S. erstellten Konzernabschluß befriedigt werden. Die Konkurrenz hat sicherlich ein starkes Interesse an Unternehmensdaten, aber nicht unbedingt am Fortbestand des Konzerns, der ja Konkurrent ist. Insofern können das Interesse der Konkurrenz sowie die heterogenen Interessen überstaatlicher Organisationen und der interessierten Öffentlichkeit bei der Entwicklung einer objektivierten Konzernrechnungslegung nicht berücksichtigt werden.

3.3 Zwecke der Konzernrechnungslegung

Die Zwecke der Konzernrechnungslegung lassen sich unterteilen in die Informationsfunktion, die die Konzernrechnungslegung in jedem Fall zu erfüllen hat, und weitere wünschenswerte Zwecke, die die Konzernrechnungslegung aus wirtschaftlichen Gründen ebenfalls erfüllen sollte. Die Zwecke der Konzernrechnungslegung sind an den berechtigten Interessen der Adressaten ausgerichtet.

3.3.1 Information als primärer Zweck der Konzernrechnungslegung

Der Konzernabschluß dient der Information der Rechenschaftsberechtigen und sonstigen Adressaten i.e.S. als Planungsgrundlage zur Unterstützung ihrer Entscheidungen. Diese interpretieren den Konzernabschluß als Einzelabschluß des Konzerns und legen ihn ihren jeweiligen Entscheidungen zugrunde.[1)] So machen aktuelle und potentielle Anteilseigner davon ihre Beteiligung abhängig, und Gläubiger informieren sich über Kreditbedarfe, Sicherheiten und in den einzelnen Konzernunternehmen eventuell bestehende Kreditverbindlichkeiten.[2)]

Der heterogene Adressaten- und Interessentenkreis mit ebenso heterogenen Zielen bedingt eine Konzentration auf die Informationsfunktion, so daß traditionelle Bilanztheorien[3)] wie die statische Bilanztheorie oder die dynamische Bilanztheorie allein den umfangreichen Informationsanforderungen nicht gerecht werden können, auch wenn der Schwerpunkt sicherlich auf der Darstellung der Ertragslage zur Abschätzung der zukünftigen Entwicklung liegt.[4)] Die im folgenden erläuterten Zwecke Rechenschaft und Kompensation sind der Informationsfunktion unterzuordnen.

Die Rechenschaftslegung ist wohl einer der ältesten Zwecke der Rechnungslegung. Sie ist vergangenheitsbezogen und dient dem Schutz der Rechenschaftsberechtigten, also der aktuellen Anteilseigner und Gläubiger. In einem Konzern ergeben sich für die Konzernleitung Gestaltungsspielräume bei der Rechnungslegung im Einzelabschluß, insofern als

---

1) Vgl. MÜLLER, E.: Der Konzernabschluß im Konfliktfeld verschiedener Interessen, in: Baetge, J. (Hrsg.): Der Jahresabschluß im Widerstreit der Interessen, a.a.O., S. 213-239, hier S. 218.

2) Vgl. KLEIN, G.: Zwecke des Konzernabschlusses, a.a.O., S. 417.

3) Einen ausführlichen Überblick über bestehende Bilanztheorien gibt HEINEN, E.: Handelsbilanzen, 12. Aufl., Wiesbaden 1986, S. 36 ff.

4) Vgl. WOLLMERT, P.: IASC-Rechnungslegung, a.a.O., S. 1. LEFFSON, U.: Die Grundsätze ordnungsmäßiger Buchführung, a.a.O., S. 173 f. empfände es zwar als sehr angenehm, wenn die GoB aus einer geschlossenen Theorie abgeleitet würden, weist aber gleichzeitig auf die Gefahr für die so ermittelten GoB hin, die dann ebenfalls dem bilanztheoretischen Meinungsstreit unterlägen. HARTLE, J.: Möglichkeiten der Entobjektivierung der Bilanz - Eine ökonomische Analyse, Frankfurt am Main 1984, S. 75 sieht die Bilanztheorien sich jedoch aufgrund der Objektivierungsnotwendigkeit einander annähern.

durch Verrechnungspreise und Gewinnthesaurierungen die Möglichkeit der Gewinnverlagerung besteht. Da diese Gestaltungsmöglichkeiten im Konzernabschluß durch die Konsolidierung weitgehend bedeutungslos werden, ist der Konzernabschluß für Mutterunternehmen der geeignetere Abschluß in bezug auf die Rechenschaftslegung gegenüber ihren Anteilseignern und Gläubigern. Die Gewährung von Wahlrechten bei der Rechnungslegung ist mit dem Rechenschaftszweck nicht vereinbar, insbesondere dann nicht, wenn die Auswirkungen für Anteilseigner quantitativ nicht erkennbar sind. Daher ist für die Rechenschaftslegung intersubjektive Nachprüfbarkeit eine Grundvoraussetzung. Dies impliziert Freiheit von subjektiven Erwartungen, Zuverlässigkeit, Vollständigkeit und Klarheit.[1)]

Die Rechenschaftslegungsfunktion ist jedoch unter die Informationsfunktion zu subsumieren, da es fraglich ist, ob in der Praxis eine Grenze zwischen der Rechenschaftslegung für Kapitalgeber und der allgemeinen Informationsaufgabe überhaupt gezogen werden kann.[2)] Darüber hinaus sind die rechenschaftsberechtigten Adressaten eine Teilmenge der Adressaten im Rahmen der Informationsfunktion.

Dem Konzernabschluß kommt unabhängig von den jeweiligen Adressaten und Interessenten aufgrund der Unzulänglichkeiten des Einzelabschlusses eine Kompensationsfunktion zu. So müssen Mutterunternehmen einen Konzernabschluß erstellen, der in den USA den Einzelabschluß nicht nur ergänzt, sondern sogar ersetzt. Dies ist auch Anknüpfungspunkt der 7. EGR. Der Konzernabschluß kann einige Unzulänglichkeiten der Einzelabschlüsse von Mutterunternehmen kompensieren und daher den Einzelabschluß grundsätzlich ersetzen, sofern dieser nicht aus gesetzlichen Gründen für andere Zwecke erforderlich ist. Letztlich kommt der Kompensation als Zweck der Rechnungslegung eine gewisse Bedeutung zu.[3)] Sie ist jedoch ebenfalls unter den Informationszweck zu subsumieren.[4)]

---

1) Vgl. BUSSE VON COLBE, W.: Rechnungslegungsziele und Ansätze zur internationalen Harmonisierung der Rechnungslegung deutscher Unternehmen, a.a.O., S. 373.

2) Vgl. KLEIN, G.: Zwecke des Konzernabschlusses, a.a.O., S. 418; SCHEREN, M.: Konzernabschlußpolitik, a.a.O., S. 15; SERVE, U.: Die Notwendigkeit zur Modifikation der Grundsätze ordnungsmäßiger Buchführung im Rahmen der Konzernrechnungslegung, in: WPg, 46. Jg. (1993), S. 653-662, hier S. 654.

3) Anderer Ansicht KLEIN, G.: Zwecke des Konzernabschlusses, a.a.O., S. 420; SCHRUFF, W.: Einflüsse der 7. EG-Richtlinie auf die Aussagefähigkeit des Konzernabschlusses, Berlin 1984, S. 43 f.

4) Vgl. SCHEREN, M.: Konzernabschlußpolitik, a.a.O., S. 20.

3.3.2 Weitere wünschenswerte Zwecke

Über die Informationsfunktion als primären, an den berechtigten Interessen der Adressaten ausgerichteten Zweck der Konzernrechnungslegung hinaus gibt es weitere wünschenswerte Zwecke, die die Konzernrechnungslegung aus wirtschaftlichen Gründen ebenfalls erfüllen sollte.

3.3.2.1 Ausschüttungsbemessungsgrundlage

In Deutschland kommt dem Einzelabschluß die Funktion einer Ausschüttungsbemessungsgrundlage zu. Diese hat nicht nur die Aufgabe einer Ausschüttungssperrfunktion im Sinne des Gläubigerschutzes und der Kapitalerhaltung, sondern auch eine Ausschüttungssicherungsfunktion im Sinne des Anlegerschutzes.[1)]

Die Orientierung der Ausschüttung am Jahresüberschuß des Einzelabschlusses von Mutterunternehmen ist jedoch problematisch, da eine Gewinnausschüttung an die Anteilseigner erfolgen kann, obwohl das Konzernergebnis aufgrund der bei Tochterunternehmen liegenden Verluste negativ ist. Umgekehrt können auch Tochterunternehmen eine Ausschüttung vornehmen, obwohl der Konzern einen Fehlbetrag aufweist. Da nur der Konzernabschluß geeignet ist, ein der Realität entsprechendes Bild der wirtschaftlichen Lage des Konzerns aufzuzeigen, sollte folglich auch die Gewinnverwendung daran orientiert werden.[2)] Obwohl die Gewinnverwendung in Deutschland auf Basis des Einzelabschlusses erfolgt, sind bereits heute konsequenterweise die Ausschüttungserwartungen höher, wenn das Konzernergebnis über dem des Einzelabschlusses liegt. Im umgekehrten Fall sind die Erwartungen niedriger, da eine Ausschüttung aus der Konzernsubstanz erfolgen müßte.[3)] Eine mit dem Konzernergebnis inkompatible Ausschüttungsbemessung führt daher faktisch zu einem erhöhten Begründungszwang, so daß der Konzernabschluß zumindest eine faktische Ausschüttungsbemessungsgrundlage darstellt.[4)]

---

1) Vgl. HINZ, M.: Zweck und Inhalt des Jahresabschlusses und Lageberichts, in: Castan, E. u.a. (Hrsg.): Beck'sches Handbuch der Rechnungslegung, a.a.O., Bd. I, B 100, Rz. 30 ff.

2) Vgl. KLEIN, G.: Zwecke des Konzernabschlusses, a.a.O., S. 422 f. Zu Problemen des Konzernabschlusses als Ausschüttungsbemessungsgrundlage vgl. ausführlich BUSSE VON COLBE, W.: Der Konzernabschluß als Bemessungsgrundlage für die Gewinnverwendung, in: Havermann, H. (Hrsg.): Bilanz- und Konzernrecht, Festschrift für Reinhard Goerdeler, Düsseldorf 1987, S. 61-77. Zum gleichen Thema und zu Ansätzen zur Bewältigung der Unzulänglichkeiten einer auf Einzelabschlüsse gestützten Ausschüttungsregelung im Konzern vgl. ausführlich SCHILDBACH, T.: Der Konzernabschluß als Ausschüttungsbemessungsgrundlage, in: WPg, 46. Jg. (1993), Teil I: S. 53-63 und Teil II: S. 94-98.

3) Vgl. SCHEREN, M.: Konzernabschlußpolitik, a.a.O., S. 17.

4) Vgl. HARTLE, J.: Grundlagen und Grundsätze des Konzernabschlusses, a.a.O., Rn. 13.

Da in den USA der Konzernabschluß den Einzelabschluß in der Regel ersetzt, dient der Konzernabschluß dort notwendigerweise auch der Ermittlung des ausschüttungsfähigen Betrages.[1] So, wie in Deutschland der im Rahmen des Einzelabschlusses ermittelte Jahresüberschuß nur insofern grundsätzlich ausgeschüttet werden kann, als nicht zusätzliche Ausschüttungssperren greifen,[2] ist auch ein nach US-GAAP ermitteltes Ergebnis nicht unmittelbar ausschüttungsfähig. Je nach Einzelstaat, in dem das Mutterunternehmen seinen Sitz hat, ist noch ein surplus test oder ein Insolvenztest zusammen mit einem balance sheet based test durchzuführen.[3]

Problematisch ist die Verwendung des Konzernabschlusses als Ausschüttungsbemessungsgrundlage jedoch, wenn Minderheitenanteile an Tochterunternehmen existieren, da diese durch eine ausschließliche Gewinnausschüttung des Mutterunternehmens benachteiligt werden könnten.[4] SCHILDBACH konstatiert in bezug auf das deutsche Recht, daß erst nach Beschränkungen der zahlreichen expliziten Wahlrechte, auslegungsfähigen Unklarheiten, Gestaltungs- und Ermessensspielräume ein Konzernabschluß überhaupt Ausschüttungsbemessungsfunktionen übernehmen könne.[5]

3.3.2.2 Besteuerungsgrundlage

Aus betriebswirtschaftlicher Sicht ist es für Mutterunternehmen wünschenswert, die Besteuerung des Konzerns entsprechend der Einheitstheorie am Konzernabschluß anknüpfen zu lassen. Dies sollte gegenüber einer an der Trennungstheorie anknüpfenden Besteuerung der Einzelabschlüsse zu folgenden Vorteilen führen:[6]

---

1) Vgl. KUBIN, K.W.: Die Konzernrechnungslegung in den USA, in: Sonnemann, E. (Hrsg.): Rechnungslegung, Prüfung, Wirtschaftsrecht und Steuern in den USA, a.a.O., S. 95-120, hier S. 104; KÜTING, K./ WEBER, C.-P. (Hrsg.): Internationale Bilanzierung, a.a.O., S. 81.

2) Vgl. HÜTTCHE, T.: International Accounting Standards in Deutschland - Aufbruchstimmung oder Abschiedsschmerz?, in: RIW, 42. Jg. (1996), S. 1018-1025, hier S. 1024.

3) Vgl. WÜSTEMANN, J.: US-GAAP: Modell für das deutsche Bilanzrecht?, in: WPg, 49. Jg. (1996), S. 421-431, hier S. 424 ff.

4) Vgl. SCHILDBACH, T.: Der Konzernabschluß als Ausschüttungsbemessungsgrundlage, a.a.O., S. 58 ff., der in bezug auf Vertragskonzern und faktischen Konzern sowie in bezug auf verschiedene Alternativen zur Verwendung des Konzernabschlusses zur Ausschüttungsbemessung differenziert. Vgl. auch ausführlich EBELING, R.M.: Die Einheitsfiktion als Grundlage der Konzernrechnungslegung, Stuttgart 1995, S. 440 ff., der sich auch mit der Frage beschäftigt, für welche Gesellschafter der Konzernabschluß als Ausschüttungsbemessungsgrundlage fungieren könnte, und wie diese auszugestalten wäre.

5) Vgl. SCHILDBACH, T.: Der Konzernabschluß als Ausschüttungsbemessungsgrundlage, a.a.O., S. 58 f.

6) Vgl. SCHEUCHZER, M.: Konzernbesteuerung in der Europäischen Union, a.a.O., S. 39 ff.

- Vermeidung der Mehrfachbesteuerung konzernintern ausgeschütteten Gewinns,
- sofortige steuerwirksame Verrechnung der Ergebnisse der Konzernunternehmen (interpersoneller Verlustausgleich) und
- Vermeidung der Besteuerung von noch nicht realisierten Erfolgsbeiträgen aus dem konzerninternen Lieferungs- und Leistungsverkehr (Zwischenerfolgseliminierung).

Darüber hinaus sollte eine Gleichschaltung von handelsrechtlichem Konzernabschluß und der Besteuerungsgrundlage erreicht werden.[1] Die Steuersysteme sind allerdings selbst innerhalb der EU äußerst verschieden. Initiativen auf EU-Ebene im Bereich der direkten Steuern sind entweder bisher nicht weit gediehen oder beschäftigen sich nur mit Teilbereichen der Konzernbesteuerung.[2]

Dementsprechend unterschiedlich sind auch die Verfahren zur Ertragsbesteuerung von Konzernen, die in allen Ländern nur optional sind. Dabei läßt sich feststellen, daß in keinem Land ein handelsrechtlicher Konzernabschluß der Besteuerung zugrunde gelegt wird, zumindest nicht ohne größere Modifikationen. Darüber hinaus sind die meisten Verfahren zur Berücksichtigung von Konzernstrukturen bei der Besteuerung entweder äußerst rudimentär, oder der Konsolidierungskreis ist auf das jeweilige Inland, auf bestimmte Rechtsformen oder Beteiligungshöhen beschränkt.[3] Folglich ist zunächst auf Einzel-

---

1) Vgl. HARMS, J.E./KÜTING, K.: Perspektiven der Konzernbesteuerung, in: BB, 37. Jg. (1982), S. 445-455, hier S. 446.

2) Vgl. RAT DER EUROPÄISCHEN GEMEINSCHAFTEN: Richtlinie des Rates vom 23. Juli 1990 über das gemeinsame Steuersystem der Mutter- und Tochtergesellschaften verschiedener Mitgliedstaaten (90/435/EWG), in: ABl. EG Nr. L 255 vom 20.8.1990, S. 6-9; VOß, R.: Steuern in Europa, in: DStR, 29. Jg. (1991), S. 925-932, hier S. 928 f.

3) In bezug auf die Regelungen im Vergleich mehrerer Staaten vgl. ausführlich NARRAINA, L./WASSERMEYER, F./VIEGENER, J./MAYR, S./STEICHEN, A./DOEK, H.A./LEITNER, R./KOLB, A./ZSCHIEGNER, H.: Vergleichende Darstellung der steuerlichen Regelungen zur Verrechnung von Gewinnen und Verlusten im Konzern ("Organschaft"), in: IWB, Nr. 19 vom 10.10.1991, Fach 10 International, Gruppe 2, S. 829-852; SCHEUCHZER, M.: Konzernbesteuerung in der Europäischen Union, a.a.O. In bezug auf die Regelungen in einzelnen Ländern vgl. ausführlich GROTHERR, S.: Die konsolidierte Konzernbesteuerung in Frankreich und ihre Übertragbarkeit ins deutsche Konzernsteuerrecht, in: AG, 40. Jg. (1995), S. 403-415; JACOBS, O.H./SPENGEL, C.: Ertragsbesteuerung von Konzernen in Deutschland und Frankreich - Eine vergleichende Analyse unter besonderer Berücksichtigung der Behandlung konzerninterner Transaktionen, in: IStR, 3. Jg. (1994), Teil I: S. 100-104 und Teil II: S. 146-151; SCHINDLER, J.: Die steuerliche Berücksichtigung von Konzernstrukturen in Großbritannien, in: WPg, 47. Jg. (1994), S. 337-344; SCHEUCHZER, M.: Ertragsbesteuerung von Konzernen in den Niederlanden aus betriebswirtschaftlicher Sicht, in: IStR, 3. Jg. (1994) S. 562-568; GROTHERR, S.: Die konsolidierte Konzernbesteuerung von spanischen Aktiengesellschaften, in: IStR, 4. Jg. (1995), S. 16-24; SELLING, H.-J.: Spanische Konzernbesteuerung aufgrund konsolidierter Jahresabschlüsse, in: RIW, 33. Jg. (1987), S. 291-298; FRÍAS, Á.G./ZINSER, T.: Das System der Konzernbesteuerung im neuen spanischen Körperschaftsteuergesetz, in: IStR, 5. Jg. (1996), S. 570-574.

abschlußebene im Handelsrecht und im Bereich der Steuersysteme eine Vereinheitlichung zu schaffen, bevor überhaupt an eine harmonisierte Besteuerung konsolidierter Abschlüsse zu denken ist. Selbst in den USA ist die Zugrundelegung von konsolidierten Rechnungen für Zwecke der Besteuerung optional und weicht stark von den US-GAAP ab.[1)]

"Sollte der Konzernabschluß zur Besteuerungsgrundlage werden, so ergäbe sich hieraus für die Notwendigkeit zur optimierten Konzernabschlußgestaltung ein wesentlicher zusätzlicher Impuls."[2)] Die Ursache ist darin zu sehen, daß dann die Substanzsteuerminimierung und im Bereich der Ertragsteuern eine Steuerstundung mit entsprechendem Zinseffekt sowie allgemein die Liquiditätssteuerung zu Zielen der Rechnungslegungspolitik werden.[3)] Dies ist zwar grundsätzlich ökonomisch sinnvoll, kann allerdings der Darstellung eines den tatsächlichen Verhältnissen entsprechenden Bildes der Vermögens-, Finanz- und Ertragslage widersprechen. Insofern ist auch im Sinne dieses wünschenswerten Rechnungslegungszwecks die Abschaffung von Wahlrechten und Ermessensspielräumen sinnvoll.

3.3.3 Zusammenfassung

Die obigen Ausführungen haben gezeigt, daß der Konzernabschluß im Gegensatz zum Einzelabschluß nur einen Zweck hat, nämlich die Informationsfunktion. Es existiert also kein Zielpluralismus, der die Zuordnung von Prioritäten zur Vermeidung von Zielkonflikten bedingt.[4)] LANG konstatiert darüber hinaus, daß sich, selbst dann, wenn der Konzernabschluß zur Ausschüttungsbemessungsgrundlage und Besteuerungsgrundlage würde, für die zentralen Rechnungslegungsgrundsätze keine Unterschiede ergäben, da sich die Bilanzschutzzwecke zur Vermögenskontrolle verdichteten.[5)] Schließlich haben auch Anteilseigner und Fiskus kein Interesse daran, den Bestand von Unternehmen zu gefährden.

---

1) Vgl. FLICK, H.F.W./JANKA, W.: Steuerliche Charakteristika der U.S.-Holdinggesellschaft, in: DStR, 29. Jg. (1991), Teil I: S. 1037-1042 und Teil II: S. 1069-1075.

2) SCHEREN, M.: Konzernabschlußpolitik, a.a.O., S. 18.

3) Vgl. KÜTING, K./ WEBER, C.-P. (Hrsg.): Internationale Bilanzierung, a.a.O., S. 11.

4) Vgl. SERVE, U.: Die Notwendigkeit zur Modifikation der Grundsätze ordnungsmäßiger Buchführung im Rahmen der Konzernrechnungslegung, a.a.O., S. 654.

5) Vgl. LANG, J.: Grundsätze ordnungsmäßiger Buchführung I - Begriff, Bedeutung, Rechtsnatur -, a.a.O., S. 237.

3.4 Objektivierung als notwendige Voraussetzung zur Erfüllung der Informationsfunktion

Die Informationen der externen Rechnungslegung dienen den jeweiligen Adressaten als Vergleichsmaßstab. Da es jedoch regelmäßig weder objektiv richtige Werte oder Methoden gibt, ist, um eine Vergleichbarkeit herzustellen, zumindest eine Objektivierung nötig. Daher stellen jegliche Wahlrechte einen Verstoß gegen die logischen Vorbedingungen der Messung und somit der Vergleichbarkeit dar.[1)]

SCHNEIDER führt aus, daß Rechnungslegungswahlrechte aus Unternehmenssicht bedingt positiv sind, während sie aus Sicht der Empfänger der Rechnungslegung klar negativ zu beurteilen sind. So gibt es laut SCHNEIDER kein stichhaltiges Argument dafür, daß Rechnungslegungswahlrechte im Interesse der Empfänger der Rechnungslegung liegen könnten.[2)] Auch wenn die Ausübung von Wahlrechten durch Erläuterungen im Anhang transparent wird, so wird diese Art der Information selbst von der Wirtschaftspresse häufig übersehen.[3)] Schließlich führt ein Mehr an Wahlrechten und entsprechenden Erläuterungen nicht notwendigerweise zu einer Steigerung der Aussagefähigkeit von Jahresabschlüssen, insbesondere nicht für Streubesitzaktionäre.[4)] Auch HARTMANN-WENDELS sieht den Vorteil der Normierung von Rechnungslegungsinformationen darin, "daß deren Aussagegehalt relativ gut abgeschätzt werden kann, da weitgehend bekannt ist, aufgrund welcher Vorschriften diese Informationen zustande gekommen sind."[5)] Daher ist im Interesse aller Jahresabschlußadressaten, insbesondere der Streubesitzaktionäre, die Abschaffung oder zumindest Reduzierung von Wahlrechten im internationalen Kontext zu fordern. Anderer Ansicht ist HARTLE, für den eine Objektivierung weder mit der Zielsetzung der statischen

1) Vgl. SCHNEIDER, D.: Wozu eine Reform des Jahresabschlusses? Oder: Jahresabschluß im Lichte der Temperaturmessung, in: Baetge, J. (Hrsg.): Der Jahresabschluß im Widerstreit der Interessen, a.a.O., S. 131-155, hier S. 152.

2) Vgl. SCHNEIDER, D.: Gliederungs-, Ansatz- und Bewertungswahlrechte für den Jahresabschluß, in: Bierich, M./Busse von Colbe, W./Laßmann, G./Lutter, M. (Hrsg.): Rechnungslegung nach neuem Recht, a.a.O., S. 81-100, hier S. 89.

3) Vgl. INHOFFEN, A.O./POHLIG, R.: Bericht über die Diskussion, in: Bierich, M./Busse von Colbe, W./ Laßmann, G./Lutter, M. (Hrsg.): Rechnungslegung nach neuem Recht, a.a.O., S. 101-103, hier S. 103.

4) Vgl. GREEß, W.: Einzelprobleme des Jahresabschlusses durch die 4. EG-Richtlinie, in: Bierich, M./Busse von Colbe, W./Laßmann, G./Lutter, M. (Hrsg.): Rechnungslegung nach neuem Recht, a.a.O., S. 155-174, hier S. 174.

5) HARTMANN-WENDELS, T.: Agency-Theory und Publizitätspflicht nichtbörsennotierter Kapitalgesellschaften, a.a.O., S. 419.

noch der dynamischen Bilanzkonzeption vereinbar ist.[1] Er hält statt dessen eine Entobjektivierung der Rechnungslegung unter gleichzeitiger Einführung von Anreizsystemen für sinnvoll. Dies soll - bei Vorliegen eines optimalen Objektivierungsgrades - dazu führen, daß die Rechnungslegenden ihre subjektiven Erwartungen preisgeben, so daß der Adressat so gestellt ist, als hätte er die Informationen selbst ermittelt.[2] Aufgrund der vielfältigen Probleme bei der Bestimmung von Anreizsystemen[3] soll eine Entobjektivierung jedoch im folgenden nicht weiter betrachtet werden.

Ohne Wahlrechte werden die Informationen für die Adressaten besser interpretierbar und gleichzeitig unabhängig von den subjektiven Vorstellungen des Bilanzierenden,[4] selbst wenn dieser nicht die Absicht der Manipulation verfolgt. Im übrigen hat jede feste Regelung "den Vorteil der Klarheit, der Bestimmtheit und - für die Praxis besonders wichtig - der Einfachheit für sich."[5] Insofern ist BUSSE VON COLBE entschieden zu widersprechen, der einzelne Wahlrechte und Ermessensspielräume für mit der Informationsfunktion vereinbar hält.[6] Rechnungslegungswahlrechte und Ermessensspielräume sind die Basis der Abschlußpolitik.[7] KÜTING/WEBER/ZÜNDORF stellen fest, daß zwischen Jahresabschlußpolitik und Jahresabschlußanalyse eine enge Wechselbeziehung besteht, insofern als mit einer Zunahme der jahresabschlußpolitischen Gestaltungsmöglichkeiten gleichzeitig die Aussagefähigkeit der Jahresabschlußanalyse abnimmt und umgekehrt. "Wenn die These überwiegend anerkannt wird, daß die bilanzpolitischen Gestaltungsmöglichkeiten im Einzel-

---

1) Vgl. HARTLE, J.: Möglichkeiten der Entobjektivierung der Bilanz - Eine ökonomische Analyse, a.a.O., S. 76. Gleicher Ansicht - allerdings in bezug auf die Unternehmensbewertung, bei der sich ebenfalls die Frage der Objektivierung stellt - ist BRETZKE, W.-R.: Funktionen und Folgen der Verwendung objektivistischer Wertkonventionen bei der Unternehmensbewertung, in: WPg, 28. Jg. (1975), S. 125-131, hier S. 127 ff., der zudem den Begriff "Konventionalisierung" für treffender hält. In bezug auf die Probleme der Objektivierung bei der Unternehmensbewertung vgl. auch HARTMANN, B.: Neuere Tendenzen der Unternehmensbewertung - Zur Diskussion um einen "objektivierten" Unternehmenswert, in: zfbf, 33. Jg. (1981), S. 1090-1099, hier S. 1096 ff.; MOXTER, A.: Grundsätze ordnungsmäßiger Unternehmensbewertung, 2. Aufl., Wiesbaden 1983, S. 33 ff.

2) Vgl. HARTLE, J.: Möglichkeiten der Entobjektivierung der Bilanz - Eine ökonomische Analyse, a.a.O., S. 97.

3) Vgl. ELSCHEN, R.: Shareholder Value und Agency-Theorie - Anreiz- und Kontrollsysteme für Zielsetzungen der Anteilseigner, in: BFuP, 43. Jg. (1991), S. 209-220, hier S. 211 ff.; HARTLE, J.: Möglichkeiten der Entobjektivierung der Bilanz - Eine ökonomische Analyse, a.a.O., S. 167 ff.

4) Vgl. LEFFSON, U.: Die Grundsätze ordnungsmäßiger Buchführung, a.a.O., S. 81.

5) NIEHUS, R.J.: Vor-Bemerkungen zu einer Konzernbilanzrichtlinie, in: WPg, 37. Jg. (1984), Teil I: S. 285-289 und Teil II: S. 320-326, hier S. 321.

6) Vgl. BUSSE VON COLBE, W.: Rechnungslegungsziele und Ansätze zur internationalen Harmonisierung der Rechnungslegung deutscher Unternehmen, a.a.O., S. 376.

7) Vgl. THEISEN, M.R.: Der Konzernabschluß, a.a.O., S. 382.

abschluß zugenommen haben, gilt dies erst recht für den Konzernabschluß."[1] Hieraus läßt sich unmittelbar schließen, daß durch eine Beseitigung oder Einschränkung der Rechnungslegungswahlrechte und Ermessensspielräume durch eindeutige Vorschriften die Verläßlichkeit und in ihrer Folge die Vergleichbarkeit des Konzernabschlusses zunimmt. Manipulationsmöglichkeiten nehmen ab, und die Umsetzung von Zielsetzungen, die von der Generalnorm abweichen, wird schwieriger oder gar unmöglich, da Jahresabschlußpolitik dann weitestgehend eingeschränkt ist.[2] Jahresabschlußpolitik ist dann nur noch über Sachverhaltsgestaltung möglich. Die Objektivierung der Konzernrechnungslegung ist also notwendige Voraussetzung zur Erfüllung der Informationsfunktion.

Unter Objektivierung der Konzernrechnungslegung soll in dieser Arbeit die genaue und eindeutige Festlegung sämtlicher konzernrechnungslegungsrelevanter Regeln unabhängig vom Rechnungslegenden verstanden werden. Dies führt zur Vermeidung oder zumindest zur Verringerung von Manipulationsmöglichkeiten der Rechnungslegenden und somit zu einer besseren Aussagefähigkeit und Vergleichbarkeit.[3]

Die Objektivierung ist jedoch kein Selbstzweck, sondern beruht auf den berechtigten Informationsinteressen der Kapitalgeber, und muß, wenn der Konzernabschluß nicht seine Aussagefähigkeit verlieren soll, an den übrigen zentralen Konzernrechnungslegungsgrundsätzen als Kriterien der Objektivierung ausgerichtet werden.

---

1) KÜTING, K./WEBER, C.-P./ZÜNDORF, H.: Praxis der Konzernbilanzanalyse, Stuttgart 1990, S. 124.

2) Vgl. LEFFSON, U.: Die Grundsätze ordnungsmäßiger Buchführung, a.a.O., S. 81 ff.

3) Vgl. BAETGE, J.: Möglichkeiten der Objektivierung des Jahreserfolges, a.a.O., S. 16 f. und S. 23; KUPSCH, P./ACHTERT, F.: Der Grundsatz der Bewertungseinheitlichkeit in Handels- und Steuerbilanz, in: BB, 52. Jg. (1997), S. 1403-1411, hier S. 1403.

3.5 Entwicklung zentraler Konzernrechnungslegungsgrundsätze als Kriterien der Objektivierung und zur Beurteilung der 7. EG-Richtlinie, der IAS und der US-GAAP

Die folgenden zentralen Konzernrechnungslegungsgrundsätze dienen wie die GoB, die underlying assumptions und qualitative characteristics of financial statements des IASC und die qualitative characteristics of accounting information des FASB der Ableitung von Einzelregelungen, der Auslegung von Zweifelsfragen und der Ausfüllung von Gesetzeslücken.[1] Bei der Entwicklung zentraler Konzernrechnungslegungsgrundsätze sind die Adressaten und der Zweck des Konzernabschlusses ständig zu beachten. Aus ihnen sind die zentralen Konzernrechnungslegungsgrundsätze abzuleiten. Da sich jedoch die zentralen Rechnungslegungsgrundsätze der Einzelabschlüsse auch für konzernspezifische Sachverhalte anwenden lassen, bedarf es einer Entwicklung separater oder ergänzender zentraler Konzernrechnungslegungsgrundsätze insofern nicht. In der deutschen Rechnungslegung sind Konzernrechnungslegungsgrundsätze als Bestandteil der Grundsätze ordnungsmäßiger Buchführung anzusehen.[2] Auch Länderspezifische Besonderheiten sind bei der Festlegung zentraler Konzernrechnungslegungsgrundsätze nicht zu berücksichtigen, da die Globalisierung ständig zunimmt und länderspezifische Besonderheiten beispielsweise in bezug auf die Finanzierung entsprechend ständig abnehmen.

3.5.1 Grundlegende Voraussetzungen

Analog der Rechnungslegung von Einzelunternehmen hat auch die des Konzerns unter der Voraussetzung der uneingeschränkten Unternehmensfortführung zu erfolgen, da beispielsweise eine Liquidation eine Rechnungslegung unter abweichenden Gesichtspunkten erfordert. Aufgrund dieser Voraussetzung ist eine Periodisierung notwendig. Für die periodische Information über den Erfolg des Unternehmens ist daher eine perioden- und verursachungsgerechte Erfolgsermittlung unbedingt erforderlich.[3] Dies bedingt, daß

---

1) Vgl. Framework for the Preparation and Presentation of Financial Statements, par. 1; LEFFSON, U.: Die Grundsätze ordnungsmäßiger Buchführung, a.a.O., S. 22 ff.; SFAC No. 2.

2) Vgl. TRÜTZSCHLER, K.: Konsolidierungsgrundsätze, in: Küting, K./Weber, C.-P. (Hrsg.): Handbuch der Konzernrechnungslegung, a.a.O., S. 623-631, hier Rn. 1013.

3) Vgl. Framework for the Preparation and Presentation of Financial Statements, pars. 22-23, das diese Grundsätze als underlying assumptions betitelt. Vgl. auch LEFFSON, U.: Die Grundsätze ordnungsmäßiger Buchführung, a.a.O., S. 180, der sie nicht als GoB versteht, sondern als Voraussetzungen der Bilanzierung neben der materiality und Vergleichbarkeit.

Erträge erst vereinnahmt werden, wenn sie realisiert sind und Aufwendungen gegebenenfalls antizipiert werden.[1]

3.5.2 Qualitative Merkmale als Kriterien für die Berücksichtigung von Informationen

Als Kriterien für die Berücksichtigung von Informationen werden im Framework des IASC folgende qualitative Merkmale genannt, die unter geringfügiger Änderung ihrer Inhalte in Abgrenzung zu den Schwellen für die Einbeziehung von Informationen dieser Untersuchung zugrundegelegt werden.[2]

1. **Verständlichkeit**: Die anzuwenden Methoden und Verfahren müssen verständlich und dem Sachverhalt angemessen sein. Darüber hinaus muß die Konzernrechnungslegung klar und übersichtlich erfolgen, damit die zu gewährenden Informationen für den Adressaten verständlich werden, wobei von einem durchschnittlich gebildeten bzw. sachverständigen Adressaten auszugehen ist.

2. **Qualitative Relevanz**: Um für einen Adressaten nützlich zu sein, muß eine Information helfen, die finanzielle Situation eines Unternehmens besser einschätzen zu können. Hier ist insbesondere die Art der Information und damit ihre Auswertbarkeit im Rahmen der Jahresabschlußanalyse von Bedeutung.[3]

3. **Verläßlichkeit**: Damit eine relevante Information für einen Adressaten nützlich wird, muß sie auch verläßlich sein. Um diesem Kriterium zu entsprechen, muß die Information nachprüfbar sein. Darüber hinaus müssen alle Informationen neutral erstellt und getreu wiedergegeben werden sowie vollständig und willkürfrei sein.[4]

4. **Vergleichbarkeit**: Die Vergleichbarkeit bezieht sich einerseits auf das Unternehmen im Zeitablauf, auch **Stetigkeit** genannt, und andererseits auf die Vergleichbarkeit mit **anderen Unternehmen**.[5]

---

1) Vgl. LEFFSON, U.: Die Grundsätze ordnungsmäßiger Buchführung, a.a.O., S. 189.

2) Vgl. Framework for the Preparation and Presentation of Financial Statements, pars. 24-42; LEFFSON, U.: Die Grundsätze ordnungsmäßiger Buchführung, a.a.O., S. 180 ff.; SFAC No. 2.

3) Analog dem FASB und im Gegensatz zum IASC wird die Wesentlichkeit nicht als Bestandteil der Relevanz angesehen, sondern als allgemeine Schwelle. Vgl. sowohl SFAC No. 2, pars. 46-55 und pars. 123-132; sowie Framework for the Preparation and Presentation of Financial Statements, pars. 26-28. Auch LEFFSON betrachtet die Wesentlichkeit isoliert von den GoB als eine Voraussetzung der Bilanzierung. Vgl. LEFFSON, U.: Die Grundsätze ordnungsmäßiger Buchführung, a.a.O., S. 180 ff.

4) Vgl. Framework for the Preparation and Presentation of Financial Statements, pars. 31-38; SFAC No. 2, pars. 58-89.

5) Vgl. Framework for the Preparation and Presentation of Financial Statements, pars. 39-42; SFAC No. 2, pars. 111-122.

Das Vorsichtsprinzip ist in die obigen zentralen Rechnungslegungsgrundsätze nicht explizit aufgenommen worden, da es durch die aus dem Prinzip der periodengerechten Gewinnabgrenzung abgeleiteten Prinzipien der Realisation und Imparität ausreichend Berücksichtigung findet. Darüber hinaus widerspricht es der Forderung nach Objektivierung und schränkt somit die Informationsfunktion ein.[1)] Eine weitergehende Berücksichtigung wird daher als dem Gedanken der Generalnorm widersprechend und grundsätzlich gefährlich angesehen, da sich das Vorsichtsprinzip in Krisenzeiten leicht ins Gegenteil verkehrt.[2)]

3.5.3 Schwellen als Kriterien für die Einbeziehung von Informationen

Die Schwellen als Kriterien für die Einbeziehung von Informationen können einerseits dazu führen, daß Informationen, die aufgrund der qualitativen Merkmale nicht einbezogen würden, das heißt nicht konsolidiert, bilanziert oder erläutert würden, doch einbezogen werden, als auch andererseits als Beschränkung der aufgrund qualitativer Merkmale grundsätzlich einbeziehungswürdigen Informationen. Hier ist bei der Rechnungslegung jeweils abzuwägen, sofern keine konkreten Vorgaben als Ausgestaltung der Schwellen existieren.

1. **Rechtzeitigkeit**: Die Bereitstellung relevanter und verläßlicher Informationen nimmt eine gewisse Zeit in Anspruch. Dabei nimmt die Verläßlichkeit einer Information in der Regel im Zeitablauf zu, während gleichzeitig ihre Nützlichkeit im Zweifelsfall abnimmt oder gar die Information schlicht überflüssig wird, da eine Entscheidung bereits vorher getroffen werden mußte. In der Regel ist aufgrund des Einsatzes moderner Rechnungslegungs- und Konsolidierungssoftware der Konzernabschluß in relativ kurzer Zeit erstellbar,[3)] so daß der Rechtzeitigkeit kaum praktische Bedeutung zukommt.

2. **Wesentlichkeit**: Wesentlichkeit ist im Zusammenhang mit der Gewährung entscheidungsrelevanter Informationen zu sehen, da unwesentliche Informationen grundsätzlich nicht entscheidungsrelevant sein werden. Wesentlich ist, was die Entscheidung der Adressaten beeinflussen kann und hängt vom jeweiligen Sachverhalt und Adressaten ab. Im

---

1) Vgl. LEFFSON, U.: Die Grundsätze ordnungsmäßiger Buchführung, a.a.O., S. 465 ff.; SERVE, U.: Die Notwendigkeit zur Modifikation der Grundsätze ordnungsmäßiger Buchführung im Rahmen der Konzernrechnungslegung, a.a.O., S. 659 ff.; SFAC No. 2, par. 96.

2) Vgl. BUSSE VON COLBE, W.: Rechnungslegungsziele und Ansätze zur internationalen Harmonisierung der Rechnungslegung deutscher Unternehmen, a.a.O., S. 374 f.; LAUPENMÜHLEN, M.: Internationale Rechnungslegungsprinzipien im Vergleich, a.a.O., S. 401.

3) Vgl. PAHLER, A.J./MORI, J.E.: Advanced Accounting, a.a.O., S. 50; SCHERRER, G.: Konzernrechnungslegung, München 1994, S. 14.

Gegensatz zum Grundsatz der qualitativen Relevanz, bei der es sich um die Art der Information handelt, geht es bei der Wesentlichkeit um die quantitative Relevanz.[1]

Die Wesentlichkeit beeinflußt

- die Gliederung der Zahlenwerke durch Zusammenfassung oder Aufspaltung einzelner Positionen,
- die Bilanzierung durch die Anwendung von Bewertungsvereinfachungsverfahren und Bildung von Rückstellungen,
- die Berichterstattung durch Angabe oder Erläuterung bestimmter Sachverhalte[2] sowie
- die Konsolidierung durch Einbeziehung von Unternehmen in den Konzernabschluß bzw. den Verzicht auf einzelne Konsolidierungsmethoden.

Da die Wesentlichkeit ein unbestimmter Rechtsbegriff ist, ergeben sich in Abhängigkeit von den jeweiligen Rechnungslegenden, Prüfenden, Adressaten und den jeweiligen Sachverhalten unterschiedliche Vorstellungen bezüglich der Wesentlichkeit.[3] Wenn auch Einigkeit über die Schwierigkeit der Objektivierung der Wesentlichkeit besteht und diese nur mit theoretisch unvollkommenen Konzepten bewältigt werden muß,[4] so ist doch klar, daß sich jedes Unternehmen diesbezüglich Gedanken machen muß,[5] die zu unterschiedlichen und daher nicht vergleichbaren Ergebnissen der Rechnungslegung führen.[6] In diesem Sinne ist

1) Vgl. Framework for the Preparation and Presentation of Financial Statements, pars. 29-30; SFAC No. 2, pars. 123-132. Anderer Ansicht LEFFSON, U.: Wesentlich, in: Leffson, U./Rückle, D./Großfeld, B. (Hrsg.): Handwörterbuch unbestimmter Rechtsbegriffe im Bilanzrecht des HGB, a.a.O., S. 434-447, hier S. 436 und 441, der unter Wesentlichkeit zwar auch Entscheidungsrelevanz für Adressaten versteht, dies aber sowohl auf die Art als auch auf die quantitative Größe bezieht.

2) Vgl. NIEHUS, R.J.: "Materiality" ("Wesentlichkeit") - Ein Grundsatz der Rechnungslegung auch im deutschen Handelsrecht?, in: WPg, 34. Jg. (1981), S. 1-14, hier S. 5 ff.

3) Vgl. OSSADNIK, W.: Grundsatz und Interpretation der "Materiality", in: WPg, 46. Jg. (1993), S. 617-629, hier S. 618 ff.; DERS.: Materiality als Grundsatz externer Rechnungslegung, in: WPg, 48. Jg. (1995), S. 33-42, hier S. 39. Im Gegensatz zu den EG-Richtlinien wurden von der SEC in Regulation S-X Rules 5-02, 5-03(b) und 5-04, dem FASB und dem APB für einige Bereiche, in denen die Wesentlichkeit eine Rolle spielt, prozentuale Richtwerte vorgegeben, die zwischen 1 % und 10 % variieren. Vgl. auch die Aufstellung in SFAC No. 2, par. 166.

4) Vgl. OSSADNIK, W.: Grundsatz und Interpretation der "Materiality", a.a.O., S. 621 f.

5) Vgl. ELLERICH, M.: Praktische Probleme bei erstmaliger Konzernrechnungslegung im GmbH-Konzern, in: BB, 45. Jg. (1990), S. 1377-1388, hier S. 1380 f.; RUHNKE, K.: Erstellung einer internen Konzernrichtlinie, in: DB, 47. Jg. (1994), S. 893-899, die allerdings nicht auf die Festlegung von qualitativen Grenzen der Wesentlichkeit eingehen, obwohl diese natürlich Bestandteil einer internen Konzernrichtlinie sind.

6) Vgl. MÖHLMANN, T./DIETHARD, K.: Zur Operationalisierung der "untergeordneten Bedeutung" in der Konzernrechnungslegung, in: BB, 51. Jg. (1996), S. 205-211, hier S. 206.

die Vorgabe von Wesentlichkeitsgrenzen gleichsam notwendig für die Vergleichbarkeit[1] und gegebenenfalls zur Durchsetzung von Schadensersatzansprüchen[2] wie auch als Hilfestellung für die Rechnungslegenden und -prüfenden.[3] "Nur wenn der Grundsatz der Materiality ... konkretisiert wird, können Unsicherheiten und Unklarheiten vermieden werden."[4]

In bezug auf die Konsolidierung ist im Sinne der Vollständigkeit auf Ausnahmen aufgrund der Wesentlichkeit generell zu verzichten, da es infolge der Computerunterstützung bei der Konzernrechnungslegung kein Problem darstellen sollte, die Daten zu ermitteln.[5] In bezug auf Gliederungs-, Bilanzierungs- und Berichterstattungswahlrechte und -pflichten sollten relative Grenzen von 10 % des jeweiligen Jahresabschlußpostens eingeführt werden, da sich diese Schwelle in Theorie und Praxis weitgehend durchgesetzt hat.[6] Die Willkürlichkeit sowohl in bezug auf die Bezugsgröße als auch in bezug auf den Schwellenwert wird von LEFFSON zwar in einer Fußnote verspottet, indem er konstatiert: "Die Wesentlichkeitsgrenze bei 10 % anzusetzen ist offenbar bequem, ganz gleich ob 10 % des Postens, der Position, der Bilanzsumme, des Periodenergebnisses oder der Telefonnummer."[7] Aus Gründen der Praktikabilität und mangels besserer Alternativen ist dies jedoch akzeptabel.

3. **Wirtschaftlichkeit**: Im Rahmen der Wirtschaftlichkeit ist darauf zu achten, "daß jede Informationsbeschaffung und -bereitstellung - auch im Zeitalter der Computer - mit Kosten verbunden ist."[8] Einer theoretisch richtigen Lösung mangelt es bisweilen an Praktikabilität, was zu erheblichen Kosten führen kann. Insofern ist JONAS zuzustimmen, wenn er schreibt: "Die Aufstellung des Konzernabschlusses ist eine schwierige Aufgabe, die unter einem erheblichen Zeitdruck gelöst werden muß. Daher muß die Lösung einfach sein, damit sie praktikabel bleibt."[9] Die Kosten bzw. die Praktikabilität stellen also einen Rahmen dar, in

---

1) Vgl. MÖHLMANN, T./DIETHARD, K.: Zur Operationalisierung der "untergeordneten Bedeutung" in der Konzernrechnungslegung, a.a.O., S. 210.

2) Vgl. OSSADNIK, W.: Materiality als Grundsatz externer Rechnungslegung, a.a.O., S. 38 ff.

3) Vgl. LÜCK, W.: Materiality in der internationalen Rechnungslegung, Wiesbaden 1975, S. 56 und 65; TRÜTZSCHLER, K.: Konsolidierungsgrundsätze, a.a.O., Rn. 1006.

4) LÜCK, W.: Materiality in der internationalen Rechnungslegung, a.a.O., S. 58.

5) Vgl. o.V.: Software für Bilanzprobleme, in: Blick durch die Wirtschaft, Nr. 161 vom 21.8.96, S. 1; WENZEL, P.: Konsolidierungssoftware für konzerngebundene Unternehmen, in: DB, 47. Jg. (1994), S. 490-491.

6) Vgl. MÖHLMANN, T./DIETHARD, K.: Zur Operationalisierung der "untergeordneten Bedeutung" in der Konzernrechnungslegung, a.a.O., S. 209.

7) LEFFSON, U.: Wesentlich, a.a.O., S. 444.

8) MÜLLER, E.: Der Konzernabschluß im Konfliktfeld verschiedener Interessen, a.a.O., S. 239.

9) JONAS, H.H.: Der Konzernabschluß, a.a.O., S. V.

dem ein relatives Optimum gefunden werden muß. Es ist abzuwägen zwischen den Kosten für die Bereitstellung einer Information und ihrem Nutzen für den Informationsempfänger, der auch das Management selbst sein kann. Aufgrund der Verwendung von Computern ist der Grundsatz der Wirtschaftlichkeit jedoch nur noch in Ausnahmefällen von Bedeutung, so daß er hier nicht weiter betrachtet wird.

3.5.4 Bestimmung und Gewichtung der Kriterien zur Beurteilung der 7. EG-Richtlinie, der IAS und der US-GAAP

Die Objektivierung der Konzernrechnungslegung als genaue und eindeutige Festlegung sämtlicher konzernrechnungslegungsrelevanter Vorschriften unabhängig vom Rechnungslegenden führt automatisch zu verläßlichen und in ihrer Folge vergleichbaren Informationen. Verläßlichkeit geht der Vergleichbarkeit voraus. Die Abhängigkeit macht eine separate Betrachtung dieser Kriterien nicht sinnvoll. Als Kriterien zur Beurteilung der 7. EG-Richtlinie, der IAS und der US-GAAP wird daher auf das Kriterium Vergleichbarkeit zugunsten der Verläßlichkeit verzichtet.

Die Bedeutung eines Kriteriums muß bei einem grundsätzlich von allen Konzernrechnungslegungssystemen erreichten hohen Standard anders beurteilt werden als dann, wenn sich einzelne Systeme durch erhebliche Qualitätsmängel unterscheiden.[1] Dies gilt für die qualitative Relevanz. Da die qualitative Relevanz darüber hinaus starke Überschneidungen sowohl mit dem Kriterium der Verläßlichkeit als auch mit der Verständlichkeit hat und zudem zwischen den Systemen bezüglich der "qualitativen Relevanz" keine signfikanten Unterschiede bestehen, soll auf dieses Kriterium im Rahmen der Nutzwertanalyse ebenfalls verzichtet werden.

Als letztes qualitatives Kriterium verbleibt neben der Verläßlichkeit nur noch die Verständlichkeit. Verläßlichkeit allein ist von geringem Nutzen, wenn die Informationen unverständlich bleiben. Da bei der Objektivierung der Konzernrechnungslegung die Verläßlichkeit automatisch gewährleistet ist, wird die Verständlichkeit zur notwendigen Nebenbedingung.

Die quantitativen Kriterien sind durch Computereinsatz weitgehend bedeutungslos geworden. Im folgenden sind daher nur die beiden qualitativen Kriterien Verläßlichkeit und Verständlichkeit zu berücksichtigen. Als Gewichtungsverfahren wird die Methode der absoluten Gewichtung angewandt, da sie hohe Objektivität und gute Reproduzierbarkeit

1) Vgl. WEBER, J.: Einführung in das Controlling, 7. Aufl., Stuttgart 1998, S. 93.

mit einfacher Anwendbarkeit kombiniert.[1] Dabei ist zunächst der absolute Maßstab für die Gewichtung festzulegen:

sehr wichtig	=	3
wichtig	=	2
weniger wichtig	=	1

Danach ist die Gewichtung des Zielsystems zu bestimmen, wobei dem Kriterium der Verläßlichkeit insofern ein höheres Gewicht beigemessen wird, als sie Grundvoraussetzung für die Vergleichbarkeit von Informationen ist.

Tab. 5: Gewichtung der Kriterien

Kriterien	**absolutes Gewicht**	**relatives Gewicht**
Verläßlichkeit	3	3/5 = 0,6
Verständlichkeit	2	2/5 = 0,4
Summe	5	5/5 = 1,0

Da die Zielkriterienerfüllung nicht physikalisch meßbar ist, muß sie verbal beschrieben und durch eine Wertetabelle zugeordnet werden.[2] Dabei soll eine Kardinalskala zugrundegelegt werden, da sie insbesondere zur Transformation nicht meßbarer Größen und zur Lieferung numerisch adäquater Ergebnisse gut geeignet ist.[3] Die Zielkriterienerfüllung soll in folgende Stufen unterteilt werden:

voll	=	1,0
relativ gut	=	0,75
teilweise	=	0,5
kaum	=	0,25
gar nicht	=	0,0

1) Vgl. RINZA, P./SCHMITZ, H.: Nutzwert-Kosten-Analyse, 2. Aufl., Düsseldorf 1992, S. 191 f. Die Durchführung der Methode wird EBENDA S. 178 ff. ausführlich beschrieben.

2) Vgl. RINZA, P./SCHMITZ, H.: Nutzwert-Kosten-Analyse, a.a.O., S. 69.

3) Vgl. RINZA, P./SCHMITZ, H.: Nutzwert-Kosten-Analyse, a.a.O., S. 193 ff.

3.6 Zwecke der Bestandteile der Konzernrechnungslegung

Entsprechend dem Zweck der Konzernrechnungslegung, der Zurverfügungstellung von Informationen für finanzielle Entscheidungen der Adressaten, müssen die Informationen analog zum Einzelabschluß in bestimmten Zahlenwerken und verbalen Angaben enthalten sein. Für die Darstellung eines angemessenen Bildes bzw. eines den tatsächlichen Verhältnissen entsprechenden Bildes der Vermögens-, Finanz- und Ertragslage sind verschiedene Zahlenwerke anzufertigen. Auch wenn die Vermögenslage, die Finanzlage und die Ertragslage miteinander verwoben sind,[1] lassen sie sich jeweils durch verschiedene Instrumente am besten geeignet darstellen. So wird die Vermögenslage am besten durch die Bilanz verdeutlicht, während die Ertragslage am besten durch die Gewinn- und Verlustrechnung wiedergegeben wird. Für die Darstellung der Finanzlage bedarf es einer Kapitalflußrechnung[2], die jedoch durch die EG-Richtlinien nicht zum Pflichtbestandteil der Rechnungslegung gemacht wurde.[3] Informationen, die zum Verständnis dieser Zahlenwerke notwendig sind, sind im Anhang als integralem Bestandteil des Jahresabschlusses anzugeben, der ebenfalls prüfungspflichtig ist. Darüber hinaus sollten zusätzliche Informationen, beispielsweise der Gewinn je Aktie oder die Unternehmenssegmente betreffend, ebenfalls im Anhang oder in separaten Zahlenwerken und Berichten gegeben werden. Zusätzlich ist ein Lagebericht zu erstellen, der prospektive Daten enthält.

---

1) Vgl. HINZ, M.: Bild der Vermögen-, Finanz- und Ertragslage, in: Castan, E. u.a. (Hrsg.): Beck'sches Handbuch der Rechnungslegung, a.a.O., Bd. I, B 106, Rz. 10.

2) Vgl. AMEN, M.: Die Kapitalflußrechnung als Rechnung zur Finanzlage, in: WPg, 48. Jg. (1995), S. 498-509, hier S. 510; BAETGE, J./KIRSCH, H.-J.: § 297 Inhalt, a.a.O., Rn. 32 ff.; MANSCH, H./STOLBERG, K./WYSOCKI, K.v.: Die Kapitalflußrechnung als Ergänzung des Jahres- und Konzernabschlusses, in: WPg, 48. Jg. (1995), S. 185-203, hier S. 185 f.

3) Vgl. WYSOCKI, K.v.: Angleichung von Kapitalflußrechnungen an internationale Standards, in: zfbf, 47. Jg. (1995), S. 466-475, hier S. 467.

4 Objektivierung der einzelnen Regelungsbereiche der Konzernrechnungslegung

Nachdem im vorigen Kapitel die konzeptionellen Grundlagen gelegt wurden, sollen nun die einzelnen Regelungsbereiche auf Objektivierungsmöglichkeiten untersucht werden. Gleichzeitig werden die Vorschriften der 7. EGR, der IAS und der US-GAAP auf Einhaltung der erarbeiteten Kriterien untersucht und bewertet.

4.1 Ausprägung der Generalnorm

Eine Generalnorm, die das Ziel der Rechnungslegung definiert, besteht in jedem Land. Unterschiedlich ist allerdings deren Ausprägung als subsidiäres Recht oder als overriding principle. Die Generalnorm der 7. EGR hat den gleichen Wortlaut wie in der 4. EGR, aus der sie entnommen ist. Die ursprüngliche Formulierung im Entwurf der 4. EGR lautete, der Jahresabschluß habe "einen möglichst sicheren Einblick in die Vermögens-, Finanz- und Ertragslage der Gesellschaft zu geben." Aufgrund des Beitritts von Großbritannien und Irland wurde diese Formulierung 1974 dahingehend abgeändert, daß der Jahresabschluß ein den tatsächlichen Verhältnissen entsprechendes Bild der Vermögens-, Finanz- und Ertragslage der Gesellschaft zu vermitteln habe.[1)] Diese Formulierung aus Art. 2 Abs. 3 der 4. EGR findet sich mit gleichem Wortlaut auch in Art. 16 Abs. 3 der 7. EGR, nur daß das Wort "Gesellschaft" durch "Gesamtheit der in die Konsolidierung einbezogenen Unternehmen" ersetzt wurde. Das gleiche gilt im wesentlichen für die Abs. 4 und 5.

Selbst bei weitgehender Objektivierung durch Abschaffung und Einengung von Wahlrechten und Ermessensspielräumen kann es passierern, daß der Konzernabschluß kein den tatsächlichen Verhältnissen entsprechendes Bild der Vermögens-, Finanz- und Ertragslage vermittelt. Dies kann durch Widersprüche zwischen Einzelvorschriften und der Generalnorm, ungeregelten Bereichen oder besondere Umstände verursacht werden.[2)] Die Generalnorm hat hier eine Koordinierungsfunktion und soll den Zusammenhang des Ganzen sichern.[3)]

1) Vgl. KNOBLAUCH, P.: Die vierte EG-Richtlinie, a.a.O., S. 18. Die Entwicklung des Wortlauts der Generalnorm vom Vorentwurf über den Vorschlag und den geänderten Vorschlag bis zur endgültigen Fassung in der 4. EGR findet sich bei SCHRUFF, L.: Rechnungslegung und Prüfung der AG und GmbH nach neuem Recht (4. EG-Richtlinie), Düsseldorf 1978, S. II/11; SCHRUFF, L. (Hrsg.): Entwicklung der 4. EG-Richtlinie, Düsseldorf 1986, S. 28/29 f.

2) Vgl. BAETGE, J./KIRSCH, H.-J.: § 297 Inhalt, a.a.O.,Rn. 28.

3) Vgl. GROßFELD, B.: Generalnorm (ein den tatsächlichen Verhältnissen entsprechendes Bild der Vermögens-, Finanz- und Ertragslage), in: Leffson, U./Rückle, D./Großfeld, B. (Hrsg.): Handwörterbuch unbestimmter Rechtsbegriffe im Bilanzrecht des HGB, a.a.O., S. 192-204, hier S. 203.

Das Konzept des true and fair view hat zwar in den jeweiligen Mitgliedstaaten unterschiedliche Bedeutungen. In jedem Fall muß es jedoch gemäß Art. 2 Abs. 5 der 4. EGR bzw. Art. 16 Abs. 5 der 7. EGR als ein overriding principle umgesetzt sein. Das bedeutet, daß in Abweichung von den Einzelvorschriften zu bilanzieren ist, sofern sich mit diesen kein der Generalnorm entsprechendes Bild darstellen läßt. Dies ist in Deutschland weder für den Einzel- noch für den Konzernabschluß geschehen.[1] Der Generalnorm sind die Worte "unter Beachtung der Grundsätze ordnungsmäßiger Buchführung" in den §§ 264 Abs. 2 Satz 1 und 297 Abs. 2 Satz 2 HGB vorangestellt und die allgemeine Verpflichtung zu zusätzlichen Angaben aus Art. 2 Abs. 4 der 4. EGR und Art. 16 Abs. 4 der 7. EGR eingeengt auf zusätzliche Angaben "im Anhang" bzw. "im Konzernanhang". Durch die sogenannte Abkopplungsthese werden wesentliche Elemente des true and fair view in den jeweiligen Anhang ausgelagert.[2] Die Abweichung von den Einzelvorschriften, die in Art. 16 Abs. 5 gefordert wird, wurde gar nicht umgesetzt.[3] Das heißt, die richtlinienkonforme Umsetzung hat zumindest in Deutschland nicht stattgefunden. Hier stellt die Generalnorm nach wie vor subsidiäres Recht dar. Dem deutschen Gesetzgeber ist hier allerdings zuzugestehen, daß der Richtliniengeber in einer Protokollerklärung zu Art. 2 Abs. 4 der 4. EGR[4] und zu Art. 16 Abs. 4 der 7. EGR[5] feststellt, daß es normalerweise ausreiche, die Richtlinie anzuwenden, damit das verlangte den tatsächlichen Verhältnissen entsprechende Bild entstehe. Darüber hinaus bietet diese deutsche Regelung den Vorteil der Objektiverung und Manipulationsfreiheit, auch wenn die Zahlenwerke dadurch eventuell weniger aussagefähig sind als subjektiv richtige.[6]

Ähnlich wie es der deutsche Gesetzgeber sieht, hat es auch das IASC in seinem framework formuliert.[7] Dort wird angeführt, daß die Anwendung der qualitativen Hauptcharakteristika und der entsprechenden Rechnungslegungsstandards (IAS) normalerweise das vermitteln, was allgemein unter einem true and fair view verstanden wird.[8] Da die An-

---

1) Vgl. FEE (Hrsg.): 1992 FEE analysis, a.a.O., S. 54.

2) Vgl. FLIESS, O.: Konzernabschluß in Großbritannien, a.a.O., S. 40; ORDELHEIDE, D.: Notwendigkeiten und Probleme der Weiterentwicklung der EG-Bilanzrichtlinien und des deutschen Konzernabschlußrechts, a.a.O., S. 26.

3) Vgl. NIEHUS, R.J.: 7. EG-Richtlinie = "US GAAP"? - "Duale" Konzernrechnungslegung in Frankreich, a.a.O., S. 2.

4) Vgl. SCHRUFF, L. (Hrsg.): Entwicklung der 4. EG-Richtlinie, a.a.O., S. 30/31.

5) Vgl. BIENER, H./SCHATZMANN, J.: Konzern-Rechnungslegung, a.a.O., S. 30 f.

6) Vgl. BAETGE, J./KIRSCH, H.-J.: § 297 Inhalt, a.a.O., Rn. 58.

7) Vgl. Framework for the Preparation and Presentation of Financial Statements, par. 46.

8) Vgl. FEE (Hrsg.): 1991 FEE European Survey of Published Accounts 1991, London und New York 1991, S. 25, im folgenden zitiert als: FEE Survey 1991; WOLLMERT, P.: IASC-Rechnungslegung, a.a.O., S. 9 f.

wendung der IAS das Erreichen eines true and fair view impliziert, existiert konsequenterweise auch keine ausdrückliche Regelung für Ausnahmefälle, da diese überflüssig wäre.[1] Diese Ansicht wurde auch in dem im Juli 1996 zur Kommentierung herausgegebenen Exposure Draft E53[2] vertreten, wobei E53.16 f. noch unmißverständlicher als das Framework ist. Der Grund hierfür ist, daß sich das Board keine Situationen vorstellen konnte, die eine Abweichung von den IAS notwendig erscheinen ließen und es unmöglich gewesen wäre, ein overriding principle auf extrem seltene Situationen zu beschränken, so daß eine willkürliche Anwendung durch die Praxis die Folge gewesen wäre.[3] Die endgültige Fassung, die schließlich 1997 veröffentlicht wurde, erlaubt zwar in IAS 1.10-19 die Abweichung von bestehenden Regelungen aufgrund der Generalnorm, fordert aber eine ausführliche Begründung und betont wiederholt, daß dies nur unter sehr seltenen Umständen erfolgen kann.

Auch GREEß empfindet die Anwendung der Generalnorm als nicht unproblematisch. Stellt sich doch die Frage, wann ein Jahresabschluß trotz Beachtung der Einzelvorschriften kein "den tatsächlichen Verhältnissen entsprechendes Bild der Vermögens-, Finanz- und Ertragslage" gibt und wer dies entscheidet? Kann es sein, daß ein Jahresabschluß zwar ein den tatsächlichen Verhältnissen entsprechendes Bild der Vermögens- und Finanzlage, nicht aber der Ertragslage darstellt?[4]

In der Praxis wird aufgrund der Generalnorm nur sehr selten von den nationalen Gesetzen abgewichen, und zwar nicht nur unabhängig davon, ob es sich um Mitgliedstaaten mit angelsächsisch oder kontinentaleuropäisch geprägter Rechnungslegung handelt, sondern auch unabhängig davon, ob vor Umsetzung der EG-Richtlinien eine solche Klausel bereits bestand oder nicht. So wurde nur in zehn von 341 untersuchten Einzel- und Konzernabschlüssen zur Herstellung eines der Generalnorm entsprechenden Bildes von den Vorschriften abgewichen, und zwar in Belgien, Dänemark (3), Frankreich (2), Großbritannien, Irland und Luxemburg (2).[5] Auch die Verteilung auf börsennotierte (5) und nicht börsennotierte Unternehmen (5) läßt keine Schlüsse auf besondere Verhaltensmuster in Abhängigkeit von einer Börsennotierung zu.[6]

---

1) Vgl. IDW (Hrsg.): Rechnungslegung nach International Accounting Standards, a.a.O., S. 14.

2) Vgl. IASC: Proposed International Accounting Standard: Presentation of Financial Statements; Exposure Draft E53, in: WPg, 49. Jg. (1996), S. 663-675.

3) Vgl. ACHLEITNER, A.-K./PEJIC, P.: Des Abschlusses neue Kleider, in: DB, 49. Jg. (1996), S. 2037-2043, hier S. 2038.

4) Vgl. GREEß, W.: Einzelprobleme des Jahresabschlusses durch die 4. EG-Richtlinie, a.a.O., S. 157 f.

5) Vgl. FEE (Hrsg.): FEE Survey 1991, a.a.O., S. 26 f.

6) Vgl. FEE (Hrsg.): 1992 FEE analysis, a.a.O., S. 10.

Art. 16 Abs. 5 gibt den Mitgliedstaaten die Möglichkeit, Ausnahmen zu definieren, in denen Unternehmen aufgrund von Art. 16 Abs. 3 von den Regeln der 7. EGR abweichen dürfen, und entsprechende Ausnahmeregelungen festzulegen. Kein Mitgliedstaat hat jedoch diese Möglichkeit in Anspruch genommen.[1] Dies könnte seine Ursache darin haben, daß die Mitgliedstaaten ebenfalls Schwierigkeiten hatten zu definieren, wann die wirtschaftliche Lage korrekt dargestellt ist, und welche Einzelvorschriften oder Unternehmenswahlrechte eventuell dagegen verstoßen.

Im Zusammenhang mit der Schwierigkeit der Definition der tatsächlichen wirtschaftlichen Lage merkt GROßFELD daher an, "daß 'angemessenes Bild' wohl die bessere Übersetzung gewesen wäre."[2] Diese Übersetzung in Verbindung mit der subsidiären Anwendung stellt unter Objektivierungsgesichtspunkten die geeignetste Ausprägung einer Generalnorm dar, weil damit einerseits das Ziel definiert und andererseits die Abweichung von den Einzelregelungen verhindert wird.

Die US-GAAP, in denen die Generalnorm die Funktion eines overriding principle innehat,[3] sowie die 7. EGR können aufgrund der mit einem overriding principle verbundenen Unbestimmtheit eine Verläßlichkeit trotz der Erläuterungen im Anhang kaum gewährleisten. Da Ausnahmen aufgrund der Generalnorm in der Praxis selten vorkommen und weder die EU-Mitgliedstaaten noch das IASC Ausnahmesituationen definierten, ist davon auszugehen, daß auch die Verständlichkeit kaum erreicht wird. Die IAS, in denen die Generalnorm nur subsidiäres Recht darstellt, vermögen Verläßlichkeit und Verständlichkeit hingegen voll zu gewährleisten.

---

1) Vgl. FEE (Hrsg.): Seventh Directive options, a.a.O., S. 30.

2) GROßFELD, B.: Generalnorm (ein den tatsächlichen Verhältnissen entsprechendes Bild der Vermögens-, Finanz- und Ertragslage), a.a.O., S. 202.

3) Vgl. HINZ, M.: Bild der Vermögen-, Finanz- und Ertragslage, a.a.O., Rz. 53.

4.2 Anknüpfungstatbestände für die Konzernrechnungslegungspflicht

Die Anknüpfungstatbestände beziehen sich einerseits auf Unterordnungskonzerne und andererseits auf Gleichordnungskonzerne. Bei der Untersuchung der Anknüpfungstatbestände wird gleichzeitig kritisch auf die beiden Konzernarten eingegangen. Wenn im folgenden von Konzernrechnungslegungspflicht gesprochen wird, so bezieht sich dies grundsätzlich auf alle Bestandteile der Konzernrechnungslegung.

4.2.1 Unterordnungskonzern

Ein Konzern entsteht entsprechend der Konzerndefinition durch das Vorhandensein mindestens eines Tochterunternehmens. Die Konzernrechnungslegungspflicht nach der 7. EGR bezieht sich ausschließlich auf Mutterunternehmen mit Sitz im Inland, die mindestens ein Tochterunternehmen besitzen. Mutter- und Tochterunternehmen werden auch als Konzernunternehmen bezeichnet, wobei mindestens eins dieser Konzernunternehmen in der Rechtsform einer Kapitalgesellschaft firmieren muß.[1)] Die Konzernrechnungslegungspflicht wird in Art. 1 für den Unterordnungskonzern geregelt. Dabei gibt es zwei unterschiedliche Konzepte zur Begründung der Konzernrechnungslegungspflicht. In Abs. 1 wird das Control-Konzept[2)] und in Abs. 2 die tatsächliche Ausübung eines beherrschenden Einflusses und die einheitliche Leitung[3)] als Anknüpfungstatbestand der Konzernrechnungslegungspflicht geregelt. Trifft einer der Anknüpfungstatbestände zu, so besteht Konzernrechnungslegungspflicht. Die Konzepte stimmen insofern überein, als sie für die Konzernrechnungslegungspflicht ein Mutter-Tochter-Verhältnis zwingend voraussetzen. Unterschiede ergeben sich allein aus den Anforderungen, die an dieses Verhältnis gestellt werden.[4)]

Daneben wird durch Art. 12 der 7. EGR als Mitgliedstaatenwahlrecht noch eine Konzernrechnungslegungspflicht für Gleichordnungskonzerne vorgesehen. Abbildung 7 verdeutlicht die zahlreichen Voraussetzungen, die zur Konzernrechnungslegungspflicht nach der 7. EGR führen können.

---

1) Branchenspezifische Besonderheiten beispielsweise in bezug auf Kreditinstitute oder Besonderheiten für die Konzernrechnungslegung von Nicht-Kapitalgesellschaften nach dem Publizitätsgesetz sollen hier nicht betrachtet werden, auch wenn dort die 7. EGR teilweise analog angewendet wird. Vgl. DUSEMOND, M.: Zur Aufstellung von Konzernabschlüssen und Konzernlageberichten, in: BB, 47. Jg. (1994), S. 2034-2042, hier S. 2034.

2) Auch juristisches oder angelsächsisches Konzept genannt.

3) Auch ökonomisches oder deutsches Konzept genannt.

4) Vgl. DUSEMOND, M.: Zur Aufstellungspflicht von Konzernabschlüssen und Konzernlageberichten, a.a.O., S. 2034 ff.

Abb. 7: Pflicht zur Konzernrechnungslegung nach der 7. EGR

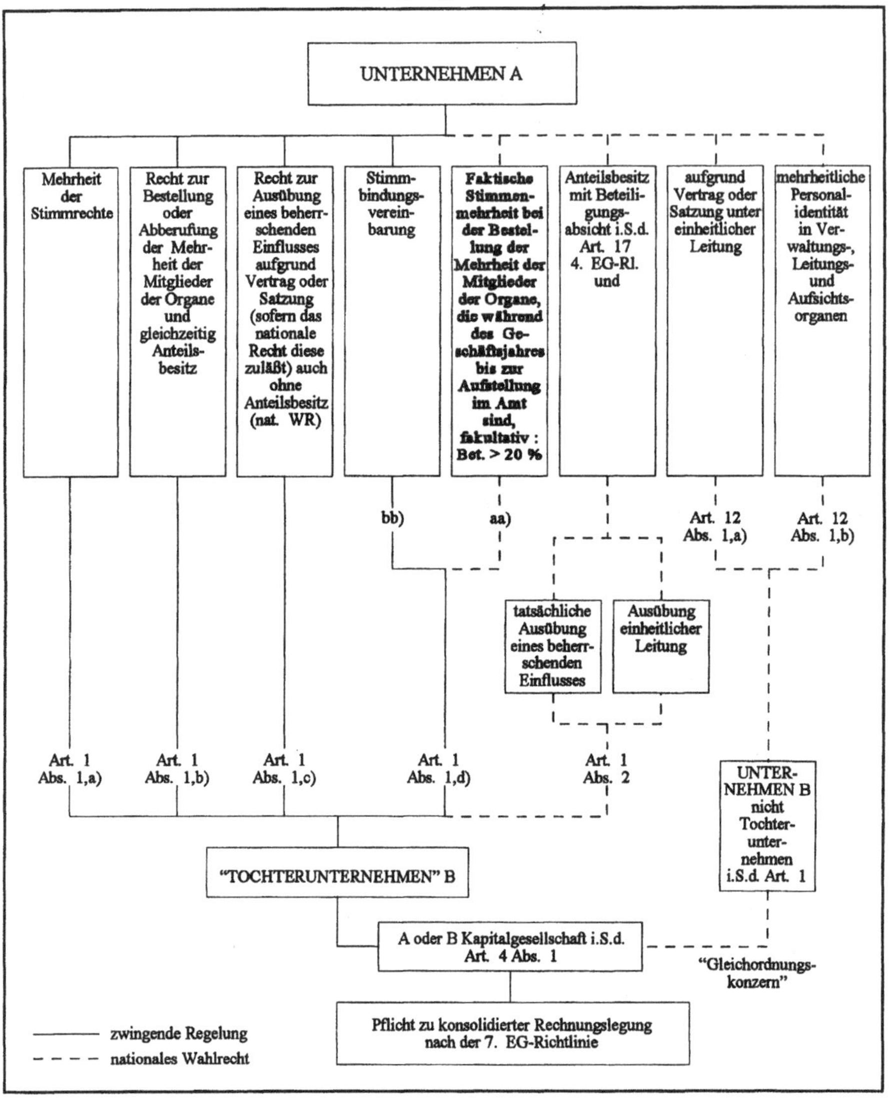

Quelle: SCHRUFF, W.: Einflüsse der 7. EG-Richtlinie auf die Aussagefähigkeit des Konzernabschlusses, Berlin 1984, S. 111.

4.2.1.1 Control-Konzept

Für ein Mutterunternehmen besteht nach Art. 1 Abs. 1 der 7. EGR grundsätzlich Konzernrechnungslegungspflicht, wenn

a) ihm bei einem Unternehmen allein die Mehrheit der Stimmrechte der Anteilseigner zusteht oder, sofern es Anteilseigner ist, gemäß Buchstabe d) Unterbuchstabe bb) auch aufgrund einer Vereinbarung mit anderen Anteilseignern des Unternehmens,

b) ihm bei einem Unternehmen das Recht zusteht, die Mehrheit der Mitglieder des Verwaltungs-, Leitungs- oder Aufsichtsorgans zu bestellen oder abzuberufen und es gleichzeitig Anteilseigner ist,

c) ihm bei einem Unternehmen das Recht zusteht, einen beherrschenden Einfluß aufgrund eines mit diesem Unternehmen geschlossenen Beherrschungsvertrags oder aufgrund einer Satzungsbestimmung dieses Unternehmens auszuüben oder

d) aa) die Mehrheit der Mitglieder des Verwaltungs-, Leitungs- oder Aufsichtsorgans eines Unternehmens allein durch die Ausübung ihrer Stimmrechte bestellt wurden.

Beim Control-Konzept geht es also nur darum, daß dem Mutterunternehmen die rechtliche Möglichkeit zur Ausübung eines der obigen Rechte tatsächlich zusteht, und zwar unabhängig davon, ob es dieses auch tatsächlich wahrnimmt.[1] Bei der Transformation des Control-Konzepts hatten die Mitgliedstaaten allein fünf Wahlrechte, dies auszugestalten.

Art. 1 Abs. 1 Buchstabe c) gibt den Mitgliedstaaten das Wahlrecht, neben dem beherrschenden Einfluß aufgrund eines Vertrags oder Satzungsbestimmungen vorzuschreiben, daß das Mutterunternehmen gleichzeitig Anteilseigner des Tochterunternehmens sein muß. Dies wird nur in fünf Mitgliedstaaten verlangt, nämlich in Belgien, Dänemark, Frankreich, Griechenland und Portugal.[2] JONAS hält eine kapitalmäßige Beteiligung nicht für erforderlich, sofern die vertragliche oder satzungsmäßige Festlegung die Dauerhaftigkeit der Verbindung garantiert und somit die einheitliche Leitung sichert.[3] Dem ist zuzustimmen, da die Beherrschung ohnehin in keinem Zusammenhang mit einer kapitalmäßigen Verflechtung stehen muß. Insofern ist dieses Wahlrecht, auch wenn es von fünf Mitgliedstaaten ausgeübt wurde, überflüssig.

---

1) Vgl. DUSEMOND, M.: Zur Aufstellungspflicht von Konzernabschlüssen und Konzernlageberichten, a.a.O., S. 2036.

2) Vgl. FEE (Hrsg.): Seventh Directive options, a.a.O., S. 23.

3) Vgl. JONAS, H.H.: Der Konzernabschluß, a.a.O., S. 52.

Sind derartige Verträge oder Satzungsbestimmungen im nationalen Recht eines Mitgliedstaats nicht vorgesehen, braucht es diese Bestimmung nicht anzuwenden.[1] Dieses Wahlrecht ist also nicht an alle Mitgliedstaaten gerichtet, sondern nur an jene, in denen die Zulässigkeit solcher Vereinbarungen zweifelhaft ist, wie beispielsweise in Großbritannien und Irland.[2] Trotzdem wurde Art. 1 Abs. 1 Buchstabe c) von allen Mitgliedstaaten außer Luxemburg und Spanien umgesetzt, und zwar unabhängig davon, ob solche Bestimmungen in den jeweiligen nationalen Gesetzen bestehen oder nicht.[3] Dieses Wahlrecht dient der Festschreibung des im jeweiligen Mitgliedstaat vorherrschenden Rechts, hat insofern nur deklaratorischen Charakter und widerspricht dem Ziel der Vergleichbarkeit. Da es gleichzeitig restriktiv auf zukünftige Entwicklungen wirkt, ist es abzuschaffen.

Art. 1 Abs. 1 Buchstabe d) Unterbuchstabe bb) räumt den Mitgliedstaaten das Wahlrecht ein, nähere Bestimmungen über Form und Inhalt von Vereinbarungen mit anderen Anteilseignern zu treffen, aufgrund welcher ein Anteilseigner allein über die Mehrheit der Stimmrechte eines Unternehmens verfügt. Dieses Wahlrecht ist bedeutungslos, da kein Mitgliedstaat nähere Bestimmungen erließ[4] und es lediglich zu einer Einschränkung der Vertragsfreiheit führte.

Durch Art. 1 Abs. 1 Buchstabe d) wird der Unterbuchstabe aa) als Wahlrecht ausgestaltet. Dieses Wahlrecht wurde nur von Belgien, Portugal und Spanien in nationales Recht umgesetzt.[5] Die Bestellung allein durch Ausübung der Stimmrechte einer Gesellschaft kann ein Zufallsergebnis aufgrund der Abwesenheit anderer Anteilseigner sein. Daher braucht hier eine Dauerhaftigkeit nicht vorzuliegen. Dauerhaftigkeit ist aber ein wichtiges Kriterium.[6] Daher ist dieser als Wahlrecht ausgestaltete Sachverhalt als Anknüpfungstatbestand für die Konzernrechnungslegungspflicht aus Gründen der Verläßlichkeit und Vergleichbarkeit ungeeignet.

Art. 1 Abs. 1 Buchstabe d) räumt Mitgliedstaaten das Wahlrecht ein, die Anwendung von Art. 1 Abs. 1 Buchstabe d) Unterbuchstabe aa) davon abhängig zu machen, daß auf die Beteiligung 20 % oder mehr der Stimmrechte der Anteilseigner entfallen. Von den drei Mitgliedstaaten, die Art. 1 Abs. 1 Buchstabe d) Unterbuchstabe aa) in nationales Recht

1) Vgl. FEE (Hrsg.): Seventh Directive options, a.a.O., S. 23.
2) Vgl. BIENER, H./SCHATZMANN, J.: Konzern-Rechnungslegung, a.a.O., S. 6.
3) Vgl. FEE (Hrsg.): Seventh Directive options, a.a.O., S. 24.
4) Vgl. FEE (Hrsg.): Seventh Directive options, a.a.O., S. 24.
5) Vgl. FEE (Hrsg.): Seventh Directive options, a.a.O.,S. 24.
6) Vgl. JONAS, H.H.: Der Konzernabschluß, a.a.O., S. 106.

umgesetzt haben, verlangt nur Portugal eine Mindestbeteiligung von 20 %.[1] In Anbetracht der Tatsache, daß es sich bei diesem Wahlrecht um ein Folgewahlrecht eines für die Anknüpfung der Konzernrechnungslegungspflicht ungeeigneten Sachverhalts handelt, soll dieses überflüssige Wahlrecht nicht weiter betrachtet werden.[2]

In den USA ist ausschließlich das Control-Konzept geregelt. Dies ist allein am Aktienbesitz orientiert. Daher beschränkt sich die Konzernrechnungslegungspflicht auf Mutterunternehmen, die als Wertpapieremittenten gegenüber der SEC berichtspflichtig sind bzw. einen Jahresabschluß nach GAAP erstellen und bei Beteiligungsgesellschaften über Beherrschungsmöglichkeiten (controlling financial interest) verfügen. Somit unterliegen ausschließlich börsennotierte Mutterunternehmen der Konzernrechnungslegungspflicht. Eine ausdrückliche Konsolidierungspflicht besteht nur für Mehrheitsbeteiligungen (majority-owned subsidiaries), wobei die Mehrheit der Stimmrechte als maßgebliches Kriterium fungiert. Ist eine Beherrschungsmöglichkeit nicht aufgrund der Stimmrechte gegeben, sondern auf andere Art und Weise, so kann nur der Grundsatz der fair presentation eine Konsolidierung gebieten bzw. überhaupt ermöglichen. Dies ist dann in den notes zu erläutern. Darüber hinaus liegen keine exakten Regelungen bezüglich der Konsolidierungspflicht vor. Durch das "reporting entity"-Konzept scheinen sich allerdings Änderungen in den amerikanischen Konsolidierungsgrundsätzen anzudeuten, die zu einer Verringerung der Unterschiede zum europäischen Control-Konzept führen, da das AICPA beabsichtigt, in Zukunft auch andere Kontrollinstrumente, wie beispielsweise Gewinnabführungsverträge, anzuerkennen.[3]

In der IASC-Rechnungslegung wird ein Mutter-Tochter-Verhältnis gemäß IAS 27.1 und 27.6 ebenfalls lediglich durch das Control-Konzept begründet. Entsprechend dem HGB sind durch IAS 27.12 die Merkmale definiert, die einen beherrschenden Einfluß des Mutterunternehmens auf das Tochterunternehmen darstellen. Diese sind neben dem Besitz der Stimmenmehrheit:

---

1) Vgl. FEE (Hrsg.): Seventh Directive options, a.a.O., S. 24.

2) In Frankreich, das eine Vollkonsolidierung allein aufgrund des Control-Konzepts vorsieht, besteht diesbezüglich noch eine weitere Regelung, und zwar ist ein Konzernabschluß zu erstellen, sofern allein die Möglichkeit besteht, während zweier aufeinanderfolgender Geschäftsjahre die Mehrheit der Verwaltungs-, Leitungs- und Überwachungsorgane zu bestellen. Dies wird bei einem Stimmrechtsanteil von 40 % vermutet, sofern kein anderer Gesellschafter mehr Stimmrechte besitzt. Das führt dazu, daß Konzernabschlüsse aufzustellen sind, selbst wenn gar keine Tochterunternehmen, die vollkonsolidiert werden müßten, vorhanden sind. Vgl. ALTMEIER, D./KAISER, U./KEBBE, T./KRETSCHMAR, M./MAIER, F./SCHENKEL, M.: Bilanzpolitische Gestaltungsmöglichkeiten in Frankreich, a.a.O., S. 170 f.; SCHOLTISSEK, W.: Der konsolidierte Abschluß in Frankreich, a.a.O., S. 468.

3) Vgl. FÖRSCHLE, G./KRONER, M./MANDLER, U.: Internationale Rechnungslegung: US-GAAP, HGB und IAS, a.a.O., S. 71; KUBIN, K.W.: Die Konzernrechnungslegung in den USA, a.a.O., S. 115.

(a) die Möglichkeit der Ausübung der Stimmrechtsmehrheit aufgrund vertraglicher Vereinbarungen mit anderen Anteilseignern,
(b) die Möglichkeit der Bestimmung der Finanz- und Geschäftspolitik eines Unternehmens aufgrund eines Beherrschnungsvertrags oder einer Satzung,
(c) die Möglichkeit der Bestellung oder Abberufung der Mehrheit der Mitglieder des Vorstands oder gleichwertiger Organe und
(d) die Möglichkeit die Mehrheit der Stimmen bei Versammlungen des Vorstands oder gleichwertiger Organe zu stellen.

Im Gegensatz zum HGB muß das Tochterunternehmen den beherrschenden Einfluß jedoch auch tatsächlich ausüben können. Steht der Einflußmöglichkeit beispielsweise ein Entherrschungsvertrag entgegen, so besteht kein Mutter-Tochter-Verhältnis.[1]

4.2.1.2 Tatsächliche Ausübung eines beherrschenden Einflusses und einheitliche Leitung

Neben dem in Art. 1 Abs. 1 der 7. EGR enthaltenen zwingend umzusetzenden Control-Konzept werden den Mitgliedstaaten in Abs. 2 weitere Wahlrechte bezüglich der Konzernrechnungslegungspflicht eingeräumt, die allerdings nur Randbereiche betreffen und einer späteren Koordinierung unterliegen.

Art. 1 Abs. 2 räumt den Mitgliedstaaten bis zu einer späteren Koordinierung das Wahlrecht ein, außer in den in Abs. 1 bezeichneten Fällen, Unternehmen die Aufstellung eines konsolidierten Abschlusses vorzuschreiben, wenn sie eine Beteiligung nach Art. 17 der 4. EGR haben und auf diese gleichzeitig einen beherrschenden Einfluß ausüben oder diese unter einheitlicher Leitung steht.[2]

Die Regelung der tatsächlichen Ausübung eines beherrschenden Einflusses in Art. 1 Abs. 2 Buchstabe a) ist auf französische Vorstellungen zurückzuführen, während die Regelung betreffend die einheitliche Leitung in Art. 1 Abs. 2 Buchstabe b) auf die Konzerndefinition des § 18 AktG zurückzuführen ist.[3] Dieses Wahlrecht wurde von Italien, Luxemburg und Portugal nicht in Anspruch genommen.[4] Konsequenterweise haben also

1) Vgl. IDW (Hrsg.): Rechnungslegung nach International Accounting Standards, a.a.O., S. 255 f.

2) Vgl. FEE (Hrsg.): Seventh Directive options, a.a.O., S. 24.

3) Vgl. BIENER, H./SCHATZMANN, J.: Konzern-Rechnungslegung, a.a.O., S. 6; JONAS, H.H.: Der Konzernabschluß, a.a.O., S. 106.

4) Vgl. FEE (Hrsg.): Seventh Directive options, a.a.O., S. 24 f.

insbesondere Frankreich und Deutschland die auf ihre Initiative zurückzuführenden Wahlrechte in ihr nationales Recht übernommen.[1)]

Das Konzept der einheitlichen Leitung ist ein aus dem Aktienrecht stammendes, deutschspezifisches Kriterium. Da die einheitliche Leitung auf faktischem Verhalten beruht, ist sie von außen nicht oder nur schwer zuverlässig überprüfbar. Dieses Problem stellte sich bereits früher im deutschen Aktienrecht, aus dem das Konzept deckungsgleich übernommen wurde. Daher wird die im Aktienrecht entwickelte widerlegbare Vermutungskette, wonach Mehrheitsbesitz zu Abhängigkeit (vgl. § 17 Abs. 2 AktG) und Abhängigkeit zum Konzerntatbestand (vgl. § 18 Abs. 1 Satz 3 AktG) führt, uneingeschränkt auf das Handelsrecht übertragen.[2)] Dadurch reduzieren sich allerdings die Unterschiede zum Control-Konzept auf die zusätzliche Berücksichtigung des faktischen Konzerns durch das Konzept der einheitlichen Leitung, was eigentlich durch die 7. EGR ausgeschlossen werden sollte.[3)]

Neu ist in bezug auf das Konzept der einheitlichen Leitung aus deutscher Sicht, daß zusätzlich eine Beteiligung vorhanden sein muß. Dies wird in der Praxis jedoch der Regelfall sein, so daß diese zusätzliche Voraussetzung nur von geringer Bedeutung sein wird.[4)] Art. 1 Abs. 2 gibt den Mitgliedstaaten, die diesen Absatz umsetzen, das Wahlrecht, einen Prozentsatz von maximal 20 % als Beteiligungsvermutung festzulegen. Die meisten Mitgliedstaaten haben ihn auf 20 % festgelegt. Ausnahmen bilden nur Spanien mit 3 % und Belgien, das keinen Prozentsatz verlangt, sowie Dänemark, das den Begriff Beteiligung nicht verwendet.[5)]

4.2.1.3 Vergleich und Beurteilung der Konzepte

Die Unterschiede zwischen Control-Konzept und dem Konzept der einheitlichen Leitung führen nur in Ausnahmefällen zu unterschiedlichen Ergebnissen. Dies ist beispielsweise der Fall, wenn bei Stimmrechtsmehrheit aufgrund des Control-Konzepts Einbeziehungspflicht besteht, obwohl die nach dem Konzept der einheitlichen Leitung bestehende Konzern-

---

1) Da materielle Unterschiede zwischen der einheitlichen Leitung und einem tatsächlich ausgeübten beherrschenden Einfluß nicht erkennbar sind, soll auf letzteren im folgenden nicht mehr gesondert eingegangen werden. Vgl. auch §§ 17 und 18 AktG.

2) Vgl. ADLER, H./DÜRING, W./SCHMALTZ, K.: Rechnungslegung und Prüfung der Unternehmen, Teilband 3, 6. Aufl., Stuttgart 1996 (im folgenden zitiert als: ADS), § 290 Pflicht zur Aufstellung, S. 61, Tz. 15; DUSEMOND, M.: Zur Aufstellungspflicht von Konzernabschlüssen und Konzernlageberichten, a.a.O., S. 2036; SIEBOURG, P.: § 290 Pflicht zur Aufstellung, a.a.O., Rn. 29.

3) Vgl. JONAS, H.H.: Der Konzernabschluß, a.a.O., S. 106 f.

4) Vgl. SIEBOURG, P.: § 290 Pflicht zur Aufstellung, a.a.O., Rn. 115.

5) Vgl. FEE (Hrsg.): Seventh Directive options, a.a.O., S. 25.

vermutung widerlegt wird, oder wenn einheitliche Leitung vorliegt, obwohl das Control-Konzept nicht greift.[1]

Nach Art. 1 Abs. 1 der 7. EGR muß das Control-Konzept zwingend in das jeweilige nationale Recht umgesetzt werden, während für die Konzepte des tatsächlichen beherrschenden Einflusses und der einheitlichen Leitung nach Art. 1 Abs. 2 der 7. EGR nur ein Transformationswahlrecht besteht. Darüber hinaus sind diese auch nur als Übergangsmerkmale bis zu einer späteren Koordinierung anzusehen.[2] KLÖS erkennt unter anderem aus diesem Bezug auf eine spätere Koordinierung, daß künftig angelsächsische Grundsätze zur Aufstellung vorherrschen werden.[3] Insofern stellt das Control-Konzept das Grundkonzept[4] der Konzernrechnungslegungspflicht nach EU-Handelsrecht dar.

Der deutsche Gesetzgeber übernimmt das Konzept der einheitlichen Leitung aus dem AktG 1965. Er setzt dieses jedoch in § 290 Abs. 1 HGB vor das Control-Konzept, das erst in § 290 Abs. 2 HGB geregelt wird. Dies ist zwar eine grundsätzlich richtlinienkonforme Transformation, stellt aber die Bedeutung, die aus EU-Sicht den jeweiligen Konzepten beigemessen wird, auf den Kopf. Durch die handelsrechtliche Regelung des § 290 HGB ist die Legaldefinition des Konzerns in § 18 AktG für die Abgrenzung des handelsrechtlichen Konsolidierungskreises ohne Bedeutung.

Das Control-Konzept hat gegenüber dem Konzept der einheitlichen Leitung den Vorteil der besseren Nachprüfbarkeit und der damit verbundenen leichteren praktischen Handhabung.[5] Dies führte bereits beim Entwurf der 7. EGR zu überwiegend großen Vorbehalten der anderen Mitgliedstaaten gegen die deutsche Konzerndefinition, auch wenn das keine große praktische Bedeutung hat, da in der Praxis fast immer das gleiche Ergebnis erzielt wird.[6]

---

1) Vgl. SIEBOURG, P.: § 290 Pflicht zur Aufstellung, a.a.O., Rn. 115.

2) Vgl. HOLTMANN, M.: Betriebswirtschaftliche Überlegungen zum Konzern vor dem Hintergrund des EG-Binnenmarktes 1992, a.a.O., Endnote 6 zu S. 13.

3) Vgl. KLÖS, H.L.: Die 7. gesellschaftsrechtliche Richtlinie über den konsolidierten Abschluß (Ratsdokument 83/349/EWG), a.a.O., S. 65.

4) SIEBOURG spricht in diesem Zusammenhang auch von einer zwingenden Mindestregelung. Vgl. SIEBOURG, P.: § 290 Pflicht zur Aufstellung, a.a.O., Rn. 4.

5) Vgl. DUSEMOND, M.: Zur Aufstellungspflicht von Konzernabschlüssen und Konzernlageberichten, a.a.O., S. 2036.

6) Vgl. BIENER, H.: Handelsrechtliche Grundsatzfragen der 4. und 7. EG-Richtlinie, in: Bierich, M./Busse von Colbe, W./Laßmann, G./Lutter ,M. (Hrsg.): Rechnungslegung nach neuem Recht, a.a.O., S. 307-332, hier S. 310 f.; JONAS, H.H.: Der Konzernabschluß, a.a.O., S. 35 f.; SIEBOURG, P.: § 290 Pflicht zur Aufstellung, a.a.O., Rn.33 ff

Der Konzernabschluß stellt den Einzelabschluß des Konzerns dar. Der Konzern ist in diesem Sinne eine wirtschaftliche Einheit, genau wie eine Einzelunternehmung. Wirtschaftliche Einheit ist nur möglich durch einheitliche Leitung, und zwar bei der Einzelunternehmung wie beim Konzern. Wenn jedoch die wirtschaftliche Einheit Einzelunternehmung ihren Einzelabschluß erstellt, so wird hierbei nicht an die einheitliche Leitung angeknüpft, sondern an die Rechtsform als Fiktion der wirtschaftlichen Einheit. Insofern ist die einheitliche Leitung zwar ebenfalls Voraussetzung für der Entstehung eines Konzerns.[1] Mangels Verläßlichkeit muß dies daher - analog zum Einzelabschluß - aber nicht zum Anknüpfungstatbestand der Konzernrechnungslegung werden.

Da das Control-Konzept den Vorteil der besseren Nachprüfbarkeit bietet, sollte das theoretisch richtige Konzept der tatsächlich gegebenen einheitlichen Leitung nur zur Beschreibung des Konzernbegriffs benutzt werden. Als Anknüpfungstatbestand für die Konzernrechnungslegung ist jedoch "eine auf objektiven, dokumentierten Tatbeständen beruhende Regelung einer zwar theoretisch richtigen, aber unbestimmten und daher nach den wechselnden wirtschaftlichen Interessen gestaltbaren Festlegung vorzuziehen."[2] Es bietet sich die Regelung des Control-Konzepts in IAS 27 mit Ausnahme der in Absatz 12c-d verankerten faktischen Beherrschung[3] an bzw. die Regelung in Art. 1 Abs. 1 Buchstaben a) bis c) der 7. EGR ohne die zahlreichen Ausnahmeregelungen und Wahlrechte.

Dadurch wird der faktische Konzern zwar aus dem Anwendungsbereich des Konzernabschlusses ausgeschlossen. Dies ist aber aufgrund der Abhängigkeit dieses Konzerns von der Interpretation und somit der Interessenlage der Betroffenen sowie der geringen praktischen Bedeutung hinzunehmen, zumal dadurch die für die Praxis viel wichtigere Objektivierbarkeit und Nachprüfbarkeit der Definition des Anwendungsbereichs des Konzernabschlusses erreicht wird.[4]

Für die bestehenden Systeme bleibt in bezug auf die Anknüpfungstatbestände der Konzernrechnungslegung folgendes festzuhalten. Die 7. EGR hat zu viele Wahlrechte, so daß keins der beiden Kriterien Verläßlichkeit und Verständlichkeit erfüllt wird. Es ist unverständlich, warum die US-GAAP bisher keine Anknüpfungstatbestände für vertragliche

---

1) Vgl. JONAS, H.H.: Der Konzernabschluß, a.a.O., S. 6 f.

2) JONAS, H.H.: Der Konzernabschluß, a.a.O., S. 37.

3) Vgl. BAETGE, J./SCHULZE, D.: IAS 27 Konzernrechnungslegung sowie Bilanzierung von Beteiligungen an verbundenen Unternehmen (Consolidated Financial Statements and Accounting for Investments in Subsidiaries), in: Baetge, J./Dörner, D./Kleekämper, H./Wollmert, P. (Hrsg.): Rechnungslegung nach International Accounting Standards (IAS), a.a.O., S. 983-1074, hier Rn. 45 ff.

4) Vgl. JONAS, H.H.: Der Konzernabschluß, a.a.O., S. 37 f.

Regelungen enthalten. Darunter leidet auch die ansonsten grundsätzlich vorhandene Verläßlichkeit geringfügig. Die Regelung in IAS 27 erfüllt die beiden Kriterien aufgrund der Verankerung der faktischen Beherrschung als Voraussetzung der Konzernrechnungslegungspflicht nur teilweise.

4.2.1.4 Befreiungen von der Konzernrechnungslegungspflicht

Es gibt eine ganze Reihe von Kriterien und Anknüpfungspunkten, um Befreiungen von der Konzernrechnungslegungspflicht zu gewähren. Diese sollen an den umfassenden Befreiungsmöglichkeiten der 7. EGR darauf überprüft werden, ob sie sinnvoll sind. Abbildung 8 gibt einen Überblick über die durch die 7. EGR gewährten Befreiungsmöglichkeiten für Mutterunternehmen, die nicht gleichzeitig Tochterunternehmen sind.

Abb. 8: Befreiungsmöglichkeiten von der Konzernrechnungslegungspflicht nach der 7. EGR für Mutterunternehmen, die nicht zugleich Tochterunternehmen sind

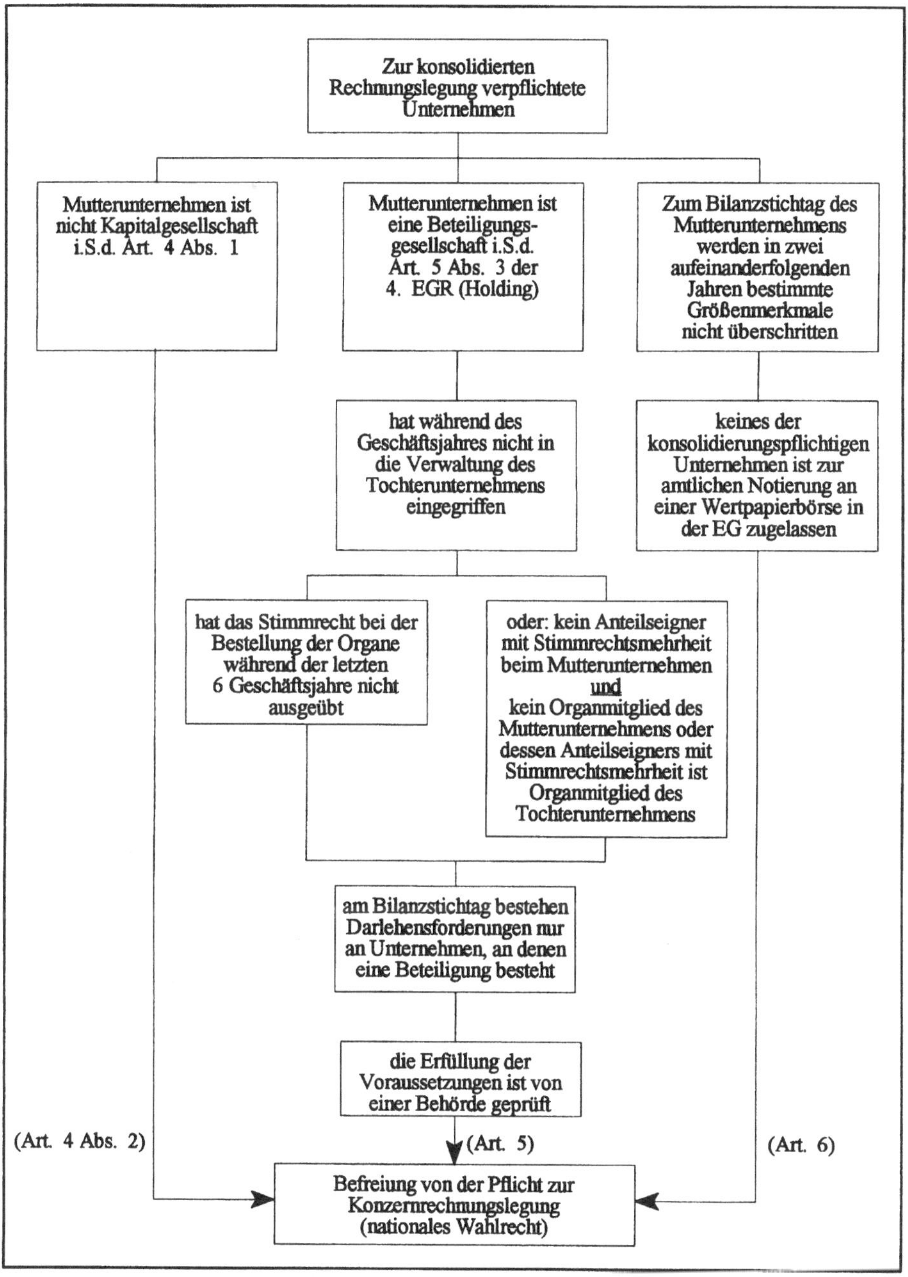

Quelle: SCHRUFF, W.: Einflüsse der 7. EG-Richtlinie auf die Aussagefähigkeit des Konzernabschlusses, a.a.O., S. 115.

4.2.1.4.1 Befreiung gemäß Rechtsform

Nachdem in Art. 4 Abs. 1 der 7. EGR festgelegt wird, daß Konzernrechnungslegungspflicht besteht, wenn entweder Mutter- oder mindestens ein Tochterunternehmen eine Kapitalgesellschaft ist und für jeden Mitgliedstaat die entsprechende Rechtsform einzeln aufgeführt wird, erscheint im nächsten Absatz schon das diese Regelung aufweichende Mitgliedstaatenwahlrecht. Art. 4 Abs. 2 räumt den Mitgliedstaaten das Wahlrecht ein, Mutterunternehmen, die keine Kapitalgesellschaften sind, von der Konzernrechnungslegungspflicht zu befreien. Griechenland, Großbritannien, Irland, Luxemburg und Portugal haben von diesem Wahlrecht Gebrauch gemacht, so daß in diesen Mitgliedstaaten Mutterunternehmen, die keine Kapitalgesellschaften sind, nicht der Konzernrechnungslegungspflicht unterliegen, und zwar im Gegensatz zu allen anderen Mitgliedstaaten.[1)]

Damit stellt die Rechtsform in einigen Mitgliedstaaten ein Schlupfloch dar, um der Konzernrechnungslegungspflicht und anderen Offenlegungspflichten zu entgehen, was von einigen, vermutlich kleineren Unternehmen genutzt wird. So reichten für eine Untersuchung der FEE drei irische Unternehmen keine Unterlagen ein, da sie aufgrund eines kurzfristig vorgenommen Rechtsformwechsels keiner Offenlegungspflicht mehr unterlagen.[2)]

Den Mitgliedstaaten, die dieses Wahlrecht anwenden, ist es unbenommen, eine Konzernrechnungslegungspflicht auch für Unternehmen vorzuschreiben, die keine Kapitalgesellschaften sind. Jedoch brauchen diese dann nicht unbedingt die strengen Vorschriften der 7. EGR einzuhalten. Das Wahlrecht des Art. 4 Abs. 2 der 7. EGR ist zwar "ein Ausdruck für das Konzept der 4. als auch der 7. RL, Regelungen für Kapitalgesellschaften zu treffen."[3)] Jedoch hat die Kommission ihren Unwillen gegenüber diesem umstrittenen Mitgliedstaatenwahlrecht in einer Protokollerklärung zum Ausdruck gebracht. Daher handelt es sich bei Art. 4 Abs. 2 gemäß Art. 50 Abs. 1 um ein temporäres Wahlrecht, das auf Vorschlag der Kommission im Jahre 1995 zu überprüfen und gegebenenfalls zu ändern gewesen wäre.[4)]

In diesem Sinne hat auch der deutsche Gesetzgeber von dem Wahlrecht des Art. 4 Abs. 2 nur indirekt Gebrauch gemacht, indem die Konzernrechnungslegungspflicht von

---

1) Vgl. FEE (Hrsg.): Seventh Directive options, a.a.O., S. 25. Auch Deutschland hat von diesem Wahlrecht Gebrauch gemacht, indem es die Konzernrechnungslegungspflicht von Mutterunternehmen, die keine Kapitalgesellschaften sind, außerhalb des HGB regelt und von der 7. EGR abweichende Größenkriterien zugrunde legt. Vgl. SIEBOURG, P.: § 290 Pflicht zur Aufstellung, a.a.O., Rn. 10.

2) Vgl. FEE (Hrsg.): 1992 FEE analysis, a.a.O., S. 7.

3) KLÖS, H.L.: Die 7. gesellschaftsrechtliche Richtlinie über den konsolidierten Abschluß (Ratsdokument 83/349/EWG), a.a.O., S. 65.

4) Vgl. BIENER, H./SCHATZMANN, J.: Konzern-Rechnungslegung, a.a.O., S. 10.

Mutterunternehmen, die keine Kapitalgesellschaften sind, im Publizitätsgesetz geregelt ist. Gemäß § 11 Abs. 1 PublG sind die Größenkriterien des Publizitätsgesetzes jedoch nicht so streng wie die des HGB, auf das vom Publizitätsgesetz ansonsten verwiesen wird, und eine Konzernrechnungslegungspflicht entsteht ausschließlich aufgrund einheitlicher Leitung und nicht auch aufgrund des Control-Konzepts. Da § 13 PublG zudem gewisse Erleichterungen gewährt, sind die Anforderungen an diese Konzernabschlüsse geringer, so daß es ihnen gegebenenfalls an Aussagefähigkeit und Vergleichbarkeit mangelt.[1)]

Wenn eine Kapitalgesellschaft zu den Konzernunternehmen zählt, ist aufgrund der Haftungsbeschränkung Konzernrechnungslegungspflicht wegen der höheren Aussagefähigkeit von Konzernabschlüssen sinnvoll. Entsprechend der Informationsfunktion, die sich primär auf die Anteilseigner und Gläubiger der Obergesellschaft bezieht, wäre eine Konzernrechnungslegungspflicht für Mutterunternehmen, die selbst keine Kapitalgesellschaften sind und auch keine Tochterunternehmen in Form von Kapitalgesellschaften besitzen, so lange entbehrlich, wie sie oder eines ihrer Tochterunternehmen sich nicht am Kapitalmarkt fremdfinanzieren. Trotz der unbeschränkten Haftung ist hier eine Konzernrechnungslegungspflicht aus Gründen der Vergleichbarkeit mit anderen Kapitalanlagealternativen sinnvoll. Das bedeutete gleichzeitig eine Annäherung an die US-amerikanischen Regelungen, nach denen eine Konzernrechnungslegungspflicht durch die Wertpapiergesetze entsteht und sich daher primär auf die in den USA vorherrschende Unternehmensform der corporation bezieht.

4.2.1.4.2 Befreiung wegen des Typs einer Beteiligungsgesellschaft

Art. 5 Abs. 1 der 7. EGR gibt den Mitgliedstaaten das Wahlrecht, Beteiligungsgesellschaften unter bestimmten Voraussetzungen von der Konzernrechnungslegungspflicht auszunehmen. Nur Griechenland und Luxemburg haben dieses Wahlrecht in Anspruch genommen.[2)]

Art. 5 bezieht sich insbesondere auf entsprechende Gesellschaftstypen in Luxemburg. Zwar widerspiegelt er das Bemühen, diesen Sonderfall in der EU sehr eng einzugrenzen.[3)] Allerdings ist die Vorschrift so allgemein formuliert, daß sie auch von anderen Mitglied-

1) Vgl. JONAS, H.H.: Der Konzernabschluß, a.a.O., S. 99; SIEBOURG, P.: § 290 Pflicht zur Aufstellung, a.a.O., Rn. 1.

2) Vgl. FEE (Hrsg.): Seventh Directive options, a.a.O., S. 25.

3) Vgl. KLÖS, H.L.: Die 7. gesellschaftsrechtliche Richtlinie über den konsolidierten Abschluß (Ratsdokument 83/349/EWG), a.a.O., S. 65.

staaten hätte in Anspruch genommen werden können.[1] Gemäß Art. 50 Abs. 1 ist Art. 5 ein temporäres Wahlrecht, das fünf Jahre nach Inkrafttreten der 7. EGR hätte überprüft werden sollen. Da eine Begründung für dieses Wahlrecht äußerst schwerfällt und es ausschließlich auf luxemburgische Initiative zurückzuführen ist, besteht aus Informationsgesichtspunkten geradezu eine Notwendigkeit zur Konzernrechnungslegungspflicht für Beteiligungsgesellschaften.

4.2.1.4.3 Größenabhängige Befreiungen

Weder die US-GAAP noch die IAS enthalten größenabhängige Befreiungen. Auch in Deutschland wurden durch das AktG 1965 keine größenabhängigen Befreiungen von der Konzernrechnungslegungspflicht gewährt.[2] Die Ursache dafür ist sicherlich in der Rechtsform und der Kapitalmarktorientierung der jeweiligen Vorschriften und Gesetze zu sehen, die in der 7. EGR mit ihrer eher allgemein gehaltenen Adressatendefinition so nicht gegeben sind. Daher stehen mit Art. 6 der 7. EGR gleich zwei Methoden zur Ermittlung größenabhängiger Befreiungen zur Verfügung.

Art. 6 Abs. 1 räumt den Mitgliedstaaten das Wahlrecht ein, Mutterunternehmen von der Konzernrechnungslegungspflicht zu befreien, sofern die zu konsolidierenden Unternehmen zum Bilanzstichtag des Mutterunternehmens zwei der drei in Art. 27 der 4. EGR genannten Größenkriterien[3] nicht überschreiten. In allen Mitgliedstaaten ist aufgrund dieses Wahlrechts eine Befreiung von der Konzernrechnungslegungspflicht für kleine Konzerne vorgesehen.[4] Da für die Ermittlung der in Art. 6 Abs. 1 gewährten größenabhängigen Befreiung konsolidierte Daten gefordert werden, wird dies auch als Nettomethode bezeichnet.

Art. 6 Abs. 2 räumt den Mitgliedstaaten das Wahlrecht ein, den Mutterunternehmen bei der Berechnung der Größenmerkmale die Verwendung von Bruttowerten vorzuschreiben oder zu gestatten, die 20 % höher als die unter Art. 6 Abs. 1 verlangten Nettowerte sind. Aufgrund dieses Wahlrechts gestatten Deutschland, Griechenland, Luxemburg, Spanien und Großbritannien die Verwendung von Bruttogrößen. Kein Mitgliedstaat schreibt deren Ver-

---

1) Vgl. BIENER, H./SCHATZMANN, J.: Konzern-Rechnungslegung, a.a.O., S. 12.

2) Vgl. SIEBOURG, P.: § 290 Pflicht zur Aufstellung, a.a.O., Rn. 1.

3) Die Schwellenwerte der Bilanzsumme und der Umsatzerlöse haben durch die sogenannte Mittelstandsrichtlinie mittlerweile sogar noch ihre zweite fünfjährige Erhöhung erfahren. Vgl. RAT DER EUROPÄISCHEN GEMEINSCHAFTEN: Richtlinie des Rates vom 8. November 1990 zur Änderung der Richtlinie 78/660/EWG über den Jahresabschluß und der Richtlinie 83/349/EWG über den konsolidierten Abschluß hinsichtlich der Ausnahme für kleine und mittlere Gesellschaften sowie der Offenlegung von Abschlüssen in ECU (90/604/EWG), in: ABl. EG Nr. L 317 vom 8. November 1990, S. 57-59, hier Art. 2.

4) Vgl. FEE (Hrsg.): Seventh Directive options, a.a.O., S. 25 f.

wendung jedoch vor.[1] Die Regelung in Art. 6 Abs. 2 stellt für solche Konzerne eine große Erleichterung dar, die bisher noch nicht konzernrechnungslegungspflichtig waren. Durch sie soll Mutterunternehmen die Ermittlung der Befreiungsvoraussetzungen erleichtert werden, indem sie von der Erstellung konsolidierungsfähiger Abschlüsse der Tochterunternehmen sowie deren Probekonsolidierung befreit werden.[2] Die Ermittlung der in Art. 6 Abs. 1 gewährten größenabhängigen Befreiung wird auch als Bruttomethode bezeichnet.

Art. 6 Abs. 5 erlaubt den Mitgliedstaaten, bis zum Jahre 2000 die Größenmerkmale bis auf das Zweieinhalbfache und die durchschnittliche Anzahl der Beschäftigten bis auf 500 zu erhöhen. Es ist festzustellen, daß Dänemark und die Niederlande bei der Transformation die Anzahl der Beschäftigten mit 50 klar unterhalb der von der Art. 6 möglichen Spannbreite festsetzten.[3] Damit verstoßen sie jedoch nicht gegen die 7. EGR, da den Mitgliedstaaten in der Präambel das Recht eingeräumt wird, niedrigere Größenkriterien festzulegen bzw. Mutterunternehmen zur Konzernrechnungslegung zu verpflichten, sofern nur ein Größenkriterium überschritten ist. Folglich sind die Größenkriterien nur als Obergrenzen zu verstehen, so daß die Mitgliedstaaten strengere oder gar keine Ausnahmeregelungen festlegen können, was zu noch größerer Heterogenität führen kann.

"Die voranstehenden Regelungen tragen einerseits den unterschiedlichen Größenordnungen innerhalb der Mitgliedstaaten und andererseits der Tatsache Rechnung, daß Informationen nur dann veröffentlicht werden sollten, wenn sie relevant sind."[4] Dies wird auch durch eine Untersuchung der FEE belegt, die zu dem Ergebnis kommt, daß börsennotierte Unternehmen gewöhnlich detailliertere Informationen veröffentlichen als nicht börsennotierte Unternehmen.[5] Ursache hierfür ist sicherlich der größere Kapitalbedarf und der damit verbundene größere Kreis der aktuellen und potentiellen Anteilseigner, deren Informationsbedürfnisse befriedigt werden müssen, während dies bei nicht börsennotierten Unternehmen eher den Charakter einer Selbstinformation hätte.

Im ursprünglichen Richtlinienvorschlag waren größenabhängige Befreiungen nicht vorgesehen. Die Festlegung der Größenkriterien war äußerst umstritten und kam nur auf dem

---

1) Vgl. FEE (Hrsg.): Seventh Directive options, a.a.O., S. 26 f.

2) Vgl. Siebourg, P.: § 293 Größenabhängige Befreiungen, in: Küting, K./Weber, C.-P.: Handbuch der Konzernrechnungslegung, a.a.O., S. 1025-1040, hier Rn. 4.

3) Vgl. FEE (Hrsg.): Seventh Directive options, a.a.O., S. 26.

4) Klös, H.L.: Die 7. gesellschaftsrechtliche Richtlinie über den konsolidierten Abschluß (Ratsdokument 83/349/EWG), a.a.O., S. 66.

5) Vgl. FEE (Hrsg.): 1992 FEE analysis, a.a.O., S. 7.

Kompromißwege zustande.[1] Insofern sind die großen Unterschiede bei der Transformation durch die einzelnen Mitgliedstaaten nicht verwunderlich. Immerhin nimmt Art. 6 Abs. 4 Mutterunternehmen von den größenabhängigen Befreiungsmöglichkeiten aus, wenn ein zu konsolidierendes Unternehmen börsennotiert ist. Gemäß Art. 50 Abs. 1 ist Art. 6 nur ein temporäres Wahlrecht, das auf Vorschlag der Kommission vom Rat im Jahre 1995 zu prüfen und gegebenenfalls zu ändern gewesen wäre.

Aus Sicht der Adressaten der Konzernrechnungslegung ist auf größenabhängige Befreiungen zu verzichten. Statt dessen sind alle Mutterunternehmen der Konzernrechnungslegungspflicht zu unterziehen, sofern sie oder eines ihrer Tochterunternehmen entweder eine Kapitalgesellschaft sind oder ihre Wertpapiere oder die eines Tochterunternehmens amtlich notiert werden. Dadurch wird gewährleistet, daß auch Anteilseigner und Gläubiger kleinerer Mutterunternehmen entscheidungsrelevante Informationen erhalten, die ebenfalls für die Geschäftsführung zur Selbstinformation von Bedeutung sein können.

4.2.1.4.4 Befreiende Konzernabschlüsse und Konzernlageberichte

Damit im mehrstufigen Konzern nicht auf jeder Stufe ein Konzernabschluß und Konzernlagebericht gemäß Art. 1 Abs. 1 erstellt werden muß (sogenanntes Tannenbaumprinzip), sieht die 7. EGR vor, daß von der Konzernspitze ein befreiender Konzernabschluß und Konzernlagebericht erstellt werden kann. In der Literatur wird zwar diskutiert, daß das Konzept der einheitlichen Leitung gar nicht zum Tannenbaumprinzip führen könne, da einheitliche Leitung unteilbar sei und daher nur durch die Konzernspitze ausgeübt werden könne. Von praktischer Bedeutung ist dies gemäß der 7. EGR jedoch nicht, da auf den unteren Konzernstufen dann in der Regel trotzdem aufgrund des Control-Konzepts ein (Teil-)Konzernabschluß erstellt werden müßte.[2] Die 7. EGR unterscheidet sogar noch danach, ob das Mutterunternehmen seinen Sitz innerhalb oder außerhalb der EU hat.

4.2.1.4.4.1 Mutterunternehmen mit Sitz innerhalb der EU

Die Befreiung von der Erstellung von Teilkonzernabschlüssen für Tochterunternehmen von Mutterunternehmen mit Sitz innerhalb der EU wird durch die 7. EGR in drei Artikeln geregelt. In Art. 7 wird die zwingende und in Art. 8 die fakultative Befreiung geregelt.

---

1) Vgl. BIENER, H.: Handelsrechtliche Grundsatzfragen der 4. und 7. EG-Richtlinie, a.a.O., S. 311; BIENER, H./ SCHATZMANN, J.: Konzernrechnungslegung, a.a.O., S. 13.

2) Vgl. DUSEMOND, M.: Zur Aufstellungspflicht von Konzernabschlüssen und Konzernlageberichten, a.a.O., S. 2038 f.

Art. 9 ergänzt die beiden vorangehenden Artikel, indem er den Mitgliedstaaten das Recht einräumt, die Befreiung von zusätzlichen Angaben abhängig zu machen.

Art. 7 Abs. 1 legt fest, daß ein Tochterunternehmen, dessen sämtliche Anteile und Aktien im Besitz eines Mutterunternehmens innerhalb der EU sind, keinen Teilkonzernabschluß aufstellen muß. Das gleiche gilt bei mindestens 90%iger Beherrschung, sofern die Minderheitsgesellschafter einer Befreiung zugestimmt haben. Darüber hinaus stellte Art. 7 Abs. 1 den Mitgliedstaaten bis zum Jahre 2000 frei, von den hier aufgeführten Unternehmen Teilkonzernabschlüsse zu verlangen, sofern dies zum Zeitpunkt der Annahme der 7. EGR vorgeschrieben war. Kein Mitgliedstaat hat jedoch von dieser Verzögerungsmöglichkeit Gebrauch gemacht.[1] Folglich besteht in allen zwölf Mitgliedstaaten, die der Europäischen Union bis 1986 beitraten, eine Befreiung von der Erstellung von Teilkonzernabschlüssen unter den genannten Voraussetzungen, obwohl Großbritannien und Irland vor Transformation der 7. EGR eine weitergehende Publizität vorsahen.[2]

Art. 7 Abs. 2 und 3 machen diese Befreiung von zusätzlichen Voraussetzungen abhängig. So erlaubt Art. 7 Abs. 2 Buchstabe b) Unterbuchstabe bb) den Mitgliedstaaten, als Befreiungsvoraussetzung zu verlangen, daß die verlangten Unterlagen in seiner Amtssprache offengelegt werden und die Übersetzung dieser Unterlagen beglaubigt wird. Außer von Luxemburg und den Niederlanden wird dieses Wahlrecht von jedem Mitgliedstaat in Anspruch genommen. Um in Luxemburg jedoch in Übereinstimmung mit den Gesetzen zu sein, die den Gebrauch der Sprachen regeln, muß ein solcher Konzernabschluß in einer der drei offiziellen Sprachen erstellt sein. In den Niederlanden ist außer der Landessprache auch deutsch, englisch und französisch zugelassen.[3] Der Inhalt dieses Wahlrechts stellt die Europäische Union als kleingeistig dar. Zumindest englisch hätte als Alternative aufgenommen werden müssen. Die Tatsache, daß die Mehrheit der Mitgliedstaaten dieses Wahlrecht in Anspruch genommen hat, beweist, wie wenig Kompromißbereitschaft in Fragen der Rechnungslegung in der Europäischen Union vorhanden ist.

Art. 7 Abs. 3 erlaubt den Mitgliedstaaten, börsennotierte Unternehmen von den Befreiungsmöglichkeiten des Art. 7 auszunehmen. Deutschland, Luxemburg und die Niederlande haben von diesem Wahlrecht keinen Gebrauch gemacht, wobei die Niederlande allerdings noch das schriftliche Einverständnis der Aktionäre verlangen.[4] Neben Großbritannien

---

1) Vgl. FEE (Hrsg.): Seventh Directive options, a.a.O., S. 27.

2) Vgl. BIENER, H./SCHATZMANN, J.: Konzern-Rechnungslegung, a.a.O., S. 16 f.

3) Vgl. FEE (Hrsg.): Seventh Directive options, a.a.O., S. 28.

4) Vgl. FEE (Hrsg.): Seventh Directive options, a.a.O., S. 28.

und Irland, die ohnehin weitergehende Publizitätsanforderungen hatten, haben auch die meisten anderen Mitgliedstaaten zum Schutz der Minderheitsgesellschafter hier von einer Befreiung der Erstellung eines Teilkonzernabschlusses abgesehen.

Art. 8 stellt eine fakultative Erweiterung der in Art. 7 gegebenen Befreiungsmöglichkeiten dar, indem selbst bei Vorhandensein von Minderheitenanteilen eine Befreiung gewissermaßen automatisch erfolgt. So gibt Art. 8 Abs. 1 den Mitgliedstaaten das Wahlrecht, die Befreiungsmöglichkeiten für Unternehmen, die sich nicht zu 100 % in Besitz eines EU-Mutterunternehmens befinden, davon abhängig zu machen, daß die Aktionäre oder Gesellschafter, die einen bestimmten Mindestprozentsatz des gezeichneten Kapitals besitzen, nicht spätestens sechs Monate vor Ablauf des Geschäftsjahres die Aufstellung eines Konzernabschlusses verlangen. Von dieser Erweiterung der Befreiungsmöglichkeiten haben alle Mitgliedstaaten Gebrauch gemacht.[1)]

Art. 8 Abs. 1 gibt den Mitgliedstaaten darüber hinaus das Wahlrecht, den erforderlichen Mindestbeteiligungsprozentsatz für Aktiengesellschaften und Kommanditgesellschaften auf Aktien auf bis zu 10 % und für andere Rechtsformen auf bis zu 20 % festzulegen. Außer Italien, das den Mindestbeteiligungsprozentsatz für Aktiengesellschaften und Kommanditgesellschaften auf Aktien auf 5 % festgesetzt hat, haben alle Mitgliedstaaten das obere Limit von 10 % ausgeschöpft. Für andere Gesellschaftsformen wurden die Mindestprozentsätze auf Werte zwischen 5 und 20 % festgelegt.[2)]

Art. 8 Abs. 1 stellt eine grobe Mißachtung und Geringschätzung von Streubesitzaktionären dar. Während es notwendig wäre, für einen einzelnen Aktionär, der eine mindestens zehnprozentige Beteiligung besitzt, auf dessen Verlangen einen Teilkonzernabschluß zu erstellen, bedürfte es einer erheblich größeren Anzahl von Streubesitzaktionären, um gleiches zu erreichen. Unverständlich aus Harmonisierungsgesichtspunkten bleibt auch, warum der Prozentsatz nicht für alle Mitgliedstaaten fest vorgeschrieben wurde, sondern nur als Obergrenze festgelegt wurde. Positiv ist zumindest, daß Italien den Prozentsatz in bezug auf Aktiengesellschaften halbiert hat. Diese verschärfte Umsetzung ignoriert die Interessen der Streubesitzaktionäre zumindest nicht ganz so stark.

Art. 9 Abs. 1 räumt Mitgliedstaaten die Möglichkeit ein, die Befreiung nach Art. 7 und 8 von zusätzlichen Angaben im Konzernabschluß oder einer diesem beigefügten Unterlage

---

1) Vgl. FEE (Hrsg.): Seventh Directive options, a.a.O., S. 28.

2) Vgl. FEE (Hrsg.): Seventh Directive options, a.a.O., S. 28.

abhängig zu machen. Nur in Italien wird eine zusätzliche Angabe für die Befreiung nach Art. 8 verlangt, und zwar der Grund der Befreiung.[1]

Art. 9 Abs. 2 gibt den Mitgliedstaaten das Wahlrecht, die Befreiung nach Art. 7 und 8 davon abhängig zu machen, daß alle oder einige der folgenden Angaben entweder im Anhang des Einzelabschlusses des von der Konzernrechnungslegung befreiten Unternehmens oder im Konzernanhang der Muttergesellschaft gemacht werden, und zwar: Höhe des Anlagevermögens, Nettoumsatzerlöse, Jahresergebnis und Eigenkapital sowie Zahl der im Geschäftsjahr durchschnittlich beschäftigten Arbeitnehmer des Kreises von Unternehmen, deren Mutterunternehmen sie von der Konzernrechnungslegung befreien.[2] Da die Aufzählung abschließend ist, können die Mitgliedstaaten die Befreiung nicht an weitere Angaben knüpfen.[3] Nur Griechenland macht von diesem Wahlrecht Gebrauch, indem es alle dort aufgeführten Informationen verlangt.[4]

Gemäß Art. 50 Abs. 1 stellt Art. 7 Abs. 1, der Basis für die Art. 7 bis 9 ist, nur eine temporäre Regelung dar, die auf Vorschlag der Kommission vom Rat im Jahre 1995 zu prüfen und gegebenenfalls zu ändern gewesen wäre. Die Art. 7 Abs. 1 und 3, Art. 8 Abs. 2 und 3 sowie Art. 9 sind erst kurz vor Verabschiedung in die Richtlinie aufgenommen worden.[5] Daher ist zu vermuten, daß sie auf dem Kompromißwege in Brüssel zustande gekommen sind.[6] Grundsätzlich haben also Konzernabschlüsse, die von Mutterunternehmen innerhalb der EU nach dem jeweiligen Landesrecht erstellt sind, unter den in Art. 7 und 8 genannten Voraussetzungen per se befreiende Wirkung. Dies kann allerdings nicht für Konzernabschlüsse gelten, die nach IAS erstellt sind, wie dies beispielsweise bisweilen in Frankreich der Fall ist,[7] da es ohnehin den Art. 7 und 8 widerspricht.

4.2.1.4.4.2 Mutterunternehmen mit Sitz außerhalb der EU

Art. 11 soll eine Diskriminierung von Teilkonzernen verhindern, deren Mutterunternehmen außerhalb der EU domizilieren. Daher ist die Befreiung von der Pflicht zur Erstellung von Teilkonzernabschlüssen analog den Art. 7 bis 9 geregelt. Die Anforderungen

1) Vgl. FEE (Hrsg.): Seventh Directive options, a.a.O., S. 28.

2) Vgl. FEE (Hrsg.): Seventh Directive options, a.a.O., S. 29.

3) Vgl. BIENER, H./SCHATZMANN, J.: Konzern-Rechnungslegung, a.a.O., S. 21.

4) Vgl. FEE (Hrsg.): Seventh Directive options, a.a.O., S. 29.

5) Vgl. BIENER, H./SCHATZMANN, J.: Konzern-Rechnungslegung, a.a.O., S. 15 ff.

6) Vgl. KLÖS, H.L.: Die 7. gesellschaftsrechtliche Richtlinie über den konsolidierten Abschluß (Ratsdokument 83/349/EWG), a.a.O., S. 66.

7) Vgl. OSER, P.: Aktuelle Entwicklungen im Recht befreiender Konzernabschlüsse, a.a.O., S. 34 f.

an eine Befreiung dürfen daher grundsätzlich nicht über die in den Art. 7 bis 9 aufgeführten Anforderungen hinausgehen.[1)]

Art. 11 Abs. 1 gibt den Mitgliedstaaten das Wahlrecht, Unternehmen von der Konzernrechnungslegungspflicht zu befreien, wenn ihre Daten in den Konzernabschluß ihres Mutterunternehmens eingehen, das nicht Mitgliedstaat der EU ist, aber seinen Konzernabschluß entweder in Übereinstimmung mit der 7. EGR erstellt oder einem nach der 7. EGR erstellten Konzernabschluß gleichwertig ist. Dieser befreiende Konzernabschluß muß darüber hinaus nach dem Recht des Mutterunternehmens geprüft worden sein. Gemäß Abs. 3 dürfen jedoch nur diejenigen Mitgliedstaaten dieses Wahlrecht in Anspruch nehmen, die entsprechende Befreiungen gemäß Art. 7 bis 10 auch innerhalb der EU gewähren. Die Hälfte der Mitgliedstaaten, nämlich Dänemark, Irland, Italien, Portugal, Spanien und Großbritannien, hat diese Befreiungsmöglichkeit nicht umgesetzt. Belgien und Luxemburg verlangen die Gleichwertigkeit zur 7. EGR, während Deutschland diese auf die Gleichwertigkeit zur in einem Mitgliedstaat umgesetzten 7. EGR einschränkt. In den Niederlanden ist das Wahlrecht umgesetzt ohne Bezug auf irgendwelche Regeln oder Gesetze, während Frankreich die unter Art. 9 aufgeführten zusätzlichen Angaben verlangt. Griechenland gewährt die Befreiung nur, sofern der Konzernabschluß mit dem griechischen Gesellschaftsrecht übereinstimmt.[2)]

"Weil hier das Prinzip gegenseitiger Anerkennung von konsolidierten Rechnungen, die gleichwertig sind, gelten soll (z.B. EG und USA), sind die Anforderungen geringer als in Art. 7 und 8."[3)] Da der Begriff der Gleichwertigkeit weder in der 7. EGR noch beispielsweise im HGB oder in der Konzernbefreiungsverordnung definiert wurde, ist er als unbestimmter Rechtsbegriff zu qualifizieren.[4)]

Fraglich ist daher, was mit Gleichwertigkeit zur 7. EGR gemeint ist. Wenn das hieße, daß alle Mitgliedstaatenwahlrechte als abgeleitete Unternehmenswahlrechte zu interpretieren sind, dürfte es grundsätzlich nicht schwer sein, eine Gleichwertigkeit zu erzielen. Da Richtlinien aber an die Mitgliedstaaten gerichtet sind und nicht unmittelbar an die Unter-

1) Vgl. Biener, H./Schatzmann, J.: Konzern-Rechnungslegung, a.a.O., S. 22; FEE (Hrsg.): Seventh Directive options, a.a.O., S. 29.

2) Vgl. FEE (Hrsg.): Seventh Directive options, a.a.O., S. 29.

3) Klös, H.L.: Die 7. gesellschaftsrechtliche Richtlinie über den konsolidierten Abschluß (Ratsdokument 83/349/EWG), a.a.O., S. 67.

4) Vgl. Oser, P.: Aktuelle Entwicklungen im Recht befreiender Konzernabschlüsse, a.a.O., S. 36.

nehmen, sind sie von diesen auch nicht unmittelbar anwendbar.[1] Insofern stellt die deutsche Transformation zunächst eine logische, konkretisierende Umsetzung dar.

In Deutschland erfolgte die Umsetzung dieses Artikels durch § 292 HGB i.V.m. einer Konzernabschlußbefreiungsverordnung[2]. Da insbesondere § 3 KonBefrV eine erhebliche Einschränkung bei der Umsetzung des Art. 11 darstellt, die zu einer Diskriminierung der Konzernabschlüsse aus Drittländern führt, ist die Konzernbefreiungsverordnung als nicht richtlinienkonforme Umsetzung anzusehen, die zur unmittelbaren Wirkung von Art. 11 führt.[3] Das gleiche gilt für Griechenland.

"Diesem Artikel kommt insoweit größere Bedeutung zu, als die gegenseitige Anerkennung von entsprechenden Rechnungslegungsregeln der EG einerseits und insbesondere den USA andererseits es deutschen Mutterunternehmen erleichtern würde, den US-Zulassungsbedingungen und dem dortigen Kapitalmarkt zu entsprechen."[4] Daher ist die Konzernbefreiungsverordnung auch zeitlich begrenzt, um in der Zwischenzeit die Anerkennung europäischer Konzernabschlüsse durch die amerikanische Wertpapieraufsichtsbehörde zu erreichen. Obwohl die EU-Kommission dies bisher nicht erreichte, wurde die Geltungsdauer der Konzernbefreiungsverordnung verlängert.[5]

---

1) Vgl. BIENER, H./SCHATZMANN, J.: Konzern-Rechnungslegung, a.a.O., S. 21.

2) BUNDESMINISTER DER JUSTIZ: Verordnung über befreiende Konzernabschlüsse und Konzernlageberichte von Mutterunternehmen mit Sitz in einem Staat, der nicht Mitglied der Europäischen Wirtschaftsgemeinschaft ist, zur Durchführung des Artikels 11 der Siebenten Richtlinie 83/349/EWG des Rates vom 13. Juni 1983 (Konzernabschlußbefreiungsverordnung - KonBefrV) vom 15. November 1991, in: BGBl. 1991, Teil I, Nr. 63 vom 29.11.1991, S. 2122, zuletzt geändert durch DERS.: Erste Verordnung zur Änderung der Konzernabschlußbefreiungsverordnung vom 9. Juni 1993, in: BGBl. 1993, Teil I, Nr. 29 vom 23.06.1993, S. 916.

3) Vgl. ausführlich OSER, P.: Aktuelle Entwicklungen im Recht befreiender Konzernabschlüsse, a.a.O., S. 35 ff.; MAAS, U./SCHRUFF, W.: Befreiende Konzernrechnungslegung von Mutterunternehmen mit Sitz außerhalb der EG, in: WPg, 44. Jg. (1991), S, 765-772, hier S. 767. Grundsätzlich sollte das den befreienden Konzernabschluß aufstellende Mutterunternehmen frei in der Wahl des EU-Mitgliedstaates sein, dessen Recht es anwendet. Die KonBefrV schränkt dies jedoch erheblich ein. So schreibt § 3 KonBefrV vor, daß nur das Recht eines anderen Mitgliedstaates gewählt werden darf, in dem eine Offenlegung mit befreiender Wirkung für den dortigen Teilkonzernabschluß erfolgt. Dies reduziert die Zahl der Mitgliedstaaten, deren Recht anwendbar ist, zunächst auf die, die überhaupt das Befreiungswahlrecht des Art. 11 umgesetzt haben. Darüber hinaus muß in dem jeweiligen Staat ebenfalls ein Mutterunternehmen von der Erstellung eines Teilkonzernabschlusses befreit worden sein. Ist dies nicht der Fall, weil ein Teilkonzern entweder nicht befreit wurde oder ein solcher gar nicht besteht, so ist gemäß § 3 KonBefrV eine Befreiung in Deutschland nicht möglich.

4) KLÖS, H.L.: Die 7. gesellschaftsrechtliche Richtlinie über den konsolidierten Abschluß (Ratsdokument 83/349/EWG), a.a.O., S. 67 f.

5) Vgl. OSER, P.: Aktuelle Entwicklungen im Recht befreiender Konzernabschlüsse, a.a.O., S. 35.

EISOLT[1] und OSER[2] fordern, daß an die Gleichwertigkeit keine allzu strengen Anforderungen gestellt werden sollten, da einerseits die Aussagefähigkeit eines Gesamtkonzernabschlusses der eines Teilkonzernabschlusses regelmäßig überlegen sei und andererseits die Konzernabschlüsse von Mutterunternehmen aus anderen EU-Mitgliedstaaten, denen grundsätzlich eine befreiende Wirkung zukommt, bereits erheblich voneinander abweichen. Darüber hinaus weichen selbst innerhalb Deutschlands HGB-konforme Konzernabschlüsse aufgrund zahlreicher Wahlrechte und Ermessensspielräume voneinander ab.

4.2.1.4.5 Beurteilung der Befreiungen von der Konzernrechnungslegungspflicht

In den USA entsteht eine Ausweitung der Konzernrechnungslegungspflicht gegenüber der 7. EGR insofern, als es keine Befreiung von der Erstellung von Teilkonzernabschlüssen durch übergeordnete Konzernabschlüsse gibt.[3] Das heißt, es besteht die Pflicht zur Erstellung von Teilkonzernabschlüssen, die allerdings zumindest die Erstellung von Einzelabschlüssen überflüssig machen, da sie diese ersetzen können.

Zwar kann festgestellt werden, daß ein Teilkonzernabschluß eines Tochterunternehmens weniger aussagefähig ist als ein Gesamtkonzernabschluß eines Mutterunternehmens. Jedoch kann ein Teilkonzernabschluß eines Tochterunternehmens zusätzliche Informationen liefern[4] und ist daher in der Regel aussagefähiger als dessen Einzelabschluß. Insofern besteht aus Sicht der Anteilseigner und Gläubiger durchaus Interesse an der Erstellung eines Teilkonzernabschlusses.[5] Die Ausnahmen zur Erstellung von Teilkonzernabschlüssen in der 7. EGR lassen sich daher nicht durch das Handelsrecht begründen, sondern durch die historische Entwicklung der Konzernrechnungslegungsvorschriften. So war im deutschen HGB ausschließlich bei der nicht teilbaren einheitlichen Leitung ein Konzernabschluß zu erstellen, dem es allerdings mangels Weltabschlußprinzip in der Regel ohnehin an Aussagefähigkeit mangelte, so daß Tochterunternehmen generell von der Aufstellungspflicht befreit wurden. Wesentlich ist aber auch, daß der Konzernabschluß den Einzelabschluß nach deutschen

1) Vgl. EISOLT, D.: Aktuelle Überlegungen zu befreienden Konzernabschlüssen nach § 292 HGB, in: BB. 50. Jg. (1995), S. 1127-1132, hier S. 1129.

2) Vgl. OSER, P.: Aktuelle Entwicklungen im Recht befreiender Konzernabschlüsse, a.a.O., S. 36.

3) Vgl. FÖRSCHLE, G./KRONER, M./MANDLER, U.: Internationale Rechnungslegung: US-GAAP, HGB und IAS, a.a.O., S. 70 f.

4) Vgl. GOEBEL, A.: Die Aussagefähigkeit der Rechnungslegung von Konzernen, a.a.O., S. 641; KOHLMANN, U.: Möglichkeiten und Grenzen der Aussagefähigkeit von Teilkonzernabschlüssen, München 1986, S. 148; KRAG, J./MÜLLER, H.: Zur Zweckmäßigkeit von Teilkonzernabschlüssen der 7. EG-Richtlinie für Minderheitsgesellschafter, in: BB, 40. Jg. (1985), S. 307-312, hier S. 309.

5) Vgl. SCHREIB, H. P.: Der Jahresabschluß aus der Sicht der Streubesitzaktionäre, a.a.O., S. 330.

Recht nicht ersetzen konnte und kann, da der Einzelabschluß in jedem Fall zur Ermittlung des ausschüttungsfähigen Gewinns aufgestellt werden muß und aufgrund des Maßgeblichkeitsprinzips auch für steuerliche Zwecke Verwendung finden kann.

Ein Vergleich mit den USA zeigt, daß dort die hier genannten Gründe für einen Verzicht auf die Pflicht zur Aufstellung von Teilkonzernabschlüssen nicht greifen. Wird ein Konzernabschluß, also auch ein Teilkonzernabschluß, erstellt, so braucht kein zusätzlicher Einzelabschluß erstellt werden, da sich die Ausschüttung am Konzernabschluß orientiert. Auch für steuerliche Zwecke ist es nicht notwendig, einen Einzelabschluß zu erstellen, da hier ebenfalls eine konsolidierte Rechnung zugrunde gelegt werden kann. Diese ist jedoch mangels Maßgeblichkeitsprinzip weiter vom handelsrechtlichen Abschluß entfernt als die deutsche Steuerbemessungsgrundlage vom deutschen Einzelabschluß, so daß ein US-Tochterunternehmen in jedem Fall zwei Rechnungen zu erstellen hat, nämlich eine für steuerliche Zwecke und einen Einzel- oder Konzernabschluß für handelsrechtliche Zwecke. Insofern wird deutschen Tochterunternehmen im Vergleich zu den amerikanischen eine Entlastung gewährt, da sie nur einen Einzelabschluß aufstellen müssen, der mit geringen Änderungen ebenfalls für steuerliche Zwecke verwendet werden kann. Folglich erhalten die Anteilseigner und Gläubiger eines deutschen Tochterunternehmens andere Informationen als die eines amerikanischen Tochterunternehmens. Es sollte auch deutschen Tochterunternehmen zuzumuten sein, eine zweite Rechnung in konsolidierter Form zu erstellen. Aus Sicht des Gesetzgebers kann dann immer noch überlegt werden, auf die Erstellung eines Einzelabschlusses als Ausschüttungsbemessungsgrundlage zu verzichten und gegebenenfalls die Besteuerung ebenfalls an eine konsolidierte Rechnung anknüpfen zu lassen. Dies ist für die Adressaten und an der Konzernrechnungslegung Interessierten jedoch zunächst ohne Bedeutung.

In den USA greifen zwar nicht die angeführten Ausnahmen von der Konzernrechnungslegungspflicht. Aufgrund der Tatsache, daß dort nur registrierungspflichtige Unternehmen überhaupt einen geprüften Abschluß aufstellen müssen, sind nicht registrierungspflichtige Mutterunternehmen kleiner Teilkonzerne aber ohnehin nicht konzernrechnungslegungspflichtig.

In IAS 27.8 wird nur für vollständig oder fast vollständig beherrschte Tochterunternehmen eine Ausnahme von der Konzernrechnungslegungspflicht gewährt. Dabei wird nicht definiert, was mit einer fast vollständigen Beherrschung gemeint ist. Lediglich in IAS 27.10 wird der Hinweis gegeben, daß dies in einigen Ländern Beteiligungen von mindestens 90 % der Stimmrechte betrifft.

Die Befreiung von der Pflicht zur Erstellung von Teilkonzernabschlüssen wird mit den damit verbundenen erheblichen Kosten begründet und das Weniger an Information durch die Offenlegung des Konzernabschlusses des Mutterunternehmens als Ergänzung des jeweiligen Einzelabschlusses kompensiert. Die Erstellung von Teilkonzernabschlüssen widerspricht der Vorstellung von der wirtschaftlichen Einheit des Konzerns und benachteiligt Konzerne gegenüber Einzelunternehmen. Das ist jedoch im Interesse von Minderheitsgesellschaftern hinzunehmen.

Die größenabhängigen Befreiungen sind einerseits wenig praktikabel und andererseits an willkürliche Grenzen gebunden. Die Befreiung wegen des Typs einer Beteiligungsgesellschaft betrifft einen Sonderfall, der auf luxemburgische Initiative Eingang in die 7. EGR fand und als temporäres Wahlrecht ausgestaltet ist. Da eine Begründung für dieses Wahlrecht darüber hinaus äußerst schwerfällt, besteht aus Informationsgesichtspunkten geradezu eine Notwendigkeit zur Konzernrechnungslegungspflicht für Beteiligungsgesellschaften. Das Bestehen einer Konzernrechnungslegungspflicht für alle Mutterunternehmen, sofern sie oder eines ihrer Tochterunternehmen eine Kapitalgesellschaft sind, ist aus Gründen der Haftungsbeschränkung notwendig. Darüber hinaus ist eine Konzernrechnungslegungspflicht für alle Mutterunternehmen notwendig, sofern ihre Wertpapiere oder die eines ihrer Tochterunternehmen an Wertpapierbörsen amtlich notiert werden, da ihre Anteilseigner und Gläubiger oft über keine anderen adäquaten Informationen als Entscheidungsgrundlage verfügen. Bis auf die generelle Konzernrechnungslegungspflicht bei im Konzern vorhandenen Kapitalgesellschaften entspricht dies den US-amerikanischen Vorschriften, die das Kriterium der Verläßlichkeit damit vollständig und das Kriterium Verständlichkeit relativ gut erfüllen. Da die IAS sich einerseits nicht auf die obengenannten Unternehmen beschränken und andererseits Ausnahmen für fast vollständig beherrschte Tochterunternehmen gewähren, erfüllen sie die Kriterien nur teilweise. Die 7. EGR enthält auch hier zu viele Wahlrechte, als daß sie eins der Kriterien erfüllen könnte.

4.2.2 Gleichordnungskonzern

Ein Gleichordnungskonzern ist ein Konzern mit zwei oder mehr voneinander unabhängigen Mutterunternehmen.[1)] Er entsteht durch freiwilliges, auf Interessenausgleich beruhendem, abgestimmtem Verhalten rechtlich selbständiger, voneinander unabhängiger Unternehmen. Dies führt zu einheitlicher Leitung des Gleichordnungskonzerns.[2)]

---

1) Vgl. BAETGE, J.: Konzernbilanzen, 3. Aufl., Düsseldorf 1997, S. 8.

2) Vgl. JONAS, H.H.: Der Konzernabschluß, a.a.O., S. 38 und 65.

Ein Gleichordnungskonzern setzt nach Art. 12 Abs. 1 Buchstabe a) der 7. EGR vertragliche Vereinbarungen oder satzungsmäßige Bestimmungen bzw. nach Buchstabe b) die mehrheitlich identische Zusammensetzung der Verwaltungs-, Leitungs- oder Aufsichtsorgane der Unternehmen voraus. Der faktische Konzern wird durch Art. 12 nicht erfaßt. Sein Problem liegt - wie auch im Fall der Personalunion nach Art. 12 Abs. 1 Buchstabe b) - in der für die Entstehung eines Konzerns notwendigen Dauerhaftigkeit, die nur schwer nachweisbar ist.[1] Insbesondere in Deutschland waren Gleichordnungskonzerne meist nur von beschränkter Dauer. Sie lösten sich entweder wieder auf oder gingen in stärkere Konzentrationsformen über, so daß sie vielfach nur eine Vorstufe zum Unterordnungskonzern oder zur Fusion darstellten.[2]

Da sich die Mitgliedstaaten nicht über die Notwendigkeit zur Konzernrechnungslegungspflicht von Gleichordnungskonzernen einigen konnten, wurde Art. 12 Abs. 1 nur als Mitgliedstaatenwahlrecht ausgestaltet,[3] das den Mitgliedstaaten das Wahlrecht gibt, auch von Gleichordnungskonzernen einen Konzernabschluß zu verlangen, wenn sie entweder unter einheitlicher Leitung stehen oder mehrheitlich von denselben Personen geleitet werden. Dieses Wahlrecht wurde nur von Belgien, Griechenland und den Niederlanden in Anspruch genommen, wobei in den Niederlanden keine Konzernrechnungslegungspflicht besteht, wenn die Unternehmen mehrheitlich von denselben Personen geleitet werden.[4]

In § 18 Abs. 2 AktG wurde der Begriff des Gleichordnungskonzerns als Zusammenfassung rechtlich selbständiger Unternehmen unter einheitlicher Leitung ohne Abhängigkeit definiert. Von § 329 Abs. 1 AktG 1965 wurden jedoch nur Konzernunternehmen erfaßt, die unter einheitlicher Leitung der Obergesellschaft standen. Dies wurde von vielen Autoren dahingehend interpretiert, daß es in Deutschland keine Konzernrechnungslegungspflicht für Gleichordnungskonzerne gab.[5]

Grundsätzlich anderer Ansicht ist HAVERMANN, der ausführt, daß durch Auslegung des § 329 Abs. 1 AktG 1965 die gleichen Gründe, die eine Konzernrechnungslegungspflicht des Unterordnungskonzerns notwendig erscheinen lassen, ebenfalls für den Gleichordnungs-

1) Vgl. JONAS, H.H.: Der Konzernabschluß, a.a.O., S. 38 f.

2) Vgl. BARTKE, G.: Besteht eine Verpflichtung zur Aufstellung eines Konzernabschlusses für Gleichordnungskonzerne nach dem Aktiengesetz und dem Publizitätsgesetz?, in: zfbf, 32. Jg. (1980), S. 209-237, hier S. 210 f.

3) Vgl. BIENER, H./SCHATZMANN, J.: Konzern-Rechnungslegung, a.a.O., S. 23.

4) Vgl. FEE (Hrsg.): Seventh Directive options, a.a.O., S. 29.

5) Vgl. BARTKE, G.: Besteht eine Verpflichtung zur Aufstellung eines Konzernabschlusses für Gleichordnungskonzerne nach dem Aktiengesetz und dem Publizitätsgesetz?, a.a.O., S. 212; JONAS, H.H.: Der Konzernabschluß, a.a.O., S. 39.

konzern angeführt werden können.[1] WELLKAMP fordert, das Kriterium fehlender Abhängigkeit als Wesensmerkmal des Gleichordnungskonzerns aufzugeben, da "ein Unternehmen, das sich auf der Ebene der Gleichordnung mit anderen Gesellschaften verbindet und einer externen Leitung Befugnisse in wesentlichen Unternehmenssektoren überträgt, von vornherein einen Autonomieverlust zu gegenwärtigen hat, sei es, daß es bei Mehrheitsentscheidungen überstimmt wird oder einem Gruppenzwang zur Einigkeit unter Beeinträchtigung eigener Interessen hinzunehmen hat."[2]

Dem ist entgegenzuhalten, daß sich wohl kaum ein Unternehmen auf Dauer in einem Gleichordnungskonzern binden wird, wenn es dadurch nur Nachteile erfährt. Insofern kommt der Aufstellungspflicht von Gleichordnungskonzernen kaum eine praktische Bedeutung zu.[3] Dafür spricht auch, daß BIENER vor der Transformation der 7. EGR im Bundesanzeiger keine Gleichordnungskonzerne feststellen konnte, so daß gefolgert werden kann, daß es zumindest in der Größenordnung des Publizitätsgesetzes in Deutschland keine gab.[4]

Ein Gleichordnungskonzern kann auch dadurch entstehen, daß bei einem Unterordnungskonzern das Mutterunternehmen nicht konzernrechnungslegungspflichtig ist. Die Zusammenfassung von Teilkonzernabschlüssen, die eigentlich Teil eines Unterordnungskonzerns sind, zu einem Gleichordnungskonzernabschluß wird von Art. 12 nicht gefordert,[5] kann jedoch durch Personalunion entstehen.

Da Deutschland das Mitgliedstaatenwahlrecht des Art. 12 nicht in nationales Recht transformiert hat, besteht für Gleichordnungskonzerne zumindest seit Umsetzung der 7. EGR keine Pflicht zur Aufstellung eines Konzernabschlusses, wodurch der alte Streit um die Konzernrechnungslegungspflicht von Gleichordnungskonzernen beendet wurde. Dies ist zu begrüßen, da es somit bei der alten Praxis bleiben kann, daß inländische Teilkonzerne

---

1) Vgl. HAVERMANN, H.: Offene Fragen der Konzernrechnungslegung, in: IdW (Hrsg.): Bericht über die Fachtagung 71 des Instituts der Wirtschaftsprüfer in Deutschland e.V., Düsseldorf 1971, S. 29-37, hier S. 30.

2) WELLKAMP, L.: Der Gleichordnungskonzern - Ein Konzern ohne Abhängigkeit?, in: DB, 31. Jg. (1993), S. 2517-2521, hier S. 2518.

3) Anderer Ansicht vgl. GROMANN, H.-G.: Die Gleichordnungskonzerne im Konzern- und Wettbewerbsrecht, Köln u.a. 1979, S. 10 ff. und S. 121 f., der die vielfältigen Erscheinungsformen beschreibt und eine Publizitätspflicht für notwendig erachtet.

4) Vgl. BIENER, H.: Handelsrechtliche Grundsatzfragen der 4. und 7. EG-Richtlinie, a.a.O., S. 311. Dies ist jedoch insofern zu relativieren, als die Konzernrechnungslegungspflicht von Gleichordnungskonzernen vor Transformation der 7. EGR zumindest noch umstritten war. In diesem Zusammenhang sei auf die ausführliche Abhandlung von BARTKE, G.: Besteht eine Verpflichtung zur Aufstellung eines Konzernabschlusses für Gleichordnungskonzerne nach dem Aktiengesetz und dem Publizitätsgesetz?, a.a.O., S. 209-237, verwiesen, der zwar die Aufstellungspflicht von Gleichordnungskonzernen durch die 7. EGR begrüßt, jedoch weder nach AktG 1965 noch nach dem dieses ergänzende und in zeitlichem Zusammenhang stehende PublG eine gesetzliche Verpflichtung dazu sieht.

5) Vgl. JONAS, H.H.: Der Konzernabschluß, a.a.O., S. 65 f.

eines ausländischen Mutterunternehmens jeweils Teilkonzernabschlüsse zu erstellen haben und keinen Gleichordnungskonzernabschluß.[1] Selbst die Diskussion um die Aufstellungspflicht eines Konzernabschlusses von Gleichordnungskonzernen aufgrund einheitlicher Leitung wird spätestens durch die zusätzliche Beteiligungsvoraussetzung des Art. 1 Abs. 2 beendet sein.[2] JONAS bezweifelt zwar, daß einem Gleichordnungskonzernabschluß nach geltendem Recht ein höherer Aussagewert als einzelnen Teilkonzernabschlüssen beizumessen ist, insbesondere bei wesentlichen Zwischenbeziehungen und durch Währungsumrechnung bei der Zusammenfassung von Unterordnungskonzernen, die in verschiedenen Ländern domizilieren, da sich hier unterschiedliche Darstellungen in Abhängigkeit von dem Land ergeben können, in dem der Gleichordnungskonzernabschluß aufgestellt wird.[3] Unter der Voraussetzung einer harmonisierten Konzernrechnungslegung kommt diesem Argument allerdings keine Bedeutung zu.

Auch im angelsächsischen Recht existiert für Gleichordnungskonzerne (horizontal groups) aufgrund der ausschließlichen Anwendung des Control-Konzepts keine Konzernrechnungslegungspflicht.[4] Lediglich in dem 1959 herausgegebenen ARB No. 51, par. 3 und pars. 22-23 wird die Möglichkeit vorgesehen, einen zusammengefaßten Abschluß (combined financial statement) für eine Gruppe von Unternehmen eines Gleichordnungskonzerns zu erstellen, bei dem innerkonzernliche Transaktionen wie in einem Konzernabschluß eliminiert werden sollen.[5] "Diese gelten gegenüber den Einzelabschlüssen als aussagefähiger."[6] Letztlich können sie aber nur freiwillig erstellt werden. Auch in den IAS ist lediglich das Control-Konzept als Voraussetzung für die Erstellung von Konzernabschlüssen geregelt, so daß für Gleichordnungskonzerne ebenfalls keine Konzernrechnungslegungspflicht besteht.

Aufgrund der theoretischen Unzulänglichkeiten bei der Festlegung der Kriterien für das Vorhandensein von Gleichordnungskonzernen, der mangelnden Dauerhaftigkeit und der ohnehin geringen praktischen Bedeutung ist für eine objektivierte Konzernrechnungslegung auf eine Konzernrechnungslegungspflicht für Gleichordnungskonzerne zu verzichten. Im

---

1) Vgl. JONAS, H.H.: Der Konzernabschluß, a.a.O., S. 112.

2) Vgl. SIEBOURG, P.: § 290 Pflicht zur Aufstellung, a.a.O., Rn. 119.

3) Vgl. JONAS, H.H.: Der Konzernabschluß, a.a.O., S. 65 f.

4) Vgl. EISOLT, D.: Konzernrechnungslegungspflicht nach HGB und US-amerikanischen Vorschriften, in: WPg, 46. Jg. (1993), S. 344-353, hier S. 351; JONAS, H.H.: Der Konzernabschluß, a.a.O., S. 39 und 65.

5) Vgl. WEBER, C.-P.: Praxis der Kapitalkonsolidierung im internationalen Vergleich, a.a.O., S. 34.

6) FÄRBER, T./JANSEN, M./KOCH, P./LEIDINGER, W./RAUSCH, A.: Bilanzpolitische Gestaltungsmöglichkeiten in den USA, a.a.O., S. 84.

Gegensatz zur 7. EGR entsprechen die IAS und die US-GAAP dieser Forderung und erfüllen damit die beiden Kriterien Verläßlichkeit und Verständlichkeit.

4.2.3 Vergleich und Beurteilung der Anknüpfungstatbestände an die jeweilige Konzernart

Es hat sich gezeigt, daß nur der Unterordnungskonzern die Voraussetzung der Dauerhaftigkeit erfüllt. Somit kann nur er der Konzernrechnungslegungspflicht unterliegen. Als objektivierender Anknüpfungstatbestand kommt allein das Control-Konzept in der Ausgestaltung der IAS in Frage, da es die verbindlichste Ausgestaltung darstellt.

4.3 Konsolidierungskreis

Nach § 329 Abs. 2 AktG 1965 war der Konsolidierungskreis auf Mutter- und Tochterunternehmen beschränkt.[1)] Dieser "alte" Konsolidierungskreis wird heute in der Regel als Konsolidierungskreis im engeren Sinne bezeichnet, während beim Konsolidierungskreis im weiteren Sinne noch Gemeinschaftsunternehmen und assoziierte Unternehmen dazuzählen, was Abbildung 9 verdeutlicht.[2)]

Abb. 9: Bei der Abgrenzung des Konsolidierungskreises nach der 7. EGR zu berücksichtigende Unternehmenskategorien

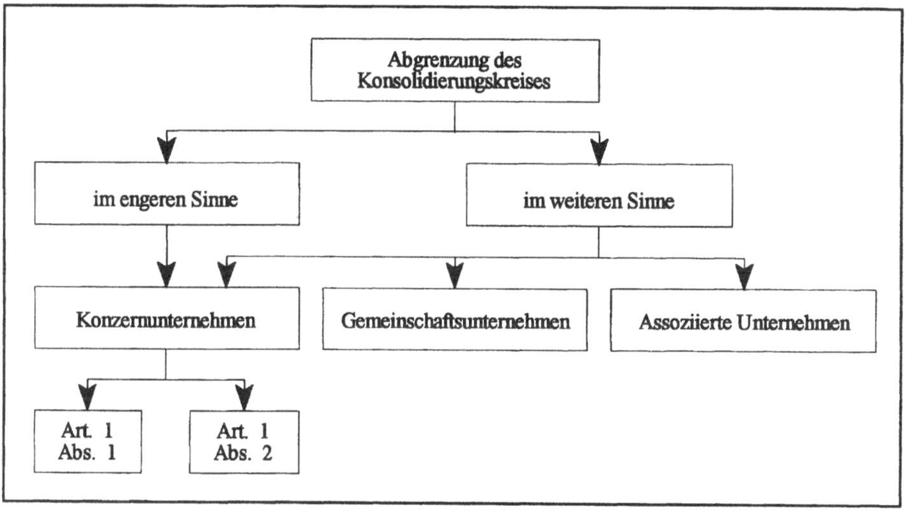

Quelle: In Anlehnung an DUSEMOND, M.: Die Abgrenzung des Konsolidierungskreises im engeren und weiteren Sinne, a.a.O., S. 1734.

Dies erscheint sinnvoll, da die Pflicht zur Konzernrechnungslegung unter Vernachlässigung eines Gleichordnungskonzerns ausschließlich an das Vorhandensein von Tochterunter-

1) Der einzige Unterschied besteht darin, daß Tochterunternehmen früher nur durch die einheitliche Leitung definiert waren, während aufgrund der 7. EGR zusätzlich das Control-Konzept kodifiziert wurde.

2) Vgl. DUSEMOND, M.: Die Abgrenzung des Konsolidierungskreises im engeren und weiteren Sinne, in: DB, 47. Jg. (1994), S. 1733-1741, hier S. 1733 f.; HAEGER, B./ZÜNDORF, H.: Abgrenzung des Konsolidierungskreises nach der wirtschaftlichen Zugehörigkeit, in: DB, 44. Jg. (1991), S. 1841-1848, hier S. 1841; HEYDEMANN, B./KOENEN, S.: Die Abgrenzung des Konsolidierungskreises bei Kapitalgesellschaften in Theorie und Praxis, in: DB, 45. Jg. (1992), S. 2253-2260, hier S. 2253; KRAWITZ, N.: Die Abgrenzung des Konsolidierungskreises, in: WPg, 49. Jg. (1996), S. 342-357, hier S. 343 ff.; KÜTING, K./WEBER, C.-P.: Der Konzernabschluß, 5. Aufl., Stuttgart 1999, S. 89 f. Hierbei ist anzumerken, daß das AktG 1965 im Gegensatz zur 7. EGR keine Einbeziehung ausländischer Tochterunternehmen verlangte.

nehmen gebunden ist. In der EU sind darüber hinaus die größenabhängigen Befreiungsmöglichkeiten des Art. 6 an eben diesen Konsolidierungskreis gebunden. Wird die Befreiungsmöglichkeit nicht in Anspruch genommen oder sind die Größenkriterien überschritten, so ist ein Konzernabschluß und Konzernlagebericht zu erstellen, und zwar nicht nur für den Konsolidierungskreis i.e.S., sondern gegebenenfalls auch unter Berücksichtigung besonderer Konsolidierungs- und Bewertungsmethoden für Gemeinschaftsunternehmen und assoziierte Unternehmen, also für den gesamten Einflußbereich des Konzerns, den Konsolidierungskreis i.w.S.[1]

4.3.1 Konsolidierungskreis im engeren Sinne

Wie oben gezeigt, dient der Konsolidierungskreis i.e.S. primär der Feststellung der Konzernrechnungslegungspflicht sowie der Prüfung größenabhängiger Befreiungen nach der Brutto- und Nettomethode[2] des Art. 6. Da es sich beim Konsolidierungskreis i.e.S. ausschließlich um vollzukonsolidierende Tochterunternehmen handelt, wird dieser zutreffend auch als Vollkonsolidierungskreis bezeichnet.[3] Abbildung 10 macht deutlich, daß in der 7. EGR bei der Abgrenzung des Konsolidierungskreises i.e.S. zahlreiche Ausnahmen bestehen. Diese sind auf ihre Berechtigung zu überprüfen.

---

1) Vgl. DUSEMOND, M.: Die Abgrenzung des Konsolidierungskreises im engeren und weiteren Sinne, a.a.O., S. 1733.

2) Das HGB fordert in § 293 Abs. 1 Nr. 2 für die Nettomethode einen regulär aufgestellten Konzernabschluß, also inklusive Gemeinschaftsunternehmen und assoziierte Unternehmen.

3) Vgl. BAETGE, J.: Konzernbilanzen, a.a.O., S. 115 ff.; BUSSE VON COLBE, W./ORDELHEIDE, D.: Konzernabschlüsse, a.a.O., S. 45 f.

Abb. 10: Abgrenzung des Konsolidierungskreises i.e.S. nach der 7. EGR

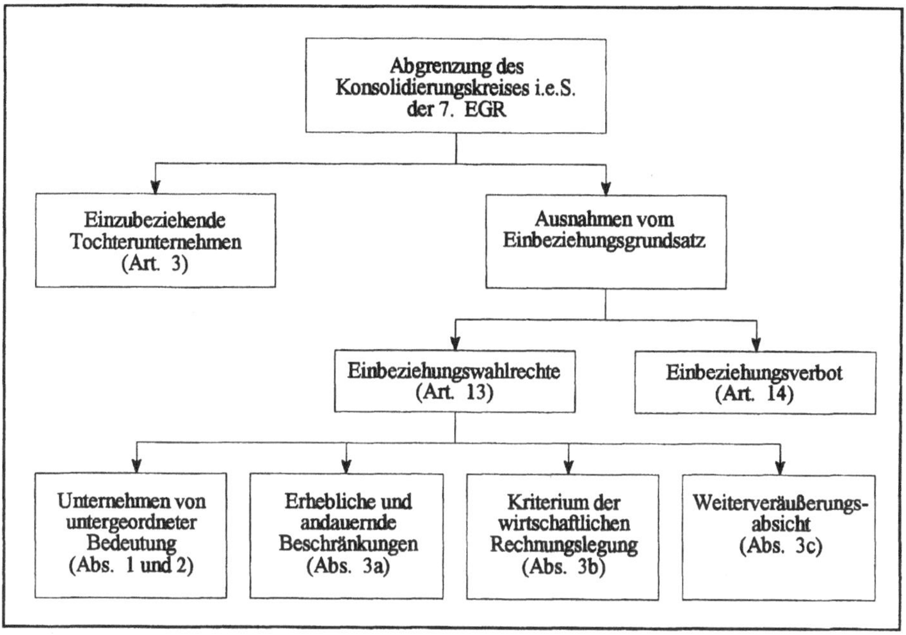

Quellen: In Anlehnung an SAHNER, F./SAUERMANN, K.: § 294 Einzubeziehende Unternehmen Vorlage- und Auskunftspflichten, in: Küting, K./Weber, C.-P. (Hrsg.): Handbuch der Konzernrechnungslegung, a.a.O., S. 1041-1046, hier Rn. 2; SCHRUFF, W.: Einflüsse der 7. EG-Richtlinie auf die Aussagefähigkeit des Konzernabschlusses, a.a.O., S. 135.[1)]

4.3.1.1 Einzubeziehende Tochterunternehmen

In Art. 3 wird geregelt, daß alle direkten und indirekten Tochterunternehmen unabhängig von ihrem Sitz in den Konzernabschluß einzubeziehen sind. Damit sind in allen EU-Mitgliedstaaten Weltabschlüsse verpflichtend aufzustellen. Nach § 329 Abs. 2 AktG 1965 bestand hierzu in Deutschland keine Pflicht, so daß dies nur auf freiwilliger Basis geschah.[2)]

1) Die Mitgliedstaatenwahlrechte des Art. 15 für Holding-Mutterunternehmen und des Art. 41 Abs. 5 sind hier aufgrund der geringen praktischen Bedeutung und der Umsetzung in nur zwei respektive drei Mitgliedstaaten nicht aufgeführt.

2) Vgl. BIENER, H./SCHATZMANN, J.: Konzern-Rechnungslegung, a.a.O., S. 23; KLÖS, H.L.: Die 7. gesellschaftsrechtliche Richtlinie über den konsolidierten Abschluß (Ratsdokument 83/349/EWG), a.a.O., S. 68.

4.3.1.2 Ausnahmen vom Einbeziehungsgrundsatz

Grundsätzlich stellt jedes Einbeziehungswahlrecht oder -verbot einen Verstoß gegen die Vorstellung der wirtschaftlichen Einheit des Konzerns und alle qualitativen Kriterien für die Berücksichtigung von Informationen dar, denn ein nicht konzerniertes Unternehmen kann auch nicht auf die Einbeziehung von Geschäftsbereichen oder Betriebsstätten im In- oder Ausland verzichten.

4.3.1.2.1 Einbeziehungswahlrechte

In Art. 13 wird die Nichteinbeziehung von Konzernunternehmen geregelt. Er enthält keine Mitgliedstaatenwahlrechte, sondern nur originäre Unternehmenswahlrechte. Die Absätze 1 und 2 regeln dabei den Grundsatz der Wesentlichkeit. Nach Abs. 1 brauchen Unternehmen nicht in den Konzernabschluß einbezogen werden, sofern sie für die Darstellung eines der Generalnorm entsprechenden Bildes nur von untergeordneter Bedeutung sind. Allerdings sind sie nach Abs. 2 trotzdem einzubeziehen, wenn sie insgesamt nicht von untergeordneter Bedeutung sind.[1)]

Abs. 3 enthält weitere Einbeziehungswahlrechte, und zwar bei

- erheblichen und andauernden Beschränkungen in bezug auf Vermögen oder Geschäftsführung beispielsweise bei Unterstützungskassen[2)] bzw. auf die Ausübung der einheitlichen Leitung im Gleichordnungskonzern,
- unverhältnismäßig hohen Kosten oder Verzögerungen bei der Ermittlung der Daten, insbesondere bei der Erstkonsolidierung und
- Weiterveräußerungsabsicht.[3)]

Darüber hinaus gibt Art. 15 Abs. 1 den Mitgliedstaaten das Wahlrecht, Mutterunternehmen (Holdinggesellschaften), die keine gewerbliche Tätigkeit ausüben oder Handel treiben, aber aufgrund einer Vereinbarung mit einem oder mehreren nicht in die Konsolidierung einbezogenen Unternehmen Aktien oder Anteile eines Tochterunternehmens halten, in Anwendung des Art. 16 Abs. 3 nicht in die Konsolidierung einzubeziehen. Dieses Einbeziehungswahlrecht für Holding-Mutterunternehmen hatte die Royal Dutch/Shell-Gruppe zum Vorbild. Die beiden Beteiligungsgesellschaften Royal Dutch und Shell teilen aufgrund

---

1) Vgl. BIENER, H./SCHATZMANN, J.: Konzern-Rechnungslegung, a.a.O., S. 25.

2) In Frankreich ist dies entgegen dem Wortlaut der 7. EGR nicht als Wahlrecht, sondern als Verbot umgesetzt. Vgl. SCHOLTISSEK, W.: Der konsolidierte Abschluß in Frankreich, a.a.O., S. 469; WEBER, C.-P.: Praxis der Kapitalkonsolidierung im internationalen Vergleich, a.a.O., S. 25. Insofern befindet sich Frankreich hier in Übereinstimmung mit den US-GAAP und den IAS.

3) Vgl. BIENER, H./SCHATZMANN, J.: Konzern-Rechnungslegung, a.a.O., S. 25 f.

einer Vereinbarung Kapital, Vermögen und Ergebnis des Konzerns im Verhältnis 60 zu 40. Ein Konzernabschluß wird auf unterer Ebene erstellt. Die Beteiligungsgesellschaften werden in diesen nicht einbezogen, sondern fügen ihre Abschlüsse lediglich bei. Es handelt sich also um eine Sonderregelung für Beteiligungsgesellschaften besonderer Art und stellt somit eine Spezialregelung zum Einbeziehungsverbot in Art. 14 dar.[1] Dieses Wahlrecht wurde nur von Griechenland und den Niederlanden umgesetzt,[2] obwohl es allgemein gefaßt wurde, um auch auf andere Fälle anwendbar zu sein.[3]

Art. 41 Abs. 5 gibt Mitgliedstaaten, die Art. 4 Abs. 2 anwenden, die Möglichkeit, Tochterunternehmen, die gleichzeitig Mutterunternehmen sind und aufgrund ihrer Rechtsform in dem Mitgliedstaat nicht verpflichtet sind, einen Konzernabschluß aufzustellen, von der Einbeziehung in einen Konzernabschluß auszunehmen. Nur Dänemark, Luxemburg und Portugal gewähren dieses Folgewahlrecht von Art. 4 Abs. 2.[4]

Die hier aufgeführten Einbeziehungswahlrechte bestehen in den USA nicht. Zwei der sechs durch die 7. EGR gewährten Wahlrechte sind in den USA Einbeziehungsverbote. Dies gilt für erhebliche Beschränkungen und eine Weiterveräußerungsabsicht.[5] Eine Nichteinbeziehung aufgrund der allgemeinen Grundsätze der Wesentlichkeit und Wirtschaftlichkeit ist nicht explizit in bezug auf diesen Sachverhalt geregelt.[6] Art. 15 und 41 Abs. 5 entsprechende Regelungen existieren in den USA ebenfalls nicht und widersprechen dem Vollständigkeitsprinzip. Dies gilt analog für die IAS.[7]

4.3.1.2.2 Einbeziehungsverbote

Art. 14 Abs. 1 verbietet die Einbeziehung von Unternehmen, deren Tätigkeit so unterschiedlich ist, daß ihre Einbeziehung der Generalnorm widerspräche. Dieser Artikel war aus deutscher Sicht notwendig, da nach AktG 1965 aufgrund der einheitlichen Leitung in diesen Fällen von einer Einbeziehung abgesehen worden wäre, was aufgrund des Control-Konzepts in Art. 1 nicht mehr möglich gewesen wäre. Der Hinweis auf Art. 33 soll lediglich klarstellen, daß trotz unterschiedlicher Tätigkeiten zu prüfen ist, ob die Equity-Methode

1) Vgl. BIENER, H./SCHATZMANN, J.: Konzern-Rechnungslegung, a.a.O., S. 28.

2) Vgl. FEE (Hrsg.): Seventh Directive options, a.a.O., S. 30.

3) Vgl. BIENER, H./SCHATZMANN, J.: Konzern-Rechnungslegung, a.a.O., S. 29.

4) Vgl. FEE (Hrsg.): Seventh Directive options, a.a.O., S. 38.

5) Vgl. FÖRSCHLE, G./KRONER, M./MANDLER, U.: Internationale Rechnungslegung: US-GAAP, HGB und IAS, a.a.O., S. 72 f.

6) Vgl. EISOLT, D.: Konsolidierungskreis deutscher und amerikanischer Konzernabschlüsse, in: BB, 49. Jg. (1994), S. 467-472, hier S. 471 f.

7) Vgl. IDW (Hrsg.): Rechnungslegung nach International Accounting Standards, a.a.O., S. 264 f.

anwendbar ist. Damit Art. 14 Abs. 1 eng ausgelegt wird, erläutert Abs. 2, daß eine reine Diversifikation nicht zum Verbot der Einbeziehung führen kann.[1]

Die Nichteinbeziehung ist im Anhang zu begründen. Um entstehende Informationsdefizite auszugleichen, sind die Jahresabschlüsse solcher ausgeklammerter Unternehmen dem Konzernabschluß beizufügen oder auf Anfrage zur Verfügung zu stellen, sofern der ausgeklammerte Abschluß nicht wie der Konzernabschluß selbst im gleichen Mitgliedstaat nach der 1. EG-Richtlinie offengelegt wird.[2] Aufgrund dieser Vorschrift ist nicht auszuschließen, daß Jahresabschlüsse nicht publizitätspflichtiger Unternehmen offengelegt werden müssen.[3]

Art. 14 enthält eigentlich kein Mitgliedstaatenwahlrecht bezüglich der Konsolidierung von Tochterunternehmen mit unterschiedlichen Tätigkeiten. Einige Mitgliedstaaten haben jedoch Branchen spezifiziert. In Dänemark gelten Ausnahmen nur für Tochtergesellschaften, die nicht dem Rechnungslegungsgesetz unterliegen, also beispielsweise Banken und Versicherungen. In Frankreich sollten Unternehmen ausgenommen werden, deren Jahresabschlüsse so unterschiedlich sind, daß eine Konsolidierung das der Generalnorm entsprechende Bild beeinträchtigt.[4]

Der deutsche Gesetzgeber hat das Einbeziehungsverbot in § 295 HGB vor den Einbeziehungswahlrechten des § 296 HGB geregelt und damit wieder die Reihenfolge der Richtlinie mißachtet. Dies ist jedoch nicht zu beanstanden, da es rechtssystematisch sinnvoll ist, zuerst die Verbote zu kennen, bevor es an die verbleibenden Wahlrechte geht.

Ausnahmen aufgrund der grundsätzlichen Verschiedenheit der Tätigkeiten waren während der Verhandlungen über die 7. EGR in den USA normale Praxis. Die theoretischen und praktischen Zweifel führten dort jedoch später zu einer Meinungsänderung, da in einem Einbeziehungsverbot eine Möglichkeit des off-balance sheet finance gesehen wurde. Konsequenterweise müssen aufgrund von SFAS No. 94[5] vom Oktober 1987 in den USA für Geschäftsjahre, die nach dem 15. Dezember 1988 beginnen, alle Tochterunternehmen

---

1) Vgl. BIENER, H./SCHATZMANN, J.: Konzern-Rechnungslegung, a.a.O., S. 27.

2) Vgl. BIENER, H./SCHATZMANN, J.: Konzern-Rechnungslegung, a.a.O., S. 27; KLÖS, H.L.: Die 7. gesellschaftsrechtliche Richtlinie über den konsolidierten Abschluß (Ratsdokument 83/349/EWG), a.a.O., S. 69.

3) Vgl. KLÖS, H.L.: Die 7. gesellschaftsrechtliche Richtlinie über den konsolidierten Abschluß (Ratsdokument 83/349/EWG), a.a.O., S. 69. Anderer Ansicht vgl. SAHNER, F./SAUERMANN, K.: § 295 Verbot der Einbeziehung, a.a.O., S. 1047-1052, hier Rn. 16.

4) Vgl. FEE (Hrsg.): Seventh Directive options, a.a.O., S. 29 f.

5) Vgl. FASB: Statement of Financial Accounting Standards No. 94: Consolidation of All Majority-Owned Subsidiaries, 1987, in: FASB (Hrsg.): Original Pronouncements, Accounting Standards as of June 1, 1998, a.a.O., Bd. I, S. 1032-1044.

einbezogen werden.[1] Dies wird ebenso durch IAS 27 verlangt.[2] Die Bereiche, aus denen Tochterunternehmen üblicherweise nicht konsolidiert wurden, umfaßten primär den Finanzbereich, den Immobilienbereich und Auslandsunternehmen. Es ist zu erkennen, daß durch die Verabschiedung von SFAS No. 94 die Nichteinbeziehung von Tochterunternehmen mit abweichender Tätigkeit bereits 1987 stark abnahm, ehe diese Regelung überhaupt in Kraft trat[3] und sich nach Inkrafttreten weiter reduzierte.[4]

Folglich ist ein Einbeziehungsverbot aufgrund abweichender Tätigkeit nicht sinnvoll, da es gegen die Vorstellung der wirtschaftlichen Einheit des Konzerns[5] und die qualitativen Merkmale für die Berücksichtigung von Informationen verstößt. So muß bereits gemäß der Präambel der 7. EGR "die Konsolidierung grundsätzlich alle Unternehmen des Zusammenschlusses einbeziehen." Es ist auch wenig verständlich, warum einem Konzern eine Einbeziehung verboten wird, während sich eine diversifizierte Gesellschaft ohne Tochterunternehmen dem gar nicht entziehen kann.[6] Daher darf das Auslagern einer Abteilung in ein eigenständiges Tochterunternehmen nicht zu einer Ausnahme von der Konsolidierung führen, wie dies bei Finanzierungs- und Versicherungsbereichen offensichtlich üblich war.[7]

Ist dagegen die Kontrolle über ein Tochterunternehmen und dessen Vermögen beispielsweise aufgrund von Konvertierungs- und Transferrestriktionen nicht möglich oder ist eine Weiterveräußerung beabsichtigt, so gehören diese Unternehmen nicht zu dem, was typischerweise ein Konzern verkörpert.[8] Diese Tatbestände sind daher in SFAS 94.13 und IAS 27.13 konsequenterweise auch als Einbeziehungsverbote verankert. Dies gilt gemäß SIC-12 jedoch nicht für alle special purpose enterprises (SPE). Diese sind, selbst wenn sie gemäß IAS 27 nicht als Tochterunternehmen zu qualifizieren sind oder ihre Kontrolle Beschränkungen unterliegt, zu konsolidieren, sofern eins der in SIC-12.10 definierten

---

1) Vgl. EISOLT, D.: Konsolidierungskreis deutscher und amerikanischer Konzernabschlüsse, a.a.O., S. 469 f. Das AICPA gibt Beispiele für praktische Konsequenzen aus SFAS No. 94 für einige amerikanische Muttergesellschaften. Vgl. AICPA (Hrsg.): Trends 1988, a.a.O., S. 35 ff.

2) Vgl. FEE (Hrsg.): Seventh Directive options, a.a.O., S. 11.

3) Vgl. AICPA (Hrsg.): Trends 1988, a.a.O., S. 45.

4) Vgl. AICPA (Hrsg.): Trends 1996, a.a.O., S. 52.

5) Vgl. EBELING, R.M.: Die Einheitsfiktion als Grundlage der Konzernrechnungslegung, a.a.O., S. 402.

6) Vgl. SIEBOURG, P.: § 290 Pflicht zur Aufstellung, a.a.O., Rn. 36.

7) Gegenteiliger Ansicht ist WECHSLER, D.: Mishmash Accounting, in: Forbes, 27.11.89, S. 192.

8) Vgl. ZWINGMANN, L.: Zur Einbeziehung von Tochterunternehmen in den Konzernabschluß - Kritik an den Vorschriften der §§ 295 und 296 HGB, in: DStR, 32. Jg. (1994), S. 1547-1552, hier S. 1548 ff. Grundsätzlich gleicher Ansicht ist KRAWITZ, N.: Die Abgrenzung des Konsolidierungskreises, a.a.O., S. 350 f., der aber bei bloßen Vermögensbeschränkungen statt eines Einbeziehungsverbots Davon-Vermerke als sachgerechter ansieht.

Kriterien erfüllt ist, bei denen über IAS 27 hinaus von Kontrolle über ein Unternehmen ausgegangen werden kann. Dazu gehört beispielsweise, ausschließlich im Namen oder zugunsten des (Mutter-)Unternehmens zu handeln.

4.3.1.3 Beurteilung der Ausnahmen vom Einbeziehungsgrundsatz

In den USA bestehen im Vergleich zur 7. EGR wesentlich weniger Ausnahmen von der Einbeziehungspflicht. Das ist positiv, da dies die Willkür bei der Einbeziehung von Tochterunternehmen beschränkt. Dabei ist die höhere Dynamik des US-Rechts am Einbeziehungsverbot aufgrund abweichender Tätigkeit deutlich erkennbar. In den USA galt dies zur Zeit der Erstellung der 7. EGR noch. Aufgrund der oben angeführten Mißbrauchsmöglichkeit gilt das Einbeziehungsverbot in den USA heute jedoch nicht mehr.[1] Auch wenn das Einbeziehungsverbot gemäß Art. 14 Abs. 2 der 7. EGR nur restriktiv anzuwenden ist, stellt die amerikanische Entwicklung unter Objektivierungsgesichtspunkten die bessere Alternative dar.

Sind Geschäftsführungs- oder Vermögensrechte beschränkt oder besteht eine Weiterveräußerungsabsicht, so kann nicht davon ausgegangen werden, daß diese Tochterunternehmen wirklich dem Einfluß des Mutterunternehmens unterliegen. Insofern stellen die US-GAAP und IAS mit ihren Einbeziehungsverboten hier die adäquatere Behandlungsweise dar. Über die amerikanischen Regelungen hinaus sind von einem Einbeziehungsverbot unter Objektivierungsgesichtspunkten jedoch in jedem Fall Vermögensbeschränkungen auszunehmen, denen sich der Konzern freiwillig unterzogen hat, wie beispielsweise bei Unterstützungskassen. Dies fördert die Vergleichbarkeit mit Unternehmen, die statt dessen ihren Arbeitnehmern eine Altersversorgung in Form von Direktzusagen und Pensionsrückstellungen gewähren. Hier ist ein Davon-Vermerk sinnvoller.[2]

Für Tochterunternehmen von untergeordneter Bedeutung stellt die 7. EGR explizit ein Einbeziehungswahlrecht zur Verfügung. Ein solches besteht zwar weder in den USA noch in den IAS. Dennoch ist die praktische Verfahrensweise aufgrund der Grundsätze der materiality und der fair presentation beziehungsweise des true and fair view jeweils ähnlich. Zur Einschränkung von Ermessensspielräumen ist jedoch eine Objektivierung wünschenswert.[3]

---

1) Vgl. FÖRSCHLE, G./KRONER, M./MANDLER, U.: Internationale Rechnungslegung: US-GAAP, HGB und IAS, a.a.O., S. 73.

2) Vgl. KRAWITZ, N.: Die Abgrenzung des Konsolidierungskreises, a.a.O., S. 348.

3) Anderer Ansicht ist KRAWITZ, der für eine flexible Handhabung plädiert, gleichzeitig aber eine verbesserte Berichterstattung über dieses Wahlrecht durch quantitative Angaben, und zwar insbesondere durch Verhältniszahlen fordert. Vgl. KRAWITZ, N.: Die Abgrenzung des Konsolidierungskreises, a.a.O., S. 352.

So könnte eine untergeordnete Bedeutung anhand relativer Kennzahlen definiert werden. Besser wäre jedoch im Sinne der Vollständigkeit ein genereller Verzicht auf Ausnahmen aufgrund der Wesentlichkeit, da es durch die Computerunterstützung bei der Konzernrechnungslegung kein Problem darstellen sollte, die Daten zu ermitteln. Eine Ausnahme von der Einbeziehungspflicht aufgrund unverhältnismäßig hoher Kosten oder Verzögerungen besteht in den USA ebenfalls nicht explizit. Ersteres ist dadurch erklärbar, daß die Konzernrechnungslegungspflicht primär für börsennotierte Gesellschaften gilt, die in der Regel zu den größeren Unternehmen gehören und in der Lage sein sollten, diese Belastung zu tragen. Letzteres kommt sicherlich selten vor und hängt von der Länge des Zeitraums ab, der für die Erstellung des Konzernabschlusses zur Verfügung steht. Die international üblichen Fristen sollten jedoch ausreichend sein.[1)]

Die US-GAAP und die IAS sind wesentlich strenger als die 7. EGR und entsprechen daher den Kriterien der Verläßlichkeit und Verständlichkeit insgesamt relativ gut. Die 7. EGR enthält nicht nur zu viele Wahlrechte, sondern auch ein Verbot, das aus Objektivierungsgesichtspunkten besser ein Einbeziehungsgebot sein sollte. Daher erfüllt die 7. EGR keins der Kriterien.

4.3.2 Konsolidierungskreis im weiteren Sinne

Nachdem der Konsolidierungskreis im engeren Sinne lediglich aus dem Mutterunternehmen und vollzukonsolidierenden Tochterunternehmen besteht, werden nach Feststellung der Konzernrechnungslegungspflicht darüber hinaus auch Gemeinschaftsunternehmen und assoziierte Unternehmen im Konzernabschluß nach gesonderten Methoden konsolidiert bzw. bewertet, so daß sich der Konsolidierungskreis im weiteren Sinne ergibt.

Ein Gemeinschaftsunternehmen wird gemeinschaftlich mit einem oder mehreren nicht in den Konzernabschluß einbezogenen Unternehmen geführt. Auf assoziierte Unternehmen wird ein maßgeblicher Einfluß ausgeübt, der gemäß Art. 33 Abs. 1 der 7. EGR sowie gemäß IAS 28.4 und APB Opinion No. 18[2)], par. 17 bei einem Stimmrechtsanteil von mindestens 20 % vermutet wird.

Wichtig ist, daß ein Unternehmen, das nur Beteiligungen an assoziierten Unternehmen und Gemeinschaftsunternehmen besitzt, nicht konzernrechnungslegungspflichtig ist, und

---

1) Vgl. ZWINGMANN, L.: Zur Einbeziehung von Tochterunternehmen in den Konzernabschluß - Kritik an den Vorschriften der §§ 295 und 296 HGB, a.a.O., S. 1548 ff.

2) Vgl. APB: APB Opinion No. 18: The Equity Method of Accounting for Investments in Common Stock, 1971, in: FASB (Hrsg.): Original Pronouncements, Accounting Standards as of June 1, 1998, a.a.O., Bd. II, S. 230-238.

zwar unabhängig davon, daß der Equity-Ansatz für assoziierte Unternehmen informativer wäre und auch Gemeinschaftsunternehmen in den Einzelabschluß nur mit dem Anschaffungswert eingehen.[1] Es ist jedoch anzumerken, daß gemäß IAS 28.14a die Equity-Methode auch im Einzelabschluß angewandt werden darf und darüber hinaus gemäß APB Opinion No. 18, par. 17 im Einzelabschluß sogar zwingend anzuwenden ist, während Art. 59 der 4. EGR i.V.m. Art. 45 der 7. EGR nur ein Mitgliedstaatenwahlrecht vorsieht, das durch Deutschland nicht umgesetzt wurde.[2] Hierdurch entsteht in Deutschland die merkwürdige Situation, daß im Einzelabschluß für die Equity-Methode ein Anwendungsverbot besteht, während im Konzernabschluß ein Anwendungsgebot gilt.[3]

Unter Berücksichtigung von sonstigen Beteiligungen, die nicht konsolidiert werden, gibt es in der 7. EGR also für ein Mutterunternehmen vier Ebenen von Beteiligungen an Unternehmen, die in Abhängigkeit von den jeweiligen Einflußmöglichkeiten im Konzernabschluß unterschiedlich berücksichtigt werden. Dies wird auch als Stufenkonzept bezeichnet.[4] Da in den USA eine quotale Konsolidierung nicht allgemein zulässig und statt dessen für Gemeinschaftsunternehmen die Equity-Methode anzuwenden ist, gibt es dort nur drei Ebenen.[5] Aus dem Stufenkonzept folgt, daß der Konzernabschluß nicht mehr am Konzernverständnis des § 18 AktG orientiert ist, sondern einen Abschluß über den Einflußbereich des Konzerns darstellt.[6]

---

1) Vgl. THEISEN, M.R.: Der Konzern, a.a.O., S. 367 f.

2) Vgl. JONAS, H.H.: Der Konzernabschluß, a.a.O., S. 250 f.; HAVERMANN, H.: Die Equity-Methode von Beteiligungen, in: WPg, 40. Jg. (1987), S. 315-320, hier S. 315.

3) Vgl. KÜTING, K./HAYN, B./ZÜNDORF, H.: § 312 Wertansatz der Beteiligung und Behandlung des Unterschiedsbetrags, in: Küting, K./Weber, C.-P. (Hrsg.): Handbuch der Konzernrechnungslegung, a.a.O., S. 1751-1856, hier Rn. 4.

4) Vgl. BAETGE, J.: Konzernbilanzen, a.a.O., S. 115 f., der von einer Stufenkonzeption spricht; BUSSE VON COLBE, W./ORDELHEIDE, K.: Konzernabschlüsse, a.a.O., S. 453; BUSSE VON COLBE, W./CHMIELEWICZ, K.: Das neue Bilanzrichtlinien-Gesetz, in: DBW, 46. Jg. (1986), S. 289-347, hier S. 326 f., die von zwei Übergangsstufen sprechen; FLIESS, O.: Konzernabschluß in Großbritannien, a.a.O., S. 55 ff., der sowohl von Stufenkonzept als auch von Stufenkonzeption spricht; HARMS, J.E./KNISCHEWSKI, G.: Quotenkonsolidierung versus Equity-Methode im Konzernabschluß, a.a.O., S. 1353; KRAWITZ, N.: Die Abgrenzung des Konsolidierungskreises, a.a.O., S. 342 f., der von einer Stufenkonzeption spricht; ORDELHEIDE, D.: Der Konzern als Gegenstand betriebswirtschaftlicher Forschung, in: BFuP, 38. Jg. (1986), S. 293-312, hier S. 298 f.; WEBER, C.-P.: Praxis der Kapitalkonsolidierung im internationalen Vergleich, a.a.O., S. 10, der von vier Schichten spricht.

5) Vgl. WEBER, C.-P.: Praxis der Kapitalkonsolidierung im internationalen Vergleich, a.a.O., S. 36 f. und S. 211.

6) Vgl. EISELE, W./RENTSCHLER, R.: Gemeinschaftsunternehmen im Konzernabschluß, in: BFuP, 41. Jg. (1989), S. 309-324, hier S. 311.

4.3.3 Änderungen im Konsolidierungskreis

Art. 28 der 7. EGR schreibt vor, daß bei einer erheblichen Veränderung des Konsolidierungskreises im Konzernabschluß Angaben gemacht werden müssen, damit die Konzernabschlüsse aufeinander folgender Perioden vergleichbar sind. Darüber hinaus gibt er den Mitgliedstaaten die Möglichkeit, zuzulassen oder vorzuschreiben, daß die Unternehmen bei erheblicher Änderung des Konsolidierungskreises eine geänderte Eröffnungsbilanz und eine geänderte Gewinn- und Verlustrechnung aufstellen.[1]

Mit dieser Regelung geht die 7. EGR über die bisherige deutsche Praxis hinaus, lediglich Erläuterungen vorzunehmen.[2] Das Wahlrecht in Art. 28 der 7. EGR verkörpert eine liberalere Rechnungslegung als eine enge Auslegung von Art. 31 Abs. 1 Buchstabe f) der 4. EGR in bezug auf Änderungen in der Rechnungslegungspolitik im Einzelabschluß.[3] Nur Spanien schreibt die Änderung von Eröffnungsbilanz und Gewinn- und Verlustrechnung vor. In Frankreich, Griechenland, Großbritannien und Irland ist dies nicht einmal erlaubt. Im belgischen Recht ist dies nicht erwähnt, aber in der Praxis wird es nicht angewandt. In Frankreich verlangt die Börsenaufsichtsbehörde sowohl die historischen als auch die geänderten historischen Daten, und in den Niederlanden ist die Änderung der Eröffnungsdaten nur erlaubt, sofern dies notwendig ist, um ein der Generalnorm entsprechendes Bild zu gewährleisten.[4]

IAS 27.32b(iv) fordert allgemein, bei Änderung des Konsolidierungskreises die Beeinflussung des Konzernabschlusses zur Herstellung einer Vergleichbarkeit zum Vorjahr anzugeben.[5]

In den USA sind weitreichendere Angaben als nach der 7. EGR zu machen. So sind einerseits gemäß Rule 3A-03(b) der Regulation S-X die Unternehmen zu nennen, die neu in den Konsolidierungskreis aufgenommen werden oder aus diesem abgehen, und andererseits ist gemäß APB Opinion No. 20[6], par. 34 eine Vergleichbarkeit nicht nur mit dem

---

1) Vgl. FEE (Hrsg.): Seventh Directive options, a.a.O., S. 32.

2) Vgl. KLÖS, H.L.: Die 7. gesellschaftsrechtliche Richtlinie über den konsolidierten Abschluß (Ratsdokument 83/349/EWG), a.a.O., S. 70.

3) Vgl. FEE (Hrsg.): 1992 FEE analysis, a.a.O., S. 8 f.

4) Vgl. FEE (Hrsg.): Seventh Directive options, a.a.O., S. 33.

5) Vgl. IDW (Hrsg.): Rechnungslegung nach International Accounting Standards, a.a.O., S. 261.

6) Vgl. APB: APB Opinion No. 20: Accounting Changes, 1971, in: FASB (Hrsg.): Original Pronouncements, Accounting Standards as of June 1, 1998, a.a.O., Bd. II, S. 244-258.

Vorjahr, sondern mit den beiden vorangegangenen Jahren herzustellen, sofern die Änderung nach par. 38 wesentlich ist.[1]

Für die Adressaten der Konzernrechnungslegung ist es jedoch sinnvoll, daß jeder Zu- und Abgang des Konsolidierungskreises angegeben wird. Sofern insgesamt die Auswirkungen auf den Konzernabschluß in bezug auf die Bilanzsumme, die Umsatzerlöse oder das Jahresergebnis die 10%-Schwelle überschreiten, ist darüber hinaus eine Quantifizierung der Auswirkung sinnvoll.[2] Durch die Wahl dieser drei wichtigen Größenkennziffern wird gewährleistet, daß wesentliche Änderungen einer Kennzahl nicht aufgrund einer unwesentlichen Änderung einer anderen als ausschließliches Kriterium verwendeten Kennzahl nicht quantifiziert werden brauchen. Problematisch wird die 10%-Grenze allerdings bei Jahresergebnissen, die nahe null liegen, da hier die 10%-Grenze sehr schnell überschritten wird. Als zusätzliche absolute Wesentlichkeitsgrenze in bezug auf das Jahresergebnis bietet sich ein Betrag an, der in einem festen Verhältnis zu den Umsatzerlösen steht, da das Jahresergebnis zu diesen in einem engen Zusammenhang steht, oder zum eingesetzten Kapital, also der Bilanzsumme, da das Jahresergebnis eine Verzinsung des eingesetzten Kapitals darstellt. Bei Überschreiten der 10%-Grenze beim Jahresergebnis ist daher die gleichzeitige absolute Veränderung der Bilanzsumme oder der Umsatzerlöse um mindestens 1 % als notwendige einschränkende Voraussetzung sinnvoll.

Zur Quantifizierung ist ein Dreispaltenschema[3] zu benutzen, das die zusätzliche Aufstellung eines Konzernabschlusses mit dem alten Konsolidierungskreis vorsieht, weil dies mehr Informationen bietet als ein Zweispaltenschema und davon ausgegangen werden kann, daß es technisch leichter zu erstellen ist, da nicht auf Vorjahreszahlen zurückgegriffen werden muß. Dadurch ist im folgenden Jahr zwar keine Vergleichbarkeit mit den beiden Vorjahren gegeben, wie dies in den USA gefordert wird. Aber die Aussagefähigkeit eines zwei Jahre alten Konzernabschlusses, der an den aktuellen Konsolidierungskreis angepaßt wurde, ist doch eher als gering zu beurteilen, so daß der Aufwand im Verhältnis zur Information nicht gerechtfertigt wäre.

Die 7. EGR und die IAS enthalten keine konkreten Regelungen, wann und wie eine Änderung des Konsolidierungskreises darzustellen ist. Daher können sie die Kriterien nicht

---

1) Vgl. EISOLT, D.: US-amerikanische und deutsche Konzernrechnungslegung, a.a.O., S. 164 f.; JARNAGIN, B.D.: Financial Accounting Standards, 18. Aufl. 1996, S. 16.

2) APB Opinion No. 20, par. 38 beschäftigt sich zwar explizit mit der Wesentlichkeit in bezug auf Änderungen des Konsolidierungskreises, macht aber trotzdem keine konkreten Angaben, wann eine Änderung als wesentlich anzusehen ist.

3) Vgl. EISOLT, D.: US-amerikanische und deutsche Konzernrechnungslegung, a.a.O., S. 163 f.

erfüllen. Die US-GAAP sind hier wesentlich ausführlicher und erfüllen die Kriterien immerhin teilweise.

4.4 Vollkonsolidierung verbundener Unternehmen

Sowohl nach der 7. EGR als auch nach den US-GAAP und den IAS stellt der Konzernabschluß den Einzelabschluß der wirtschaftlichen Einheit Konzern dar. Da dieser aber aus rechtlich selbständigen Unternehmen besteht, ist für alle in den Konzernabschluß einzubeziehenden Tochterunternehmen, wie aus Abbildung 11 ersichtlich, eine Vollkonsolidierung, bestehend aus Kapitalkonsolidierung, Zwischenergebniseliminierung, Schulden- sowie Aufwands- und Ertragskonsolidierung, durchzuführen.[1)]

Abb. 11: Konzernverflechtungen und Konsolidierungsmaßnahmen

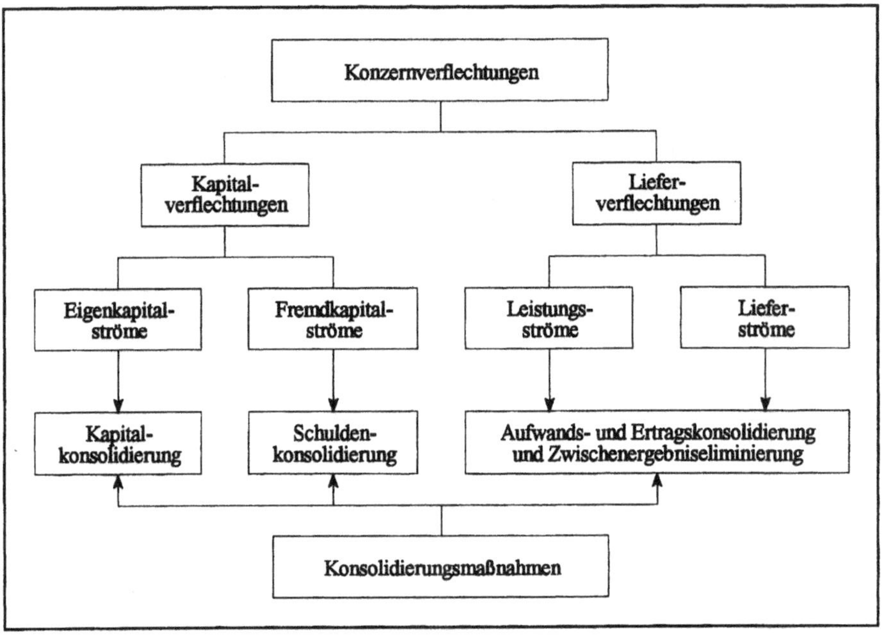

Quelle: PELLENS, B.: Der Informationswert von Konzernabschlüssen, a.a.O., S. 128.

Dabei werden unabhängig von der Beteiligungsquote alle Vermögensgegenstände, Schulden, Rechnungsabgrenzungsposten, Bilanzierungshilfen und Sonderposten aus den Bilanzen der Tochterunternehmen sowie die Aufwendungen und Erträge in voller Höhe in den Konzernabschluß aufgenommen. Nicht dem Mutterunternehmen gehörende Anteile am Eigenkapital werden als Ausgleichsposten separat ausgewiesen. Analog wird der anderen

1) Vgl. GRÄFER, H./SCHELD, G.: Grundzüge der Konzernrechnungslegung, a.a.O., S. 42 f.

Gesellschaftern zustehende Ergebnisanteil ebenfalls separat ausgewiesen. Diese Methode wird daher auch als Vollkonsolidierung mit Minderheitenausweis bezeichnet.[1)]

Im bestehenden Recht gibt es sowohl in den USA als auch in den IAS und der 7. EGR grundsätzlich zwei verschiedene Vollkonsolidierungsmethoden, nämlich die Erwerbsmethode und die Interessenzusammenführungsmethode. Unabhängig von der jeweils anzuwendenden Methode sind die zu konsolidierenden Einzelabschlüsse jedoch zunächst für die Einbeziehung in den Konzernabschluß vorzubereiten.

4.4.1 Vorbereitung der Einzelabschlüsse für die Einbeziehung in den Konzernabschluß

Bevor mit der Konsolidierung der Einzelabschlüsse begonnen werden kann, muß noch eine ganze Reihe von konsolidierungsvorbereitenden Maßnahmen durchgeführt werden. Dies betrifft die Abschlußstichtage, die Gliederungen der Zahlenwerke und deren einheitliche Bewertung, die Rückgängigmachung von Wertberichtigungen aufgrund steuerlicher Vorschriften sowie die Währungsumrechnung.

4.4.1.1 Stichtag des Konzernabschlusses und der Einzelabschlüsse

Grundsätzlich wird der Konzernabschluß gemäß Art. 27 Abs. 1 der 7. EGR zum gleichen Stichtag wie der Einzelabschluß des Mutterunternehmens aufgestellt. Art. 27 Abs. 2 der 7. EGR gibt den Mitgliedstaaten jedoch die Möglichkeit, den Unternehmen zu gestatten oder vorzuschreiben, einen anderen Abschlußstichtag als den des Einzelabschlusses des Mutterunternehmens zu wählen, wobei gleichzeitig eine Einschränkung auf den Stichtag der Mehrzahl oder der bedeutendsten Unternehmen erfolgt. Besondere Vorgänge zwischen dem Abschlußstichtag des Konzernabschlusses und der Einzelabschlüsse konsolidierter Unternehmen sind zu berücksichtigen oder anzugeben. Kein Mitgliedstaat schreibt vor, unter den in Art. 27 Abs. 2 genannten Voraussetzungen einen anderen Stichtag zu wählen. In Dänemark, Großbritannien, Irland und den Niederlanden ist dies nicht einmal erlaubt. In den übrigen Mitgliedstaaten kann der abweichende Stichtag nicht frei gewählt werden, sondern ist durch zusätzliche Voraussetzungen eingeschränkt.[2)]

"In manchen Fällen wird für die Obergesellschaft ein etwas späterer Abschlußstichtag gewählt, um zu ermöglichen, daß die Gewinne der Untergesellschaften demnächst, nicht

---

1) Vgl. WEBER, C.-P./ZÜNDORF, H.: § 307 Anteile anderer Gesellschafter, in: Küting, K./Weber, C.-P. (Hrsg.): Handbuch der Konzernrechnungslegung, a.a.O., S. 1611-1626, hier Rn. 1.

2) Vgl. FEE (Hrsg.): Seventh Directive options, a.a.O., S. 32.

erst ein Jahr später, bei der Obergesellschaft vereinnahmt werden können."[1] Problematisch wird dies jedoch spätestens in mehrstufigen Konzernen. Darüber hinaus können abweichende Abschlußstichtage auch zu zusätzlichem Konsolidierungsaufwand führen, beispielsweise aufgrund stichtagsbezogener Aufrechnungsdifferenzen bei der Schuldenkonsolidierung.[2] Gemäß Art. 27 Abs. 3 der 7. EGR sind für Abschlußstichtage, die mehr als drei Monate vor dem Konzernabschlußstichtag liegen, Zwischenabschlüsse aufzustellen. Aus deutscher Sicht konnte die Umsetzung des Art. 27 Abs. 3 nur entweder zu einer Verschärfung oder zu einer Lockerung des bestehenden Rechts führen. Eine Nichtgewährung des Wahlrechts hätte eine Verschärfung zur Folge gehabt. Die Gewährung führt dagegen zu einer Lockerung insofern, als bei abweichendem Jahresabschlußstichtag eines Tochterunternehmens nicht mehr wie in § 331 Abs. 2 AktG 1965 grundsätzlich ein Zwischenabschluß zu erstellen ist.[3] In den USA existiert keine Regelung für einen vom Einzelabschluß des Mutterunternehmens abweichenden Konzernabschlußstichtag. Da der Konzernabschluß an die Stelle des Einzelabschlusses tritt, muß der Stichtag des Konzernabschlusses mit dem des Einzelabschlusses des Mutterunternehmens notwendigerweise identisch sein.[4] Auch wenn gemäß Art. 27 Abs. 2 der 7. EGR abweichende Konzernabschlußstichtage im Anhang zu erläutern sind, ist die Übereinstimmung der Abschlußstichtage von Konzernabschluß und Einzelabschluß des Mutterunternehmens sinnvoll.[5]

Die Regelung für abweichende Stichtage der Einzelabschlüsse der einzubeziehenden Tochterunternehmen ist gemäß ARB 51, par. 4 weitgehend identisch mit der 7. EGR.[6] Wesentliche Vorgänge zwischen den Abschlußstichtagen sind ebenfalls in Anmerkungen oder durch entsprechende Korrekturen zu berücksichtigen.[7] Die Regelung des IASC in bezug auf abweichende Abschlußstichtage in IAS 27.19 f. ist analog der Regelung in ARB 51, par. 4.

---

1) DEUTSCHER BUNDESTAG: Begründung zum Entwurf eines Aktiengesetzes, a.a.O., S. 242.

2) Vgl. BAETGE, J.: Konzernbilanzen, a.a.O., S. 313.; HARMS, J.E.: § 303 Schuldenkonsolidierung, in: Küting, K./Weber, C.-P. (Hrsg.): Handbuch der Konzernrechnungslegung, a.a.O., S. 1491-1521, Rn. 37.

3) Vgl. BIENER, H./SCHATZMANN, J.: Konzern-Rechnungslegung, a.a.O., S. 44; HARMS, J.E.: § 303 Schuldenkonsolidierung, a.a.O., Rn. 37.

4) Vgl. EISOLT, D.: US-amerikanische und deutsche Konzernrechnungslegung, a.a.O., S. 221.

5) Vgl. LANGE, S.: Die Wahl des Konzernbilanzstichtags, in: DStR, 31. Jg. (1993), S. 774-778, hier S. 778.

6) Grundsätzlich übereinstimmend mit ARB No. 51, par. 4 ist Rule 3A-02(b) der Regulation S-X, die allerdings statt von drei Monaten von 93 Tagen spricht.

7) Vgl. EISOLT, D.: US-amerikanische und deutsche Konzernrechnungslegung, a.a.O., S. 221 ff.; WEBER, C.-P.: Praxis der Kapitalkonsolidierung im internationalen Vergleich, a.a.O., S. 38.

Die Regelungen bezüglich abweichender Abschlußstichtage entstanden bereits in den frühen 30er Jahren in den USA und werden seit längerem aufgrund der modernen Datenverarbeitungs- und Kommunikationstechniken für nicht mehr zeitgemäß gehalten.[1] Daher sind die Stichtage der Einzelabschlüsse aller Konzernunternehmen mit dem Konzernabschlußstichtag in Übereinstimmung zu bringen oder Zwischenabschlüsse aufzustellen. Dadurch werden stichtagsbezogene Aufrechnungsdifferenzen bei der Schuldenkonsolidierung und das Auftreten sonstiger Vorgänge zwischen den Abschlußstichtagen vermieden, deren bloße Nennung das Informationsdefizit, das mangels periodenkongruenter Aufstellung entsteht, nicht ersetzen kann. Dies ist eine eindeutige Regelung, die gleichzeitig die beiden Kriterien voll erfüllt. Da sowohl nach der 7. EGR als auch nach den US-GAAP und den IAS nur bei mehr als drei Monate vor dem Konzernabschlußstichtag liegenden Einzelabschlußstichtagen Zwischenabschlüsse zu erstellen sind, werden die beiden Kriterien nur relativ gut erfüllt.

4.4.1.2 Gliederung der Zahlenwerke

Die Bilanz stellt zusammen mit der Gewinn- und Verlustrechnung die beiden Zahlenwerke des Abschlusses dar, die durch den Anhang und gegebenenfalls durch den Lagebericht ergänzend erläutert werden. Gemäß Art. 17 Abs. 1 der 7. EGR erfolgt die Gliederung des konsolidierten Abschlusses analog der 4. EGR "unter Berücksichtigung der Anpassungen, die sich aus den besonderen Merkmalen eines konsolidierten Abschlusses im Vergleich zum Jahresabschluß zwangsläufig ergeben." Dabei werden die größenabhängigen Erleichterungen der Art. 11, 12 und 27 der 4. EGR für den Konzernabschluß ausgeklammert.

4.4.1.2.1 Gliederung der Konzernbilanz

Gemäß Art. 17 Abs. 1 der 7. EGR ist die Konzernbilanz nach den sehr detaillierten Gliederungen der Art. 8 bis 10 der 4. EGR nach zunehmender Liquidität in Konto- oder Staffelform aufzustellen. Dabei haben sieben Mitgliedstaaten die Kontoform vorgeschrieben und fünf das Wahlrecht an die Unternehmen weitergegeben, so daß die Kontoform überall anwendbar ist. Insofern ist es erstaunlich, daß sich die Mitgliedstaaten nicht darauf einigen konnten, den Ausweis in Kontoform verbindlich vorzuschreiben, da das Wahlrecht aufgrund der lediglich optischen Unterschiede der Gliederungsformen unnötig ist.[2]

---

1) Vgl. EISOLT, D.: US-amerikanische und deutsche Konzernrechnungslegung, a.a.O., S. 222 f.

2) Vgl. KLOOS, G.: Die Transformation der 4. EG-Richtlinie, a.a.O., S. 188 f.

In den USA wird die Bilanz üblicherweise in Staffelform aufgestellt, obwohl die Kontoform ebenfalls erlaubt ist. Dieser Trend zur Staffelform hat ständig zugenommen. Im Unterschied zum europäischen Recht wird die Bilanz jedoch nach abnehmender Liquidierbarkeit gegliedert.[1] Dies ergibt sich aus dem Mindestgliederungsschema für die Bilanz in Rule 5.02 der Regulation S-X.[2]

In den IAS sind nur wenige und zudem verstreute Informationen über die Ausweisformen der financial statements enthalten. IAS 1.68 schreibt explizit kein Gliederungsformat für die Bilanz vor. Auch die Unterteilung in Anlage- und Umlaufvermögen, die durch den nicht mehr gültigen IAS 13.7 freigestellt war, bleibt in IAS 1.53 erhalten. Im Anhang zu IAS 1 ist jedoch eine Bilanzgliederung in Kontoform nach zunehmender Liquidierbarkeit beispielhaft dargestellt. Der Anhang ist zwar nur illustrativ und stellt keinen Bestandteil der IAS dar. Mangels alternativer Beispiele ist dieses Gliederungsformat jedoch richtungweisend und führt zu einer gewissen Verbindlichkeit.

Fehlende, schlecht detaillierte oder abweichende Gliederungsschemata stehen einer Vergleichbarkeit zwar nicht grundsätzlich im Wege; sie erschweren sie jedoch, insbesondere beim Vergleich verschiedensprachiger Abschlüsse. Infolge des Grundsatzes der substance over form wird in den USA mehr Wert auf den Inhalt als auf die Gliederung gelegt. Folglich sind die formellen Vorschriften nicht so ausgeprägt wie in der 7. EGR. Durch die - wenn auch nur beispielhafte - Angabe nur eines Gliederungsformats im Anhang von IAS 1 ist für die Zukunft eine Vereinheitlichung in IAS-konformen Abschlüssen zu erwarten.

4.4.1.2.2 Gliederung der Konzern-Gewinn- und Verlustrechnung

Die Gewinn- und Verlustrechnung (GuV) dient der Ermittlung des Erfolgs des abgelaufenen Geschäftsjahrs sowie der Erfolgsquellen und damit der Darstellung der Ertragslage des Unternehmens. Aus Sicht amerikanischer Investoren stellt sie den bedeutsamsten Jahresabschlußbestandteil dar, da sie Anhaltspunkte über die zukünftige Entwicklung bietet.[3] Konsequenterweise steht die GuV daher in amerikanischen Jahresabschlüssen regelmäßig vor der Bilanz und den anderen Jahresabschlußrechnungen.[4]

---

1) Vgl. AICPA (Hrsg.): Trends 1988, a.a.O., S. 93; DASS.: Trends 1996, a.a.O., S. 141; FÖRSCHLE, G./KRONER, M./MANDLER, U.: Internationale Rechnungslegung: US-GAAP, HGB und IAS, a.a.O., S. 9.

2) Vgl. FÄRBER, T./JANSEN, M./KOCH, P./LEIDINGER, P.W./RAUSCH, A.: Bilanzpolitische Gestaltungsmöglichkeiten in den USA, a.a.O., S. 67.

3) Vgl. FÖRSCHLE, G./KRONER, M./MANDLER, U.: Internationale Rechnungslegung: US-GAAP, HGB und IAS, a.a.O., S. 46 f.

4) Vgl. AICPA (Hrsg.): Trends 1988, a.a.O., S. 28; DASS.: Trends 1996, a.a.O., S. 29.

Für die Konzernrechnungslegung ist aufgrund der Fiktion der rechtlichen Einheit in Art. 26 Abs. 1 der 7. EGR, die Konzern-GuV so darzustellen, daß sie ein den tatsächlichen Verhältnissen entsprechendes Bild der Ertragslage der konsolidierten Unternehmen gibt. Dies impliziert, daß die Konzern-GuV grundsätzlich analog zu den Einzel-GuV gegliedert ist.[1] Die 7. EGR enthält in Art. 17 auch explizit einen Verweis auf die Gliederungsformate der 4. EGR, wobei als Abweichungen von der Gliederung der GuV des Einzelabschlusses durch die 7. EGR jedoch zwei Ergänzungen kodifiziert sind, die zusätzliche konzernspezifische Informationen vermitteln. So ist in Art. 23 der gesonderte Ausweis des Anteils der anderen Anteilseigner am Gewinn oder Verlust kodifiziert und in Art. 33 Abs. 6 der gesonderte Ausweis des auf assoziierte Beteiligungen entfallenden Ergebnisses.[2] Analog zu Art. 21 wird in Art. 23 für den Anteil der Minderheiten am Ergebnis ein Ausweisort nicht festgelegt. Laut BIENER/SCHATZMANN "dürfte ein Ausweis vor dem Konzernergebnis dem Grundsatz der Klarheit und Übersichtlichkeit am besten entsprechen."[3] Aus Sicht der zu informierenden Investoren ist jedoch zunächst das ungeteilte Konzernergebnis von Interesse, bevor es nach Anteilseignern des Mutterunternehmens und der Minderheiten unterteilt wird, zumal die Konzernleitung über das Eigenkapital der Minderheiten verfügen kann. Dies entspricht auch der Umsetzung des deutschen Gesetzgebers in § 307 Abs. 2 HGB.

Solange dem Konzernabschluß keine Ausschüttungsbemessungsfunktion zukommt, sind die Dividenden an die Minderheitsgesellschafter in jedem Fall aus dem Jahresüberschuß des jeweiligen Tochterunternehmens zu zahlen und stellen im Gegensatz zum Zins bei der Fremdfinanzierung keinen ertragsmindernden Aufwand dar. Da es sich also weder um Dividenden für die Anteilseigner des Mutterunternehmens noch um Zinsaufwand handelt, bietet sich analog dem Vorgehen bei der Bilanzierung der Minderheitenanteile am Eigenkapital ebenfalls ein gesonderter Ausweis in der GuV an. Da ihnen jedoch kein Aufwandscharakter zukommt, kann allein der Ausweis nach dem Konzernergebnis das Kriterium der Verständlichkeit erfüllen. Um das Informationspotential des Konzernabschlusses voll auszuschöpfen, wäre hier auch der Ausbau zu einer Ergebnisverwendungsrechnung unter Berücksichtigung der gültigen Ausschüttungsmodalitäten sinnvoll.[4]

---

1) Vgl. TELKAMP, H.-J.: § 305 Aufwands- und Ertragskonsolidierung, in: Küting, K./Weber, C.-P. (Hrsg.): Handbuch der Konzernrechnungslegung, a.a.O., S. 1557-1593, hier Rn. 3.

2) Vgl. RIESE, J.: Die Konzern-Gewinn- und Verlustrechnung, in: Albach, H./Klein, G. (Hrsg.): Harmonisierung der Konzernrechnungslegung in Europa, a.a.O., S. 95-116, hier S. 96 f.

3) BIENER, H./SCHATZMANN, J.: Konzern-Rechnungslegung, a.a.O., S. 40.

4) Vgl. EBELING, R.M.: Die Einheitsfiktion als Grundlage der Konzernrechnungslegung, a.a.O., S. 341 ff.

Aufgrund des Vollständigkeitgebots, das für die GuV explizit in Art. 22 der 7. EGR kodifiziert ist, sind alle Aufwendungen und Erträge sämtlicher konsolidierter Unternehmen vollständig in die konsolidierte GuV zu übernehmen. Es sind allerdings noch konsolidierungstechnische Verrechnungen und Umgruppierungen durchzuführen, um Mehrfacherfassungen zu vermeiden und die Aufwendungen und Erträge der Konzernsicht entsprechend auszuweisen.[1)]

BAETGE unterteilt die Herleitung der Konzern-GuV in drei Schritte:[2)]

- Vereinheitlichung der GuV in bezug auf Bewertung und GuV-Verfahren (GuV II),
- Addition der GuV II der zu konsolidierenden Unternehmen zu einer Summen-GuV und schließlich
- die Aufwands- und Ertragskonsolidierung.

Die beiden Hauptausprägungen der GuV sind das Gesamtkostenverfahren (GKV) und das Umsatzkostenverfahren (UKV). Die Unterschiede beschränken sich auf die Darstellung des betrieblichen Bereichs, und zwar einerseits auf die Höhe der in den jeweiligen Perioden berücksichtigten Aufwendungen und Erträge sowie andererseits auf deren Verteilung auf die je nach Verfahren unterschiedlichen Positionen des betrieblichen Bereichs. Dabei werden nach dem UKV nur die durch den Umsatzprozeß verursachten Aufwendungen und Erträge den jeweiligen zweckbezogen nach Funktionsbereichen gegliederten Positionen zugeordnet, während nach dem GKV die gesamten in der jeweiligen Periode angefallenen Aufwendungen und Erträge den jeweiligen nach primären Aufwandsarten gegliederten Positionen zugeordnet werden. Das Ergebnis ist jedoch bei beiden Verfahren gleich, da beim GKV die Aufwendungen der in einer Periode nicht verkauften Güter gemäß Art. 23 der 4. EGR in den beiden Korrekturposten "Veränderung des Bestandes an fertigen und unfertigen Erzeugnissen" sowie "Andere aktivierte Eigenleistungen" erfaßt werden. Entsprechend führen die verkauften, aber in Vorperioden produzierten Güter zu negativen Bestandsveränderungen. Das GKV wird daher auch Produktionsrechnung[3)] genannt.[4)]

Generell gilt gemäß der 7. EGR für den Konzernabschluß das gleiche wie für den Einzelabschluß. Das Wahlrecht, die GuV nach dem Umsatz- oder Gesamtkostenverfahren in

---

1) Vgl. TELKAMP, H.-J.: § 305 Aufwands- und Ertragskonsolidierung, a.a.O., Rn. 4.

2) Vgl. BAETGE, J.: Konzernbilanzen, a.a.O., S. 376 f.

3) Vgl. RIESE, J.: Die Konzern-Gewinn- und Verlustrechnung, a.a.O., S. 96.

4) Vgl. BORCHERT, D.: § 275 Gliederung, in: Küting, K./Weber, C.-P. (Hrsg.): Handbuch der Rechnungslegung, a.a.O., S. 1651-1736, hier Rn. 13 ff.; COENENBERG, A.G.: Jahresabschluß und Jahresabschlußanalyse, a.a.O., S. 308 ff.

Staffel- oder Kontoform zu erstellen, erschwert die Vergleichbarkeit. So lassen sich bei Anwendung des UKV Änderungen des Lagerbestands an Fertigfabrikaten selbst durch zwei aufeinanderfolgende Abschlüsse nicht aus der GuV erkennen. Da eine Art der GuV von einem Außenstehenden nicht in die andere Art überführbar ist, kann ein Vergleich nicht stattfinden, zumal gleichnamige Posten wie sonstige betriebliche Aufwendungen nur zufällig den gleichen Inhalt haben.[1] Für Mutterunternehmen entsteht bei der Akquisition von Tochterunternehmen durch Konsolidierung von Informationen abweichender GuV-Schemata zumindest einmalig ein höherer zeitlicher und finanzieller Aufwand.

Auch für die GuV gilt, daß durch IAS 1 kein Gliederungsformat explizit vorgeschrieben ist. IAS 1.75 enthält eine von dem nicht mehr gültigen IAS 5.18 abweichende Liste anzugebender Mindestpositionen. IAS 1.77 fordert darüber hinaus eine Aufgliederung der Aufwendungen und Erträge nach dem GKV oder dem UKV für die GuV oder den Anhang, wobei IAS 1.78 eine Empfehlung für die GuV ausspricht. Da in IAS 1.80, IAS 1.82 und im Anhang zu IAS 1 Beispiele für die beiden Gliederungsformate gegeben werden, ist zu erwarten, daß sich diese in IAS-konformen Abschlüssen durchsetzen werden. Das IASC bezieht auch Stellung zu den beiden Gliederungsformaten. So wird in IAS 1.80 die einfache Anwendbarkeit des GKV für kleine Unternehmen hervorgehoben, während in IAS 1.82 die oft relevanteren Informationen des UKV und die Zuordnungsschwierigkeiten zu den funktionalen Kosten betont werden. Gemäß IAS 1.83 sind für das UKV der Personalaufwand analog zu Art. 43 Abs. 1 Nr. 9 der 4. EGR und darüber hinaus noch die Abschreibungen separat anzugeben.

In den USA stellen die in Rule 5-03 der Regulation S-X für das UKV festgelegten Mindestanforderungen das einzig kodifizierte Gliederungsschema dar. Es existieren darüber hinaus keine weiteren allgemeinverbindlichen Gliederungsvorschriften, so daß die Unternehmen einen gewissen Spielraum haben, der einer Vergleichbarkeit unterschiedlicher Unternehmen entgegensteht. Zwar haben die income statements nach SEC-Regeln gewissen Mindestanforderungen zu entsprechen, im Vergleich zu europäischen Vorschriften sind diese jedoch eher gering.[2]

---

1) Vgl. BALLWIESER, W.: Die Einflüsse des neuen Bilanzrechts auf die Jahresabschlußanalyse, a.a.O., S. 27 f.; ROGLER, S.: Gewinn- und Verlustrechnung nach dem Umsatzkostenverfahren, Wiesbaden 1990, S. 232 ff.

2) Vgl. FÖRSCHLE, G./KRONER, M./MANDLER, U.: Internationale Rechnungslegung: US-GAAP, HGB und IAS, a.a.O., S. 46 f.; KUHLEWIND, A.-M.: Die amerikanische Gewinn- und Verlustrechnung: Ermittlung und Darstellung des Unternehmenserfolgs im amerikanischen Jahresabschluß, in: Ballwieser, W. (Hrsg.): US-amerikanische Rechnungslegung, a.a.O., S. 189-221, hier S. 199 ff.

4.4.1.2.3 Vergleich und Beurteilung der Gliederungen der Zahlenwerke

Die IAS haben seit der Überarbeitung von IAS 1 zu den EG-Richtlinien aufgeschlossen, indem sie Beispiele für die Bilanz in geldferner Kontoform sowie für die GuV nach dem GKV und dem UKV ausschließlich in Staffelform geben. Hierdurch entsteht ein Quasi-Wahlrecht. In den EG-Richtlinien kann darüber hinaus noch zwischen Staffel- und Kontoform gewählt werden. Es hat sich gezeigt, daß die EG-Richtlinien - trotz der Wahlrechte - und die IAS - trotz des Empfehlungscharakters - aufgrund der Angabe konkreter Gliederungsschemata den US-GAAP überlegen sind.

Die Gliederung der Zahlenwerke ist jedoch kein originär konzernrechnungslegungsspezifisches Thema. Vielmehr betrifft es bereits die Einzelabschlußebene. Dort ist darüber nachzudenken, in welcher Form Bilanz und GuV zu erstellen sind, um dann bei der Konzernabschlußerstellung ebenfalls angewandt zu werden. Dies betrifft für beide Zahlenwerke die Darstellung in Staffel- oder Kontoform. Für die Bilanz ist außerdem darüber nachzudenken, ob eine geldnahe oder geldferne Form zu verwenden ist.[1] Für die GuV ist zu entscheiden, welche der voneinander unabhängigen Gliederungsformen,

- Aufspaltung der Aufwendungen im betrieblichen Bereich - hier Gliederung nach Aufwandsarten beim GKV oder Funktionsbereichen beim UKV[2] - und
- Ausweis der Aufwendungen entsprechend den produzierten oder abgesetzten Mengen

anzuwenden ist. Eine Beurteilung der Gliederungsschemata soll in dieser Arbeit nicht stattfinden.

4.4.1.3 Einheitliche Bewertung

Art. 18 der 7. EGR verlangt die vollständige Übernahme aller Aktiva und Passiva der zu konsolidierenden Unternehmen, und in Art. 29 der 7. EGR werden die Bewertungsmethoden für den Konzernabschluß aufgeführt. Demnach gelten für den Konzernabschluß die gleichen Bewertungsgrundsätze wie für den jeweiligen Einzelabschluß des Mutterunter-

---

1) In bezug auf das Liquiditätsgliederungsprinzip sind keine Vorteile der geldfernen gegenüber der geldnahen Form feststellbar. Vgl. CASTAN, E.: Gliederung der Bilanz, a.a.O., Rz. 35 f. Grundsätzlich gibt es weder Argumente für noch gegen den Aufbau der Bilanz nach geldferner Form, wie dies in den Artikeln 9 und 10 der 4. EGR vorgesehen ist, oder nach geldnaher Form, wie dies in den USA der Regelfall ist. Vgl. DERS.: Rechnungslegung in der Europäischen Gemeinschaft, a.a.O., S. 58.

2) Neben diesen beiden Kriterien zur Aufspaltung der Aufwendungen im betrieblichen Bereich gibt es noch diverse weitere Kriterien zur allgemeinen Aufspaltung von Aufwands- und Ertragsarten, die hier allerdings nicht weiter betrachtet werden sollen. Vgl. statt vieler BORCHERT, D.: § 275 Gliederung, a.a.O., Rn. 4.

nehmens. Die in Abs. 1 geforderte einheitliche und mit den Art. 31 bis 42 und 60 der 4. EGR übereinstimmende Bewertung bedeutet nicht übereinstimmende Ausübung aller Wahlrechte, sondern erlaubt eine unterschiedliche Ausübung in den Fällen, in denen dies auch im Einzelabschluß erlaubt wäre. Die Forderung nach Einheitlichkeit der Bewertung im Konzernabschluß kann also nicht über die des Einzelabschlusses hinausgehen.[1)]

In Art. 29 Abs. 2 der 7. EGR wird festgelegt, daß der Konzernabschluß nach den Bewertungsmethoden des Mutterunternehmens einheitlich aufzustellen ist. Grundsätzlich haben die im Konzernabschluß anzuwendenden Bewertungsmethoden mit denen des Einzelabschlusses des Mutterunternehmens übereinzustimmen. Wenn die Jahresabschlüsse der Tochterunternehmen hiervon abweichen, sind sie gemäß Art. 29 Abs. 3 der 7. EGR neuzubewerten, und zwar gegebenenfalls in einer gesondert aufzustellenden Handelsbilanz II, sofern die Ergebnisse einer Neubewertung nicht von untergeordneter Bedeutung sind. Der in Deutschland in § 331 Abs. 1 Nr. 1 AktG 1965 festgeschriebene Grundsatz der Maßgeblichkeit des Einzelabschlusses für den Konzernabschluß konnte daher nicht beibehalten werden.[2)]

Art. 29 Abs. 2 Buchstabe a) gibt den Mitgliedstaaten die Möglichkeit, den Unternehmen vorzuschreiben oder zu gestatten, in ihren Konzernabschlüssen andere Bewertungsmethoden als in ihren Einzelabschlüssen anzuwenden, sofern diese mit der 4. EGR übereinstimmen. Kein Mitgliedstaat schreibt dies vor, und in Griechenland und Portugal ist es im Gegensatz dazu nicht einmal erlaubt.[3)]

Die US-GAAP sehen zwar nicht ausdrücklich eine Neubewertung nach einheitlichen Methoden vor, fordern aber allgemein, daß der Konzernabschluß in Übereinstimmung mit den rechtsformunabhängigen US-GAAP gestaltet wird. Folglich können US-amerikanische Abschlüsse, die ohnehin nach US-GAAP aufgestellt sind, unverändert in den Konzernabschluß übernommen werden. In den USA gilt also für nach US-GAAP aufgestellte Abschlüsse eine Maßgeblichkeit für den Konzernabschluß. Ausländische Abschlüsse, die nicht nach US-GAAP aufgestellt sind, müssen notwendigerweise unter Anwendung der US-GAAP neubewertet werden.[4)]

Auch nach IAS 27.21 muß die Bilanzierung im Konzernabschluß grundsätzlich einheitlich sein. Sofern dies nicht praktikabel ist, kann auf eine einheitliche Bilanzierung ver-

---

1) Vgl. BIENER, H./SCHATZMANN, J.: Konzern-Rechnungslegung, a.a.O., S. 47.

2) Vgl. BIENER, H./SCHATZMANN, J.: Konzern-Rechnungslegung, a.a.O., S. 46 f.

3) Vgl. FEE (Hrsg.): Seventh Directive options, a.a.O., S. 33.

4) Vgl. WEBER, C.-P.: Praxis der Kapitalkonsolidierung im internationalen Vergleich, a.a.O., S. 37; EISOLT, D.: US-amerikanische und deutsche Konzernrechnungslegung, a.a.O., S. 228 ff.

zichtet werden. In diesem Fall ist auf die Abweichung hinzuweisen und das Ausmaß der betroffenen abweichend bewerteten Posten anzugeben.[1)]

Wie dies von den oben aufgeführten nationalen und internationalen Regelungen vorgesehen ist, sind Konzernabschlüsse grundsätzlich nach einheitlichen Bilanzierungsmethoden aufzustellen. Die Abweichungen resultieren jedoch primär aus nationalen einzelabschlußspezifischen Bilanzierungsmethoden, die hier nicht weiter betrachtet werden sollen. Aus der Sicht der Konzernrechnungslegungsadressaten erfüllen aufgrund ihrer restriktiven Vorschriften lediglich die US-GAAP die beiden Kriterien Verläßlichkeit und Verständlichkeit. Die 7. EGR und die IAS gewähren Ausnahmen aufgrund von Wesentlichkeit bzw. Praktikabilität. Folglich erfüllen sie die Kriterien nicht voll.

4.4.1.4 Wertberichtigung aufgrund steuerlicher Vorschriften

Art. 29 Abs. 5 gibt den Mitgliedstaaten die Möglichkeit, den Unternehmen vorzuschreiben oder zu gestatten, Aktiva auch ohne Wegfall der steuerlichen Wertberichtigungen in den Konzernabschluß zu übernehmen. Kein Mitgliedstaat schreibt dies vor. In den meisten Mitgliedstaaten ist dies unter der Voraussetzung entsprechender Anhangangaben erlaubt. In Dänemark, Großbritannien, Irland, den Niederlanden und Portugal wird dies im Gesetz auch gar nicht behandelt, weil dort dafür keine Notwendigkeit besteht. In Frankreich ist der Wegfall von steuerlichen Wertberichtigungen nur erlaubt, wenn alle materiellen und finanziellen Aktiva nach einheitlichen Methoden neubewertet werden.[2)]

Obwohl das Wahlrecht des Art. 29 Abs. 5 die Angabe eines Betrags für die Abweichung im Anhang fordert und nicht bloß eine verbale Angabe, müssen Unternehmen, die von der Möglichkeit der Beibehaltung steuerlicher Wertberichtigungen Gebrauch machen, "damit rechnen, daß ihre Abschlüsse international kritisch beurteilt werden."[3)] Dies ist darauf zurückzuführen, daß eine solche Möglichkeit der Übernahme steuerlicher Wertansätze weder in den USA[4)] noch durch die IAS[5)] zulässig ist.

In Anbetracht der Tatsache, daß steuerliche Ansätze auf fiskalpolitische Intentionen zurückzuführen sind und von Unternehmen folglich aus Gründen der Steuereinsparung oder -stundung in Anspruch genommen werden, sind sie nicht geeignet, die Kriterien der Verläßlichkeit und Verständlichkeit zu erfüllen, da durch staatliche Eingriffe unterschiedliche

1) Vgl. IDW (Hrsg.): Rechnungslegung nach International Accounting Standards, a.a.O., S. 269.

2) Vgl. FEE (Hrsg.): Seventh Directive options, a.a.O., S. 33.

3) BIENER, H./SCHATZMANN, J.: Konzern-Rechnungslegung, a.a.O., S. 47.

4) Vgl. Abschnitt 2.1.2.2.3.

5) Vgl. IDW (Hrsg.): Rechnungslegung nach International Accounting Standards, a.a.O., S. 270.

Branchen und Sachverhalte unterschiedlich stark beeinflußt werden sollen. Im Gegensatz zur 7. EGR erüllen die US-GAAP und die IAS folglich die Kriterien der Rechnungslegung.

4.4.1.5 Währungsumrechnung

Grundsätzlich läßt sich das Problem der Währungsumrechnung in zwei Bereiche unterteilen, und zwar einerseits in die Umrechnung von Geschäftsvorfällen, die im Einzelabschluß Berücksichtigung finden, und andererseits in die Umrechnung der Jahresabschlüsse ausländischer Teileinheiten[1] im Rahmen der Konzernrechnungslegung. Hier soll nur letztere betrachtet werden.

Zu diesem Zweck wurden in der Vergangenheit zahlreiche Währungsumrechnungsmethoden entwickelt. Diese sind zwar eigentlich nur ein Mittel zur Periodisierung von Kursdifferenzen;[2] dennoch führen unterschiedliche Währungsumrechnungsmethoden zu so unterschiedlichen Ergebnissen, daß die Vergleichbarkeit von Konzernabschlüssen erheblich eingeschränkt oder überhaupt nicht mehr möglich ist.[3]

Um die weitere Entwicklung abzuwarten, hat der Richtliniengeber bewußt darauf verzichtet, konkrete Umrechnungsmethoden vorzugeben.[4] Folglich sind in der EU alle Methoden zulässig, die mit den Richtlinien und den Grundsätzen ordnungsmäßiger Buchführung vereinbar sind. BIENER/SCHATZMANN betrachten die Währungsumrechnung als einen Teil der Bewertung und sehen daher die Anwendung einiger angelsächsischer Umrechnungsmethoden als eingeschränkt an, insbesondere durch das in Art. 31 Abs. 1 Buchstabe c) der 4. EGR verankerte Vorsichtsprinzip.[5]

Da die 7. EGR keine Methode zur Währungsumrechnung festgelegt hat, sondern in Art. 34 Nr. 1 lediglich eine Erläuterungspflicht für die angewandte Methode vorsieht, es beispielsweise in Deutschland an verbindlichen Vorgaben auch durch das IDW[6] mangelt und darüber hinaus die vorgeschriebene Währungsumrechnungsmethode in den USA in der

---

1) Unter Teileinheiten sind insbesondere Betriebsstätten, Tochterunternehmen, Gemeinschaftsunternehmen und assoziierte Unternehmen zu verstehen. Im folgenden soll jedoch vereinfachend von Tochterunternehmen gesprochen werden.

2) Vgl. MÜLLER, E.: Der Konzernabschluß im Konfliktfeld verschiedener Interessen, a.a.O., S. 230.

3) Vgl. SCHÖNBORN, N.: Funktionale Währungsumrechnung im Konzernabschluß, Idstein 1993, S. 3.

4) Vgl. KUBIN, K.W./LÜCK, W.: Zur funktionalen Währungsumrechnungsmethode in internationalen Konzernabschlüssen, in: BFuP, 36. Jg. (1984), S. 357-383, hier S. 357.

5) Vgl. BIENER, H./SCHATZMANN, J.: Konzern-Rechnungslegung, a.a.O., S. 61.

6) Vgl. HFA DES IDW: Geänderter Entwurf einer Verlautbarung zur Währungsumrechnung im Jahres- und Konzernabschluß, in: WPg, 39. Jg. (1986), S. 664-667, hier S. 666.

Vergangenheit des öfteren wechselte,[1] haben sich insbesondere in Deutschland mehrere Autoren intensiv mit diesem Problem beschäftigt.[2] Hier sollen jedoch nur die drei in der Literatur am häufigsten behandelten und in der Praxis am weitesten verbreiteten Methoden betrachtet werden, nämlich[3]

- die Stichtagskursmethode,
- die Zeitbezugsmethode und
- die Methode der funktionalen Währung.

Unabhängig von der angewandten Methode stehen zu jedem Zeitpunkt in der Regel drei Wechselkurse zur Wahl, nämlich der Geld-, der Brief- und der Mittelkurs. Normalerweise müßten die Aktivposten mit dem Geldkurs und die Passivposten mit dem Briefkurs umgerechnet werden. Da sich diese im allgemeinen jedoch nicht stark unterscheiden, ist es aus Vereinfachungs- und Wirtschaftlichkeitsgründen üblich und zulässig, generell den Mittelkurs zu verwenden.[4]

---

1) So wurde in den USA zunächst die auf einer Verlautbarung des American Institute of Accountants (AIA) beruhenden Fristigkeitsmethode (current-noncurrent method) angewandt. Aufgrund der Kritik an diesem Verfahren wurde 1956 die Nominal-Sachwertmethode (monetary-nonmonetary method) entwickelt, die 1965 zu einer Modifikation der Fristigkeitsmethode durch das APB führte. 1975 wurde durch SFAS No. 8 die Zeitbezugsmethode (temporal method) verbindlich vorgeschrieben und 1981 durch SFAS No. 52 ersetzt, der die Methode der funktionalen Währung verbindlich vorschreibt, nach der im Normalfall die modifizierte Stichtagskursmethode anzuwenden ist. Vgl. FASB: Statement of Financial Accounting Standards No. 52: Foreign Currency Translation, 1981, in: FASB (Hrsg.): Original Pronouncements, Accounting Standards as of June 1, 1998, a.a.O., Bd. I, S. 501-531; LANGENBUCHER, G.: Umrechnung von Fremdwährungsabschlüssen, in: Küting, K./Weber, C.-P. (Hrsg.) Handbuch der Konzernrechnungslegung, a.a.O., S. 633-673, hier Rn. 1041 ff.

2) Vgl. MÜLLER, H.: Die Umrechnung der Jahresabschlüsse ausländischer Konzernunternehmen und die Verrechnung der daraus resultierenden Umrechnungsdifferenzen, Bochum 1986; BOVERMANN, B.: Die Umrechnung der Jahresabschlüsse ausländischer Tochterunternehmen für den Weltabschluß in der EG unter dem Aspekt seiner Informationsfunktion, Frankfurt am Main 1988; JUNG, U.: Währungsumrechnung im Konzernabschluß, Marburg 1991; RUPPERT, B.: Währungsumrechnung im Konzernabschluß, Düsseldorf 1993; SCHÖNBORN, N.: Funktionale Währungsumrechnung im Konzernabschluß, a.a.O.

3) Vgl. OSSADNIK, W.: Umrechnung von Fremdwährungsposten bei der Konzern-Rechnungslegung, in: DStR, 32. Jg. (1994), S. 1393-1397, hier S. 1393. Zur Fristigkeitsmethode, Nominal-Sachwertmethode und Kaufkraftparitätenmethode vgl. LANGENBUCHER, G.: Umrechnung von Fremdwährungsabschlüssen, a.a.O., Rn. 1041 ff.

4) Vgl. LANGENBUCHER, G.: Umrechnung von Fremdwährungsabschlüssen, a.a.O., Rn. 1089; BUSSE VON COLBE, W./ORDELHEIDE, D.: Konzernabschlüsse, a.a.O., S. 126 f.

4.4.1.5.1 Stichtagskursmethode

Die Stichtagskursmethode[1] (closing/current rate method) geht davon aus, daß die ausländischen Tochterunternehmen in geschlossenen Teilmärkten operieren und ihre Ertragskraft daher von Wechselkursänderungen weitgehend unabhängig ist.[2] Die Vertreter der Stichtagskursmethode lehnen den Einfluß der Einheitstheorie auf die Währungsumrechnung ab und trennen die Bewertung im umzurechnenden Jahresabschluß des Tochterunternehmens, der die "richtige" Vermögens-, Finanz- und Ertragslage repräsentiert, von der Währungsumrechnung, so daß alle Jahresabschlußpositionen des Tochterunternehmens in einem bewertungsneutralen Umskalierungsprozeß ausschließlich mit dem Stichtagskurs linear in den Konzernabschluß transformiert werden.[3] Bei dieser reinen Stichtagskursmethode können Umrechnungsdifferenzen nur aufgrund der Differenz zwischen dem Stichtagskurs des aktuellen Konzernabschlusses und dem Stichtagskurs des Vorjahresabschlusses entstehen. Diese sind erfolgsneutral automatisch im Eigenkapital enthalten. Um die Umrechnungsdifferenz deutlich zu machen, wird sie im Eigenkapital erfolgsneutral als Ausgleichsposten aus der Währungsumrechnung ausgewiesen oder im Anhang angegeben.[4]

Zur reinen Stichtagskursmethode werden im allgemeinen zwei Modifikationen vorgeschlagen. Einerseits werden die GuV-Positionen nicht zum Stichtagskurs, sondern zum im Zeitpunkt des Geschäftsvorfalls jeweils geltenden Kurs umgerechnet, da es sich bei der GuV um eine Zeitraumrechnung handelt. Aus Vereinfachungsgründen werden die GuV-Positionen mit Ausnahme des Jahresüberschusses aber auch zu Durchschnittskursen auf Jahres-, Quartals- oder Monatsbasis umgerechnet. Die aufgrund der unterschiedlichen

---

1) Vgl. WYSOCKI, K.v.: Weltbilanzen als Planungsobjekte und Planungsinstrumente multinationaler Unternehmungen, in: zfbf, 23. Jg. (1971), S. 682-700, hier S. 686 ff.; CONNOR, J.E.: Accounting for the Upward Float in Forreign Currencies, in: JofA, June 1972, S. 39-44, hier S. 42 ff.

2) Vgl. BUSSE VON COLBE, W./ORDELHEIDE, D.: Konzernabschlüsse, a.a.O., S. 123 f.

3) Vgl. WYSOCKI, K.v.: Weltbilanzen als Planungsobjekte und Planungsinstrumente multinationaler Unternehmungen, a.a.O., S. 692 ff.; LANGENBUCHER, G.: Umrechnung von Fremdwährungsabschlüssen, a.a.O., Rn. 1053; OSSADNIK, W.: Auswirkungen der Umrechnung von Fremdwährungsabschlüssen auf die Lagedarstellung des Konzerns, in: WPg, 44. Jg. (1991), Teil I: S. 285-294 und Teil II: S. 327-332, hier S. 286.

4) Vgl. HFA DES IDW: Geänderter Entwurf einer Verlautbarung zur Währungsumrechnung im Jahres- und Konzernabschluß, a.a.O., S. 666. Das FASB fordert in SFAS No. 52, par. 13 ausschließlich den gesonderten Ausweis im Eigenkapital.

Kurse anfallende Umrechnungsdifferenz wird erfolgsneutral[1] unter den sonstigen betrieblichen Aufwendungen oder Erträgen oder als gesonderter Posten in der GuV ausgewiesen[2] und beeinflußt den unverändert zum Stichtagskurs umgerechneten Jahresüberschuß nicht. Andererseits werden die Eigenkapitalpositionen mit Ausnahme des Jahresüberschusses nicht zu Stichtagskursen, sondern zu historischen Kursen umgerechnet, wodurch Eigenkapitalveränderungen, die sich aus einer Veränderung des Wechselkurses ergeben, offen im umgerechneten Abschluß und im Konzernabschluß ausgewiesen werden und eine Vermischung von Währungsumrechnungsdifferenzen mit der Kapitalkonsolidierung vermieden wird, so daß nicht jedes Jahr eine Anpassungsbuchung notwendig ist, um die aufzurechnenden Eigenkapitalbestandteile mit DM-Werten auszuweisen, mit denen sie ursprünglich bei der Erstkonsolidierung aufgerechnet wurden.[3] Das Eigenkapital wird also ebenfalls insgesamt zum Stichtagskurs umgerechnet.[4]

Die Vorteile der Stichtagskursmethode liegen in der grundsätzlichen Beibehaltung der Jahresabschlußstruktur sowie in ihrer Einfachheit und Praktikabilität. Als Nachteil ist anzuführen, daß sie für die Umwandlung von Jahresabschlüssen von Tochterunternehmen in Hochinflationsländern ungeeignet ist,[5] weil sie beim Anlagevermögen und allen anderen nicht geldwertberichtigten nicht-monetären Jahresabschlußpositionen sehr schnell zu grotesken Unterbewertungen führt.[6]

---

1) Vgl. IDW (Hrsg.): WP-Handbuch 1996, Bd. I, 11. Aufl., Düsseldorf 1996, S. 903 f., Rn. 267, das anmerkt, daß diese Behandlung der GuV-Umrechnungsdifferenzen in der Literatur auch als erfolgswirksam bezeichnet wird. BUSSE VON COLBE/ORDELHEIDE definieren erfolgsneutral als Umrechnung des Jahresüberschusses zum Stichtagskurs. Das heißt, daß bei differenzierten Umrechnungskursen in der GuV lediglich eine erfolgsneutrale Wertverschiebung innerhalb der GuV stattfindet, wenn der Jahresüberschuß zum Stichtagskurs umgerechnet wird. Vgl. BUSSE VON COLBE, W./ORDELHEIDE, D.: Konzernabschlüsse, a.a.O., S. 171.

2) Vgl. HFA DES IDW: Geänderter Entwurf einer Verlautbarung zur Währungsumrechnung im Jahres- und Konzernabschluß, a.a.O., S. 666.

3) Vgl. DUCKSTEIN, G./DUSEMOND, M.: Aus der Währungsumrechnung resultierende Eigenkapitaldifferenzen in einem international tätigen Konzern, in: DB, 48. Jg. (1995), S. 1673-1678, hier S. 1674; KÜTING, K./WEBER, C.-P.: Der Konzernabschluß, a.a.O., S. 152 f.; LANGENBUCHER, G.: Umrechnung von Fremdwährungsabschlüssen, a.a.O., Rn. 1055.

4) Vgl. SCHÖNBORN, N.: Funktionale Währungsumrechnung im Konzernabschluß, a.a.O., S. 87.

5) Vgl. GRÄFER, H./SCHELD, G.: Grundzüge der Konzernrechnungslegung, a.a.O., S. 215 f.

6) Vgl. BUSSE VON COLBE, W./ORDELHEIDE, D.: Konzernabschlüsse, a.a.O., S. 135.

4.4.1.5.2 Zeitbezugsmethode

Die Zeitbezugsmethode wurde Ende der 60er Jahre von BUSSE VON COLBE (Umwandlung nach dem Äquivalenzprinzip)[1] und Anfang der 70er Jahre von LORENSEN (temporal principle of translation)[2] parallel entwickelt.[3] In den USA wurde die Zeitbezugsmethode (temporal method) 1975 durch SFAS No. 8 verbindlich vorgeschrieben. Sie sieht vor, die Jahresabschlußpositionen der ausländischen Tochterunternehmen mit den Wechselkursen des Zeitpunktes umzurechnen, auf den sich die Bewertung der jeweiligen Position bezieht. Folglich sind Anschaffungs- oder Herstellungskosten zum historischen Kurs umzurechnen, während gegenwarts- und zukunftsbezogene Zeitwerte zum Stichtagskurs umzurechnen sind. Die Vorräte sind noch einem Niederstwerttest zu unterziehen.[4]

Die Umrechnung nach dem Äquivalenzprinzip nach BUSSE VON COLBE entspricht konsequent der Einheitstheorie. Geschäftsvorfälle werden unmittelbar als Transaktionen des Mutterunternehmens angesehen und nach den Bilanzierungsmethoden des Mutterunternehmens in Inlandswährung gebucht. Das heißt, daß Anschaffungs- und Herstellungskosten mit historischen Kursen und Tageswerte mit Stichtagskursen umgerechnet werden. Abschreibungen und Materialaufwendungen werden wie die entsprechenden Bilanzpositionen zu historischen Kursen ausgewiesen, während die restlichen GuV-Positionen aus Wirtschaftlichkeitsgründen mit Durchschnittskursen umgerechnet werden. Aufgrund des Äquivalenzprinzips muß noch ein erweiterter Niederstwerttest durchgeführt werden. Das heißt, es ist sowohl ein Niederstwerttest für die Aktiva als auch ein Höchstwerttest für die Verbindlichkeiten durchzuführen, in denen die historischen Anschaffungs- oder Herstellungskosten zum historischen Kurs den jeweiligen Tageswerten zum Stichtagskurs gegenübergestellt werden.[5] Da dem Äquivalenzprinzip die Einheitstheorie zugrunde liegt, sind die in der Bilanz entstehenden Umrechnungsdifferenzen erfolgswirksam in der GuV zu berücksichtigen.[6]

---

1) Vgl. BUSSE VON COLBE, W./ORDELHEIDE, D.: Konzernabschlüsse, a.a.O., S. 139.

2) Vgl. LORENSEN, L.: The Temporal Principle of Translation, in: JofA, August 1972, S. 48-54, hier S. 51 ff.

3) Der Unterschied zwischen den beiden Ausprägungen beschränkt sich im wesentlichen auf den von BUSSE VON COLBE weiter gefaßten Anwendungsbereich des Niederstwerttests.

4) Vgl. OSSADNIK, W.: Umrechnung von Fremdwährungsposten bei der Konzern-Rechnungslegung, a.a.O., S. 1394.

5) Vgl. BUSSE VON COLBE, W./ORDELHEIDE, D.: Konzernabschlüsse, a.a.O., S. 146 ff.

6) Vgl. BUSSE VON COLBE, W./ORDELHEIDE, D.: Konzernabschlüsse, a.a.O., S. 166 und 174; LANGENBUCHER, G.: Umrechnung von Fremdwährungsabschlüssen, a.a.O., Rn. 1114; BAETGE, J.: Konzernbilanzen, a.a.O., S. 177 f. Der HFA DES IDW hält auch die erfolgsneutrale Verrechnung der Umrechnungsdifferenz mit dem Eigenkapital sowie einen imparitätischen Ausweis für zulässig. Vgl. HFA DES IDW: Geänderter Entwurf einer Verlautbarung zur Währungsumrechnung im Jahres- und Konzernabschluß, a.a.O., S. 666.

Als Vorteile der Zeitbezugsmethode sind anzusehen die konsequente Übereinstimmung mit der Einheitstheorie sowie dem Imparitätsprinzip und dem Anschaffungskostenprinzip aufgrund des erweiterten Niederstwerttests, ferner die gute Eignung selbst bei Jahresabschlüssen von Tochterunternehmen aus Hochinflationsländern.

Nachteilig wirkt jedoch die Verzerrung der Jahresabschlußstruktur durch die Anwendung des Stichtagskurses auf Tageswerte und die Anwendung von historischen Kursen auf Anschaffungs- und Herstellungskosten. Darüber hinaus wird bei häufigen und intensiven Wechselkursänderungen das Ergebnis falsch dargestellt. So ist in den Beispielen, die VON WYSOCKI[1] und BAETGE[2] anführen, sowohl bei einer Fremdwährungsabwertung als auch bei einer Fremdwährungsaufwertung aus einem ausgeglichenen bzw. positiven Ergebnis in Landeswährung ein Verlust in Konzernwährung entstanden.

Aus Sicht der Praxis wird insbesondere der das Vorsichtsprinzip repräsentierende, sehr arbeits- und zeitaufwendige erweiterte Niederstwerttest moniert. Daher wird in der Praxis die Zeitbezugsmethode modifiziert, indem die Vorräte aus Wirtschaftlichkeitsgründen zum Stichtagskurs umgerechnet werden[3] und der erweiterte Niederstwerttest nur eingeschränkt durchgeführt wird.[4]

4.4.1.5.3 Methode der funktionalen Währung

Aufgrund der Kritik an der in SFAS No. 8 verbindlich vorgeschriebenen Zeitbezugsmethode (temporal method),[5] insbesondere aufgrund der die Erträge mindernden und somit die Ertragslage verzerrenden Erfolgswirksamkeit der Umrechnungsdifferenzen,[6] wurde sie in den USA 1981 durch die in SFAS No. 52 geregelte Methode der funktionalen Währung ersetzt. Das IASC übernahm diese Methode 1983 in IAS 21 und hält an ihr auch nach der Überarbeitung von IAS 21 im Jahre 1993 fest. Die Methode der funktionalen Währung versucht, die Vorteile der Stichtagskursmethode und der Zeitbezugsmethode zu kombinieren.[7]

---

1) Vgl. WYSOCKI, K.v.: Weltbilanzen als Planungsobjekte und Planungsinstrumente multinationaler Unternehmungen, a.a.O., S. 688 ff.

2) Vgl. BAETGE, J.: Konzernbilanzen, a.a.O., S. 173 ff.

3) Vgl. BUSSE VON COLBE, W./ORDELHEIDE, D.: Konzernabschlüsse, a.a.O., S. 151 f. Dies wird auch vom HFA DES IDW als zulässig angesehen. Vgl. HFA DES IDW: Geänderter Entwurf einer Verlautbarung zur Währungsumrechnung im Jahres- und Konzernabschluß, a.a.O., S. 666.

4) Vgl. LANGENBUCHER, G.: Umrechnung von Fremdwährungsabschlüssen, a.a.O., Rn. 1051 und 1133 ff.; BAETGE, J.: Konzernbilanzen, a.a.O., S. 181 f.; KÜTING, K./WEBER, C.-P.: Der Konzernabschluß, a.a.O., S. 149, nennen noch weitere aus Wirtschaftlichkeitsgründen vertretbare Vereinfachungsregeln.

5) Vgl. SFAS No. 52, pars. 153-156.

6) Vgl. BUSSE VON COLBE, W./ORDELHEIDE, D.: Konzernabschlüsse, a.a.O., S. 141 f.

7) Vgl. BAETGE, J.: Konzernbilanzen, a.a.O., S. 187 f.

Die Jahresabschlüsse der Tochterunternehmen sollen so in den Konzernabschluß einbezogen werden, wie sie sich in der Währung darstellen, in der sie ihre Geschäftstätigkeit ausüben. Diese Währung stellt die funktionale Währung dar. Wenn das Tochterunternehmen unselbständig und weitgehend in die Geschäftstätigkeit des Mutterunternehmens integriert ist, wird die Konzernwährung zur funktionalen Währung, und die Zeitbezugsmethode kommt zur Anwendung. Ist das Tochterunternehmen jedoch weitgehend autonom, dann ist die Landeswährung des Sitzstaates die funktionale Währung, und die modifizierte Stichtagskursmethode ist anzuwenden,[1] was laut Einschätzung des FASB in SFAS No. 52, par. 5 den Normalfall darstellt.[2] Tabelle 6 verdeutlicht den Zusammenhang zwischen dem Grad der Selbständigkeit von Tochterunternehmen und der Währungsumrechnungsmethode.

Tab. 6: Zusammenhang zwischen dem Grad der Selbständigkeit von Tochterunternehmen und der Währungsumrechnungsmethode bei der Methode der funktionalen Währung

Grad der Selbständigkeit von Tochterunternehmen	**Funktionale Währung**	**Währungsumrechnungsmethode**	**Umwandlungsdifferenzen**
unabhängig	Währung des Tochterunternehmens	modifizierte Stichtagskursmethode	erfolgsneutral
abhängig/integriert	Währung des Mutterunternehmens	modifizierte Zeitbezugsmethode	erfolgswirksam

Eine nicht abschließende Aufzählung von Kriterien, die bei der Festlegung der funktionalen Währung zu beachten sind, findet sich in SFAS No. 52, par. 42. Dabei handelt es sich um

- die Währung, in der hauptsächlich Leistungen und Zahlungen empfangen werden,
- die Währung der Verkaufspreise,
- die Währung des Absatzmarktes,
- die Währung der Aufwendungen,

1) Vgl. LANGENBUCHER, G.: Umrechnung von Fremdwährungsabschlüssen, a.a.O., Rn. 1056 ff.

2) Das IDW behauptet mit Verweis auf SFAS No. 52 sogar, daß das FASB eine Umrechnung nach der Stichtagskursmethode für verbindlich erklärt habe. Vgl. IDW (Hrsg.): WP-Handbuch 1996, Bd. I, a.a.O., S. 902, Rn. 261.

- die Währung der Finanzierung und
- die Höhe der konzerninternen Transaktionen.

Da die Stichtagskursmethode bei der Umrechnung von Jahresabschlüssen aus Hochinflationsländern ungeeignet ist, sofern diese nicht zuvor inflationsbereinigt wurden, hat SFAS No. 52, par. 107 für diese Fälle die Konzernabschlußwährung als funktionale Währung festgelegt, so daß die Zeitbezugsmethode anzuwenden ist. Hochinflation wird in SFAS No. 52, pars. 11 und 109 als eine kumulative Inflationsrate von 100 % oder mehr innerhalb von drei Jahren definiert, wobei dies flexibel unter Berücksichtigung der Entwicklung der Inflationsrate zu handhaben ist. Obwohl das IASC ansonsten weitgehend die Methode der funktionalen Währung analog SFAS No. 52 in IAS 21 übernimmt, schreibt es in IAS 21.36 abweichend davon nicht die Anwendung der Zeitbezugsmethode für Jahresabschlüsse von Tochterunternehmen aus Hochinflationsländern vor, sondern verlangt eine Inflationsbereinigung in Übereinstimmung mit IAS 29 und die Anwendung der Stichtagskursmethode.[1]

Die Entscheidung, ob ein Tochterunternehmen autonom oder unselbständig ist, stellt einen gewissen Ermessensspielraum dar, der der Einheitstheorie widerspricht. Diese gilt in ihrer strengen Form in den USA aber ohnehin nicht.[2] Das FASB räumt in SFAS No. 52, par. 82 ein, daß es trotz des Kriterienkatalogs nicht immer möglich ist, die Auslandsaktivitäten einer der beiden funktionalen Währungen zuzuordnen. Bei der Festlegung der funktionalen Währung ist die Entsprechung der Generalnorm das Ziel, dessen Erreichung unter Beachtung der obengenannten Kriterien erleichtert werden soll. Dennoch ist die Auswahl der Währungsumrechnungsmethode nur schwer objektivierbar, so daß ein Ermessensspielraum verbleibt. Aus diesem Grund und wegen der Kritik an der Erfolgsneutralität der Stichtagskursmethode fiel die Entscheidung für die Methode der funktionalen Währung im Board mit einer 4:3-Stimmenmehrheit äußerst knapp aus und zeigt bereits, wie umstritten diese Methode bei ihrer Einführung war.[3]

Letztlich kann die Methode der funktionalen Währung kaum als eigenständige Methode angesehen werden.[4] Vielmehr ist sie "ein Verfahren, das festlegt, wann die Stichtagskurs-

---

1) Vgl. MUJKANOVIC, R./HEHN, B.: Währungsumrechnung im Konzern nach International Accounting Standards, in: WPg, 49. Jg. (1996), S. 605-615, hier S. 613.

2) Vgl. FÖRSCHLE, G./KRONER, M./MANDLER, U.: Internationale Rechnungslegung, a.a.O., S. 69.

3) Vgl. KUBIN, K.W./LÜCK, W.: Zur funktionalen Währungsumrechnungsmethode in internationalen Konzernabschlüssen, a.a.O., S. 376 f.

4) Vgl. OSSADNIK, W.: Umrechnung von Fremdwährungsposten bei der Konzern-Rechnungslegung, a.a.O., S. 1394.

methode und wann die Zeitbezugsmethode anzuwenden ist."[1] In Anbetracht der Auffassung des FASB, daß im Normalfall die Landeswährung des Sitzstaates die funktionale Währung darstellt,[2] kann auch vereinfachend konstatiert werden, daß SFAS No. 52 einer modifizierten Stichtagskursmethode entspricht, die um das Konzept der funktionalen Währung ergänzt wurde.[3]

4.4.1.5.4 Vergleich und Beurteilung der Methoden

Zum Vergleich und zur Beurteilung der Methoden ist es hilfreich, die für die einzelnen Jahresabschlußpositionen bei der Stichtagskurs- und Zeitbezugsmethode verwandten Umrechnungskurse einander tabellarisch gegenüberzustellen.

Die Zeitbezugsmethode entspricht zwar in der ursprünglichen Form der Einheitstheorie. Diese ist aber in bezug auf die Währungsumrechnung gar nicht maßgebend, da sie im Rahmen der 7. EGR nur für die explizit in Art. 26 aufgeführten Konsolidierungsmaßnahmen gilt und nicht für die in der 7. EGR nicht geregelte Währungsumrechnung.[4] Daher ist bei der Währungsumrechnung primär die Generalnorm zu beachten.

Da sowohl die Stichtagskursmethode als auch die Zeitbezugsmethode bisweilen zu unverständlichen Ergebnissen führen, werden beide in der Praxis zumeist mit durchaus sinnvollen Modifikationen angewandt, die bei der Zeitbezugsmethode allerdings auch aus Wirtschaftlichkeitsgründen erfolgen, wie beispielsweise die nur eingeschränkte Anwendung des erweiterten Niederstwerttests. Aufgrund dieser Modifikationen haben sich die beiden ursprünglich konträren Methoden jedoch immer mehr angenähert, so daß die Unterschiede nur noch sehr gering ausfallen, wie in Tabelle 7 ersichtlich ist.

Für die Konzernabschlußadressaten ist ein Umrechnungsverfahren um so informativer, je besser die Umrechnungsergebnisse interpretierbar sind. Dies ist um so eher der Fall, je weniger Arten von Umrechnungsdifferenzen entstehen und je eindeutiger ist, welche Umrechnungskurse auf welche Jahresabschlußpositionen angewandt werden. Folglich sind die Ergebnisse, die bei Anwendung der Stichtagskursmethode entstehen, im Vergleich zur Zeitbezugsmethode wegen der eindeutigen Zuordnung der Umrechnungskurse zu den

---

1) GELHAUSEN, W./MUJKANOVIC, R.: Auswertung zur Währungsumrechnung im Konzernabschluß, in: DStR, 33. Jg. (1995), S. 1724-1730, hier S. 1725.

2) Vgl. SFAS No. 52, par. 5.

3) Vgl. LANGENBUCHER, G.: Umrechnung von Fremdwährungsabschlüssen, a.a.O., Rn. 1056.

4) Vgl. RUPPERT, B.: Währungsumrechnung im Konzernabschluß, a.a.O., S. 108.

Jahresabschlußpositionen und der geringeren Anzahl von Umrechnungsdifferenzen aufgrund des höheren Informationsgehalts vorzuziehen.[1)]

Tab. 7: Gegenüberstellung der bei der Stichtagskurs- und Zeitbezugsmethode verwandten Umrechnungskurse

				Stichtagskurs-methode		**Zeitbezugsmethode**	
				reine	**mod.**	**mod.**	**reine**
Bilanz:	**Aktiva:**	**AV:**	- Anschaffungs- oder Herstellungskosten	STK	STK	hist. K.	hist. K.
			- Tageswerte	STK	STK	STK	STK
		UV:	- Vorräte: - Anschaffungs- oder Herstellungskosten	STK	STK	STK	hist. K.
			- Vorräte: - Tageswerte	STK	STK	STK	STK
			- Forderungen	STK	STK	STK	hist. K.
			- Sonstiges UV	STK	STK	STK	STK
			- Liquide Mittel	STK	STK	STK	STK
			- Rechnungsabgrenzungsposten	STK	STK	STK	hist. K.
			- Abgegrenzte Abschlußkosten (bei Lebensversicherungen)	STK	STK	hist. K.	hist. K.
	Passiva:	**EK:**	- Nominalkapital	STK	hist. K.	hist. K.	hist. K.
			- Rücklagen	STK	hist. K.	hist. K.	hist. K.
		FK:	- Rückstellungen	STK	STK	STK	hist. K.
			- Verbindlichkeiten	STK	STK	STK	hist. K.
			- Abgegrenzte Ertragsteuern ("Deferred Taxes")				
			- mit historischen Kursen umgerechnete Posten betreffend	-	-	hist. K.	hist. K.
			- mit Stichtagskursen umgerechnete Posten betreffend	STK	STK	STK	STK

1) Vgl. OSSADNIK, W.: Auswirkungen der Umrechnung von Fremdwährungsabschlüssen auf die Lagedarstellung des Konzerns, a.a.O., S. 331.

		Stichtagskurs-methode		Zeitbezugsmethode	
		reine	mod.	mod.	reine
GuV:	- Abschreibungen	STK	DSK	hist. K.	hist. K.
	- Gewinne/Verluste aus Anlage-abgängen	STK	DSK	hist. K.	hist. K.
	- Wareneinsatz und Bestandsver-änderungen	STK	DSK	hist. K.	hist. K.
	- Aufwendungen und Erträge aus abgegrenzten Ertragsteuern (s.o.)	STK	DSK	hist. K./ STK	hist. K./ STK
	- Auflösung RAP	STK	DSK	hist. K.	hist. K.
	- Alle übrigen Aufwendungen und Erträge	STK	DSK	DSK	DSK
	- Jahresergebnis vor bilanziellen Umrechnungsdifferenzen	STK	STK	STK	STK

Legende: DSK = Durchschnittskurs
hist. K. = historischer Kurs
STK = Stichtagskurs
- = nicht besonders geregelt.

Quelle: In Anlehnung an LANGENBUCHER, G.: Umrechnung von Fremdwährungsabschlüssen, a.a.O., Rn. 1051 ff.

Bei der Methode der funktionalen Währung bleibt die Auswahl der funktionalen Währung und damit der letztendlich anzuwendenden Umrechnungsmethode trotz der genannten Kriterien nur schwer objektivierbar, so daß ein Ermessensspielraum verbleibt,[1] auch wenn im Normalfall die modifizierte Stichtagskursmethode angewandt wird. Die Methode der funktionalen Währung stellt zudem lediglich ein Verfahren zur Wahl zwischen Stichtagskursmethode und Zeitbezugsmethode dar.[2] Darüber hinaus kann der Grad der Selbständigkeit des Tochterunternehmens wechseln, was auch einen Wechsel der funktionalen Währung zur Folge hätte. Dies steht jedoch einer Vergleichbarkeit und Verständlich-

1) Vgl. SCHILDBACH, T.: Rechnungslegung nach US-GAAP: Hoffnung und Wirklichkeit, a.a.O., S. 412.

2) Vgl. GELHAUSEN, W./MUJKANOVIC, R.: Auswertung zur Währungsumrechnung im Konzernabschluß, a.a.O., S. 1725.

keit aus Sicht der Adressaten grundsätzlich entgegen.[1] Folglich ist die Anwendung der Methode der funktionalen Währung abzulehnen.

In bezug auf die Behandlung der Umrechnungsdifferenzen gibt es grundsätzlich vier verschiedene Möglichkeiten, nämlich: erfolgsneutrale, erfolgswirksame, imparitätische und differenzierte[2] Behandlung. Aufgrund des Prinzips der Unternehmensfortführung können Umrechnungsdifferenzen erst als realisiert gelten, wenn sie transferiert werden.[3] Dies ist jedoch lediglich für das Jahresergebnis der Fall, so daß alle anderen Umrechnungsdifferenzen erfolgsneutral zu behandeln sind.

Zusammenfassend kann festgestellt werden, daß die ausschließliche Anwendung der modifizierten Stichtagskursmethode am besten geeignet ist, um für die Adressaten verläßliche, verständliche und vergleichbare Informationen zu liefern. Das heißt, alle Bilanzpositionen außer dem Nominalkapital und den Rücklagen, die zum historischen Kurs umgerechnet werden, sind mit dem Stichtagskurs umzurechnen. Die GuV ist mit Ausnahme des Jahresergebnisses mit dem Durchschnittskurs umzurechnen. Die hier entstehenden Umrechnungsdifferenzen sind aus Informationsgründen nicht innerhalb der sonstigen betrieblichen Aufwendungen und Erträge, sonderen separat auszuweisen. Dadurch bleiben gleichzeitig die ursprünglichen Jahresabschlußstrukturen weitgehend unverändert.[4]

Auch bei der Umrechnung von Jahresabschlüssen von Tochterunternehmen, die ihren Sitz in Hochinflationsländern haben, ist die Stichtagskursmethode anzuwenden, allerdings nach Durchführung einer Inflationsbereinigung.[5] Hier ist ein Verstoß gegen das Anschaffungskostenprinzip in Kauf zu nehmen.

---

1) Vgl. ARBEITSKREIS "RECHNUNGSLEGUNGSVORSCHRIFTEN DER EG-KOMMISSION" DER GEFIU: Währungsumrechnung im Einzel- und Konzernabschluß, in: DB, 46. Jg. (1993) S. 745-748, hier S. 747.

2) Hier wird in der Regel danach differenziert, ob die Umrechnungsdifferenzen in der Bilanz oder in der GuV auftreten.

3) Vgl. DUCKSTEIN, G./DUSEMOND, M.: Aus der Währungsumrechnung resultierende Eigenkapitaldifferenzen in einem international tätigen Konzern, a.a.O., S. 1676 f.

4) Vgl. KÜTING, K./WEBER, C.-P.: Der Konzernabschluß, a.a.O., S. 153 f.

5) Dies wird selbst durch den HFA DES IDW als zulässig angesehen. Vgl. HFA DES IDW: Geänderter Entwurf einer Verlautbarung zur Währungsumrechnung im Jahres- und Konzernabschluß, a.a.O., S. 666. Auch das IASC schreibt in IAS 21.36 eine Inflationsbereinigung in Übereinstimmung mit IAS 29 und die Anwendung der Stichtagskursmethode vor, obwohl es ansonsten weitgehend die Methode der funktionalen Währung analog SFAS No. 52 in IAS 21 übernimmt, die abweichend die Anwendung der Zeitbezugsmethode für Jahresabschlüsse von Tochterunternehmen aus Hochinflationsländern verlangt.

Die hier vorgeschlagene Anwendung der modifizierten Stichtagskursmethode hat sich in der Praxis bereits weitgehend durchgesetzt, wie empirische Untersuchungen zeigen.[1] Da weder in der 4. EGR noch in der 7. EGR irgendwelche Regelungen für die Währungsumrechnung enthalten sind, außer der, daß die gewählte Methode im Anhang zu erläutern ist, existieren nur in vier der elf untersuchten Mitgliedstaaten nach einer Untersuchung der FEE, nämlich in Belgien, Frankreich, Griechenland und Spanien, gesetzliche Vorschriften bezüglich der Währungsumrechnung. In den anderen EG-Mitgliedstaaten ergeben sich Restriktionen lediglich aus Regeln und Empfehlungen der standard setting bodies bzw. aus den allgemeinen Grundsätzen der Rechnungslegung.[2]

Es ist eine gewisse Ähnlichkeit in bezug auf die angewandten Methoden festzustellen. So werden Bilanzen in den untersuchten Mitgliedstaaten Dänemark, Deutschland, Frankreich, Großbritannien, Irland und den Niederlanden in der Regel mit der Stichtagskursmethode in die Konzernbilanzen umgerechnet. In Deutschland spielt daneben die Zeitbezugsmethode noch eine gewisse Rolle.[3] Ursächlich hierfür ist sicherlich das in Deutschland vorherrschende Vorsichtsprinzip.

Die Gewinn- und Verlustrechnungen werden in den sechs untersuchten Mitgliedstaaten fast ausschließlich und zu fast gleichen Anteilen mit dem Stichtagskurs bzw. dem Durchschnittskurs umgerechnet. Dabei ist für Dänemark und Frankreich eine Präferenz für den Stichtagskurs und für Deutschland, Großbritannien und Irland eine Präferenz für den Durchschnittskurs feststellbar. In den Niederlanden ist keine solche Präferenz feststellbar, wobei dort mit 18 % gleichzeitig die höchste Anzahl an Konzernabschlüssen ohne Angabe der Währungsumrechnungsmethode vorliegt.[4] In bezug auf börsennotierte und nicht börsennotierte Unternehmen scheinen erstere den Stichtagskurs und letztere den Durchschnittskurs vorzuziehen.[5]

---

1) Vgl. in bezug auf Deutschland insbesondere PEEMÖLLER, V.H./HUSMANN, R.: Stand und Entwicklung der Währungsumrechnung ausgewählter Konzerne in Deutschland, in: DB, 49. Jg. (1996), S. 101-107, hier S. 106 f.

2) Vgl. FEE (Hrsg.): 1992 FEE analysis, a.a.O., S. 191 ff.

3) Vgl. FEE (Hrsg.): FEE Survey 1991, a.a.O., S. 239 ff.; FEE (Hrsg.): 1992 FEE analysis, a.a.O., S. 210 f. Das Ergebnis für Deutschland wird durch eine neuere Untersuchung von 100 deutschen Konzernabschlüssen mit Abschlußstichtagen im Jahre 1993 bestätigt. Von diesen machten nur 85 Konzerne Angaben zur Währungsumrechnung, wobei 22 (26 %) die reine und 45 (53 %) eine modifizierte Stichtagskursmethode anwandten, während nur 16 (19 %) die Zeitbezugsmethode anwandten. Die Methode der funktionalen Währung und die Fristigkeitsmethode wurde nur von jeweils einem Konzern verwandt. Vgl. GELHAUSEN, W./MUJKANOVIC, R.: Auswertung zur Währungsumrechnung im Konzernabschluß, a.a.O., S. 1725 ff.

4) Vgl. FEE (Hrsg.): FEE Survey 1991, a.a.O., S. 240 f.; FEE (Hrsg.): 1992 FEE analysis, a.a.O., S. 211 ff.

5) Vgl. FEE (Hrsg.): 1992 FEE analysis, a.a.O., S. 18 und 213.

Bei der Behandlung von Währungsumrechnungsdifferenzen sind zwei Behandlungsweisen vorherrschend. In Dänemark, Großbritannien, Irland und den Niederlanden werden primär alle Währungsumrechnungsgewinne und -verluste berücksichtigt, während in den meisten übrigen Mitgliedstaaten nur realisierte Gewinne und ebenfalls alle Verluste berücksichtigt werden. Eine Präferenz ist für Spanien und Belgien nicht feststellbar, da dort meistens keine Angaben bezüglich der Berücksichtigung von Währungsumrechnungsgewinnen und -verlusten gemacht wurden. Während also in der Regel alle Verluste berücksichtigt werden, differiert die Praxis in bezug auf die Gewinne. Eine Angabe von Beträgen geschieht uneinheitlich und in den meisten Fällen gar nicht.[1)] Die Unterschiede in der Behandlung hängen dabei weniger davon ab, ob ein Unternehmen börsennotiert ist oder nicht, sondern vielmehr davon, ob in dem jeweiligen Mitgliedstaat für Handels- und Steuerrecht getrennte Abschlüsse erstellt werden oder nicht. So werden in Mitgliedstaaten, in denen gesonderte Abschlüsse erstellt werden, auch unrealisierte Umrechnungsdifferenzen berücksichtigt. Da die Behandlung von Umrechnungsgewinnen einen beträchtlichen Einfluß auf das Unternehmensergebnis haben kann, insbesondere bei internationalen Handelsunternehmen, ist die Vergleichbarkeit bei unterschiedlichen Behandlungsweisen eingeschränkt. In diesem Zusammenhang ist auf die schlechte Publizität der Unternehmen in bezug auf die Angabe der Umrechnungsdifferenzen hinzuweisen. Nur in französischen Einzelabschlüssen ist dies anders. Allerdings beruht das auf französischen Anforderungen, die in anderen Mitgliedstaaten nicht existieren und dafür sprechen, daß sich Unternehmen auch bei der Währungsumrechnung an den gesetzlichen Minimalanforderungen orientieren.[2)]

BUSSE VON COLBE mahnte bereits vor Verabschiedung der 7. EGR: "Ein Andauern unternehmensindividueller - und auch von Land zu Land unterschiedlicher - Umrechnungsverfahren würde jedoch die angestrebte Harmonisierung der Konzernrechnungslegung in der EG ernstlich in Frage stellen."[3)] In bezug auf die Praxis der Währungsumrechnung kann festgestellt werden, daß in Europa eine Harmonisierung im Bereich der Währungsumrechnung noch nicht stattgefunden hat, was nicht weiter verwundert, da hier keine Regelungen durch die EG-Richtlinien vorgesehen wurden. Immerhin ist eine Tendenz in Richtung auf die hier vorgeschlagene modifizierte Stichtagskursmethode erkennbar.

---

1) Vgl. FEE (Hrsg.): FEE Survey 1991, a.a.O., S. 243 ff.

2) Vgl. FEE (Hrsg.): 1992 FEE analysis, a.a.O., S. 204 ff. und 211.

3) BUSSE VON COLBE, W.: Aufstellung internationaler Konzernabschlüsse - Ein Bericht aus dem Arbeitskreis Weltabschlüsse -, a.a.O., S. 294.

In bezug auf die gegenwärtigen Regelungen können die weitgehend identischen Regelungen der US-GAAP und der IAS die Kriterien Verläßlichkeit und Verständlichkeit nur teilweise erfüllen, während die 7. EGR sie mangels Regelungen gar nicht erfüllen kann.

4.4.2 Kapitalkonsolidierung

Für die Kapitalkonsolidierung im Rahmen der Vollkonsolidierung gibt es in Abhängigkeit von der Art des Unternehmenszusammenschlusses in den unterschiedlichen Konzernrechnungslegungssystemen zwei verschiedene Konsolidierungsmethoden, und zwar für den Kauf eines Unternehmens die Erwerbsmethode (purchase method) und für Unternehmenszusammenschlüsse mit Fusionscharakter die Interessenzusammenführungsmethode (pooling of interests method).

4.4.2.1 Erwerbsmethode

Die Rechtfertigung für die Erwerbsmethode ergibt sich aus folgender Überlegung. Wie beim Kauf eines Vermögensgegenstands, so stellt auch beim Kauf eines Unternehmens bzw. beim Kauf von Anteilen eines Unternehmens der gezahlte Kaufpreis den aktuellen Wert des Unternehmens dar und nicht etwa die fortgeführten historischen Anschaffungskosten der Bilanzpositionen.

Als Investitionsgut werden bei der Erwerbsmethode jedoch nicht die Kapitalanteile an der Gesellschaft, sondern vielmehr die einzelnen Bilanzpositionen zum Zeitpunkt des Erwerbs angesehen. Diese Sichtweise wird daher Einzelerwerbsfiktion genannt.[1)] Konsequenterweise sind die Bilanzpositionen des Tochterunternehmens zu Tageswerten zu bewerten, wobei die Summe aufgrund des Anschaffungskostenprinzips nicht höher als der tatsächliche Kaufpreis bzw. der Buchwert des Tochterunternehmens sein darf.[2)] Gleichzeitig sind auch selbsterstellte Vermögensgegenstände, die sonst einem Bilanzierungsverbot unterliegen, aufgrund der Einzelerwerbsfiktion als vom Mutterunternehmen angeschafft anzusehen und somit in der Konzernbilanz anzusetzen.[3)] Die so bewerteten Vermögensgegenstände, Schulden, Rechnungsabgrenzungsposten, Bilanzierungshilfen und Sonderposten der Tochterunternehmen treten dann zur Vermeidung von Doppelerfassungen und gegebenenfalls unter Ausweis eines aktiven oder passiven Unterschiedsbetrags aus der Kapitalkonsolidierung an die Stelle des Postens Beteiligungen des Mutterunternehmens.

---

1) Vgl. BUSSE VON COLBE, W./ORDELHEIDE, D.: Konzernabschlüsse, a.a.O., S. 220 f.; GRÄFER, H./SCHELD, G.: Grundzüge der Konzernrechnungslegung, a.a.O., S. 76.

2) Vgl. COENENBERG, A.G.: Jahresabschluß und Jahresabschlußanalyse, a.a.O., S. 471.

3) Vgl. GRÄFER, H./SCHELD, G.: Grundzüge der Konzernrechnungslegung, a.a.O., S. 76.

Es existieren grundsätzlich zwei Varianten bzw. Techniken der Erwerbsmethode, nämlich die Buchwertmethode und die Neubewertungsmethode.

4.4.2.1.1 Buchwertmethode

Bei der Kapitalkonsolidierung ist zu unterscheiden in Erstkonsolidierung ohne und mit vorhandenen Minderheiten sowie in Folgekonsolidierung und Änderung bestehender Beteiligungsverhältnisse.

4.4.2.1.1.1 Erstkonsolidierung bei 100%-Beteiligung

Bei der Buchwertmethode wird der Beteiligungsbuchwert aus der Bilanz des Mutterunternehmens mit dem ausgewiesenen Eigenkapital der Bilanz des Tochterunternehmens in einer Summenbilanz verrechnet. Die sich hieraus in der Regel ergebende Erstkonsolidierungsdifferenz wird dann durch Auflösung und Zuordnung der stillen Reserven und Lasten zu den Bilanzpositionen vermindert. In Deutschland stellt die Erstkonsolidierungsdifferenz aufgrund des Anschaffungskostenprinzips die Obergrenze für die Auflösung der stillen Reserven und Lasten dar, die hinsichtlich der weiteren Behandlung durch Abschreibungen das Schicksal der Positionen teilen, denen sie zugeordnet sind. Eine nach der Auflösung stiller Reserven und Lasten verbleibende aktive Erstkonsolidierungsdifferenz wird als Geschäfts- oder Firmenwert und eine verbleibende passive Erstkonsolidierungsdifferenz als Unterschiedsbetrag aus der Kapitalkonsolidierung bezeichnet.[1] Dabei ist es unerheblich, ob die Beteiligung direkt durch das Mutterunternehmen oder indirekt über andere Tochterunternehmen gehalten wird.

Im Gegensatz zu Deutschland besteht in den IAS bei der Neubewertung der Bilanzpositionen nicht das streng pagotorische Anschaffungskostenprinzip als Obergrenze, so daß eine Neubewertung über die Anschaffungskosten hinaus möglich ist.[2]

4.4.2.1.1.2 Erstkonsolidierung bei Vorhandensein von Minderheiten

Bei Vorhandensein von Minderheiten ergibt sich eine "Diskrepanz zwischen Anteilsbesitz einerseits und Verfügungsmacht über Produktionskapazitäten andererseits"[3]. Auch

---

1) Vgl. GRÄFER, H./SCHELD, G.: Grundzüge der Konzernrechnungslegung, a.a.O., S. 87.

2) Vgl. IDW (Hrsg.): Rechnungslegung nach International Accounting Standards, a.a.O., S. 289.

3) KÜTING, K.: Zur Problematik des Ausgleichspostens für Anteile in Fremdbesitz im Rahmen des zukünftigen Konzernbilanzrechts, a.a.O., S. 554; identisch: KÜTING, K./ZÜNDORF, H.: Die Ermittlung der Minderheitenanteile im Rahmen der Buchwert- und der Neubewertungsmethode des künftigen Konzernbilanzrechts, a.a.O., S. 1171.

bei Tochterunternehmen mit Minderheiten wird aus der HB I bzw. unter Anpassung der Bilanzierungsmethoden aus der HB II des Tochterunternehmens und der Bilanz des Mutterunternehmens eine Summenbilanz gebildet. Jedoch wird hier nur das anteilig auf die Beteiligung des Mutterunternehmens entfallende Eigenkapital mit dem Wertansatz der Beteiligung verrechnet.[1] Entsteht ein passiver Unterschiedsbetrag, so ist dieser gemäß Art. 19 Abs. 1 Buchstabe c) als solcher auszuweisen. Ergibt sich ein aktiver Unterschiedsbetrag, so dürfen sowohl in Deutschland[2] als auch nach IAS 22.32[3] die stillen Reserven und Lasten nur anteilig entsprechend der Beteiligung des Mutterunternehmens am Tochterunternehmen aufgelöst werden.

Gemäß BAETGE sind die Minderheitsgesellschafter bei der Buchwertmethode nicht an den stillen Reserven und Lasten beteiligt, da die Position "Anteile anderer Gesellschafter" bereits vor der Berücksichtigung der stillen Reserven und Lasten gebildet wird.[4] Dies ist allerdings sehr vordergründig, da sich die Minderheitenanteile nachträglich ebensogut neubewerten lassen wie die übrigen Bilanzpositionen. Eine andere Begründung für die nur quotale Berücksichtigung stiller Reserven und Lasten ist, daß das Mutterunternehmen nur diesen Teil der stillen Reserven erworben hat.[5] Dies ist jedoch insofern inkonsequent, als die Buchwerte der Bilanzpositionen auch nur quotal erworben wurden, diese aber entsprechend dem Control-Konzept ganz angesetzt werden.[6]

---

1) Vgl. KÜTING, K./WEBER, C.-P.: Der Konzernabschluß, a.a.O., S. 181.

2) Vgl. IDW (Hrsg.): WP-Handbuch 1996, Bd. I, a.a.O., S. 921, Rn. 337; KÜTING, K./WEBER, C.-P.: Der Konzernabschluß, a.a.O., S. 181. Zu einer abweichende Interpretation, nach der auch bei der Buchwertmethode eine Auflösung der auf die Minderheiten entfallenden stillen Reserven und Lasten für zulässig gehalten wird, vgl. SAHNER, F./TAPPRICH, J.: Zur Ermittlung der Anteile anderer Gesellschafter bei Anwendung der Buchwertmethode gem. § 301 Abs. 1 S. 2 Nr. 1 HGB 1985, a.a.O., S. 2503; WYSOCKI, K.v.: Das Dritte Buch des HGB und die Grundsätze ordnungsmäßiger Konzernrechnungslegung, in: WPg, 39. Jg. (1986), S. 177-181, hier S. 180; WYSOCKI, K.v./WOHLGEMUTH, M.: Konzernrechnungslegung, Konzernrechnungslegung, 4. Aufl. , Düsseldorf 1996, S. 119 ff.

3) Vgl. IDW (Hrsg.): Rechnungslegung nach International Accounting Standards, a.a.O., S. 287 ff. Wenn im folgenden IAS 22 genannt wird, so ist stets IAS 22 (revised 1998) gemeint.

4) Vgl. BAETGE, J.: Konzernbilanzen, a.a.O., S. 212.

5) Vgl. IDW (Hrsg.): WP-Handbuch 1996, Bd. I, a.a.O., S. 921, Rn. 337.

6) Die Auslegung des HGB unter Berücksichtigung der 7. EGR führt dazu, daß bei der Buchwertmethode die stillen Reserven, die auf die Minderheitenanteile entfallen, ebenfalls aufzulösen sind. Vgl. SAHNER, F./TAPPRICH, J.: Zur Ermittlung der Anteile anderer Gesellschafter bei Anwendung der Buchwertmethode gem. § 301 Abs. 1 Satz 2 Nr. 1 HGB 1985, a.a.O., S. 2503.

KÜTING und ZÜNDORF haben folgende Mängel der Buchwertmethode, die nur die quotale Auflösung stiller Reserven und Lasten vorsieht, herausgearbeitet:[1]

- Bewertung erfolgt nicht zu vollen Zeitwerten,
- Abhängigkeit der Höhe der Aufdeckung stiller Reserven und Lasten von der Kapitalanteilshöhe,
- Vermengung unterschiedlicher Konsolidierungsmethoden für Buchwerte sowie für stille Reserven und Lasten,
- unterschiedliche Behandlung der Kapitalanteilseignergruppen,
- Ausweis eines zu geringen und damit falschen Konzernvermögens,
- Darstellung eines zu niedrigen Konzerneigenkapitals,
- verzerrte Wiedergabe der Kapital- und Vermögensstruktur des Konzerns und
- falsche Darstellung des Minderheiteneinflusses.

Konsequenterweise fordern KÜTING und ZÜNDORF daher vom Gesetzgeber, die Zuordnung der stillen Reserven und Lasten nicht von der Beteiligungshöhe abhängig zu machen, sondern auch bei Vorhandensein von Minderheiten voll aufzulösen.

Die Buchwertmethode mit nur quotaler Auflösung stiller Reserven und Lasten entspricht der Interessentheorie in der Ausprägung der parent company theory, da die stillen Reserven, die auf die Minderheitsgesellschafter entfallen, nicht mit aufgelöst und die Aktiva und Verbindlichkeiten der Tochterunternehmen insofern nicht einheitlich bewertet werden.[2] Damit verstößt sie gleichzeitig gegen das Grundprinzip des vollen Ansatzes zu Zeitwerten der angelsächsischen Methode der Kapitalkonsolidierung.[3]

Der Eigenkapitalanteil der Minderheiten ermittelt sich bei der Buchwertmethode entsprechend ihrer prozentualen Beteiligung aus der Bilanz, die auch der Konsolidierung zugrunde liegt. "Für eine konsequente Umsetzung des einheitstheoretischen Gedankengutes wäre ein differenzierter Ausweis der Anteile von Mehrheits- bzw. Minderheitsgesellschaftern am Kapital und am Gewinn bzw. Verlust des Konzerns entbehrlich."[4] Sowohl in der Präambel

---

1) Vgl. KÜTING, K.: Zur Problematik des Ausgleichspostens für Anteile in Fremdbesitz im Rahmen des zukünftigen Konzernbilanzrechts, a.a.O., S. 554 ff.; KÜTING, K./ZÜNDORF, H.: Die Ermittlung der Minderheitenanteile im Rahmen der Buchwert- und der Neubewertungsmethode des künftigen Konzernbilanzrechts, a.a.O., S. 1170 ff.

2) Vgl. EISOLT, D.: US-amerikanische und deutsche Konzernrechnungslegung, a.a.O., S. 265 ff.; KUBIN, K.W.: Die Konzernrechnungslegung in den USA, a.a.O., S. 99; OTTE, H.H.: Gestaltungsspielräume bei der Erwerbskonsolidierung nach § 301 HGB, a.a.O., S. 101.

3) Vgl. KÜTING, K.: Zur Problematik des Ausgleichspostens für Anteile in Fremdbesitz im Rahmen des zukünftigen Konzernbilanzrechts, a.a.O., S. 557.

4) RUPPERT, B.: Die Bedeutung des § 297 Abs. 3 S. 1 HGB für die Konzernrechnungslegung, a.a.O., S. 79.

als auch in Art. 21 der 7. EGR wird jedoch ein Ausweis unter einem gesonderten Posten mit entsprechender Bezeichnung verlangt, ohne als Ort oder Bezeichnung explizit das Eigenkapital zu nennen.

Laut BIENER/SCHATZMANN dürfte dem Grundsatz der Klarheit und Übersichtlichkeit "ein Ausweis unmittelbar nach den Eigenkapitalposten am besten entsprechen."[1] Gemäß § 307 Abs. 1 Satz 1 HGB ist der Ausgleichsposten jedoch innerhalb des Eigenkapitals auszuweisen. BAETGE bezeichnet dies als "Interessentheorie mit Vollkonsolidierung"[2]. KLÖS hält es für denkbar, die Minderheitenanteile "entweder gesondert unter dem Posten Eigenkapital (Anpassung der Gliederung wegen Eigenart der konsolidierten Rechnung gemäß Art. 17 Abs. 1) oder unterhalb des Eigenkapitals (angelsächsische Regel) auszuweisen."[3]

Unter Informationsgesichtspunkten ist entsprechend der parent company extension theory jedoch aufgrund des besonderen Charakters der Minderheitenanteile, die weder Eigenkapital des Mutterunternehmens noch Fremdkapital darstellen, sondern das Eigenkapital der Minderheiten, allein ein gesonderter Ausweis zwischen Eigen- und Fremdkapital verständlich.[4] Dies entspricht auch dem Minderheitenausweis gemäß IAS 27.15 c.[5]

4.4.2.1.1.3 Folgekonsolidierung

Bei der Folgekonsolidierung sind die Bilanzpositionen des Tochterunternehmens fortzuführen, wobei die aufgelösten stillen Reserven und Lasten das Schicksal der Bilanzpositionen teilen, denen sie zugeordnet sind. Auch die bei der Erstkonsolidierung entstandenen Geschäfts- oder Firmenwerte bzw. passivischen Unterschiedsbeträge beeinflussen die Folgekonsolidierung.[6]

Bei den Minderheitenanteilen ist deren Beteiligung am Gewinn des Tochterunternehmens zu berücksichtigen. Da die Minderheitenanteile bei der Buchwertmethode nicht an den stillen Reserven und Lasten beteiligt sind, werden die im § 307 HGB "Anteile anderer Gesellschafter" genannten Minderheitenanteile bei den Folgekonsolidierungen auch nicht

1) BIENER, H./SCHATZMANN, J.: Konzern-Rechnungslegung, a.a.O., S. 39.

2) BAETGE, J.: Konzernbilanzen, a.a.O., S. 214

3) KLÖS, H.L.: Die 7. gesellschaftliche Richtlinie über den konsolidierten Abschluß (Ratsdokument 83/349/EWG), a.a.O., S. 72.

4) Analog zu dem geteilten Charakter der Minderheitenanteile auf der Passivseite des Konzernabschlusses kommt beispielsweise auch der Position Kernbrennelemente ein Zwittercharakter auf der Aktivseite zu, da es sich hier weder um Anlage- noch um Umlaufvermögen handelt. Vgl. RWE AG: Geschäftsbericht 97/98, S. 80.

5) Vgl. IDW (Hrsg.): Rechnungslegung nach International Accounting Standards, a.a.O., S. 287.

6) Vgl. BAETGE, J.: Konzernbilanzen, a.a.O., S. 215.

durch die aus der Aufdeckung stiller Reserven und Lasten resultierenden Wertänderungen beeinflußt, sondern ausschließlich durch die Veränderungen der einheitlich bewerteten Bilanzpositionen vor Auflösung stiller Reserven und Lasten.[1] Dies gilt sowohl nach deutschem Recht als auch nach den IAS.

4.4.2.1.1.4 Änderung bestehender Beteiligungsverhältnisse

Durch die 7. EGR sind im Gegensatz zu den USA[2] und den IAS[3] bezüglich der Änderung bestehender Beteiligungsverhältnisse keine Regelungen vorgegeben. Die Vorgehensweisen unterscheiden sich jedoch nicht grundsätzlich. Eine Übergangs- bzw. Entkonsolidierung ist entsprechend der angewandten und der aufgrund der Änderung der Beteiligungsverhältnisse zukünftig anzuwendenden Konsolidierungs- und Bewertungsmethoden erfolgswirksam unter Beachtung des Totalerfolgskonzepts des Konzernabschlusses durchzuführen. Erfolgswirksame Korrekturen sowie Veräußerungsergebnisse sind nicht im Finanzergebnis, sondern im sonstigen Betriebsergebnis bzw. im außerordentlichen Ergebnis auszuweisen, sofern sie untypisch und selten sind.[4]

4.4.2.1.2 Neubewertungsmethode

Im Gegensatz zur Buchwertmethode werden bei der Neubewertungsmethode zuerst die stillen Reserven und Lasten in voller Höhe aufgelöst, also auch die der Minderheiten.[5] Sofern keine Minderheiten vorhanden sind, führen Buchwert- und Neubewertungsmethode notwendigerweise zu gleichen Ergebnissen.[6] Bei Vorhandensein von Minderheiten werden ihren Anteilen die auf sie entfallenden aufgelösten stillen Reserven und Lasten zugerechnet, so daß sich eine von der Buchwertmethode abweichende Bilanzstruktur ergibt.

---

1) Vgl. BAETGE, J.: Konzernbilanzen, a.a.O., S. 215 f.

2) Vgl. APB Opinion No. 17, par. 32 und APB Opinion No. 18, par. 19 m.

3) Vgl. IAS 27.23.

4) Vgl. BAETGE, J.: Konzernbilanzen, a.a.O., S. 475 ff.; BAETGE, J./HERRMANN, D.: Probleme der Endkonsolidierung im Konzernabschluß, in: WPg, 48. Jg. (1995), S. 225-232, hier S. 225 ff.; BUSSE VON COLBE, W./ ORDELHEIDE, D.: Konzernabschlüsse, a.a.O., S. 251 ff.; KÜTING, K.: Aktuelle Fragen der Kapitalkonsolidierung, in: DStR, 33. Jg. (1995), Teil I: S. 192-196 und Teil II: S. 229-235, hier S. 229 ff.; ORDELHEIDE, D.: Endkonsolidierung nach der Erwerbsmethode, in: Castan, E. u.a.: Beck'sches Handbuch der Rechnungslegung, a.a.O., Bd. II, C 403, Rz. 1 ff.; HERRMANN, D.: Probleme der Übergangskonsolidierung im Konzernabschluß, in: WPg, 47. Jg. (1994), S. 821-832, hier S. 821 ff.; sowie ausführlich auch in bezug auf andere Anlässe und Konsolidierungsbereiche der Übergangskonsolidierung DIES.: Die Änderung von Beteiligungsverhältnissen im Konzernabschluß, Düsseldorf 1994; KÜTING, K./HAYN, B.: Erst- und Endkonsolidierung nach der Erwerbsmethode, in: DStR, 35. Jg. (1997), S. 1941-1948.

5) Vgl. KÜTING, K./WEBER, C.-P.: Der Konzernabschluß, a.a.O., S. 183 f.

6) Vgl. statt vieler BAETGE, J.: Konzernbilanzen, a.a.O., S. 232.

Der Unterschied im Vergleich zur Buchwertmethode besteht also lediglich in der Berücksichtigung der auf die Minderheiten entfallenden stillen Reserven und Lasten in den einzelnen Bilanzpositionen sowie im Ausgleichsposten für die Minderheiten. Dieser enthält bei der Neubewertungsmethode nicht nur den auf die Minderheiten entfallenden Buchwert, sondern auch die auf sie entfallenden aufgedeckten stillen Reserven und Lasten. Daher führt die Neubewertungsmethode bei Vorhandensein von Minderheiten regelmäßig zu einer höheren Konzernbilanzsumme, einem höheren Ansatz des Ausgleichspostens für die Minderheiten und somit auch zu einem höheren Eigenkapitalausweis und in Zukunft aufgrund der höheren aufgelösten stillen Reserven zu höheren Abschreibungen und somit zu niedrigeren Ergebnissen.[1)]

Die Neubewertungsmethode entspricht der Einheitstheorie[2)] bzw. der Interessentheorie in der Ausprägung der parent company extension theory[3)], da sämtliche stille Reserven aufgelöst werden, also nicht nur die stillen Reserven, die auf den vom Mutterunternehmen gekauften Anteil, sondern auch die, die auf die Anteile der Minderheitsgesellschafter entfallen. Die Bilanzpositionen der Tochterunternehmen werden im Konzernabschluß folglich einheitlich bewertet.

In den USA entspricht die Erwerbsmethode gemäß APB Opinion No. 16[4)] von der Technik der Neubewertungsmethode aber vom Ergebnis der Buchwertmethode. Sie wird daher auch anteilige Neubewertungsmethode genannt.[5)] Das neubewertete anteilige Eigenkapital darf gemäß APB Opinion No. 16, par. 91 wie in Deutschland nicht zu einer Überschreitung der streng pagatorsichen Anschaffungskosten führen.[6)] In der 7. EGR wird die Neubewertungsmethode als Mitgliedstaatenwahlrecht gleichberechtigt neben der Buchwertmethode aufgeführt, indem Art. 19 Abs. 1 Buchstabe b) den Mitgliedstaaten die Möglichkeit gibt, die Neubewertungsmethode der Kapitalkonsolidierung zu gestatten oder vorzu-

---

1) Vgl. EVERLING, W.: Konzernrechnungslegung, Herne/Berlin 1990, S. 81; KÜTING, K./WEBER, C.-P.: Der Konzernabschluß, a.a.O., S. 188.

2) Vgl. KUBIN, K.W.: Die Konzernrechnungslegung in den USA, a.a.O., S. 100.

3) Vgl. OTTE, H.H.: Gestaltungsspielräume bei der Erwerbskonsolidierung nach § 301 HGB, a.a.O., S. 101.

4) Vgl. APB: APB Opinion No. 16: Business Combinations, 1970, in: FASB (Hrsg.): Original Pronouncements, Accounting Standards as of June 1, 1998, a.a.O., Bd. II, S. 201-222.

5) Vgl. BORN, K.: Rechnungslegung international, 2. Aufl., Stuttgart 1999, S. 401.

6) Vgl. FÖRSCHLE, G./KRONER, M./MANDLER, U.: Internationale Rechnungslegung: US-GAAP, HGB und IAS, a.a.O., S. 75; KPMG (Hrsg.): Rechnungslegung nach US-amerikanischen Grundsätzen, Düsseldorf 1997, S. 128 ff. Es ist jedoch anzumerken, daß es aufgrund des Abstockungsverbots für noncurrent assets und long-term investments in marketable securities sehr wohl zu einem Verstoß gegen das streng pagatorische Anschaffungskostenprinzip kommen kann.

schreiben. Aufgrund dieses Wahlrechts ist die Neubewertungsmethode in Großbritannien[1], Irland, den Niederlanden und Spanien vorgeschrieben und in allen anderen Mitgliedstaaten außer Griechenland und Italien erlaubt.[2] In IAS 22.34 ist die Neubewertungsmethode jedoch als allowed alternative treatment der Buchwertmethode[3] klar nachgeordnet. Darüber hinaus ist im Gegensatz zu Deutschland und den USA die Auflösung stiller Reserven nicht aufgrund des Anschaffungskostenprinzips auf den aktiven Unterschiedsbetrag begrenzt.[4]

4.4.2.1.3 Vergleich und Beurteilung der Methoden

Bei Vorhandensein von Minderheiten und stillen Reserven führt die Buchwertmethode aufgrund der nur quotalen Auflösung der stillen Reserven und Lasten in der Regel zu einer kleineren Bilanzsumme, einem niedrigeren Eigenkapitalausweis und geringeren Minderheitenanteilen.[5] "Beide Methoden wirken bei der Erstkonsolidierung erfolgsneutral."[6] Erst bei den Folgekonsolidierungen findet eine Erfolgsbeeinflussung statt, indem auf durch Auflösung stiller Reserven und Lasten neubewerteten Bilanzpositionen abgeschrieben wird. Da bei der Neubewertungsmethode auch die stillen Reserven der Minderheitsgesellschafter aufgelöst und abgeschrieben werden, ist hier die Belastung des Ergebnisses im Vergleich zur Buchwertmethode höher.[7] Unterschiede zwischen der 7. EGR, den US-GAAP und den IAS bestehen folglich bei der Folgekonsolidierung sowohl aufgrund der in Abhängigkeit von der gewählten Methode unterschiedlichen Berücksichtigung der Minderheitenanteile als auch aufgrund des Anschaffungskostenprinzips.

Nachdem Art. 19 Abs. 1 Buchstabe a) der 7. EGR den Mutterunternehmen aus Vereinfachungsgründen als Bewertungszeitpunkt den Zeitpunkt der erstmaligen Einbeziehung in die Konsolidierung erlaubt, erhalten die Mitgliedstaaten in Art. 19 Abs. 1 Buchstabe b) gleichzeitig das Wahlrecht, den Erwerbszeitpunkt zum ausschließlichen Zeitpunkt der Wert-

---

1) Analog zu den IAS gilt auch in Großbritannien das Anschaffungskostenprinzip bei der Kapitalkonsolidierung nicht. Vgl. FLIESS, O.: Konzernabschluß in Großbritannien, a.a.O., S. 269 und S. 347 f.

2) Vgl. FEE (Hrsg.): Seventh Directive options, a.a.O., S. 31 und S. 108.

3) Richtiger müßte auch hier von der anteiligen Neubewertungsmethode gesprochen werden. Vgl. BORN, K.: Rechnungslegung international, a.a.O., S. 209.

4) Vgl. IDW (Hrsg.): Rechnungslegung nach International Accounting Standards, a.a.O., S. 288 f.

5) Vgl. GRÄFER, H./SCHELD, G.: Grundzüge der Konzernrechnungslegung, a.a.O., S. 105. Zur großen Bedeutung der Minderheitenanteile in der Konzernbilanz vgl. KÜTING, K.: Zur Problematik des Ausgleichspostens für Anteile in Fremdbesitz im Rahmen des zukünftigen Konzernbilanzrechts, a.a.O., S. 553; KÜTING, K./ ZÜNDORF, H.: Die Ermittlung der Minderheitenanteile im Rahmen der Buchwert- und Neubewertungsmethode des zukünftigen Konzernbilanzrechts, a.a.O., S. 1170 f.

6) GRÄFER, H./SCHELD, G.: Grundzüge der Konzernrechnungslegung, a.a.O., S. 93.

7) Vgl. GRÄFER, H./SCHELD, G.: Grundzüge der Konzernrechnungslegung, a.a.O., S. 104.

ansätze zu erheben. Dieses Wahlrecht gilt für die Erwerbsmethode insgesamt, auch wenn dies aufgrund der Zuordnung zu Art. 19 Abs. 1 Buchstabe b) nicht offensichtlich ist. Deutlicher wird dies in Art. 33 Abs. 2 in bezug auf die Equity-Methode, die an die Kapitalkonsolidierung angelehnt wurde. Die Mitgliedstaaten haben auch das den Erstkonsolidierungszeitpunkt betreffende Wahlrecht uneinheitlich umgesetzt.[1] Der Zielsetzung der Erwerbsmethode entspricht natürlich nur der Erwerbszeitpunkt,[2] der in APB Opinion No. 16, par. 94[3] sowie in IAS 22.32a und 22.34[4] konsequenterweise als ausschließlicher Erstkonsolidierungszeitpunkt festgelegt ist. Um die vielfältigen Verzerrungen und Manipulationsmöglichkeiten bei vom Erwerbszeitpunkt abweichendem Erstkonsolidierungszeitpunkt[5] zu vermeiden, ist auch aus Vereinfachungs- und Wirtschaftlichkeitsgründen im Gegensatz zu Art. 19 der 7. EGR der Zeitpunkt der erstmaligen Einbeziehung in die Konsolidierung weder zu erlauben noch vorzuschreiben. Nur so kann Verläßlichkeit und folglich Vergleichbarkeit gewährleistet werden.

Einigen Autoren zufolge ist die Auflösung der auf die Minderheiten entfallenden stillen Reserven und Lasten auch im Rahmen der Buchwertmethode erlaubt.[6] Das würde bedeuten, daß sich die Buchwert- und Neubewertungsmethode allein durch die umgekehrte Reihenfolge der Konsolidierungsteilschritte bei der Erstkonsolidierung

- Vergleich des Beteiligungsbuchwertes mit dem anteiligen Eigenkapital
  und
- Aufdeckung stiller Reserven und Lasten

unterschieden.[7] SCHINDLER merkt dazu kritisch an, daß dann kein Unterschied mehr zwischen den beiden Methoden bestünde "und sich die Frage stellte, warum der Gesetzgeber den Konzernen überhaupt zwei Methoden zur Wahl anbietet."[8] Diese Frage stellt sich

1) Vgl. FEE (Hrsg.): Seventh Directive options, a.a.O., S. 107.

2) Vgl. BIENER, H./SCHATZMANN, J.: Konzern-Rechnungslegung, a.a.O., S. 36 f.

3) Vgl. EISOLT, D.: US-amerikanische und deutsche Konzernrechnungslegung, a.a.O., S. 242 f.; FÄRBER, T./JANSEN, M./KOCH, P./LEIDINGER, P.W./RAUSCH, A.: Bilanzpolitische Gestaltungsmöglichkeiten in den USA, a.a.O., S. 84 f.

4) Vgl. IDW (Hrsg.): Rechnungslegung nach International Accounting Standards, a.a.O., S. 286.

5) Vgl. ORDELHEIDE, D.: Anwendungsbereich und Erstkonsolidierung, in: Castan, E. u.a. (Hrsg.): Beck'sches Handbuch der Rechnungslegung, a.a.O., C 401, Rz. 114 ff.

6) Vgl. SAHNER, F./TAPPRICH, J.: Zur Ermittlung der Anteile anderer Gesellschafter bei der Anwendung der Buchwertmethode gem. § 301 Abs. 1 Satz 2 Nr. 1 HGB 1985, a.a.O., S. 2503; WYSOCKI, K.v.: Das Dritte Buch des HGB 1985 und die Grundsätze ordnungsgemäßer Konzernrechnungslegung, a.a.O., S. 180; sowie erneut WYSOCKI, K.v./WOHLGEMUTH, M.: Konzernrechnungslegung, a.a.O., S. 119 ff.

7) Vgl. BAETGE, J.: Konzernbilanzen, a.a.O., S. 235.

8) SCHINDLER, J.: Der Ausgleichsposten für Anteile anderer Gesellschafter, in: WPg, 39. Jg. (1986), S. 588-596, hier S. 589.

allerdings auch unabhängig davon, ob die auf die Minderheiten entfallenden stillen Reserven und Lasten in jedem Fall oder nur im Rahmen der Neubewertungsmethode aufzulösen sind. VON WYSOCKI/WOHLGEMUTH halten es auch für zulässig, im Rahmen der Buchwertmethode zwar die stillen Reserven und Lasten der Minderheiten ebenfalls aufzulösen, die Minderheitenanteile am Eigenkapital aber entsprechend der Buchwertmethode vor Auflösung der stillen Reserven und Lasten zu Buchwerten zu bewerten, wodurch eine eigentlich auf sie entfallende positive Differenz der anteiligen stillen Reserven und Lasten den auf das Mutterunternehmen entfallenden Geschäfts- oder Firmenwert mindert.[1] Es kann jedoch nur als völlig abwegig angesehen werden, daß stille Reserven und Lasten der Minderheitenanteile den Geschäfts- oder Firmenwert des Mutterunternehmens mindern. Dies führt zu einem falschen Ausweis des Einflusses der Minderheiten und folglich zu mangelnder Verständlichkeit. Es wäre wünschenswert gewesen, wenn der Richtliniengeber lediglich die Erwerbsmethode mit der vollen Auflösung stiller Reserven und Lasten kodifiziert hätte, da die Reihenfolge der Konsolidierungsschritte für das Ergebnis grundsätzlich unerheblich ist und daher den Unternehmen überlassen werden kann.

VON WYSOCKI moniert, daß der deutsche Gesetzgeber die Behandlung der Minderheiten von der Wahl der Konsolidierungstechnik abhängig gemacht hat, ohne daß dies aus der 7. EGR hervorgeht oder eine zwingende Abhängigkeit bestünde. Er fordert jedoch keine Einschränkung der Wahlmöglichkeiten, sondern lediglich zusätzliche Anhangangaben.[2]

GRÄFER/SCHELD bescheinigen der Neubewertungsmethode zwar einerseits, daß sie, wenn unter Beachtung der pagatorischen Grenze die Vermögensgegenstände und Schulden zu vollen Zeitwerten ausgewiesen werden, also die volle Aufdeckung der stillen Reserven und Lasten möglich ist, dem Bilanzleser einen besseren Einblick in die Vermögens-, Finanz- und Ertragslage ermöglicht, und üben damit gleichzeitig indirekt Kritik am streng pagatorischen Anschaffungskostenprinzip. Andererseits fordern sie, daß die Wahl der Methode vom Einfluß der Minderheiten abhängig gemacht werden sollte. Bei großem Einfluß und sofern die Minderheiten im Konzernabschluß gleich behandelt werden sollen, sei die Neubewertungsmethode vorzuziehen.[3] Es wird jedoch nicht definiert, was unter großem Einfluß zu verstehen ist. Aus deutscher Sicht ließen sich hier beispielsweise Anteile am

---

1) Vgl. WYSOCKI, K.v./WOHLGEMUTH, M.: Konzernrechnungslegung, a.a.O., S. 119 ff.

2) Vgl. WYSOCKI, K.v.: Das Dritte Buch des HGB 1985 und die Grundsätze ordnungsmäßiger Konzernrechnungslegung, a.a.O., S. 180.

3) Vgl. GRÄFER, H./SCHELD, G.: Grundzüge der Konzernrechnungslegung, a.a.O., S. 104.

Grundkapital von mindestens 75 %[1], 90 %[2] oder gar 95 %[3] rechtfertigen. Die volle oder quotale Auflösung stiller Reserven und Lasten in Abhängigkeit vom Einfluß der Minderheiten sowie auch die Festlegung prozentualer Grenzen führte zwar zu höherer Verläßlichkeit, ist jedoch ohne positive Konsequenzen für die Aussagefähigkeit des Konzernabschlusses. Tochterunternehmen aufgrund der Beteiligungshöhe nach unterschiedlichen Methoden zu konsolidieren wäre reine Willkür und widerspräche damit sowohl dem Kriterium der Verständlichkeit als auch der Verläßlichkeit.

Nach der proprietary theory erfolgte die Konzernrechnungslegung aus der kapitalistischen Sicht der Anteilseigner des Mutterunternehmens, was zu einer quotalen Konsolidierung von Tochterunternehmen entsprechend der Felder A-C in Abbildung 12 führte. Das Vermögen und die Schulden von Tochterunternehmen wurden zu anteiligen Buchwerten plus der den anteiligen Geschäfts- oder Firmenwert mindernden anteilig aufgelösten stillen Reserven konsolidiert.

---

1) Dies wird allgemein als eine "qualifizierte" Mehrheit bezeichnet. So sind gemäß § 179 Abs. 2 AktG mindestens 75 % des in der Hauptversammlung bei der Beschlußfassung vertretenen Grundkapitals zu einer Satzungsänderung erforderlich. Auch für eine Erhöhung des Grundkapitals gegen Einlagen sind gemäß § 182 Abs. 1 AktG mindestens 75 % des bei Beschlußfassung vertretenen Grundkapitals notwendig. Ebenso ist die vertragliche Absicherung der einheitlichen Leitung durch Abschluß eines Beherrschungsvertrags gemäß § 291 Abs. 1 AktG i.V.m. § 293 Abs. 1 AktG erst durch Zustimmung von mindestens 75 % des bei Beschlußfassung vertretenen Grundkapitals möglich. Umgekehrt wird das Halten von mehr als 25 % des Aktienkapitals daher als Sperrminorität bezeichnet, und gemäß den §§ 20 und 21 AktG besteht für Unternehmen die Pflicht, der Gesellschaft, an der sie mit mehr als 25 % beteiligt sind, dies mitzuteilen. Gemäß § 103 Abs. 1 AktG können Aufsichtsratsmitglieder mit drei Viertel der Stimmen der Hauptversammlung abberufen werden, so daß dies mit einem Stimmrechtsanteil von mehr als 25 % verhinderbar ist. Im Steuerrecht wird gemäß § 17 Abs. 1 EStG eine Beteiligung mit mehr als 25 % als eine "wesentliche" Beteiligung bezeichnet.

2) Gemäß § 147 Abs. 1 AktG müssen Ersatzansprüche der Gesellschaft aus der Gründung gegen die nach den §§ 46 bis 48, 53 AktG verpflichteten Personen oder aus der Geschäftsführung gegen die Mitglieder des Vorstands und des Aufsichtsrats oder aus § 117 AktG geltend gemacht werden, wenn es eine Minderheit verlangt, deren Anteile am Grundkapital zusammen 10 % erreichen. Darüber hinaus kann gemäß § 120 AktG verlangt werden, über die Entlastung eines Vorstands- oder Aufsichtsratsmitglieds gesondert abzustimmen.

3) Erst bei Beteiligungen von mindestens 95 % am Gesamtnennbetrag des Grundkapitals ist gemäß § 320 Abs. 1 AktG eine Eingliederung möglich. Vgl. KINNE, S.: Der konzernbilanzielle Firmenwert von Tochterunternehmen, a.a.O., S. 37. Umgekehrt sind Aktionäre gemäß § 254 Abs. 2 AktG zu einer Anfechtung des Beschlusses über die Verwendung des Bilanzgewinns nur befugt, wenn ihre Anteile zusammen 5 % des Grundkapitals betragen oder den Nennbetrag von einer Million Deutsche Mark erreichen.

Abb. 12: Konzeption der Kapitalkonsolidierung mit Minderheitenausweis

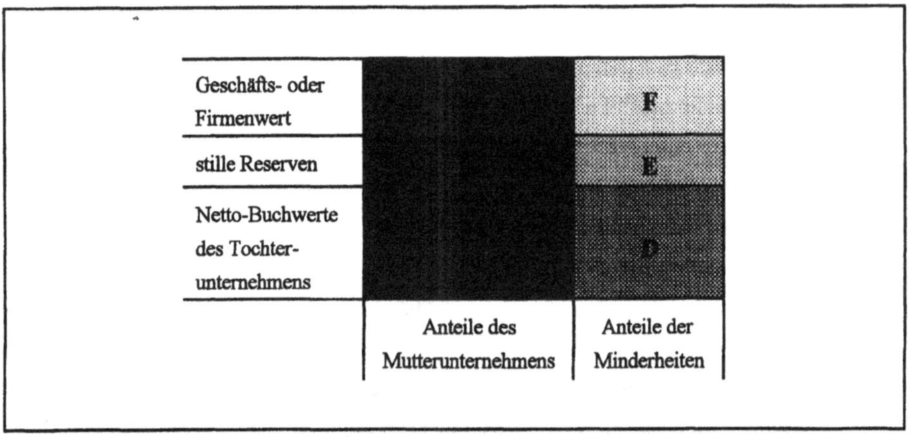

Quelle: In Anlehnung an WEBER, C.-P./ZÜNDORF, H.: § 307 Anteile anderer Gesellschafter, in: Küting, K./ Weber, C.-P. (Hrsg.): Handbuch der Konzernrechnungslegung, a.a.O., Rn. 2.

Aus Investorensicht ist jedoch eher der tatsächliche Einflußbereich einer Investition von Interesse. Dies impliziert die Vollkonsolidierung des Vermögens und der Schulden von Tochterunternehmen unter Einbeziehung der Minderheitenanteile. Die Buchwertmethode ist hier inkonsequent und ungeeignet, da sie die Buchwerte vollkonsolidiert, aber stille Reserven und den auf die Minderheiten entfallenden Geschäfts- oder Firmenwert nur anteilig entsprechend der Felder A-D der Abbildung 12 in den Konzernabschluß übernimmt. Erstens kann die Auflösung stiller Reserven und Lasten eines Tochterunternehmens nicht von der Beteiligungshöhe abhängig gemacht werden, da der Einfluß weiter reicht. Zweitens führt dies auch zu einem den Minderheiteneinfluß falsch darstellenden Bilanzausweis.[1]

Die Verfügungsmacht über das gesamte Vermögen und die gesamten Schulden eines Tochterunternehmens impliziert auch die Verfügungsmacht über die gesamten stillen Reserven und Lasten. Dies berücksichtigt die Neubewertungsmethode, indem bei ihr die Kapitalkonsolidierung entsprechend der Felder A-E der Abbildung 12 erfolgt.

Der Ausweis der Minderheitenanteile zwischen Eigen- und Fremdkapital nach der parent company extension theory ist am verständlichsten; denn Minderheitenanteile sind zwar rechtlich Eigenkapital. Da sie aber nicht Eigenkapital des Mutterunternehmens sind, stellen

1) Vgl. KÜTING, K.: Zur Problematik des Ausgleichspostens für Anteile in Fremdbesitz im Rahmen des zukünftigen Konzernbilanzrechts, in: ZfB, 54. Jg. (1994), S. 548-568, hier S. 555 ff.; KÜTING, K./ZÜNDORF, H.: Die Ermittlung der Minderheitenanteile im Rahmen der Buchwert- und der Neubewertungsmethode des künftigen Konzernbilanzrechts, in: BB, 40. Jg. (1985), S. 1166-1173, hier S. 1171 f.

sie wirtschaftlich eher Fremdkapital für das Mutterunternehmen dar, und ein Konzernabschluß soll im Gegensatz zum Einzelabschluß eben nicht auf die rechtliche, sondern auf die wirtschaftliche Situation abstellen.[1] So wiesen in den USA 1995 von den durch das AICPA jährlich untersuchten Unternehmen etwa ein Viertel die Minderheitenanteile als langfristige Verbindlichkeit (noncurrent liability) aus.[2]

Minderheitsgesellschafter sind auch nicht am Reinvermögen des Gesamtkonzerns beteiligt, sondern am separierten Reinvermögen der jeweiligen Untereinheit; nur für diese stellen sie auch eine Haftungsgrundlage dar. Konsequenterweise sind sie auch nicht direkt am Konzernerfolg, sondern am separierten Ergebnis der jeweiligen Untereinheit beteiligt. Darüber hinaus haben sie noch gewinnunabhängige Zahlungsansprüche.[3] Eigenkapital unterliegt auch keiner Rückzahlungspflicht. Normalerweise kann sich ein Unternehmen daher auch seines Eigenkapitals nicht durch Rückzahlung oder Verkauf entledigen. Ein Mutterunternehmen kann sich jedoch durch Verkauf der Beteiligung an einem Tochterunternehmen auch von den Minderheitenanteilen lösen. Um jedoch Minoritätsrechten, wie Auskunftspflichten und Erstellung von Teilkonzernabschlüssen sowie Ausschüttungen an Minderheitsgesellschafter zu entgehen, müßte die Beteiligung entweder verkauft oder die Anteile der Minderheitsgesellschafter müßten erworben werden, ähnlich, wie ein Kredit getilgt wird, was ein weiteres Beispiel für die gänzlich andere Qualität des Anteils der Minderheiten am Eigenkapital von Tochterunternehmen ist. Sie stellen besonders ausgestaltete Kapitalanteile Dritter dar. Folglich wird der aufgrund der fortbestehenden rechtlichen Vielheit besondere Charakter der Minderheitenanteile also durch eine Sonderstellung zwischen Eigen- und Fremdkapital am besten verständlich abgebildet.[4] Verständlich wird dies auch durch die bilanzanalytische Betrachtung des Gewinnanteils der Minderheitsgesellschafter, der natürlich als kurzfristige Verbindlichkeit zu interpretieren ist.[5] Die Interpretation "Eigenkapital gleich Eigenkapital", unabhängig davon, ob es Eigenkapital des Mutterunternehmens oder der Minderheitenanteile ist, scheint aus dem Einzelabschluß entlehnt zu sein, ist so nicht auf den Konzernabschluß übertragbar und wird durch den separaten Ausweis der Minderheitenanteile innerhalb des Eigenkapitals nicht geheilt.

Dies entspricht der Konzernrechnungslegung aus gemischt wirtschaftlicher und finanzieller Sicht der Anteilseigner des Mutterunternehmens ähnlich der parent company exten-

---

1) Vgl. oben unter Einheitstheorie.

2) Vgl. AICPA (Hrsg.): Trends 1996, a.a.O., S. 244.

3) Vgl. EBELING, R.M.: Die Einheitsfiktion als Grundlage der Konzernrechnungslegung, a.a.O., S. 379.

4) Vgl. EBELING, R.M.: Die Einheitsfiktion als Grundlage der Konzernrechnungslegung, a.a.O., S. 451.

5) Vgl. KÜTING, K./WEBER, C.-P./ZÜNDORF, H.: Praxis der Konzernbilanzanalyse, a.a.O., S. 86.

sion theory und findet sich sowohl in IAS 27.15c[1] als auch in Rule 5-02.27 der Regulation S-X, dem von der SEC bevorzugten Ausweis.[2] Der Konzern wird als wirtschaftliche Einheit betrachtet und voll konsolidiert, wobei auf der Passivseite der Bilanz in Eigenkapital des Mutterunternehmens, Eigenkapital der Minderheiten und Fremdkapital zu unterscheiden ist, um der finanziellen Sicht Rechnung zu tragen.

Zusammenfassend kann festgestellt werden, daß eine Mischung aus Einheits- und Interessentheorie den Informationsinteressen der Geldgeber des Mutterunternehmens, die als Adressaten der Konzerrechnungslegung identifiziert wurden, am besten entspricht. Ein Konzernabschluß ist zwar einheitlich zu bewerten, aber an den Interessen der Kapitalgeber des Mutterunternehmens auszurichten. Dies entspricht einer weiteren Vermischung von Einheitstheorie und parent company extension theory als der am weitesten entwickelten Ausprägung der Interessentheorie.

In Deutschland, das die Buchwertmethode und die Neubewertungsmethode in bezug auf die Auflösung stiller Reserven und Lasten unterschiedlich umgesetzt hat, wird in der Praxis allerdings die Buchwertmethode - und damit eine nur quotale Auflösung stiller Reserven und Lasten - klar bevorzugt.[3] Damit befinden sich die deutsche Konzernrechnungslegungspraxis und die IAS, in denen die anteilige Neubewertungsmethode als benchmark treatment aufgeführt wird, sowie die ausschließlich die anteilige Neubewertungsmethode vorschreibenden US-GAAP in krassem Gegensatz zur herrschenden Literaturmeinung. Die US-GAAP schreiben die anteilige Neubewertungsmethode verläßlich vor. Unverständlich bleibt die nur anteilige Auflösung stiller Reserven und Lasten. Die IAS erfüllen aufgrund der Bestimmung der Buchwertmethode als benchmark treatment zwar das Kriterium der Verläßlichkeit relativ gut. Das Kriterium der Verständlichkeit können sie jedoch nicht erfüllen. Die 7. EGR gewährt hier erneut zu viele Wahlrechte und kann daher keins der

1) Vgl. IDW (Hrsg.): Rechnungslegung nach International Accounting Standards, a.a.O., S. 287.

2) Vgl. EISOLT, D.: US-amerikanische und deutsche Konzernrechnungslegung, a.a.O., S. 274.

3) In einer Untersuchung der C & L Deutsche Revision haben von 96 Mutterunternehmen 88 ausschließlich die Buchwertmethode und sechs ausschließlich die Neubewertungsmethode angewandt. Zwei Mutterunternehmen wandten beide Methoden an. Vgl. C & L DEUTSCHE REVISION (Hrsg.): Konzernabschlüsse '95, Düsseldorf 1997, S. 61, Tz. 63. RAMMERT, S./WILHELM, H.: Die Kapitalkonsolidierung in der Bilanzierungspraxis deutscher Konzerne, in: WPg, 44. Jg. (1991), Teil I: S. 98-104 und Teil II: S. 131-136, hier S. 101, stellen fest, daß von 104 Mutterunternehmen mindestens 80 die Buchwertmethode wählten. 13 Mutterunternehmen machten keine eindeutigen Angaben und lediglich 11 wandten die Neubewertungsmethode an. In einer am Institut für Wirtschaftsprüfung an der Universität des Saarlandes, Saarbrücken, durchgeführten empirischen Untersuchung von 150 Konzerngeschäftsberichten des Geschäftsjahres 1992 bzw. 1991/92 wandten nur fünf Konzerne ausschließlich die Neubewertungsmethode an und vier die Buchwert- und die Neubewertungsmethode parallel. Vgl. KÜTING, K./DUSEMOND, M./NARDMANN, B.: Ausgewählte Probleme der Kapitalkonsolidierung in Theorie und Praxis, in: BB, 49. Jg. (1994) Beilage 8 zu Heft 14/1994, S. 1*-18*, hier S. 6* f.

Kriterien erfüllen. So erlaubt sie sowohl die Buchwertmethode als auch die Neubewertungsmethode, die gleichzeitige Anwendung beider Methoden in einem Konzernabschluß sowie verschiedene Einbeziehungszeitpunkte.

4.4.2.1.4 Behandlung der stillen Reserven und Lasten

Unabhängig davon, ob ein Unternehmen durch einen asset deal oder einen share deal erworben wird, sind bei der Konzernrechnungslegung aufgrund der Einzelerwerbsfiktion stets Vermögensgegenstände und Schulden des erworbenen Unternehmens unter Auflösung stiller Reserven und Lasten mit dem Zeitwert zu bewerten.[1] Beim durch asset deal erworbenen Unternehmen sind jedoch vertraglich bereits Vorgaben für die Bewertung der Vermögensgegenstände und Schulden gemacht,[2] so daß bei durch share deal erworbenen Unternehmen grundsätzlich mehr Freiheitsgrade bezüglich der Auflösung stiller Reserven und Lasten existieren.

Stille Reserven, auch stille Rücklagen oder stille Tageswertrücklagen genannt, entstehen aus der Unterbewertung von Aktiva und der Überbewertung von Passiva. Stille Lasten entstehen umgekehrt aus einer Überbewertung der Aktiva und Unterbewertung der Passiva. Die Ursachen hierfür können vielfältig sein. In bezug auf den Konzernabschluß geht es um die Auflösung der stillen Reserven und Lasten, die nach einer Vereinheitlichung der Bilanzierungsmethoden noch bestehen.

4.4.2.1.4.1 Ermittlung

Voraussetzung für die Zuordnung der stillen Reserven und Lasten sind die Bestimmung der anzusetzenden Bilanzpositionen sowie deren Zeitwerte, um die Höhe der stillen Reserven und Lasten ermitteln zu können.[3] Aufgrund der Einzelerwerbsfiktion sind auch vom Tochterunternehmen selbsterstellte immaterielle Vermögensgegenstände anzusetzen, da sie als vom Mutterunternehmen erworben gelten. Dies ist auch im deutschen Recht geregelt, da das Bilanzierungsverbot des § 248 Abs. 2 HGB nur für den Ansatz im Einzelabschluß des Tochterunternehmens gilt. Mangels Maßgeblichkeit des Einzelabschlusses des Tochterunternehmens für den Konzernabschluß entscheidet über die Ansatzfähigkeit der Aktiva und Passiva allein die Sicht des Konzerns.[4] Folglich besteht aus Konzernsicht gemäß § 298

---

1) Vgl. MEYER, H.: Der Geschäfts- oder Firmenwert im Unternehmenskaufvertrag, Hamburg 1991, S. 64 ff.

2) Vgl. MEYER, H.: Der Geschäfts- oder Firmenwert im Unternehmenskaufvertrag, a.a.O., S. 239 ff. und S. 247.

3) Vgl. SCHERRER, G.: Konzernrechnungslegung, a.a.O., S. 244 ff.

4) Vgl. KÜTING, K./WEBER, C.-P.: Der Konzernabschluß, a.a.O., S. 217 f.

Abs. 1 i.V.m. § 246 Abs. 1 HGB eine Aktivierungspflicht für dem Bilanzierungsverbot des § 248 Abs. 2 HGB unterliegende selbsterstellte oder unentgeltlich erworbene immaterielle Vermögensgegenstände des Tochterunternehmens, sofern diese vor dem Stichtag der Erstkonsolidierung vom Tochterunternehmen selbsterstellt oder unentgeltlich erworben wurden und als Vermögensgegenstände konkretisierbar sind.[1] Das gleiche gilt auch gemäß APB Opinion No. 16, par. 87, wobei gemäß FIN No. 4[2], par. 4 allerdings auch Vermögensgegenstände aus Forschungs- und Entwicklungstätigkeiten des Tochterunternehmens dazugehören.[3]

Die Zeitwerte der Bilanzposten sind aufgrund der Einzelerwerbsfiktion am Beschaffungsmarkt zu ermitteln.[4] Für Vermögensgegenstände ist der Zeitwert somit der Preis, der bei Einzelerwerb durch das Mutterunternehmen gezahlt worden wäre, und bei den Schulden ist es die Belastung, die bei Übernahme des jeweiligen Schuldpostens für das Mutterunternehmen entstanden wäre.[5] Diese Werte werden entweder als Konzernwiederbeschaffungswerte bzw. Konzernwiederbeschaffungskosten oder als Konzernanschaffungskosten bezeichnet.[6] Ihre Ermittlung stellt in der Praxis häufig ein erhebliches Problem dar. Zur Ermittlung können eine Reihe von unterschiedlichen Methoden herangezogen werden. Möglich ist eine Ermittlung beispielsweise mit Hilfe von Börsen- oder Marktpreisen, Hochrechnung der ursprünglichen Anschaffungskosten mit Hilfe eines Preisindex oder durch Schätzung durch Experten.[7] Trotz dieser Verfahren sind die Konzernwiederbeschaffungs-

---

1) Vgl. ADS: § 301 Kapitalkonsolidierung, S. 408 f., Tz. 79 ff.; OTTE, H.-H.: Gestaltungsspielräume bei der Erwerbskonsolidierung nach § 301 HGB, a.a.O., S. 102. Gegenteilige Auffassung vertritt SCHERRER, G.: § 301 Kapitalkonsolidierung, in: Hofbauer, M.A./Kupsch, P. u.a. (Hrsg.): Bonner Handbuch Rechnungslegung, Bonn 1996, Rz. 28.

2) Vgl. FASB: FASB Interpretation No. 4: Applicability of FASB Statement No. 2 to Business Combinations Accounted for by the Purchase Method, 1975, in: FASB (Hrsg.): Original Pronouncements, Accounting Standards as of June 1, 1998, a.a.O., Bd. II, S. 518-520.

3) Vgl. EISOLT, D.: US-amerikanische und deutsche Konzernrechnungslegung, a.a.O., S. 247 ff.

4) Vgl. die allgemeinen Richtlinien der Wertfindung in APB Opinion No. 16, par. 88.

5) Vgl. ADS: § 301 Kapitalkonsolidierung, S. 403, Tz. 63. Grundsätzlich ähnliche Regelungen finden sich für die USA in APB Opinion No. 16, par. 88.

6) Vgl. SCHERRER, G.:§ 301 Kapitalkonsolidierung, a.a.O., Rz. 29.

7) Vgl. nicht nur zu den angegebenen Verfahren, sondern auch zu weiteren Ermittlungsmethoden statt vieler MEYER, H.: Der Geschäfts- oder Firmenwert im Unternehmenskaufvertrag, a.a.O., S. 259 ff.; DUSEMOND, M./WEBER, C.-P./ZÜNDORF, H.: § 301 Kapitalkonsolidierung, in: Küting, K./Weber, C.-P. (Hrsg.): Handbuch der Konzernrechnungslegung, a.a.O., S. 1153-1454, hier Rn. 94 ff.; sowie in bezug auf Großbritannien CHOPPING, D./SKERRATT, L.: Applying GAAP 1995/96, 4. Aufl., Central Milton Keynes 1995, S. 561 ff.

kosten selten exakt zu ermitteln, so daß hier ein Ermessensspielraum verbleibt,[1] welcher dem Konzern zur Bilanzgestaltung zur Verfügung steht, um beispielsweise den Geschäfts- oder Firmenwert möglichst groß oder klein zu halten. Eine Objektivierung der Ermittlung der Zeitwerte ist leider nicht möglich, da die Bilanzpositionen zu heterogen sind, als daß ihnen in jedem Fall eindeutig Bewertungsmethoden zuordenbar wären. Folglich ist aus Adressatensicht zur Wahrung der Informationsfunktion eine Verpflichtung zur Dokumentation der Wertfindung im Anhang notwendig.[2]

4.4.2.1.4.2 Zuordnung zu den Bilanzpositionen bei Anwendung des streng pagatorischen Anschaffungskostenprinzips

Sofern die pagatorischen Anschaffungskosten nicht als Obergrenze interpretiert werden, entsteht bei der Zuordnung stiller Reserven und Lasten kein Zuordnungsproblem.[3] Bei Anwendung des streng pagatorischen Anschaffungskostenprinzips führt die Offenlegung und Verteilung stiller Reserven bei der Buchwert- und bei der Neubewertungsmethode nur dann nicht zu Zuordnungsproblemen, wenn die Differenz aus Anschaffungskosten und Buchwert des anteiligen Eigenkapitals positiv und gleichzeitig eine vollständige Auflösung der anteiligen stillen Reserven möglich ist. Reicht der Differenzbetrag dazu jedoch nicht aus, ergibt sich das Problem einer adäquaten Aufteilung der stillen Reserven und Lasten auf die einzelnen Bilanzposten. Für die Neubewertungsmethode fehlt in der 7. EGR eine Obergrenze für die Auflösung stiller Reserven. In Deutschland wurde diese in § 301 Abs. 1 S. 4 HGB explizit festgelegt. Sie ist identisch mit der Obergrenze der Buchwertmethode und wurde mit dem Anschaffungskostenprinzip begründet.[4]

Da für die Zuordnung stiller Reserven und Lasten durch die 7. EGR keine Norm einschlägig ist, unterliegt der Ersteller des Konzernabschlusses bei der Wahl des Verteilungsschlüssels lediglich dem Gebot der Willkürfreiheit und der Generalnorm.[5] Obwohl das Zuordnungskonzept den Konzernabschluß massiv beeinflußt, muß es nicht im Anhang ange-

1) Vgl. BAETGE, J.: Konzernbilanzen, a.a.O., S. 243; KLEIN, H.-D.: Konzernbilanzpolitik, Heidelberg 1989, S. 321 f.; SCHRUFF, W.: Einflüsse der 7. EG-Richtlinie auf die Aussagefähigkeit des Konzernabschlusses, a.a.O., S. 212.

2) Vgl. MEYER, H.: Der Geschäfts- oder Firmenwert im Unternehmenskaufvertrag, a.a.O., S. 246 f.

3) Vgl. OTTE, H.-H.: Gestaltungsspielräume bei der Erwerbskonsolidierung nach § 301 HGB, a.a.O., S. 104.

4) Vgl. BAETGE, J.: Konzernbilanzen, a.a.O., S. 240 ff.

5) Vgl. BAETGE, J.: Konzernbilanzen, a.a.O., S. 241 f.

geben werden. Folgende Zuordnungskonzepte stiller Reserven wurden in der Literatur diskutiert:[1)]

- **Zuordnung nach der Bedeutung der stillen Reserven**

  Bei dieser Vorgehensweise wird auf das Prinzip der Wesentlichkeit und Wirtschaftlichkeit abgestellt. Danach kann die Aufdeckung jener stiller Reserven unterbleiben, deren Bedeutung für den Konzernabschluß in keinem Verhältnis zum erforderlichen Aufwand bei der Zuordnung auf einzelne Bilanzpositionen sowie bei der Fortschreibung in Folgeperioden steht. Statt dessen erfolgt eine Verteilung nur auf Bilanzpositionen, die höhere Beträge an stillen Reserven enthalten.[2)] Dies führt zu uneinheitlicher Bewertung der Bilanzpositionen.

- **Zuordnung nach der Rentabilität der Vermögensgegenstände**

  Dieses Konzept orientiert sich an der Rentabilität, die der Erwerber der Anteile des Unternehmens einzelnen Bilanzpositionen beimißt. Es führt zu Ermessensspielräumen und folglich mangelnder Verläßlichkeit.

- **Zuordnung nach der Bestimmtheit des Vorhandenseins stiller Reserven**

  Hier wird bei den Schwierigkeiten der tageswertorientierten Neubewertung von Bilanzpositionen angesetzt, die sich beispielsweise ergeben können, wenn für Grundstücke oder nicht mehr angebotene Maschinen Wiederbeschaffungswerte ermittelt werden müssen. Stille Reserven sollten deshalb vorrangig Vermögenswerten zugeordnet werden, bei denen die Bestimmung der Wiederbeschaffungswerte unproblematisch ist. Aus praktischen Gesichtspunkten ist diese Methode äußerst positiv. Sie führt allerdings zu erheblichen Ermessensspielräumen.

- **Zuordnung nach der Liquidierbarkeit bzw. Verweildauer in der entsprechenden Bilanzposition**[3)]

  Der Zuordnung stiller Reserven könnte auch das Kriterium der Liquidierbarkeit von Vermögensgegenständen zugrunde gelegt werden. Erfolgt die Verteilung primär auf Vermögensgegenstände mit geringer Liquidierbarkeit, wie beispielsweise Grundstücke, kommt es, wenn überhaupt, nur sehr spät zur erfolgswirksamen Auflösung von stillen Reserven in zukünftigen Perioden. Bei der Zuordnung

---

1) Vgl. BAETGE, J.: Konzernbilanzen, a.a.O., S. 241 f.; DUSEMOND, M./WEBER, C.-P./ZÜNDORF, H.: § 301 Kapitalkonsolidierung, a.a.O., Rn. 106 ff.

2) Vgl. FÖRSCHLE, G.: § 301 Kapitalkonsolidierung, in: Budde, W.D. u.a. (Hrsg.): Beck'scher Bilanz-Kommentar, 3. Aufl., München 1995, S. 1487-1532, hier Anm. 93.

3) Ohne dies weiter auszuführen, differenziert COENENBERG zu Recht zwischen Liquidierbarkeit und Verweildauer. Vgl. COENENBERG, A.G.: Jahresabschluß und Jahresabschlußanalyse, a.a.O., S. 477.

nach abnehmender Liquidierbarkeit hingegen werden zunächst relativ schnell liquidierbare Vermögensgegenstände auf die Existenz stiller Reserven hin untersucht. Dieses Konzept führt dazu, daß die Auflösung der zugeordneten stillen Reserven zu wesentlich früheren Zeitpunkten möglich und buchhalterisch über einen kürzeren Zeitraum zu verfolgen ist.

Für die USA wird durch APB Opinion No. 16, pars. 87 und 91 vorgeschrieben, daß nach der Bewertung zu Zeitwerten eine proportionale Abwertung nur des Anlagevermögens mit Ausnahme der langfristigen, börsengängigen Finanzanlagen vorzunehmen ist. Falls diese auf null reduziert sind und trotzdem eine Differenz verbleibt, ist diese als deferred credit, auch negative goodwill genannt, auszuweisen. Diese Zuordnungsmethode wird auch als basket purchase method bezeichnet.[1] Es ist jedoch schwer verständlich, warum lediglich das Anlagevermögen ohne die langfristigen, börsengängigen Finanzanlagen zu reduzieren ist.

- **Proportionale Zuordnung**

  Eine Zuordnung stiller Reserven kann sowohl auf der Grundlage der Proportionalität zu den Buch- oder Zeitwerten der Bilanzpositionen als auch proportional zur Höhe der insgesamt vorhandenen stillen Reserven erfolgen. Im Rahmen letzterer Alternative wird zunächst eine Aufteilungsquote aus dem Quotienten aus aufzuteilenden und vorhandenen stillen Reserven ermittelt. Die in einem Bilanzposten vorhandenen stillen Reserven dürfen anschließend nur entsprechend der Auflösungsquote zugeordnet werden.

Die Methode der proportionalen Zuordnung im Verhältnis zu den insgesamt vorhandenen stillen Reserven ist am eindeutigsten und führt gleichzeitig zu den geringsten Verzerrungen, weshalb diese Methode aufgrund der Gleichbehandlung aller stiller Reserven für deren Zuordnung unter Berücksichtigung des streng pagatorischen Anschaffungskostenprinzips am verläßlichsten und verständlichsten ist.[2]

4.4.2.1.4.3 Anwendung des streng pagatorischen Anschaffungskostenprinzips bei der Kapitalkonsolidierung

Die Anwendung des aus den Vorschriften für den Einzelabschluß auf die Erwerbsmethode der Kapitalkonsolidierung übertragenen streng pagatorischen Anschaffungskosten-

---

1) Vgl. EISOLT, D.: US-amerikanische und deutsche Konzernrechnungslegung, a.a.O., S. 256 ff.

2) Vgl. OTTE, H.-H.: Gestaltungsspielräume bei der Erwerbskonsolidierung nach § 301 HGB, a.a.O., S. 104; SCHRUFF, W.: Einflüsse der 7. EG-Richtlinie auf die Aussagefähigkeit des Konzernabschlusses, a.a.O., S. 213; DUSEMOND, M./WEBER, C.-P./ZÜNDORF, H.: § 301 Kapitalkonsolidierung, a.a.O., Rn. 115.

prinzips als Obergrenze für die Auflösung stiller Reserven und Lasten ist problematisch. Das streng pagatorische Anschaffungskostenprinzip gilt für den Einzelabschluß, da dort Beteiligungen an Kapitalgesellschaften und andere Jahresabschlußpositionen eben nicht konsolidiert werden. Das heißt, daß sie nicht Position für Position neubewertet werden, um diese dann einzeln abzuschreiben, sondern als ganzes bilanziert werden. Folglich ist das streng pagatorische Anschaffungskostenprinzip auf die im Konzernabschluß durchzuführende Konsolidierung nicht anwendbar. Statt dessen ist dieses zu ignorieren oder so zu interpretieren, daß ein durch volle Auflösung stiller Reserven und Lasten entstehender, die pagatorischen Anschaffungskosten übersteigender Wert des Reinvermögens ebenfalls zu den Anschaffungskosten zu zählen ist. Der den Unternehmenswert darstellende Ertragswert bzw. der letztendlich auf dem Verhandlungswege zustandegekommene Kaufpreis beeinflußt den Wert der einzelnen Bilanzpositionen höchstens indirekt. Wenn die den Bilanzpositionen beizulegenden Werte nachträglich durch die Anschaffungskosten für das Tochterunternehmen begrenzt werden, führt das zur Bilanzierung von Werten, die weder den fortgeführten historischen Anschaffungskosten noch den Zeitwerten entsprechen und daher genausowenig verständlich sind wie die von der Beteiligungshöhe abhängige quotale Auflösung stiller Reserven und Lasten bei vollem Ansatz der Buchwerte durch die Buchwertmethode. Auch der positive bzw. negative Geschäfts- oder Firmenwert als Saldogröße wird mit einem falschen Wert angesetzt. Folglich würden das Konzernvermögen falsch und die Kapital- und Vermögensstruktur zumindest verzerrt wiedergegeben, wodurch die Verläßlichkeit leidet. Insofern ist die Anwendung des streng pagatorischen Anschaffungskostenprinzips auf die Kapitalkonsolidierung schlicht abwegig.[1)]

APB Opinion 16, par. 91 legt fest, daß dem Anschaffungskostenprinzip durch proportionale Abstockung der Verkehrswerte des Anlagevermögens mit Ausnahme langfristiger marktgängiger Wertpapiere zu entsprechen ist. Erst wenn diese auf null reduziert sind, kann ein negativer Geschäfts- oder Firmenwert entstehen. IAS 22.62 sieht vor, daß der Teil eines negativen Geschäfts- oder Firmenwerts, dem erwartete zukünftige Verluste oder Aufwendungen nicht verläßlich zugeordnet werden können und gleichzeitig die nicht

---

1) Vgl. zur vom streng pagatorischen Anschaffungskostenprinzip abweichenden Interpretation OTTE, H.-H.: Gestaltungsspielräume bei der Erwerbskonsolidierung nach § 301 HGB, a.a.O., S. 103; MUJKANOVIC, R.: Der negative Geschäftswert in der Steuerbilanz des Erwerbers eines Betriebs oder Mitunternehmeranteils, in: WPg, 47. Jg. (1994), S. 522-528; GIEßLER, O.S.: Der "passive Ausgleichsposten" in der Bilanz - nicht anderes als ein negativer Geschäftswert?, in: DStR, 33. Jg. (1995), S. 699-702; DERS.: Der negative Geschäftswert - Bilanzielle Anerkennung und Behandlung, in: BB, 51. Jg. (1996), S. 1759-1765; GEIGER, A.: Interpretation des negativen Geschäftswerts im Rahmen einer ökonomischen Analyse, in: DB, 49. Jg. (1996), S. 1533-1535. Anderer Ansicht vgl. statt vieler DUSEMOND, M./WEBER, C.-P./ZÜNDORF, H.: § 301 Kapitalkonsolidierung, a.a.O., Rn. 35 ff. und 84.

monetären Posten übersteigt, sofort als Ertrag zu berücksichtigen ist. Das gleiche gilt gemäß IAS 22.63 für einen negativen Geschäfts- oder Firmenwert für den keine Verluste erwartet werden. Insofern gilt das Anschaffungskostenprinzip nur eingeschränkt. In der 7. EGR gilt das Anschaffungskostenprinzip zumindest für die Neubewertungsmethode nicht. Den Kriterien Verläßlichkeit und Verständlichkeit kann das streng pagatorische Anschaffungskostenprinzip nicht gerecht werden, auch wenn es nur eingeschränkt angewandt wird oder für eine Konsolidierungsmethode keine Anwendung findet.

4.4.2.1.5 Unterschiedsbeträge

Ein sich bei Verrechnung des Kaufpreises der Anteile mit dem zu Zeitwerten bewerteten Reinvermögen im Rahmen der Kapitalkonsolidierung ergebender Unterschiedsbetrag kann sowohl positiv als auch negativ sein. Gemäß Art. 30 Abs. 1 der 7. EGR ist ein verbleibender positiver Unterschiedsbetrag wie ein Geschäfts- oder Firmenwert zu behandeln. Folglich wird er in der Praxis auch so bezeichnet. Daher ist es naheliegend und konsequent, einen verbleibenden negativen Unterschiedsbetrag aus Vereinfachungsgründen und in Übereinstimmung mit der Literatur als negativen Geschäfts- oder Firmenwert zu bezeichnen.[1)] Die Geschäftswerte sind als den reinen Substanzwert des Tochterunternehmens übersteigende Reproduktionsmehr- bzw. unterschreitende Reproduktionsminderwerte zu interpretieren,[2)] die insofern eine Indikatorfunktion für zukünftige positive oder negative Ertragserwartungen der Tochterunternehmen haben.

4.4.2.1.5.1 Bilanzierung eines positiven Geschäfts- oder Firmenwerts

Der derivative Geschäfts- oder Firmenwert aus der Kapitalkonsolidierung ist der sich rechnerisch ergebende Unterschiedsbetrag, um den der Kaufpreis das zu Zeitwerten bewertete Reinvermögen übersteigt.[3)] Die Ursachen für das Zahlen eines das neubewertete Eigenkapital übersteigenden Anschaffungspreises und somit für das Entstehen eines Geschäfts- oder Firmenwerts sind vielschichtig. Beispielhaft seien folgende Gründe genannt:

---

1) Vgl. GIEßLER, O.S.: Der "passive Ausgleichsposten" in der Bilanz - nichts anderes als ein negativer Geschäftswert?, a.a.O., S. 701; SIEGEL, T./BAREIS, P.: Zum "negativen Geschäftswert" in Realität und Bilanz, in: BB, 49. Jg. (1994), S. 317-322, hier S. 317; SAUTHOFF, J.-P.: Zum bilanziellen Charakter negativer Firmenwerte im Konzernabschluß, in: BB, 52. Jg. (1997), S. 619-623, hier S. 619. Art. 30 und 31 der 7. EGR sprechen jedoch nur von einem positiven und negativen Konsolidierungsunterschied.

2) Vgl. KINNE, S.: Der konzernbilanzielle Firmenwert von Tochterunternehmen, a.a.O., S. 164 ff., der allerdings im weiteren Verlauf seiner Arbeit ein Alternativkonzept erarbeitet.

3) Vgl. WEBER, C.-P./ZÜNDORF, H.: Der Posten "Geschäfts- oder Firmenwert" im Konzernabschluß, DB, 42. Jg. (1989), S. 333-340, hier S. 333.

- Abgeltung künftiger Ertragserwartungen des Unternehmens[1] und
- Fehleinschätzung des Erwerbers bezüglich des Unternehmenswertes.[2]

Gemäß Art. 19 Abs. 1 Buchstabe c) der 7. EGR sind Unterschiedsbeträge zu bilanzieren, und zwar unabhängig davon, ob sie positiv oder negativ sind. Bezüglich der Behandlung eines aktivierten Geschäfts- oder Firmenwerts verweist Art. 30 Abs. 1 der 7. EGR auf die 4. EGR. Dort bestimmt Art. 37 Abs. 2 i.V.m. Art. 34 Abs. 1 Buchstabe a), daß der Geschäfts- oder Firmenwert, wenn er nicht analog den Aufwendungen für die Errichtung und Erweiterung des Unternehmens als Aufwand behandelt wird, was durch Art. 19 Abs. 1 Buchstabe c) für den Konzernabschluß ausgeschlossen wird, spätestens nach fünf Jahren abgeschrieben sein muß, sofern die Mitgliedstaaten nicht die planmäßige Abschreibung auch während eines längeren Zeitraums gestatten. "Letztere Regelung entspricht dem US-Grundsatz, der maximal 40 Jahre Abschreibungsdauer vorsieht."[3] In jedem Fall beeinflußt der Geschäfts- oder Firmenwert jedoch früher oder später als Aufwand oder Abschreibung das Ergebnis des Einzelabschlusses. Insofern verstoßen Dänemark, Großbritannien, Irland und die Niederlande gegen die 4. EGR, indem sie die erfolgsneutrale offene Verrechnung von Firmenwerten mit den Rücklagen gestatten oder zumindest dulden.[4] Durch die 7. EGR wird dies für den Konzernabschluß jedoch durch den erst kurz vor Verabschiedung in die Richtlinie eingefügten Art. 30 Abs. 2 erlaubt, indem die Mitgliedstaaten die Möglichkeit erhalten zuzulassen, daß der positive Konsolidierungsunterschied unmittelbar mit den Rücklagen verrechnet wird.[5] Diese Vorgehensweise ist auf britische Initiative zurückzuführen.[6] Dadurch ist es möglich, von einer Aktivierung des derivativen Geschäfts- oder Firmenwerts abzusehen und ihn insofern mit dem originären Geschäfts- oder Firmenwert

---

1) Vgl. WEBER, C.-P./ZÜNDORF, H.: Der Posten "Geschäfts- oder Firmenwert" im Konzernabschluß, a.a.O., S. 333.

2) Vgl. MUJKANOVIC, R.: Der derivative Geschäftswert im handelsrechtlichen Jahresabschluß, in: BB, 49. Jg. (1994), S. 894-898, hier S. 896.

3) KLÖS, H.L.: Die 7. gesellschaftliche Richtlinie über den konsolidierten Abschluß (Ratsdokument 83/349/EWG), a.a.O., S. 71.

4) Vgl. CASTAN, E.: Rechnungslegung in der Europäischen Gemeinschaft, München 1993, S. 33; FEE (Hrsg.): FEE Survey 1991, a.a.O., S. 54; KLOOS, G.: Die Transformation der 4. EGR, a.a.O., S. 231 ff.; SCHRUFF, W.: Umsetzung der 4. EG-Richtlinie in den Mitgliedstaaten der Europäischen Gemeinschaft, a.a.O., S. 371.

5) Vgl. BIENER, H./SCHATZMANN, J.: Konzern-Rechnungslegung, a.a.O., S. 48.

6) Vgl. ADS § 309 Bedeutung des Unterschiedsbetrags, S. 695, Tz. 3; KÜTING, K.: Aktuelle Fragen der Kapitalkonsolidierung, a.a.O., S. 194; ZWINGMANN, L.: Der Geschäfts- oder Firmenwert sowie der Unterschiedsbetrag aus der Kapitalkonsolidierung im Konzernabschluß, in: BB, 49. Jg. (1994), S. 2314-2318, hier S. 2316.

gleichzubehandeln.[1] In der EU ist die Verrechnung des positiven Unterschiedsbetrags im Anschaffungsjahr im allgemeinen jedoch nicht erlaubt.[2]

Die zahlreichen Wahlrechte zeigen, daß der Richtliniengeber sich über den bilanziellen Charakter des Geschäfts- oder Firmenwerts nicht im klaren war. Ein Bilanzierungswahlrecht spricht für den Charakter einer Bilanzierungshilfe,[3] während bei einem Bilanzierungsgebot von einem immateriellen Vermögensgegenstand auszugehen ist.[4] Da der Geschäfts- oder Firmenwert regelmäßig in das Unternehmen eingebunden und dadurch nicht selbständig veräußerbar ist, handelt es sich handelsrechtlich nach herrschender Literaturmeinung nicht um einen Vermögensgegenstand, selbst wenn dieser gemäß Art. 9 der 4. EGR unter den immateriellen Vermögensgegenständen des Anlagevermögens auszuweisen ist.[5] Die überwiegende deutsche Literaturmeinung sieht den Geschäfts- oder Firmenwert als Bilanzierungshilfe an.[6] In der britischen[7] wie auch in der übrigen angelsächsischen Rechnungslegung ist der Begriff Bilanzierungshilfe jedoch unbekannt. Dort dürfte der Geschäfts- oder Firmenwert eher als Bilanzposten eigener Art angesehen werden. Für diese Auffassung finden sich auch in der deutschen Literatur Vertreter.[8]

In den USA ist die Verrechnung eines erworbenen Geschäfts- oder Firmenwerts mit den Rücklagen nicht gestattet. Darüber hinaus sind in den USA gemäß APB Opinion 17[9],

---

1) Vgl. CHOPPING, D./SKERRATT, L.: Applying GAAP 1995/96, 4. Aufl., Central Milton Keynes 1995, S. 573.

2) Vgl. FEE (Hrsg.): Seventh Directive options, a.a.O., S. 33.

3) Vgl. VEIT, K.-R.: Der derivative Firmenwert als Bilanzierungshilfe, in: DB, 42. Jg. (1989), S. 1093-1096, hier S. 1093.

4) Vgl. ELLROTT, H./SCHMIDT-WENDT, D.: § 255 Anschaffungs- und Herstellungskosten, in: Budde, W.D. u.a. (Hrsg.): Beck'scher Bilanz-Kommentar, a.a.O., S. 639-757, hier Anm. 511.

5) Vgl. statt vieler MUJKANOVIC, R.: Der derivative Geschäftswert im handelsrechtlichen Jahresabschluß, a.a.O., S. 895. Das Aktivierungswahlrecht stellt lediglich eine "Bilanzierungshilfe" für den Aktivposten Geschäfts- oder Firmenwert dar. Im Steuerrecht ist dieser jedoch als immaterielles Wirtschaftsgut gemäß § 5 Abs. 2 EStG aktivierungspflichtig und gemäß § 7 Abs. 1 Satz 3 EStG über eine festgelegte Nutzungsdauer von 15 Jahren abzuschreiben. Eine Abgrenzung der gesetzlich nicht definierten Begriffe des steuerrechtlichen Wirtschaftsguts vom handelsrechtlichen Vermögensgegenstand soll hier nicht erfolgen, da dies zu keinen weiteren Erkenntnissen führte.

6) Vgl. KÜTING, K./DUSEMOND, M./NARDMANN, B.: Ausgewählte Probleme der Kapitalkonsolidierung in Theorie und Praxis, a.a.O., S. 7*.

7) Vgl. FLIESS, O.: Konzernabschluß in Großbritannien, a.a.O., S. 272. Vgl. auch die EBENDA S. 311 ff. dargestellte ebenfalls äußerst kontroverse Diskussion und die sich im Zeitablauf ändernde Bilanzierungspraxis in Großbritannien.

8) Vgl. MEYER, H.: Der Geschäfts- oder Firmenwert im Unternehmenskaufvertrag, a.a.O., S. 50 ff.; SAUTHOFF, J.-P.: Zum bilanziellen Charakter negativer Firmenwerte im Konzernabschluß, a.a.O., S. 623.

9) Vgl. APB: APB Opinion No. 17: Intangible Assets, 1970, in: FASB (Hrsg.): Original Pronouncements, Accounting Standards as of June 1, 1998, a.a.O., Bd. II, S. 223-229.

par. 29 lange Abschreibungsdauern von bis zu 40 Jahren möglich und üblich, auch wenn eine Tendenz zu kürzeren Abschreibungsdauern feststellbar ist.[1] Dies läßt sich erklären durch die investororientierte Rechnungslegung in den USA, nach der die Ergebnisse möglichst positiv dargestellt werden sollen und daher eine größtmögliche Abschreibungsdauer mit einer dementsprechend geringen jährlichen Ergebnisminderung durch die Abschreibung gewählt wird, auch wenn dies nur eine kurzfristige Ergebnisverbesserung und langfristig eine entsprechende Ergebnisverminderung nach sich zieht.

Nach den Vorschriften des IASC gilt die Aktivierungspflicht für selbstgeschaffene immaterielle Vermögensgegenstände nicht für den originären Geschäfts- oder Firmenwert. Dieser selbstgeschaffene Unternehmenswert, der durch die laufende Geschäftstätigkeit entsteht, darf nicht aktiviert werden, da er die Anforderungen des Grundsatzes der Verläßlichkeit (reliability) nicht erfüllt.[2] Während das Aktivierungsverbot für den originären Geschäfts- oder Firmenwert den deutschen Vorschriften entspricht, sind bei der Bilanzierung des derivativen Geschäfts- oder Firmenwerts wiederum einige Unterschiede vorhanden.

In Art. 37 Abs. 2 i.V.m. Art. 34 Abs. 1 Buchstabe a) der 4. EGR ist für den Einzelabschluß bereits ein Aktivierungswahlrecht für den aktiven Unterschiedsbetrag als Geschäfts- oder Firmenwert enthalten. Durch die 7. EGR wird die Möglichkeit der Berücksichtigung des Geschäfts- oder Firmenwerts als Aufwand praktisch durch die Möglichkeit der erfolgsneutralen offenen Verrechnung mit den Rücklagen ersetzt. Wird die handelsrechtliche Aktivierungsmöglichkeit in Anspruch genommen, so muß der Betrag in den folgenden Jahren gemäß Art. 37 Abs. 2 Satz 1 i.V.m. Art. 34 Abs. 1 Buchstabe a) der 4. EGR mindestens zu je einem Viertel abgeschrieben werden oder gemäß Art. 37 Abs. 2 Satz 2 planmäßig auf die voraussichtliche Nutzungsdauer verteilt werden. In IAS 22.41 besteht dagegen eine Aktivierungspflicht, für den Geschäfts- oder Firmenwert. Dieser ist gemäß IAS 22.44-46 über eine Nutzungsdauer von höchstens zwanzig Jahre linear und erfolgswirksam abzuschreiben, sofern keine längere Nutzung oder andere Abschreibungsmethode gerechtfertigt ist.

Tabelle 8 faßt die empirischen Daten einer Untersuchung der FEE von 1991 zusammen, die sich auf das Geschäftsjahr 1989 bezieht. Zu diesem Zeitpunkt war die 7. EGR allerdings erst in Frankreich, Deutschland, Griechenland, Luxemburg und den Niederlanden trans-

---

1) Vgl. AICPA (Hrsg.): Trends 1988, a.a.O., S. 139; DASS.: Trends 1996, a.a.O., S. 196.

2) Vgl. GOEBEL, A./FUCHS, M.: Rechnungslegung nach den International Accounting Standards vor dem Hintergrund des deutschen Rechnungslegungsrechts für Kapitalgesellschaften, in: DStR, 32. Jg. (1994), S. 874-880, hier S. 879.

formiert und noch in keinem dieser Länder von allen Mutterunternehmen bereits anzuwenden.

Tab. 8: Behandlung von Geschäfts- oder Firmenwerten aus der Konsolidierung in einigen EU-Mitgliedstaaten

	DK	D	F	GB	IR	NL	ESP	Total
entdeckte Geschäfts- oder Firmenwerte aus der Konsolidierung	15	35	21	33	17	6	8	135
offene Verrechnung mit den Rücklagen	12	13	-	30	14	4	2	75
Aktivierung und Abschreibung	3	18	17	3	2	-	4	47
Sofortaufwand	-	1	-	-	-	-	1	2
keine Angabe der Behandlung	-	3	3	-	-	2	1	9
Aktivierung ohne Abschreibung	-	-	1	-	1	-	-	2

Quelle: FEE (Hrsg.): FEE Survey 1991, a.a.O., S. 54-66 und S. 72-74.

In 56 % der Fälle, in denen ein Geschäfts- oder Firmenwert aus der Kapitalkonsolidierung entstand, wurde er mit dem Eigenkapital verrechnet. Dies war insbesondere der Fall in Dänemark, Großbritannien, Irland und den Niederlanden. In 35 % der Fälle wurde ein Firmenwert aktiviert und abgeschrieben. Dies geschah in der Mehrzahl der Fälle in Deutschland, Frankreich und Spanien. Für Deutschland ist dabei deutlich ein steuerlicher Einfluß festzustellen, da ein Geschäfts- oder Firmenwert nach § 7 Abs. 1 Satz 3 EStG grundsätzlich zwingend über einen Zeitraum von 15 Jahren abzuschreiben ist.[1)]

In den Mitgliedstaaten, in denen 1989 die 4. EGR bereits angewandt wurde, enthielten 76 % der Konzernabschlüsse von börsennotierten und 49 % der Konzernabschlüsse von nicht börsennotierten Unternehmen Angaben in bezug auf einen Geschäfts- oder Firmenwert aus der Konsolidierung. Dies unterstützt die Annahme, daß börsennotierte Unternehmen im allgemeinen aktiver in der Akquisition von Unternehmen sind als nicht börsennotierte. Obwohl börsennotierte Unternehmen im allgemeinen öfter einen Geschäfts- oder

1) Dies ist unabänderlich, auch wenn für freiberufliche Praxiswerte in der Regel kürzere AfA-Dauern angesetzt werden. Interessant in bezug auf den gewerblichen Firmenwert ist noch, daß er vor Umsetzung der 4. EGR gemäß § 6 Abs. 1 Nr. 2 Satz 1 EStG a.F. zu den nicht abnutzbaren Wirtschaftsgütern gehörte, für die keine AfA zulässig war. Vgl. o.V.: Nutzungsdauer bei Geschäftswert grundsätzlich nicht kürzer als 15 Jahre, in: DStR, 32. Jg. (1994), S. 901-902, hier S. 901 f.

Firmenwert aktivieren (44 %) als nicht börsennotierte (34 %), kann nicht grundsätzlich gesagt werden, daß sich ihre Rechnungslegungspolitiken diesbezüglich unterscheiden. Darüber hinaus verrechnen mehr als die Hälfte der börsennotierten (55 %) und nicht börsennotierten Konzerne (63 %) Geschäfts- oder Firmenwerte mit den Rücklagen.[1] Dies widerspricht ebenfalls der Annahme, daß sie häufiger eine Rechnungslegungspolitik mit positivem Einfluß auf den Gewinn verfolgen könnten als nicht börsennotierte Unternehmen.

Die Verrechnung mit den Rücklagen ist die übliche Verfahrensweise für Großbritannien und Irland,[2] während es in Frankreich in keinem Fall geschieht. In Dänemark und den Niederlanden ist eine Verrechnung die häufigste Verfahrensweise und für Deutschland zumindest nicht unüblich.[3]

In Deutschland wird darüber hinaus noch eine Kombination von erfolgsneutraler und erfolgswirksamer Behandlung für zulässig gehalten und praktiziert.[4] Das gleiche gilt für eine ratierliche Verrechnung mit den Rücklagen, da bei der Transformation des Art. 30 Abs. 2 der 7. EGR auf das Wort "unmittelbar" verzichtet wurde.[5] Aufgrund der Vielzahl der Wahlmöglichkeiten in Deutschland spricht HAYN daher gar von einer Bilanzierungs- und Bewertungsanarchie, die international ihresgleichen suche.[6]

In einer Untersuchung der FEE in elf europäischen Staaten - Deutschland, Dänemark, Frankreich, Großbritannien, Irland, den Niederlanden, Spanien, Finnland, Norwegen, Schweden und der Schweiz - konnten bei einer Aufteilung nach Industriesektoren im produzierenden Gewerbe (59 %) und in der pharmazeutischen und chemischen Industrie (62 %) die höchsten Anteile eines Vorkommens von Geschäfts- oder Firmenwerten aus der Konsolidierung festgestellt werden, während der Anteil im Dienstleistungsgewerbe (40 %) am niedrigsten lag. Diese wurden im Dienstleistungsgewerbe in einem Drittel der Fälle aktiviert und abgeschrieben und zu etwa zwei Dritteln mit den Rücklagen verrechnet,

---

1) Vgl. FEE (Hrsg.): 1992 FEE analysis, a.a.O., S. 12 und 85 f.

2) Das britische Accounting Standards Board (ASB) bemüht sich jedoch, dies zu ändern und favorisiert eine Aktivierung und Abschreibung über maximal 20 Jahre. Dieser Vorschlag unterliegt jedoch erheblichen Widerständen. Vgl. HAYN, S.: Die Bilanzierung immaterieller Vermögenswerte im internationalen Vergleich, in: IStR, 5. Jg. (1996), Teil I: S. 354-360 und Teil II: S. 405-408, hier S. 407.

3) Vgl. FEE (Hrsg.): 1992 FEE analysis, a.a.O., S. 12 und 87 f.

4) Vgl. KÜTING, K./DUSEMOND, M./NARDMANN, B.: Ausgewählte Probleme der Kapitalkonsolidierung in Theorie und Praxis, a.a.O., S. 10* f.; RAMMERT, S./ WILHELM, H.: Die Kapitalkonsolidierung in der Bilanzierungspraxis deutscher Konzerne, in: WPg, 44. Jg. (1991), Teil I: S. 98-104 und Teil II: S. 131-136, hier S. 134 f.

5) Vgl. KÜTING, K.: Willkürliche Bilanzierungspraxis, in: Blick durch die Wirtschaft, Nr. 157 vom 15.08.96, S. 1 f., hier S. 2.

6) Vgl. HAYN, S.: Die Bilanzierung immaterieller Vermögenswerte im internationalen Vergleich, a.a.O., S. 408.

während das Verhältnis im Handel fast umgekehrt ist. Die übrigen Branchen verhalten sich diesbezüglich indifferenter. Der durch die Abschreibungen entstehende Einkommenseffekt wurde in 54 % der Fälle im Anhang dargelegt.[1] Somit kann konstatiert werden, daß die Behandlung von Geschäfts- oder Firmenwerten selbst innerhalb der verschiedenen Branchen uneinheitlich ist und also einer Vergleichbarkeit grundsätzlich im Wege steht.

Daran hat die 7. EGR nichts geändert, da sie die Möglichkeit der Berücksichtigung des Geschäfts- oder Firmenwerts als Aufwand praktisch nur durch die Möglichkeit der erfolgsneutralen offenen Verrechnung mit den Rücklagen ersetzt hat. Unabhängig von der Interpretation des Geschäfts- oder Firmenwerts als immaterieller Vermögensgegenstand, Bilanzierungshilfe, Rechnungsabgrenzungsposten, Wertberichtigung zum Eigenkapital oder Wert eigener Art,[2] die keinerlei Erkenntnisse für die Frage der periodengerechten Aufwandsverrechnung des Geschäfts- oder Firmenwerts bringt,[3] ist daher eine eindeutige Bilanzierungsvorschrift erstrebenswert,[4] da jedes Wahlrecht in bezug auf die Bilanzierung eine mehr oder minder willkürliche Wahlrechtsausübung nach sich zieht,[5] insbesondere, da der Geschäfts- oder Firmenwert als Restgröße ein Sammelposten für verschiedene Bestandteile wie Ruf, Organisation, Kundenstamm usw.[6] ist, die eigentlich separat zu bewerten wären.

Dies wird erstens durch die Wertermittlung des erworbenen Geschäfts- oder Firmenwerts als Saldo aus Anschaffungskosten und dem zu Zeitwerten bewerteten Reinvermögen deutlich und zweitens dadurch, daß für einen originären oder unentgeltlich erworbenen Geschäfts- oder Firmenwert ein Aktivierungsverbot gilt, während für entgeltlich erworbene Geschäfts- oder Firmenwerte in den EG-Richtlinien ein Bilanzierungswahlrecht besteht, obwohl sie faktisch die gleichen Eigenschaften besitzen. "Anders als bei der Bewertung des originären Geschäftswertes wird dem entgeltlich erworbenen Geschäftswert also das Prädikat eines Vermögenswertes nach Belieben verliehen."[7]

---

1) Vgl. FEE (Hrsg.): 1992 FEE analysis, a.a.O., S. 242 ff.

2) KÜTING/WEBER/ZÜNDORF sehen den Geschäfts- oder Firmenwert als eine Bilanzierungshilfe an, da er weder selbständig bewertungsfähig noch einzelveräußerbar ist. Eine Begründung für oder gegen die Charakterisierung des Geschäfts- oder Firmenwerts als Bilanzierungshilfe mit Hilfe des HGB ist nicht möglich, da der Gesetzgeber sich nicht klar äußert und sich zudem selbst widerspricht. Vgl. KÜTING, K./WEBER, C.-P./ZÜNDORF, H.: Praxis der Konzernbilanzanalyse, a.a.O., S. 80 ff.

3) Vgl. KINNE, S.: Der konzernbilanzielle Firmenwert von Tochterunternehmen, a.a.O., S. 173 f.

4) Vgl. ZWINGMANN, L.: Der Geschäfts- oder Firmenwert sowie der Unterschiedsbetrag aus der Kapitalkonsolidierung im Konzernabschluß, a.a.O., S. 2316.

5) Vgl. NIEHUS, R.J.: Vor-Bemerkungen zu einer Konzernbilanzrichtlinie, a.a.O., S. 323.

6) Zu den Bestandteilen des Geschäfts- oder Firmenwerts vgl. statt vieler KINNE, S.: Der konzernbilanzielle Firmenwert von Tochterunternehmen, a.a.O., S. 170.

7) MUTTER, S.: Der Geschäftswert - ein Chamäleon?, in: BB, 47. Jg. (1994,) S. 472-473, hier S. 473.

Im deutschen Steuerrecht ist der entgeltlich erworbene Geschäfts- oder Firmenwert stets als Wirtschaftsgut anzusehen und somit zu aktivieren, während für den originären Geschäfts- oder Firmenwert ein Aktivierungsverbot besteht. Für eine Nichtaktivierung jedweden Geschäfts- oder Firmenwerts spricht sicherlich das Vorsichtsprinzip, auch wenn ein ursprünglich originärer Geschäfts- oder Firmenwert durch Zahlung eines Entgelts bei Erwerb schließlich zum entgeltlich erworbenen Geschäfts- oder Firmenwert mutiert.[1)] "Die schlichte Tatsache, daß jemand für ein Gut einen bestimmten Erwerbspreis entrichtet hat, muß nichts mit dem realen wirtschaftlichen Wert des Gutes gemein haben."[2)] Dies wird dem Geschäfts- oder Firmenwert aber auch nicht gerecht, so daß zumindest für den entgeltlich erworbenen Geschäfts- oder Firmenwert ein Kompromiß gefunden werden muß, der dann wenigstens der Willkür des Bilanzierenden Einhalt gebietet. Denn auch die Verrechnung des Geschäfts- oder Firmenwerts mit den Rücklagen entspricht nicht dem Vorsichtsprinzip, weil es zu einer Überbewertung der Ergebnisse führt.[3)] Außerdem wird gegen das Kongruenzprinzip verstoßen[4)] und ein Veräußerungserfolg falsch ausgewiesen, sofern nicht die Saldierung des Geschäfts- oder Firmenwerts mit den Rücklagen im Veräußerungszeitpunkt rückgängig gemacht wird. Des weiteren wird durch die Verrechnungsmöglichkeit gegen die Erfolgswirksamkeit als elementaren Grundsatz der angelsächsischen Erwerbsmethode verstoßen.[6)] Darüber hinaus wird das Eigenkapital in Ausnahmefällen erheblich reduziert und folglich unterbewertet.[7)] Daher ist dieses Verfahren der Abschlußanalyse vorzubehalten,[8)] auch wenn es aufgrund seiner Einfachheit für die bilanzierenden Konzerne sehr angenehm sein mag.[9)]

---

1) KINNE bezeichnet den entgeltlich erworbenen Geschäfts- oder Firmenwert als pagatorisch gesichert. Vgl. KINNE, S.: Der konzernbilanzielle Firmenwert von Tochterunternehmen, a.a.O., S. 171.

2) MUTTER, S.: Der Geschäftswert - ein Chamäleon?, a.a.O., S. 473.

3) Vgl. KLEBER, H.: Unterschiede und Annäherungsmöglichkeiten deutscher und amerikanischer/internationaler Rechnungslegung, in: Baetge, J. (Hrsg.): Die deutsche Rechnungslegung vor dem Hintergrund internationaler Entwicklungen, a.a.O., S. 67-89, hier S. 83.

4) Vgl. ZWINGMANN, L.: Der Geschäfts- oder Firmenwert sowie der Unterschiedsbetrag aus der Kapitalkonsolidierung im Konzernabschluß, a.a.O., S. 2316; KÜTING, K.: Aktuelle Fragen der Kapitalkonsolidierung, a.a.O., S. 230.

5) Vgl. FLIESS, O.: Konzernabschluß in Großbritannien, a.a.O., S. 340 f.

6) Vgl. ZWINGMANN, L.: Der Geschäfts- oder Firmenwert sowie der Unterschiedsbetrag aus der Kapitalkonsolidierung im Konzernabschluß, a.a.O., S. 2316; KÜTING, K.: Aktuelle Fragen der Kapitalkonsolidierung, a.a.O., S. 230 f.

7) Vgl. NIEHUS, R.J.: Vor-Bemerkungen zu einer Konzernbilanzrichtlinie, a.a.O., S. 324.

8) Vgl. KÜTING, K./WEBER, C.-P./ZÜNDORF, H.: Praxis der Konzernbilanzanalyse, a.a.O., S. 22 f. und S. 78 ff.

9) Vgl. KÜTING, K.: Willkürliche Bilanzierungspraxis, a.a.O., S. 2.

In Deutschland wird von einigen Autoren die ratierliche, offene Verrechnung mit den Rücklagen für zulässig gehalten, weil der Gesetzgeber bei der Transformation auf das Wort "unmittelbar" verzichtete. Dies widerspricht jedoch nicht nur der 7. EGR, sondern wegen der fehlenden Erfolgswirksamkeit auch der Erwerbsmethode. Faktisch handelt es sich also um eine Abschreibung ohne GuV-Effekt, die daher abzulehnen ist und von KÜTING für eine "mehr als zweifelhafte Konsolidierungstechnik"[1] gehalten wird.

Die mit einem Geschäfts- oder Firmenwert verbundenen Ertragserwartungen müssen als zeitlich begrenzt gelten, da sich die den Geschäfts- oder Firmenwert bildenden Faktoren in der Regel im Zeitablauf vermindern oder gänzlich auflösen. Daher ist als Mittelweg zwischen den Extremen - offene Verrechnung mit den Rücklagen bzw. planmäßige Abschreibung über bis zu 40 Jahren - der von KLOOS bereits in bezug auf die 4. EGR geäußerte Vorschlag ein ebenso willkürlicher wie erstrebenswerter Kompromiß. Sich an der als Wahlrecht ausgestalteten Abschreibungsdauer des Art. 37 Abs. 2 i.V.m. Art. 34 Abs. 1 Buchstabe a) der 4. EGR orientierend, sieht KLOOS aus Vergleichbarkeitszwecken die gleichmäßige Abschreibung über einen Fünfjahreszeitraum als am sinnvollsten an.[2] Dies ist auch aus Ertragsbesteuerungsgesichtspunkten ein umsetzbarer Kompromiß, so daß in Einzel-, Konzern- und Steuerbilanz ein identischer Ansatz möglich würde. Für Deutschland hieße das eine Verkürzung der in § 7 Abs. 1 EStG auf 15 Jahre festgesetzten betriebsgewöhnlichen Nutzungsdauer. Da der Geschäfts- oder Firmenwert jedoch eine reine Saldogröße mit heterogenem, kaum aufspaltbarem Inhalt ist, läßt sich eine Nutzungsdauer sachlich nicht begründen.[3] Insofern ist das Wort Nutzungsdauer als solches in bezug auf den Geschäfts- oder Firmenwert ohnehin problematisch. Statt dessen handelt es sich hier schlicht um eine Abschreibungsdauer. Zusammenfassend ist für den Geschäfts- oder Firmenwert als Aktivposten eine Aktivierungspflicht mit vorgegebener fünfjähriger linearer Abschreibungsdauer vorzuschreiben. Eine Ausnahme von dieser Behandlung ist nur im Falle

---

1) KÜTING, K.: Der Wahrheitsgehalt deutscher Bilanzen, in: DStR, 35. Jg. (1997), S. 84-91, hier S. 87.

2) Vgl. KLOOS, G.: Die Transformation der 4. EG-Richtlinie, a.a.O., S. 233 f. KINNE schlägt in bezug auf die bestehenden Regelungen ebenfalls eine lineare Verteilung vor, allerdings über 10 Jahre. Vgl. KINNE, S.: Der konzernbilanzielle Firmenwert von Tochterunternehmen, a.a.O., S. 198. NIEHUS schlägt bereits 1984 eine fünfzehnjährige Abschreibungsdauer bei Abschreibung beliebig hoher Teilbeträge vor. Vgl. NIEHUS, R.J.: Vor-Bemerkungen zu einer Konzernbilanzrichtlinie, a.a.O., S. 323.

3) Vgl. MUJKANOVIC, R.: Der derivative Geschäftswert im handelsrechtlichen Jahresabschluß, a.a.O., S. 896; FÖRSCHLE, G.: § 275 Gliederung, in: Budde, W.D. u.a. (Hrsg.): Beck'scher Bilanz-Kommentar, a.a.O., S. 1067-1144, hier Anm. 306; Vgl. KINNE, S.: Der konzernbilanzielle Firmenwert von Tochterunternehmen, a.a.O., S. 174; ZWINGMANN, L.: Der Geschäfts- oder Firmenwert sowie der Unterschiedsbetrag aus der Kapitalkonsolidierung im Konzernabschluß, a.a.O., S. 2315.

der Liquidation des Tochterunternehmens zu gestatten. In diesem Fall ist der Geschäfts- oder Firmenwert notwendigerweise vollständig abzuschreiben.[1]

Da ein Unternehmenserwerb selbst bei seltenem Auftreten nicht als außergewöhnlicher Vorgang zu klassifizieren ist, sind die Abschreibungen unter den sonstigen betrieblichen Aufwendungen vorzunehmen.[2] Bezüglich des Ausweises des Geschäfts- oder Firmenwerts erfolgt durch die 7. EGR keine Regelung, so daß gemäß Art. 17 Abs. 1 der 7. EGR auf die 4. EGR verwiesen wird und ein Ausweis unter den immateriellen Vermögensgegenständen des Anlagevermögens zu erfolgen hat. Mangels Einzelveräußerbarkeit und aufgrund der Ermittlung des derivativen Geschäfts- oder Firmenwerts als Saldo ist dieser sicher kein normaler immaterieller Vermögensgegenstand. Trotzdem entspricht der Ausweis dort seinem Charakter am besten.

Mit diesem Aktivierungs- und Abschreibungsgebot werden gleichzeitig die Diskussionen um die Beibehaltung eines erfolgsneutral mit den Rücklagen verrechneten Geschäfts- oder Firmenwerts im Rahmen der Übergangs- und Entkonsolidierung sowie die Behandlung im Anlagengitter eines offen mit den Rücklagen oder mit passivischen Unterschiedsbeträgen verrechneten Geschäfts- oder Firmenwerts[3] überflüssig. Die Beibehaltung wird von der herrschenden Literaturmeinung abgelehnt, weil sie betriebswirtschaftlich zu absurden, verfälschenden Ergebnissen führt[4] und der sachlichen und zeitlichen Stetigkeit widerspricht[5].

Die hier vorgeschlagene Behandlung des Geschäfts- oder Firmenwerts bezog sich ausschließlich auf den dem Mutterunternehmen anteilig zuzurechnenden Geschäfts- oder Firmenwert. Einen auf die Minderheiten entfallenden Geschäfts- oder Firmenwert im

---

1) Vgl. ADS: § 309 Bedeutung des Unterschiedsbetrags, S. 700, Tz. 25; MUJKANOVIC, R.: Der derivative Geschäftswert im handelsrechtlichen Jahresabschluß, a.a.O., S. 896 f.; ZWINGMANN, L.: Der Geschäfts- oder Firmenwert sowie der Unterschiedsbetrag aus der Kapitalkonsolidierung im Konzernabschluß, a.a.O., S. 2315.

2) Vgl. MUJKANOVIC, R.: Der derivative Geschäftswert im handelsrechtlichen Jahresabschluß, a.a.O., S. 897 f.

3) Vgl. WEBER, C.-P./ZÜNDORF, H.: § 309 Behandlung des Unterschiedsbetrags, a.a.O., Rn. 44 ff.

4) Vgl. KÜTING, K.: Aktuelle Fragen der Kapitalkonsolidierung, a.a.O., S. 230 f.; ORDELHEIDE, D.: Kapitalkonsolidierung und Konzernerfolg, a.a.O., S. 311 f. Die Beibehaltung der erfolgsneutralen Behandlung verrechneter Geschäfts- oder Firmenwerte auch im Rahmen der Entkonsolidierung wird von einigen Autoren nach geltendem deutschen Recht zwar für zulässig gehalten, aber gleichzeitig erheblicher Kritik unterzogen, da dies gegen das Kongruenzprinzip und die Erfolgskonzeption der Erwerbsmethode verstößt. Vgl. ADS: § 301 Kapitalkonsolidierung, S. 471, Tz. 263; DUSEMOND, M.: Endkonsolidierung und erfolgsneutrale Verrechnung des Geschäfts- oder Firmenwerts, in: DB, 50. Jg. (1997), S. 53-57, hier S. 56. WEBER/ZÜNDORF sehen es dagegen als unzulässig an, eine erfolgsneutrale Verrechnung bei der Entkonsolidierung rückgängig zu machen. Vgl. DUSEMOND, M./WEBER, C.-P./ZÜNDORF, H.: § 301 Kapitalkonsolidierung, a.a.O., Rn. 371. Zustimmend, aber das geltende Recht kritisierend OSER, P.: Erfolgsneutral verrechnete Geschäfts- oder Firmenwerte aus der Kapitalkonsolidierung im Lichte der Entkonsolidierung, in: WPg, 48. Jg. (1995), S. 266-275, hier S. 275.

5) Vgl. WEBER, C.-P./ZÜNDORF, H.: § 309 Behandlung des Unterschiedsbetrags, a.a.O., Rn. 53 ff.

Konzernabschluß im Gegensatz zur vollen Berücksichtigung der Buchwerte und der stillen Reserven und Lasten der anderen Bilanzpositionen nicht zu berücksichtigen ist jedoch inkonsequent und widerspricht der Einheitstheorie.[1] Der auf die Minderheiten entfallende Teil des Gesamtgeschäfts- oder Firmenwerts läßt sich leicht anhand des anteiligen, dem Mutterunternehmen zuzurechnenden Geschäfts- oder Firmenwerts und der Höhe der Beteiligungsanteile errechnen. Indem der so ermittelte Betrag auf der Aktivseite Bestandteil des Geschäfts- oder Firmenwerts ist und auf der Passivseite zum Minderheitenanteil addiert wird, wirkt diese Maßnahme bilanzverlängernd.

Grundsätzlich ist fraglich, ob für einen Geschäfts- oder Firmenwert bei vollständigem Unternehmenserwerb ein höherer Betrag bezahlt worden wäre.[2] Die hier geforderte Hochrechnung des Geschäfts- oder Firmenwerts wird in der deutschen Literatur überwiegend abgelehnt, da sie im Widerspruch zum streng pagatorischen Anschaffungskostenprinzip steht.[3] Dieses ist jedoch, wie bereits bezüglich der auf die Minderheiten entfallenden stillen Reserven gezeigt, auf die Konsolidierung nicht uneingeschränkt anwendbar, so daß dies nicht als Grund gegen eine Hochrechnung angeführt werden kann, zumal sonst die gesamte Konzernrechnungslegung in Frage gestellt werden müßte. Der Neubewertungsmethode liegt "die Fiktion zugrunde, daß die Gesellschafter im Zeitpunkt der Erstkonsolidierung den gleichen Preis für ihre Anteile gezahlt haben wie das Mutterunternehmen."[4] Dies muß folglich analog auch für den Geschäfts- oder Firmenwert gelten. Darüber hinaus würde der Einfluß der Minderheiten ebenfalls zu gering dargestellt. Wenn allgemein Einigkeit darüber besteht, daß der Geschäfts- oder Firmenwert als Saldogröße Gewinnchancen eines Unternehmens darstellt, ist nicht einsichtig, warum lediglich der Mehrheitsanteilseigner diese haben sollen und nicht auch die Minderheitenanteile.

Der auf die Minderheiten entfallende fiktive Geschäfts- oder Firmenwert ergibt sich durch Hochrechnung des auf die Mehrheiten entfallenden Geschäfts- oder Firmenwerts. Dies führt grundsätzlich zu einer der Einheitstheorie entsprechenden Kapitalkonsolidierung wie sie in den Feldern A-F der Abbildung 12 dargestellt wird. Da im übrigen auch weder in

---

1) Vgl. BERTSCH, A.: Rechnungslegung von Konzernunternehmen, a.a.O., S. 190 f.; WEBER, C.-P./ ZÜNDORF, H.: § 307 Anteile anderer Gesellschafter, a.a.O., Rn. 2 und 9.

2) Vgl. BEINE, F./GORA, V.: Bedeutung außenstehender Gesellschafter für die Vermögens- und Finanzlage im Konzernabschluß, a.a.O., S. 1421.

3) Vgl. KÜTING, K.: Aktuelle Fragen der Kapitalkonsolidierung, a.a.O., S. 196; WEBER, C.-P./ZÜNDORF, H.: § 307 Anteile anderer Gesellschafter, a.a.O., Rn. 9.

4) HAVERMANN, H.: Der Konzernabschluß nach neuem Recht - ein Fortschritt?, in: Havermann, H. (Hrsg.): Bilanz- und Konzernrecht, Festschrift für Reinhard Goerdeler, a.a.O., S. 173-197, hier S. 191.

den angloamerikanischen Konzernrechnungslegungsvorschriften[1] noch in der 7. EGR oder den IAS diesbezüglich explizt eine Aussage getroffen wird, ist eine Hochrechnung durchzuführen, damit der Minderheiteneinfluß korrekt wiedergegeben wird.[2] In einem bereits 1995 veröffentlichten Exposure Draft wird genau diese Verfahrenweise für die Zukunft vorgeschlagen. Dort ist nicht mehr die anteilige Neubewertungsmethode (partial revaluation), sondern die volle Neubewertung (full revaluation) sowie die Hochrechnung des Geschäfts- oder Firmenwerts (the concept of implicit goodwill) verankert.[3]

Bezüglich der bestehenden Regelungen kann festgestellt werden, daß diese keine Angaben bezüglich der Hochrechnung des Geschäfts- oder Firmenwerts für die Minderheitenanteile enthalten. Ein Ausweisort für den Geschäfts- oder Firmenwert wird lediglich in der 7. EGR festgelegt. Die Konkretisierung des Ausweisortes ist jedoch nicht so wichtig wie der Ansatz und die Bewertung. Hier kann die 7. EGR den Kriterien nicht entsprechen. Die US-GAAP erlauben keine Verrechnung des Geschäfts- oder Firmenwerts mit den Rücklagen und entsprechen den Kriterien zumindest teilweise. Das gleiche gilt für die IAS. Seit der Überarbeitung von IAS 22, der sich jetzt an die Regelung in den US-GAAP annähert, ist die Abschreibungsdauer nicht mehr strikt auf maximal 20 Jahre beschränkt, und die alte Empfehlung einer maximal fünfjährigen Abschreibungsdauer ist auf zwanzig Jahre ausgedehnt.

4.4.2.1.5.2 Bilanzierung eines negativen Geschäfts- oder Firmenwerts

In zeitlichem Zusammenhang mit einem Urteil des Niedersächsischen Finanzgerichts[4] und dem nächstinstanzlichen BFH-Urteil[5], die sich mit dem steuerrechtlichen und handels-

---

1) Vgl. EISOLT, D.: US-amerikanische und deutsche Konzernrechnungslegung, a.a.O., S. 270 f.

2) WEBER/ZÜNDORF fordern 1989 mit Hinweis auf die international übliche Hochrechnung des Geschäfts- oder Firmenwerts lediglich, daß diese Verfahrensweise erlaubt sein sollte, was allerdings zu einem weiteren Wahlrecht in der Konzernrechnungslegung führte. Vgl. WEBER, C.-P./ZÜNDORF, H.: § 307 Anteile anderer Gesellschafter, a.a.O., Rn. 9. WEBER, C.-P.: Praxis der Kapitalkonsolidierung im internationalen Vergleich, a.a.O., S. 159 ff., kommt jedoch zwei Jahre später zu dem Ergebnis, daß eine Hochrechnung des Geschäfts- oder Firmenwerts international nicht üblich ist.

3) Vgl. PAHLER, A.J./MORI, J.E.: Advanced Accounting, a.a.O., S. 210 ff.

4) Vgl. NIEDERSÄCHSISCHES FINANZGERICHT: Urteil vom 24.10.1991, XII 706/84, nicht rkr., EFG 1993, S. 15-18.

5) Vgl. BFH-Urteil vom 21.4.1994 - IV R 70/92, BStBl. II 1994, S. 745-749.

rechtlichen negativen Geschäfts- oder Firmenwert beschäftigten, wurde dieser Sachverhalt in der Literatur kontrovers diskutiert.[1]

Grundsätzlich gibt es zwei Ausprägungen des negativen Geschäfts- oder Firmenwerts. Einerseits kann es sich um einen günstigen Kauf (lucky buy) handeln, der auf das Verhandlungsgeschick oder die Verhandlungsposition des Käufers zurückzuführen ist, weil sich der Verkäufer in einer Zwangslage befindet oder einer Fehleinschätzung unterliegt.[2] Andererseits kann ein negativer Geschäfts- oder Firmenwert die Ausprägung eines badwill haben, indem künftige erwartete Zahlungsüberschußeinbußen[3] oder Mindererträge im Kaufpreis berücksichtigt wurden. Dies kann beispielsweise auf Standortnachteilen, unfähigem Management, unattraktiven Produkten oder mangelhafter Organisation von Produktionsabläufen beruhen.[4] Des weiteren sind unterschiedliche Ertragseinschätzungen oder eine Sanierungsbedürftigkeit[5] des Unternehmens mögliche Ursachen.

Unabhängig von seinem Charakter als lucky buy oder badwill entsteht der negative Geschäfts- oder Firmenwert jedoch in jedem Fall als Differenz zwischen dem Kaufpreis und dem höheren Eigenkapital der Beteiligung. Für die Behandlung eines negativen Geschäfts- oder Firmenwerts gibt es verschiedene Möglichkeiten:

---

1) Vgl. BACHEM, R.G.: Berücksichtigung negativer Geschäftswerte in Handels-, Steuer- und Ergänzungsbilanz, in: BB, 48. Jg. (1993), S. 967-973; DERS.: Der "negative Geschäftswert" - eine Schimäre als Steuersparmodell?, in: BB, 48. Jg. (1993), S. 1976-1978; DERS.: Zur Diskussion um den negativen Geschäftswert, in: BB, 50. Jg. (1995), S. 350-353; GEIGER, A.: Interpretation des negativen Geschäftswerts im Rahmen einer ökonomischen Analyse, a.a.O., S. 1533-1535; GIEßLER, O.S.: Der "passive Ausgleichsposten" in der Bilanz - nichts anderes als ein negativer Geschäftswert?, a.a.O., S. 699-702; DERS.: Der negative Geschäftswert - Bilanzielle Anerkennung und Behandlung, a.a.O., S. 1759-1765; HEURUNG, R.: Der negative Geschäftswert im Bilanzrecht, in: DB, 48. Jg. (1995), S. 385-392; HOFFMANN, W.-D.: Zur ertragsteuerlichen Behandlung eines negativen Kaufpreises bzw. Geschäftswertes, in: DStR, 32. Jg. (1994), S. 1762-1766; MUJKANOVIC, R.: Der negative Geschäftswert in der Steuerbilanz des Erwerbers eines Betriebs oder Mitunternehmeranteils, a.a.O., S. 522-528; OSSADNIK, W.: Zur Diskussion um den "negativen Geschäftswert", in: BB, 49. Jg. (1994), S. 747-752; DERS.: Zur Diskussion um den "negativen Geschäftswert", in: BB, 50. Jg. (1995), S. 1527-1530; PUSECKER, D./SCHRUFF, L.: Anschaffungswertprinzip und "negativer Geschäftswert", in: BB, 51. Jg. (1996), S. 735-742; SIEGEL, T./BAREIS, P.: Der "negative Geschäftswert" - eine Schimäre als Steuersparmodell?, in: BB, 48. Jg. (1993), S. 1477-1485; DIES.: Zum "negativen Geschäftswert" in Realität und Bilanz, a.a.O., S. 317-322.

2) Vgl. statt vieler PUSECKER, D./SCHRUFF, L.: Anschaffungswertprinzip und "negativer Geschäftswert", a.a.O., S. 736.

3) Vgl. GEIGER, A.: Interpretation des negativen Geschäftswerts im Rahmen einer ökonomischen Analyse, a.a.O., S. 1533.

4) Vgl. GIEßLER, O.S.: Der "passive Ausgleichsposten" in der Bilanz - nichts anderes als ein negativer Geschäftswert?, a.a.O., S. 700.

5) Vgl. GEIGER, A.: Interpretation des negativen Geschäftswerts im Rahmen einer ökonomischen Analyse, a.a.O., S. 1535.

- **Sofortige erfolgswirksame Auflösung**

  Der Ausweis eines Gewinns in Höhe der verbleibenden Differenz wird abgelehnt, da dies mit dem Grundsatz der Neutralität eines Anschaffungsvorgangs nicht vereinbar wäre,[1] und zwar "unabhängig davon, ob der negative Geschäfts- oder Firmenwert als Badwill oder Lucky Buy zu interpretieren ist."[2] In bezug auf den lucky buy gilt ohnehin, daß die Ertragswertermittlung lediglich auf einer durch den Markt nicht bestätigten Schätzung des Käufers und gegebenenfalls des Verkäufers beruht.

- **Zugang zum Eigenkapital**

  Ein erfolgsneutraler Zugang zum Eigenkapital wird aus den gleichen Gründen abgelehnt wie eine erfolgsneutrale Verrechnung des positiven Geschäfts- oder Firmenwerts.[3] Konsequenterweise wird dies durch die 7. EGR und die IAS nicht erwähnt, und in den USA verbietet APB Opinion No. 16, par. 92 explizit, einen negativen Geschäfts- oder Firmenwert direkt zum Eigenkapital hinzuzuaddieren.

- **Abstockung der Aktiva**

  Gemäß dem für vor dem 30. Juni 1999 beginnende Geschäftsjahre geltenden benchmark treatment des IAS 22.49 erfolgt zunächst eine proportionale Abwertung der nicht monetären Aktiva. Der eventuell verbleibende Betrag ist als negativer Geschäfts- oder Firmenwert (negative goodwill) zu passivieren.[4] Damit entspricht diese auslaufende Regelung des benchmark treatment dem BFH-Urteil mit der Ausnahme, daß sich der BFH scheut, den negativen Geschäfts- oder Firmenwert so zu betiteln und statt dessen nur von einem passiven Ausgleichsposten spricht.[5]

  Gemäß APB Opinion No. 16, pars. 87 und 91 ist eine proportionale Abstockung der Verkehrswerte des Anlagevermögens mit Ausnahme langfristiger marktgängiger Wertpapiere vorzunehmen. Erst wenn diese auf null reduziert sind, kann ein negativer Geschäfts- oder Firmenwert entstehen.[6]

---

1) Vgl. GIEẞLER, O.S.: Der "passive Ausgleichsposten" in der Bilanz - nichts anderes als ein negativer Geschäftswert?, a.a.O., S. 701.

2) PUSECKER, D./SCHRUFF, L.: Anschaffungswertprinzip und "negativer Geschäftswert", a.a.O., S. 736.

3) Vgl. Abschnitt 5.2.1.5.2.

4) Vgl. IDW (Hrsg.): Rechnungslegung nach International Accounting Standards, a.a.O., S. 78.

5) Vgl. BFH-Urteil vom 21.4.1994 - IV R 70/92, BStBl. II 1994, S. 747; GIEẞLER, O.S.: Der "passive Ausgleichsposten" in der Bilanz - nichts anderes als ein negativer Geschäftswert?, a.a.O., S. 700 f.

6) Vgl. KÜTING, K./HAYN, S.: Der Aussagewert eines angelsächsischen Konzernabschlusses im Vergleich zum HGB-Abschluß, in: AG, 41. Jg. (1996), S. 49-71, hier S. 60.

Anschaffungskosten setzen sich nach allgemeiner Auffassung aus dem Kaufpreis und den übernommenen Verpflichtungen zusammen. Der negative Geschäfts- oder Firmenwert stellt jedoch regelmäßig weder eine konkrete Verpflichtung[1] noch nachträgliche Anschaffungskosten dar, die eine Abstockung der Aktiva notwendig machten. Die streng pagatorische Auslegung des Anschaffungskostenprinzips wird jedoch der Motivation der Parteien nicht gerecht, da sich der vereinbarte Kaufpreis nicht am Substanzwert, sondern vielmehr am Ertragswert des Unternehmens orientiert. Daher sind antizipierte zukünftige negative Erfolgsbeiträge als Teil der Anschaffungskosten zu interpretieren. Anderenfalls würden die Aktiva unbegründeterweise unterbewertet. Eine pauschale Abstockung der Aktiva würde aufgrund der für die Vereinbarung des Minderkaufpreises ursächlichen Antizipation zukünftiger Mindererträge gegen das hier vertretene nicht streng pagatorische Anschaffungskostenprinzip verstoßen.[2]

Die Verrechnung eines negativen Unterschiedsbetrags mit den Buchwerten einzelner Vermögensgegenstände führt darüber hinaus zu einer Vermengung der ertragsabhängigen Gesamtbewertung mit den Einzelwerten der Vermögensgegenstände. Folglich verstößt eine Abstockungslösung auch gegen den Einzelbewertungsgrundsatz.[3] Somit führt die Abstockung zu einer verzerrten Darstellung der Vermögens-, Finanz- und Ertragslage, so daß der Informationsfunktion nicht entsprochen werden kann.[4]

Im übrigen sind Geldposten von der Abstockung auszunehmen, weil die Abwertung eines Postens mit Nominalwertcharakter gegen das Realisationsprinzip verstößt. Insofern ist es möglich, daß trotz Abstockung ein negativer Geschäfts- oder Firmenwert verbleibt, dessen weiteres Schicksal unabhängig von einer bereits durchgeführten Abstockung zu klären ist.[5]

---

1) SIEGEL/BAREIS bezeichnen diese als "freiwillig erwartete Verluste". Vgl. SIEGEL, T./BAREIS, P.: Zum "negativen Geschäftswert" in Realität und Bilanz, a.a.O., S. 318.

2) Vgl. GIEßLER, O.S.: Der "passive Ausgleichsposten" in der Bilanz - nichts anderes als ein negativer Geschäftswert?, a.a.O., S. 700; DERS.: Der negative Geschäftswert - Bilanzielle Anerkennung und Behandlung, a.a.O., S. 1759 f.

3) Vgl. MUJKANOVIC, R.: Der negative Geschäftswert in der Steuerbilanz des Erwerbers eines Betriebs oder Mitunternehmeranteils, a.a.O., S. 524; GIEßLER, O.S.: Der negative Geschäftswert - Bilanzielle Anerkennung und Behandlung, a.a.O., S. 1761.

4) Vgl. GIEßLER, O.S.: Der negative Geschäftswert - Bilanzielle Anerkennung und Behandlung, a.a.O., S. 1761.

5) Vgl. HEURUNG, R.: Der negative Geschäftswert im Bilanzrecht, a.a.O., S. 387 f.

Der badwill ist "Ausdruck der Verlustpotentiale eines Unternehmens, welche nicht einzelnen Wirtschaftsgütern zugeordnet werden können."[1] Insofern ist der badwill "das Gegenstück zum positiven Geschäftswert, der Ausdruck für die Gewinnchancen eines Unternehmens ist, soweit diese nicht in den einzelnen Wirtschaftsgütern verkörpert sind."[2] Eine pauschale Abstockung entbehrt somit jeglicher Grundlage.[3]

- **Passivierung eines negativen Geschäfts- oder Firmenwerts**

  Da die oben angeführten Verfahrensweisen nicht verständlich sind und abgestockte Aktiva zu einem verzerrten Bild der Vermögens-, Finanz- und Ertragslage führen, ist aufgrund des Erfolgsneutralitätsgebots des Anschaffungsvorgangs eine Passivierung vorzunehmen.[4]

Somit bleibt die weitere Behandlung des Passivpostens zu klären. Auch hier ergeben sich verschiedene Behandlungsweisen:

- **Verrechnung bei Eintritt oder Wegfall der Bestimmungsgründe**

  Die 7. EGR regelt in Art. 31 die Möglichkeiten zur gewinnerhöhenden Auflösung eines negativen Unterschiedsbetrags, der nach Art. 19 Abs. 1 Buchstabe c) keinem Passivposten zugeordnet werden kann. Dabei entspricht die Voraussetzung des Buchstaben a) einer in Dänemark geltenden Regelung.[5] Art. 31 regelt die beiden Fälle, in denen ein negativer Konsolidierungsunterschied in die konsolidierte GuV übernommen werden darf. Dabei handelt es sich unter Buchstabe a) um den sogenannten badwill und unter Buchstabe b) um einen sogenannten lucky buy. Art. 31 stellt eigentlich kein Mitgliedstaatenwahlrecht dar. Trotzdem wurde er von einigen Mitgliedstaaten nur selektiv transformiert.[6]

  Durch die 7. EGR ist die Auflösung eines lucky buy nur gestattet, sofern feststeht, daß er einem realisierten Gewinn entspricht. Dies kann allerdings zu Unterschieden zwischen den Mitgliedstaaten führen, da bezüglich des Realisationszeitpunkts von Gewinnen und Verlusten trotz der Kodifizierung des Imparitätsprinzips

---

1) Gießler, O.S.: Der "passive Ausgleichsposten" in der Bilanz - nichts anderes als ein negativer Geschäftswert?, a.a.O., S. 701.

2) Gießler, O.S.: Der "passive Ausgleichsposten" in der Bilanz - nichts anderes als ein negativer Geschäftswert?, a.a.O., S. 701.

3) Vgl. Geiger, A.: Interpretation des negativen Geschäftswerts im Rahmen einer ökonomischen Analyse, a.a.O., S. 1533.

4) Vgl. Heurung, R.: Der negative Geschäftswert im Bilanzrecht, a.a.O., S. 387.

5) Vgl. Biener, H./Schatzmann, J.: Konzern-Rechnungslegung, a.a.O., S. 49.

6) Vgl. FEE (Hrsg.): Seventh Directive options, a.a.O., S. 34.

in Art. 31 Abs. 1 Buchstabe c) der 4. EGR noch unterschiedliche Anschauungen und Gewohnheiten bestehen.[1)]

Wie der positive Geschäfts- oder Firmenwert, so kann auch der negative Geschäfts- oder Firmenwert auf einer Vielzahl von Ursachen beruhen, denen eine Erfolgswirksamkeit nur schwer zuzuordnen ist, und zwar sowohl in zeitlicher als auch in betragsmäßiger Hinsicht.[2)] Folglich besteht hier ein gewisses Willkürpotential, das von den Adressaten nur schwer abzuschätzen ist. Daher ist die Verrechnung des negativen Geschäftswerts bei Eintritt oder Wegfall mangels Verläßlichkeit der Bestimmungsgründe abzulehnen.[3)]

- **Auflösung erst bei Liquidation oder Verkauf**

Eine Verschiebung der Erfolgswirksamkeit auf unbestimmte Zeit, nämlich bis zur Liquidation oder bis zum Verkauf des Unternehmens, kann allerdings auch nicht zu einer sachgerechten Lösung führen. Durch den negativen Geschäfts- oder Firmenwert sollen Ereignisse in naher Zukunft berücksichtigt werden. Dem wird ein unverändertes Beibehalten jedoch nicht gerecht. Gleichzeitig wird auch die Vermögenslage in Abhängigkeit vom Ausweisort zu günstig oder zu ungünstig dargestellt. Allerdings ist der negative Geschäfts- oder Firmenwert bzw. der noch nicht ertragswirksam aufgelöste Rest spätestens zum Zeitpunkt der Liquidation bzw. des Verkaufs vollständig aufzulösen.[4)]

- **Auflösung über fünf Jahre**

GIEßLER lehnt die Abschreibung eines negativen Geschäfts- oder Firmenwerts über einen bestimmten Zeitraum ab, da dies willkürlich wäre und nicht dem Wesen des negativen Geschäfts- oder Firmenwerts entspräche.[5)] Der negative Geschäfts- oder Firmenwert ist jedoch genau wie der positive Geschäfts-oder Firmenwert ein bewertungstechnischer Differenzbetrag.[6)] In Analogie zur vorgeschlagenen Behandlung eines positiven Geschäfts- oder Firmenwerts wird daher auch für den

1) Vgl. BIENER, H./SCHATZMANN, J.: Konzern-Rechnungslegung, a.a.O., S. 49.

2) Vgl. MUJKANOVIC, R.: Der negative Geschäftswert in der Steuerbilanz des Erwerbers eines Betriebs oder Mitunternehmeranteils, a.a.O., S. 527.

3) Vgl. PUSECKER, D./SCHRUFF, L.: Anschaffungswertprinzip und "negativer Geschäftswert", a.a.O., S. 742. Anderer Ansicht ist - stellvertretend für viele - GIEßLER, O.S.: Der "passive Ausgleichsposten" in der Bilanz - nichts anderes als ein negativer Geschäftswert?, a.a.O., S. 701 f.

4) Vgl. GIEßLER, O.S.: Der negative Geschäftswert - Bilanzielle Anerkennung und Behandlung, a.a.O., S. 1761 f.

5) Vgl. GIEßLER, O.S.: Der negative Geschäftswert - Bilanzielle Anerkennung und Behandlung, a.a.O., S. 1762.

6) Vgl. HEURUNG, R.: Der negative Geschäftswert im Bilanzrecht, a.a.O., S. 389.

negativen Geschäfts- oder Firmenwert eine erfolgswirksame lineare Auflösung über einen Zeitraum von fünf Jahren aus Objektivierungsgründen für sinnvoll gehalten.[1] Die Einbuchung und Auflösung hat dabei ebenfalls in Analogie zur Abschreibung des positiven Geschäfts- oder Firmenwerts über die sonstigen betrieblichen Aufwendungen und Erträge zu erfolgen.[2] Dies stellt für die Adressaten eine verläßliche Regelung dar, die aufgrund der Heterogenität des negativen Geschäfts- oder Firmenwerts auch verständlich wird und zu Vergleichbarkeit führt.

Damit entspricht die hier vorgeschlagene Behandlung des negativen Geschäfts- oder Firmenwerts weitgehend dem im auslaufenden IAS 22.51 (revised 1993) vorgesehenen allowed alternative treatment, das ebenfalls eine Passivierung des gesamten negativen Geschäftswerts erlaubt. Die Einzige Ausnahme bildet die fünfjährige Abschreibungsdauer, die lediglich Empfehlungscharakter hat und in begründeten Ausnahmefällen bis zu zwanzig Jahre betragen darf.

Da die 7. EGR keine Aussage bezüglich des Ausweisortes der beiden Ausprägungen eines negativen Geschäfts- oder Firmenwerts trifft, haben die Unternehmen diesbezüglich in der Regel auch völlig freie Hand. KÜTING/WEBER/ZÜNDORF empfehlen, einen lucky buy aufgrund seines Eigenkapitalcharakters als Rücklage zu interpretieren und auch dort auszuweisen, während ein badwill aufgrund seines Fremdkapitalcharakters konsequenterweise unter dem Fremdkapital ausgewiesen werden sollte. Aus Sicht der Abschlußanalyse ist bezüglich des Ausweises eines lucky buy unter dem Eigenkapital der Bilanzierung im Konzernabschluß zu folgen. Sofern jedoch Zweifel an den optimistischen Zukunftserwartungen des jeweiligen Unternehmens bestehen, ist aus Gründen der Vorsicht, wenn keine oder nur vage Informationen vorliegen, der negative Geschäfts- oder Firmenwert

---

1) PUSECKER/SCHRUFF sehen in Anlehnung an § 255 Abs. 4 Satz 2 HGB ebenfalls eine Abschreibungsdauer von fünf Jahren als sinnvoll an, allerdings muß dies analog § 255 Abs. 4 Satz 2 HGB nicht linear geschehen, so daß eine gewisse Willkür bleibt. Vgl. PUSECKER, D./SCHRUFF, L.: Anschaffungswertprinzip und "negativer Geschäftswert", a.a.O., S. 742. Ähnlich äußert sich auch ZWINGMANN, der in Analogie zu den Regelungen des positiven Geschäfts- oder Firmenwerts aus der Kapitalkonsolidierung ebenfalls eine beschleunigte ergebniswirksame Auflösung innerhalb einer Maximalzeit vorschlägt. Vgl. ZWINGMANN, L.: Der Geschäfts- und Firmenwert sowie der Unterschiedsbetrag aus der Kapitalkonsolidierung im Konzernabschluß, a.a.O., S. 2317. OTTE hält unter Bezugnahme auf IAS 22.42 a.F., der durch die Revision 1993 dem auslaufenden IAS 22.51 entspricht, zumindest in bezug auf den badwill eine ratierliche Auflösung nach kaufmännischem Ermessen für sachgerecht. Vgl. OTTE, H.-H.: Gestaltungsspielräume bei der Erwerbskonsolidierung nach § 301 HGB, a.a.O., S. 103. Anderer Ansicht vgl. statt vieler GIEßLER, O.S.: Der "passive Ausgleichsposten" in der Bilanz - nichts anderes als ein negativer Geschäftswert?, a.a.O., S. 702.

2) Vgl. WEBER, C.-P./ZÜNDORF, H.: § 309 Behandlung des Unterschiedsbetrags, a.a.O., Rn. 91 f. Anderer Ansicht vgl. GIEßLER, O.S.: Der negative Geschäftswert - Bilanzielle Anerkennung und Behandlung, a.a.O., S. 1764 f., der die Ein- und Ausbuchung über neu zu schaffende Posten vorschlägt.

ebenfalls dem Fremdkapital zuzurechnen.[1] Wenn sowohl ein lucky buy als auch ein badwill im Konzernabschluß zu berücksichtigen sind, hätte dies zur Folge, daß der negative Geschäfts- oder Firmenwert in zwei Ausprägungen auftauchte, und zwar einmal als lucky buy innerhalb des Eigenkapitals und einmal als badwill innerhalb des Fremdkapitals. Da diese Unterschiedsbeträge auf die gleiche Art ermittelt werden, ist auch ein zusammengefaßter Ausweis zwischen Rücklagen und Rückstellungen gestattet[2] und aus Gründen der Verläßlichkeit ratsam. Das gleiche gilt aber auch unabhängig von den Ursachen für die Entstehung eines negativen Geschäfts- oder Firmenwerts oder wenn dessen Charakter nicht feststellbar ist.[3] Aufgrund seines besonderen Charakters läßt sich der badwill ohnehin weder den Rückstellungen noch den Verbindlichkeiten, Rechnungsabgrenzungsposten oder Sonderposten mit Rücklageanteil zuordnen.[4]

Sowohl die 7. EGR als auch die US-GAAP und die IAS machen keine expliziten Angaben zum Ausweisort eines negativen Geschäfts- oder Firmenwerts. Darüber hinaus soll ein negativer Geschäfts- oder Firmenwert gemäß der in der 7. EGR verankerten Buchwertmethode und den US-GAAP erst angesetzt werden, sofern er nicht durch die Abstockung der Aktiva auf null reduziert wurde, was weder verständlich ist noch zu einer verläßlichen Darstellung der Konzernabschlußpositionen führt und eine Vergleichbarkeit nicht gewährleistet, zumal die Abschreibungsdauer nicht fest vorgegeben ist. Auch IAS 22 stimmt mit dem hier erarbeiteten Vorgehen nicht überein, da es den negativen Geschäfts- oder Firmenwert in badwill und lucky buy unterscheidet und daran unterschiedliche Abschreibungsdauern knüpft. Folglich vermögen die 7. EGR, die US-GAAP und die IAS keins der beiden Kriterien zu erfüllen.

4.4.2.1.5.3 Saldierung positiver und negativer Geschäfts- oder Firmenwerte

Art. 19 Abs. 1 Buchstabe c) der 7. EGR gibt den Mitgliedstaaten die Möglichkeit, die Verrechnung von positiven und negativen Unterschiedsbeträgen aus der Kapitalkonsolidierung in der Bilanz zu gestatten, wobei diese dann allerdings im Anhang aufgegliedert

---

1) Vgl. KÜTING, K./WEBER, C.-P./ZÜNDORF, H.: Praxis der Konzernbilanzanalyse, a.a.O., S. 83 ff.

2) Vgl. IDW (Hrsg.): WP-Handbuch 1996, Bd. I, a.a.O., S. 924, Rn. 347. GIEßLER schlägt statt dessen vor, einen neuen Posten am Ende der Passiva zu bilden. Vgl. GIEßLER, O.S.: Der negative Geschäftswert - Bilanzielle Anerkennung und Behandlung, a.a.O., S. 1764.

3) Vgl. KÜTING, K./DUSEMOND, M./NARDMANN, B.: Ausgewählte Probleme der Kapitalkonsolidierung in Theorie und Praxis, a.a.O., S. 15*.

4) Vgl. PUSECKER, D./SCHRUFF, L.: Anschaffungswertprinzip und "negativer Geschäftswert", a.a.O., S. 737 ff.; GIEßLER, O.S.: Der negative Geschäftswert - Bilanzielle Anerkennung und Behandlung, a.a.O., S. 1760 f.

werden müssen.[1] Der deutsche Gesetzgeber hat dieses Wahlrecht in § 301 Abs. 3 Satz 3 HGB umgesetzt. Auch wenn die einzelnen Beträge im Anhang jeweils brutto für die Aktiv- und Passivseite anzugeben sind, verstößt eine Saldierung jedoch gegen den Grundsatz des Bruttoausweises in § 246 Abs. 2 HGB und erschwert den Einblick in die Vermögenslage des Konzerns, da die Bilanzsumme vermindert wird.[2] Dies wird durch die Angabepflicht im Anhang nicht geheilt,[3] da die Information in der Fülle der anderen Anhangangaben erst erkannt und umgesetzt werden muß[4] und darüber hinaus "der Anhang im Vergleich zur Bilanz das schwächere Publizitätsmittel ist."[5] In den IAS wird eine Saldierung aktiver und passiver Unterschiedsbeträge nicht erwähnt,[6] und in den USA ist sie nicht zulässig.[7] Das Saldierungsverbot ist aus Kapitalgebersicht notwendig, da ansonsten die Indikatorfunktion positiver und negativer Geschäfts- oder Firmenwerte in bezug auf die mit ihnen verbundenen Gewinnerwartungen verlorenginge, sofern sich die unsaldierten Werte nicht zumindest aus dem Anhang entnehmen lassen. Somit erfüllen die US-GAAP und die IAS die beiden Kriterien, während die 7. EGR dies nur teilweise vermag.

4.4.2.2 Interessenzusammenführungsmethode

Wenn sich zwei oder mehrere Unternehmen freiwillig zusammenschließen, ohne daß finanzielle Mittel zwecks Erwerbs aus dem Zusammenschluß abfließen, handelt es sich um eine Fusion. Wenn die sich zusammenschließenden Unternehmen jedoch trotzdem rechtlich selbständig bleiben sollen, bilden sie einen Konzern. Da jedoch kein Erwerbsvorgang stattgefunden hat, bei dem der Kreis der Anteilseigner des Mutterunternehmens unverändert bleibt, findet in den bestehenden Konzernrechnungslegungssystemen eine Kapitalkonsolidierungsmethode in Anlehnung an einen Fusionsvorgang Anwendung. Für diesen seltenen

---

1) Vgl. WEBER-BRAUN, E.: Umsetzung der 7. EG-Richtlinie in den EG-Mitgliedstaaten, a.a.O., Rn. 11.

2) Vgl. WEBER, C.-P./ZÜNDORF, H.: § 309 Behandlung des Unterschiedsbetrags, a.a.O., Rn. 59.

3) Vgl. NIEHUS, R.J./SCHOLZ, W.: Ausübung von Konsolidierungswahlrechten und Berichterstattung im Anhang der Konzern-GmbH, in: GmbHR, 75. Jg. (1984), S. 217-226, hier S. 221.

4) Vgl. WEBER, C.-P./ZÜNDORF, H.: Der Posten "Geschäfts- oder Firmenwert" im Konzernabschluß, a.a.O., S. 338.

5) VEIT, K.-R.: Der derivative Firmenwert als Bilanzierungshilfe, a.a.O., S. 1094.

6) Vgl. IDW (Hrsg.): Rechnungslegung nach International Accounting Standards, a.a.O., S. 296.

7) Vgl. EISOLT, D.: US-amerikanische und deutsche Konzernrechnungslegung, a.a.O., S. 250 f.

Sachverhalt einer Unternehmensverbindung mit fusionsähnlichem Charakter,[1] bei dem es sich also um einen gegenseitigen Erwerb handelt oder ein Erwerber nicht feststellbar ist, wurde in der angloamerikanischen Rechnungslegung eine vereinfachte Konsolidierungsmethode, die Interessenzusammenführungsmethode[2], entwickelt. Bei ihr wird nur das gezeichnete Kapital verrechnet und ein sich ergebender Differenzbetrag erfolgsneutral mit den Rücklagen verrechnet. Eine Differenzierung in stille Reserven oder Lasten, positiven oder negativen Geschäfts- oder Firmenwert und Aufteilung auf einzelne Bilanzposten findet daher nicht statt.[3] Alle anderen Bilanzposten werden unverändert in die Konzernbilanz übernommen, so daß es sich stets um eine erfolgsneutrale Kapitalkonsolidierung handelt.[4]

Die Interessenzusammenführungsmethode setzt voraus, daß kein Unternehmen durch das andere erworben wurde, sondern daß ein Anteilstausch stattgefunden hat. Es handelt sich also um einen der durch §§ 339 ff. AktG geregelten Verschmelzung durch Aufnahme vergleichbaren Vorgang mit der Ausnahme, daß die Unternehmen nach der Zusammenführung rechtlich selbständig bleiben.[5] Im Idealfall werden sämtliche Anteile des Tochterunternehmens gegen im Zuge einer Kapitalerhöhung des Mutterunternehmens neugeschaffene Anteile getauscht. Daher ist als erstes das Austauschverhältnis der Anteile zu ermitteln. Da bei der Interessenzusammenführungsmethode kein Erwerb stattfindet, sind im Gegensatz zur Erwerbsmethode auch keine stillen Reserven und Lasten aufzulösen, sondern gegebenenfalls lediglich Anpassungen an eine einheitliche Bilanzierung durchzuführen. Daher wird unter Fortführung der Buchwerte eine Summenbilanz erstellt. Als abschließende Korrekturbuchung hat dann nur noch das gezeichnete Kapital des verbundenen Unternehmens vom Buchwert der Anteile am verbundenen Unternehmen subtrahiert und ein ent-

---

1) In einer Untersuchung von 100 deutschen Konzernabschlüssen des Jahres 1995 konnte keine Anwendung der Interessenzusammenführungsmethode festgestellt werden. Vgl. C & L DEUTSCHE REVISION (Hrsg.): Konzernabschlüsse '95, a.a.O., S. 78, Tz. 87. In der jährlichen Untersuchung von 600 bei der SEC registrierten Unternehmen durch das AICPA wurde 1987 die Interessenzusammenführungsmethode nur von 21 Unternehmen angewandt, während 194 die Erwerbsmethode anwandten. Vgl. AICPA (Hrsg.): Trends 1988, a.a.O., S. 50. Im Jahre 1995 betrug das Verhältnis 32 zu 244. Vgl. DASS.: Trends 1996, a.a.O., S. 57.

2) Erstaunlich ist, daß für den Sachverhalt der Interessenzusammenführung in den USA, in Großbritannien und durch das IASC jeweils unterschiedliche Namen verwendet werden, ohne daß dies Ursache abweichender Regelungen ist. So wird die Interessenzusammenführung in APB Opinion No. 16 als pooling of interests, in IAS 22 als unitings of interests und in FRS 6 als merger accounting bezeichnet. Vgl. ACCOUNTING STANDARDS BOARD: [FRS 6] Acquisitions and mergers, 1994, in: ICAEW (Hrsg.): Accounting Standards 1998/99, Extant at 30 April 1998, a.a.O., S. 559-594

3) Vgl. GRÄFER, H./SCHELD, G.: Grundzüge der Konzernrechnungslegung, Hamburg 1993, S. 144.

4) Vgl. IDW (Hrsg.): Rechnungslegung nach International Accounting Standards, a.a.O., S. 298 f.

5) Vgl. ECKES, B./WEBER, C.-P.: § 302 Kapitalkonsolidierung bei Interessenzusammenführung, in: Küting, K./ Weber, C.-P. (Hrsg.): Handbuch der Konzernrechnungslegung, a.a.O., S. 1455-1489, hier Rn. 4; sowie ausführlich die Konsolidierungsbeispiele EBENDA: Rn. 36 ff.

stehender aktiver oder passiver Unterschiedsbetrag mit dem gemeinsamen Eigenkapital verrechnet bzw. diesem hinzugerechnet zu werden.[1]

Aufgrund der Nichtaufdeckung stiller Reserven und Lasten führt die Interessenzusammenführungsmethode im Vergleich zur Erwerbsmethode regelmäßig zu einer Verbesserung zukünftiger Konzernergebnisse und aufgrund der Verrechnung eines aktiven Unterschiedsbetrags mit den Rücklagen zu einer Verringerung des Eigenkapitals bzw. im umgekehrten Fall durch die Einstellung eines passiven Unterschiedsbetrags in die Rücklagen zu einer Erhöhung des Eigenkapitals.[2]

In den USA besteht gemäß APB Opinion No. 16, par. 8 eine Pflicht zur Anwendung der Interessenzusammenführungsmethode, sofern die insgesamt zwölf Anwendungsvoraussetzungen erfüllt sind.[3] Das Verfahren der Rechnungslegung bei der Interessenzusammenführungsmethode wird in APB Opinion No. 16, pars. 50-65 beschrieben. Die Anwendung dieser Methode verlangt, daß die Zahlen von älteren Abschlüssen angepaßt werden. Ausnahmen hiervon sind nur möglich, sofern die Änderung der Zahlen aufgrund der Interessenzusammenführung gering sind.[4]

Die Anwendungsvoraussetzungen wurden notwendig, da die Anwendung der Interessenzusammenführungsmethode sehr häufig auch auf Unternehmensverbindungen angewandt wurde, die eigentlich nicht dem Charakter einer Interessenzusammenführung, sondern vielmehr einem Unternehmenserwerb entsprachen. Durch die strengen Anwendungsvoraussetzungen soll verhindert werden, daß die Interessenzusammenführungsmethode nur deshalb angewandt wird, weil sie aufgrund der Nichtauflösung stiller Reserven und Lasten verwaltungstechnisch einfacher ist und darüber hinaus regelmäßig zu einer vorteilhafteren Darstellung des Unternehmenszusammenschlusses führt.[5] Die Ursache für die Beliebtheit der Interessenzusammenführungsmethode beruhte primär auf ihrer Erfolgsneutralität in Zusammenhang mit der Ausschüttungsbemessungsfunktion des amerikanischen Konzern-

---

1) Vgl. ausführlich die Beispiele bei ECKES, B./WEBER, C.-P.: § 302 Kapitalkonsolidierung bei Interessenzusammenführung, a.a.O., Rn. 43 ff.

2) Vgl. WEBER, C.-P.: Praxis der Kapitalkonsolidierung im internationalen Vergleich, a.a.O., S. 204 f.

3) Vgl. FÄRBER, T./JANSEN, M./KOCH, P./LEIDINGER, P.W./RAUSCH, A.: Bilanzpolitische Gestaltungsmöglichkeiten in den USA, a.a.O., S. 86; JARNAGIN, B.D.: Financial Accounting Standards, a.a.O., S. 1162 ff. Die zwölf Bedingungen der APB Opinion No. 16, pars. 46-48 sind in deutscher Übersetzung enthalten in KUBIN, K.: Die Konzernrechnungslegung in den USA, a.a.O., S. 113.

4) Vgl. AICPA (Hrsg.): Trends 1996, a.a.O., S. 57.

5) Vgl. EISOLT, D.: US-amerikanische und deutsche Konzernrechnungslegung, a.a.O., S. 237.

abschlusses. Es mußten keine stillen Reserven aufgelöst werden, deren Abschreibung in Folgeperioden das Ergebnis und somit die Ausschüttungen minderten.[1]

Analog dem US-amerikanischen Vorbild ist die Interessenzusammenführungsmethode gemäß IAS 22.14 zwingend anzuwenden. Voraussetzung ist gemäß SIC-9.6, daß kein Erwerber feststellbar ist. Darüber hinaus müssen sämtliche folgenden in IAS 22.16 aufgeführte Voraussetzungen erfüllt sein:

(a) das gesamte oder zumindest die wesentliche Mehrheit des stimmberechtigten Kapitals der verbundenen Unternehmen werden ausgetauscht oder zusammengefaßt (pooled),

(b) die Verkehrswerte (fair values) der Unternehmen weichen nicht entscheidend voneinander ab, und

(c) die Anteilseigner der Unternehmen behalten nach der Verbindung der Unternehmen im Verhältnis zueinander im wesentlichen die gleichen Stimmrechte in und Interessen an den verbundenen Unternehmen wie vorher.

Im Unterschied zu den USA sind hier jedoch keine expliziten Prozentangaben in bezug auf die Beteiligungshöhe und die Bezahlung angegeben. Nach amerikanischem Vorbild sind die Vorjahreszahlen gemäß IAS 22.78 aus Gründen der Vergleichbarkeit auch in einem IAS-Abschluß anzupassen sowie die im Zusammenhang mit der Durchführung des Zusammenschlusses stehenden Ausgaben gemäß IAS 22.82 als Periodenaufwand zu berücksichtigen. Die Durchführung der Interessenzusammenführungsmethode läuft ansonsten analog den US-amerikanischen Regelungen ab.

Da die Interessenzusammenführungsmethode auf angloamerikanische Praxis zurückgeht und in Europa ohne Beispiel war, betraten die Mitgliedstaaten mit Art. 20 der 7. EGR Neuland. Die Interessenzusammenführungsmethode wurde erst kurz vor Verabschiedung der Richtlinie in diese aufgenommen,[2] und zwar auf Initiative Großbritanniens und Irlands, die diese Methode bereits vorher anwandten.[3] Der Ausnahmecharakter der Interessenzusammenführungsmethode ist wahrscheinlich der Grund dafür, daß sie nur als Mitgliedstaatenwahlrecht ausgestaltet ist.[4] So gibt Art. 20 Abs. 1 den Mitgliedstaaten die Möglich-

---

1) Vgl. BAETGE, J.: Konzernbilanzen, a.a.O., S. 276.

2) Vgl. BIENER, H./SCHATZMANN, J.: Konzern-Rechnungslegung, a.a.O., S. 38.

3) Vgl. BAETGE, J.: Konzernbilanzen, a.a.O., S. 274; ECKES, B./WEBER, C.-P.: § 302 Kapitalkonsolidierung bei Interessenzusammenführung, a.a.O., Rn. 1; WYSOCKI, K.v./WOHLGEMUTH, M.: Konzernrechnungslegung, a.a.O., S. 135.

4) Vgl. KLÖS, H.L.: Die 7. gesellschaftliche Richtlinie über den konsolidierten Abschluß (Ratsdokument 83/349/EWG), a.a.O., S. 71.

keit, unter den genannten Voraussetzungen den Unternehmen die Interessenzusammenführungsmethode für die Kapitalkonsolidierung vorzuschreiben oder zu gestatten.[1] Außer Großbritannien, das für Interessenzusammenführungen, die nach dem 23. Dezember 1994 stattfinden, gemäß FRS 6 die Anwendung der Interessenzusammenführungsmethode vorgeschrieben hat, während vorher gemäß SSAP 23 ein Wahlrecht bestand,[2] schreibt kein Mitgliedstaat die Interessenzusammenführungsmethode vor. In Belgien, Dänemark, Deutschland, Frankreich, Irland, Italien, Luxemburg und Portugal ist sie erlaubt. Während die Niederlande gar keine Bedingungen stellen, erlaubt Frankreich die Interessenzusammenführungsmethode nur in Ausnahmesituationen.[3] So kann die Interessenzusammenführungsmethode in Frankreich nur durch die Anwendung der IAS zur Anwendung kommen, da das nationale Wahlrecht nicht umgesetzt wurde.[4]

Die drei zu erfüllenden Voraussetzungen sind ebenfalls in Art. 20 Abs. 1 der 7. EGR aufgeführt und lauten:

a) Eine mindestens 90%ige Beteiligung,
b) Erwerb der Anteile aufgrund einer Vereinbarung, die die Ausgabe von Anteilen eines in den Konzernabschluß einbezogenen Unternehmens vorsieht (Bezahlung durch Aktien), und
c) eine vereinbarte Barzahlung darf 10 % des Nennbetrags oder, falls kein Nennbetrag vorhanden ist, des rechnerischen Wertes der ausgegebenen Anteile oder Aktien nicht übersteigen.

Wird die Interessenzusammenführungsmethode in Anspruch genommen, so ist gemäß Art. 20 Abs. 2 ein entstehender aktiver Unterschiedsbetrag den konsolidierten Rücklagen zuzurechnen. Ein passiver Unterschiedsbetrag ist von diesen abzuziehen. Nach Art. 20 Abs. 3 sind die Anwendung der Methode und die sich daraus ergebenden Veränderungen der Rücklagen sowie der Name und Sitz der betreffenden Unternehmen im Anhang anzugeben.

Durch die Regelung des Art. 20 Abs. 1 Buchstabe b) ist es nicht notwendig, daß das übernehmende Unternehmen eigene Anteile hingibt, sondern es können auch Anteile von in den Konzernabschluß einbezogenen Tochterunternehmen hingegeben werden. Gemäß IDW

---

1) Vgl. FEE (Hrsg.): Seventh Directive options, a.a.O., S. 31.

2) Vgl. CHOPPING, D./SKERRATT, L.: Applying GAAP 1995/96, a.a.O., S. 576 f.

3) Vgl. FEE (Hrsg.): Seventh Directive options, a.a.O., S. 31 f.

4) Vgl. ALTMEIER, D./KAISER, U./KEBBE, T./KRETSCHMAR, M./MAIER, F./SCHENKEL, M.: Bilanzpolitische Gestaltungsmöglichkeiten in Frankreich, a.a.O., S. 175.

läßt der Grundgedanke der Interessenzusammenführungsmethode dies zu.[1] In APB Opinion No. 16, par. 47b und IAS 22.14 ist jedoch festgelegt, daß die übernehmende Gesellschaft eigene Anteile hinzugeben hat und nicht Anteile von Tochterunternehmen. Dies wird der Interessenzusammenführung auch eher gerecht, da das übertragende Unternehmen seine Interessen direkt mit dem übernehmenden Unternehmen zusammenführt und nicht mit dessen Tochterunternehmen. Wenn das übernehmende Unternehmen Anteile an Tochterunternehmen statt eigener Anteile hingibt, wird das übertragende Unternehmen zwar auch Konzernbestandteil, und seine Gesellschafter sind am Konzern beteiligt, die Einflußmöglichkeiten sind allerdings zumindest geringer, sofern sie nicht gänzlich von den gemeinsam zu tragenden Chancen und Risiken des Unternehmensverbunds ausgeschlossen werden, da sie nicht direkt am Mutterunternehmen beteiligt sind, sondern nur auf einer Ebene unterhalb des Mutterunternehmens. Die Begründung für die angloamerikanische Regelung wird durch die dem Konzernabschluß beigemessene Ausschüttungsbemessungsfunktion unmittelbar verständlich.[2] Trotz der strengen Voraussetzungen war APB Opinion No. 16 in den USA äußerst umstritten und wurde 1970 nur mit der geringsten möglichen Mehrheit verabschiedet.[3] Tabelle 9 verdeutlicht zusammenfassend die zahlreicheren und strengeren Anforderungen an das Vorhandensein einer Interessenzusammenführung durch APB Opinion No. 16 im Vergleich zu den Anforderungen durch die IAS und die 7. EGR.

---

1) Vgl. IDW (Hrsg.): WP-Handbuch 1996, Bd. I, a.a.O., S. 944, Rn. 422.

2) Vgl. BAETGE, J.: Konzernbilanzen, a.a.O., S. 291 f.

3) Vgl. DAVIS, M.: APB 16: Time to Reconsider, in: JofA, October 1991, S. 99-107, hier S. 107.

Tab. 9: Interessenzusammenführungsmethode im internationalen Vergleich

	USA	IAS	7. EGR
1 Anwendung der Interessenzusammenführungsmethode	Pflicht	Pflicht	Wahlrecht
2 Anwendungsvoraussetzungen gemäß APB Opinion No. 16			
2.1 Attribute der sich zusammenschließenden Unternehmen (par. 46)			
a. Unabhängigkeit von anderen Unternehmen in den letzten beiden Jahren.	J	J(1)	J(1)
b. Unabhängigkeit voneinander: Keine gegenseitige Beteiligung von mehr als 10 % vor Zusammenschluß.	J	-	J
2.2 Art der Zusammenführung (par. 47)			
a. Zusammenführung in einer Transaktion planmäßig innerhalb eines Jahres.	J	J(1)	J(1)
b. Austausch gleich stimmberechtigter Anteile des übernehmenden Unternehmens ...	J	J	N
b. ... gegen 90 % oder mehr der Anteile des übertragenden Unternehmens.	J(2)	N(3)	J
c. Keine wesentliche Eigenkapitalveränderungen vor dem Zusammenschluß.	J	-	-
d. Kein Erwerb eigener Anteile zur Durchführung der Interessenzusammenführung.	J	-	-
e. Keine Veränderungen der relativen Rechte der Anteilseigner untereinander nach der Interessenzusammenführung.	J	-	-
f. Keine Stimmrechtsbeschränkungen.	J	-	-
g. Keine schwebenden Vereinbarungen bezüglich der Ausgabe von Anteilen oder sonstiger Umstände.	J	-	-
2.3 Abwesenheit geplanter Geschäfte (par. 48)			
a. Keine Vereinbarung, Anteile einzuziehen oder zu erwerben, die zum Zweck der Interessenzusammenführung ausgegeben wurden.	J	-	-
b. Keine Vereinbarung zugunsten ehemaliger Anteilseigner.	J	-	-
c. Keine Veräußerung wesentlicher Aktiva der beiden Unternehmen innerhalb von 2 Jahren nach der Interessenzusammenführung.	J	-	-

Legende: (1) = keine explizite Zeitangabe.
(2) = in den USA kann der Austausch nur in stimmberechtigten Anteilen erfolgen.
(3) = IAS 22.15a sieht als Regelfall ebenfalls den Austausch von stimmberechtigten Anteilen vor.
- = nicht besonders geregelt.

Quelle: In Anlehnung an WEBER, C.-P.: Praxis der Kapitalkonsolidierung im internationalen Vergleich, a.a.O., S. 207 f.

Die Interessenzusammenführung setzt voraus, daß sowohl die Anteilseigner des übernehmenden als auch des übertragenden Unternehmens Einfluß auf den Konzern nehmen können. Dies ist aber nur möglich, wenn die sich zusammenschließenden Unternehmen in etwa die gleiche Größe haben, so daß auch beide Anteilseignergruppen auf den Konzern einen ähnlichen Einfluß haben. Diese Voraussetzung wurde allerdings nicht in APB Opinion No. 16 aufgenommen.[1] Sie findet sich zwar in IAS 22.15b, jedoch ohne objektivierende Quantifizierung. Für Großbritannien wird dies in FRS 6, par. 68 dadurch objektiviert, daß das Eigenkapital eines der sich zusammenschließenden Unternehmen nicht mehr als 50 % größer als das des anderen sein darf.[2] Diese Quantifizierung stellt eine sinnvolle und notwendige Objektivierung dar, die gleichzeitig hilft, die mißbräuchliche Anwendung dieser Methode zu verhindern.

Ebenfalls notwendig als Voraussetzung für die Interessenzusammenführungsmethode ist die Beschränkung auf den Anteilstausch. Aufgrund von Bewertungsschwierigkeiten sind Barzahlungen jedoch in Art. 20 Abs. 1 Buchstabe c) der 7. EGR als Spitzenausgleich zugelassen. Die auf 10 % des Nennbetrags der Anteile festgesetzte Beschränkung stellt daher eine das Ziel der Interessenzusammenführungsmethode unterstreichende Einschränkung dar.[3]

Trotz aller Objektivierungsmaßnahmen verbleibt jedoch durch entsprechende Vertragsgestaltung ein De-fakto-Wahlrecht.[4] Darüber hinaus wird die Fragwürdigkeit der erfolgsneutralen Interessenzusammenführungsmethode durch eine Aufspaltung in die beiden der Interessenzusammenführung zugrundeliegenden Bestandteile deutlich:

1. Erwerb des Tochterunternehmens, das heißt keine Aufnahme der Anteilseigner des Tochterunternehmens als Anteilseigner des Konzerns.
2. Kapitalerhöhung des Mutterunternehmens zwecks Finanzierung des Unternehmenserwerbs und Aufnahme der Anteilseigner des Tochterunternehmens als Anteilseigner des Mutterunternehmens.

---

1) Vgl. DAVIS, M.: APB 16: Time to Reconsider, a.a.O., S. 103; EISOLT, D.: US-amerikanische und deutsche Konzernrechnungslegung, a.a.O., S. 287 f.; NIEHUS, R.J.: Die 7. EG-Richtlinie und die "Pooling-of-Interests"-Methode einer konsolidierten Rechnungslegung, in: WPg, 36. Jg. (1983), S. 437-446, hier S. 445.

2) Vgl. CHOPPING, D./SKERRATT, L.: Applying GAAP 1995/96, a.a.O., S. 577 f.

3) Vgl. IDW (Hrsg.): WP-Handbuch 1996, Bd. I, a.a.O., S. 944, Rn. 423.

4) Vgl. EISOLT, D.: US-amerikanische und deutsche Konzernrechnungslegung, a.a.O., S. 287; FÄRBER, T./JANSEN, M./KOCH, P./LEIDINGER, P.W./RAUSCH, A.: Bilanzpolitische Gestaltungsmöglichkeiten in den USA, a.a.O., S. 87.

Aus Sicht der Anteilseigner des Mutterunternehmens stellt eine Interessenzusammenführung nichts anderes dar als den Erwerb eines Tochterunternehmens, das durch eine Bezugsrechte ausschließende Kapitalerhöhung finanziert wird. Durch Aufnahme der Anteilseigner des Tochterunternehmens verändern sich die Anteilsverhältnisse im Mutterunternehmen. Dies ist jedoch kein Grund zu einer von der Erwerbsmethode abweichenden Vorgehensweise.

Aus Sicht der ehemaligen Anteilseigner des Tochterunternehmens läßt sich die Interessenzusammenführung ebenfalls in zwei isolierte Handlungen aufteilen:

1. Verkauf der Anteile.
2. Kauf von Anteilen des Mutterunternehmens, das zuvor das Tochterunternehmen kaufte.

Auch hier ist kein Grund ersichtlich, warum von der Anwendung der Erwerbsmethode abzuweichen ist. Im übrigen braucht die Interessenzusammenführung nicht von Dauer zu sein, da Anteilseigner frei sind, ihre Anteile jederzeit zu verkaufen, so daß nur schwer kontrollierbar ist, ob eine Interessenzusammenführung nicht in Wirklichkeit ein Kauf ist.[1] Darüber hinaus wird den Anteilseignern des Tochterunternehmens beim Erwerb in der Regel ein Agio bezahlt, das im Rahmen der Interessenzusammenführungsmethode mit den Rücklagen verrechnet wird.[2]

Folglich stellt die erfolgswirksame Erwerbsmethode auch in den wenigen Fällen, in denen die obengenannten Voraussetzungen erfüllt sind, die adäquate Konsolidierungsmethode dar, auch wenn eine Barzahlung nur im Rahmen eines Spitzenausgleichs erfolgt und Anteile im Rahmen der Interessenzusammenführung nur getauscht werden. In jedem Fall wird jedoch ein neues Tochterunternehmen in den Konzernabschluß aufgenommen bzw. ein solcher durch den Anteilstausch erst begründet. Konsequenterweise darf daher die Interessenzusammenführungsmethode nicht Bestandteil einer objektivierten Konzern-

---

1) Vgl. Davis, M.: APB 16: Time to Reconsider, a.a.O., S. 102; Pahler, A.J./Mori, J.E.: Advanced Accounting, a.a.O., S. 253.

2) Vgl. Niehus, R.J.: Die 7. EG-Richtlinie und die "Pooling-of-Interests"-Methode einer konsolidierten Rechnungslegung, a.a.O., S. 445.

rechnungslegung sein,[1] da ihre Anwendung als De-fakto-Wahlrecht weder verläßlich noch verständlich ist. Außerdem ist der Konzernabschluß mit anderen nicht mehr vergleichbar. Folglich können die bestehenden Systeme, die die Interessenzusammenführungsmethode entweder erlauben oder vorschreiben den beiden Kriterien nicht entsprechen. Diese Ansicht hat sich auch in den USA durchgesetzt. Dort darf die Interessenzusammenführungsmethode in Zukunft nicht mehr angewandt werden.[2]

4.4.3 Schuldenkonsolidierung

Da ein Unternehmen keine Forderungen und Verbindlichkeiten gegen sich selbst haben kann, muß ein Konzern eine Schuldenkonsolidierung durchführen, um Doppelzählungen zu vermeiden und ein den tatsächlichen Verhältnissen entsprechendes Bild der Vermögens-, Finanz- und Ertragslage des Konzerns zu vermitteln.[3]

Die 7. EGR fordert die Schuldenkonsolidierung in Art. 26 Abs. 1 Buchstabe a), um die Vermögens-, Finanz- und Ertragslage des Konzernabschlusses so auszuweisen, als handele es sich um ein Einzelunternehmen. Folglich sind die Positionen Forderungen und Verbindlichkeiten nur beispielhaft genannt und im Kontext weit auszulegen. § 303 Abs. 1 HGB ergänzt dies daher zumindest noch um Ausleihungen und Rückstellungen.[4]

Im Idealfall entsprechen sich Forderungen und Verbindlichkeiten, so daß diese erfolgsneutral und bilanzverkürzend einfach weggelassen werden können.[5] Tatsächlich entstehen aber aus verschiedenen Gründen Aufrechnungsdifferenzen, die sich in unechte, stichtagsbe-

1) Vgl. Wysocki, K. v./Wohlgemuth, M.: Konzernrechnungslegung, a.a.O., S. 140. Auch Niehus, R.J.: Die 7. EG-Richtlinie und die "Pooling-of-Interests"-Methode einer konsolidierten Rechnungslegung, a.a.O., S. 446 sieht keine Notwendigkeit für die Interessenzusammenführungsmethode. Anderer Ansicht vgl. Baetge, J.: Konzernbilanzen, a.a.O., S. 292., der eine Verschärfung der Anforderungen an die Interessenzusammenführungsmethode oder zumindest eine Anwendungspflicht bei Erfüllung der aktuellen Voraussetzungen des § 302 HGB fordert. Dabei merkt er an, daß die Akzeptanz der Methode auch in Deutschland mit zunehmender Orientierung an amerikanischen Standards steigen könnte. Baetge berücksichtigt jedoch nicht, daß die Interessenzusammenführungsmethode in den USA trotz der in APB Opinion No. 16 verschärften Anwendungsvoraussetzungen grundsätzlicher Kritik unterliegt. Vgl. ausführlich Davis, M.: APB 16: Time to Reconsider, a.a.O., S. 99-107; Eisolt, D.: US-amerikanische und deutsche Konzernrechnungslegung, a.a.O., S. 288.

2) Vgl. o.V.: Neue Regel erschwert Fusionen, in: HB, Nr. 78 vom 23./24.4.1999, S. 22.

3) Vgl. Küting, K./Weber, C.-P.: Der Konzernabschluß, a.a.O., S. 277; Gräfer, H./Scheld, G.: Grundzüge der Konzernrechnungslegung, a.a.O., S. 145; Baetge, J.: Konzernbilanzen, a.a.O., S. 302 f.

4) Ausführliche Aufzählungen der durch die Schuldenkonsolidierung betroffenen Bilanzpositionen finden sich beispielsweise bei Harms, J.E.: § 303 Schuldenkonsolidierung, a.a.O., Rn. 5; Küting, K./Weber, C.-P.: Der Konzernabschluß, a.a.O., S. 277 ff.; Gräfer, H./Scheld, G.: Grundzüge der Konzernrechnungslegung, a.a.O., S. 147 ff.; Baetge, J.: Konzernbilanzen, a.a.O., S. 304.

5) Vgl. Harms, J.E.: § 303 Schuldenkonsolidierung, a.a.O., Rn. 11; Küting, K./Weber, C.-P.: Der Konzernabschluß, a.a.O., S. 280; Baetge, J.: Konzernbilanzen, a.a.O., S. 311.

zogene und echte Aufrechnungsdifferenzen unterscheiden lassen. Dabei sollen die unechten - aus buchungstechnischen Unzulänglichkeiten resultierenden - und die nur aufgrund abweichender Stichtage entstandenen Aufrechnungsdifferenzen[1] nicht weiter betrachtet werden. Echte Aufrechnungsdifferenzen können unter anderem aus folgenden Gründen auftreten:[2]

- Rückstellungen für ungewisse Verbindlichkeiten, denen naturgemäß keine entsprechenden ungewissen Forderungen entgegenstehen,
- Imparitätsprinzip bei der Bewertung von Forderungen und Verbindlichkeiten,
- Disagio und
- Währungsumrechnung.

Sowohl die 7. EGR[3] als auch das deutsche Konzernrechnungslegungsrecht[4] enthalten keine ausdrückliche Regelung bezüglich der Behandlung der sich ergebenden Aufrechnungsdifferenzen. Diese sind erfolgswirksam über die Gewinn- und Verlustrechnung zu verrechnen, da sie in der Regel auch auf erfolgswirksamen Buchungen beruhen.[5] Die Erfolgswirksamkeit beschränkt sich natürlich auf neu entstandene Differenzbeträge.[6] Darüber hinaus ist sie natürlich nur vorübergehender Natur, da sich die Ergebniseinflüsse bei Beendigung der Schuldverhältnisse wieder ausgleichen.[7] Die eigentliche Schuldenkonsolidierung ist nach der erfolgswirksamen Umbewertung von aufgrund des Imparitätsprinzips entstandenen Differenzen erfolgsneutral.[8] Die Schuldenkonsolidierung in Art. 26 Abs. 1 Buchstabe a) der 7. EGR entspricht § 331 Abs. 1 Nr. 4 AktG 1965[9] und stellte insofern für deutsche Mutterunternehmen nichts Neues dar.

---

1) Vgl. ausführlich HARMS, J.E.: § 303 Schuldenkonsolidierung, a.a.O., Rn. 28 ff.; BAETGE, J.: Konzernbilanzen, a.a.O., S. 311 ff.

2) Vgl. ausführlich KÜTING, K./WEBER, C.-P.: Der Konzernabschluß, a.a.O., S. 286 ff.; GRÄFER, H./SCHELD, G.: Grundzüge der Konzernrechnungslegung, a.a.O., S. 151 ff.; BAETGE, J.: Konzernbilanzen, a.a.O., S. 213 ff.

3) Vgl. BIENER, H./SCHATZMANN, J.: Konzern-Rechnungslegung, a.a.O., S. 42 f.

4) Vgl. GRÄFER, H./SCHELD, G.: Grundzüge der Konzernrechnungslegung, a.a.O., S. 153.

5) Vgl. statt vieler WYSOCKI, K.v./WOHLGEMUTH, M.: Konzernrechnungslegung, a.a.O., S. 225. Anderer Ansicht vgl. BIENER, H./SCHATZMANN, J.: Konzern-Rechnungslegung, a.a.O., S. 42 f., nach deren Ansicht die Differenzbeträge ebenfalls aufgrund der Fiktion der rechtlichen Einheit im Eigenkapital zu berücksichtigen sind. Dies führte allerdings dazu, daß der Erfolgsausweis unverändert bliebe und ist daher abzulehnen.

6) Vgl. GRÄFER, H./SCHELD, G.: Grundzüge der Konzernrechnungslegung, a.a.O., S. 154 f.

7) Vgl. HARMS, J.E.: § 303 Schuldenkonsolidierung, a.a.O., Rn. 13.

8) Vgl. EBELING, R.M.: Die Einheitsfiktion als Grundlage der Konzernrechnungslegung, a.a.O., S. 360 ff.

9) Vgl. BIENER, H./SCHATZMANN, J.: Konzern-Rechnungslegung, a.a.O., S. 42.

In Art. 26 Abs. 3 der 7. EGR wird explizit der Grundsatz der Wesentlichkeit für die Schuldenkonsolidierung, die Zwischenergebniseliminierung und die Konsolidierung von Aufwendungen und Erträgen kodifiziert. Wie bereits oben ausgeführt, ist auf Ausnahmen aufgrund der Wesentlichkeit generell zu verzichten, da sonst Verständlichkeit und Verläßlichkeit nicht mehr gewährleistet wären. Im übrigen stellt die Datenermittlung durch Computerunterstützung kein Problem mehr dar. Da sowohl die 7. EGR als auch die US-GAAP und die IAS Ausnahmen von der Schuldenkonsolidierung aufgrund der Wesentlichkeit erlauben, können sie die beiden Kriterien nicht vollständig erfüllen.

4.4.4 Zwischenergebniseliminierung

Aus dem Realisationsprinzip geht hervor, daß Gewinne und Verluste aus der Herstellung von Vermögensgegenständen erst realisiert werden dürfen, wenn diese verkauft sind, also das Unternehmen verlassen haben. Dieses Realisationsprinzip gilt ebenfalls für den Konzern, so daß Gewinne und Verluste aus der Herstellung von Vermögensgegenständen durch Konzernunternehmen erst realisiert werden dürfen, wenn sie den Konzern verlassen haben. Folglich sind Gewinne und Verluste, die aus der Veräußerung von Vermögensgegenständen innerhalb des Konzerns entstehen, zu eliminieren. Auch wenn die zu eliminierenden Zwischenergebnisse nur zu einer zeitlichen Verlagerung führen, weil konzernintern veräußerte Vermögensgegenstände früher oder später entweder erfolgswirksam abgeschrieben oder an Konzernfremde veräußert werden, besteht hier aufgrund der jeweils zugrundeliegenden Konzernverrechnungspreise ein erheblicher Manipulationsspielraum, der durch die Zwischenergebniseliminierung zu beseitigen ist.[1)]

Art. 26 Abs. 1 Buchstabe c) der 7. EGR gibt den Mitgliedstaaten die Möglichkeit, den Unternehmen bis zu einer späteren Koordinierung zu gestatten, die Zwischenergebniselimierung nur kapitalanteilig durchzuführen. Dänemark, Deutschland, Irland, Italien und Portugal geben dieses temporäre Wahlrecht nicht an die Unternehmen weiter. In Großbritannien ist die kapitalanteilige Zwischenergebniseliminierung aufgrund von FRS 2[2)], par. 39 nicht erlaubt. In den Niederlanden ist die anteilige Zwischenergebniseliminierung nur für joint ventures zulässig.[3)]

---

1) Vgl. IDW (Hrsg.): WP-Handbuch 1996, Bd. I, a.a.O., S. 908 f., Rn. 282; WEBER, H.: § 304 Behandlung der Zwischenergebnisse, in: Küting, K./Weber, C.-P. (Hrsg.): Handbuch der Konzernrechnungslegung, a.a.O., S. 1523-1556, hier Rn. 1 ff. und 65.

2) Vgl. ACCOUNTING STANDARDS BOARD: [FRS 2] Accounting for subsidiary undertakings, 1992, in: ICAEW (Hrsg.): Accounting Standards 1998/99, Extant at 30 April 1998, a.a.O., S. 357-398

3) Vgl. FEE (Hrsg.): Seventh Directive options, a.a.O., S. 32.

Eine nur partielle Zwischenergebniseliminierung im Verhältnis der Anteile des Mutterunternehmens entspricht der Interessentheorie.[1] Eine volle Eliminierung der Zwischenergebnisse ist jedoch unter Berücksichtigung der aus downstream-Geschäften realisierten Ergebnisse sowie der anteiligen Vermögensgegenstände bei den Minderheiten konsequent und auch sinnvoll.[2] Dies läßt sich auch dadurch begründen, daß Mutterunternehmen unabhängig von der Beteiligungshöhe interne Verrechnungspreise weitgehend autonom bestimmen können. Ohne vollständige Zwischenergebniseliminierung bestände daher ein erhebliches Manipulationspotential.[3] Die Einbeziehung des auf die Minderheiten entfallenden Ergebnisses in das Konzernergebnis impliziert auch die vollständige Zwischenergebniseliminierung. Art. 26 Abs. 1 Buchstabe c) schreibt über die Regelung des § 331 Abs. 2 AktG 1965 hinaus auch die Eliminierung von Verlusten vor und schränkt die Möglichkeit des Verzichts auf die Eliminierung gleichzeitig ein.[4]

In Belgien, Dänemark, Frankreich und Griechenland sieht das Gesetz vor, daß Zwischenergebnisse von Tochterunternehmen, die aufgrund abweichender Tätigkeiten nicht konsolidiert wurden, zu eliminieren sind. In den Niederlanden ist diesbezüglich gesetzlich nichts festgelegt, in der Praxis werden Zwischenergebnisse in diesen Fällen jedoch ebenfalls eliminiert. Auch in Großbritannien existiert diesbezüglich keine gesetzliche Regelung. FRS 2 verhindert in diesen Fällen jedoch die Eliminierung.[5] Die Durchführung einer Zwischenergebniseliminierung bei aufgrund abweichender Tätigkeit nicht in den Konzernabschluß einbezogenen Tochterunternehmen widerspricht der 7. EGR und ist inkonsequent. Da im Rahmen der objektivierten Konzernrechnungslegung eine abweichende Tätigkeit nicht von der Einbeziehungspflicht entbindet, besteht für diesen Sachverhalt kein Regelungsbedarf.

Art. 26 Abs. 2 der 7. EGR gewährt Mitgliedstaaten die Möglichkeit, Unternehmen die Eliminierung von Zwischenergebnissen zu erlassen, wenn es sich um Geschäfte zu normalen Marktbedingungen handelt und die Zwischenergebniseliminierung gleichzeitig einen unverhältnismäßig hohen Aufwand erfordert. Großbritannien, Irland, die Niederlande und Spanien gewähren ihren Unternehmen diese Erleichterung nicht, während in Frankreich nur

---

1) Vgl. Klös, H. L.: Die 7. gesellschaftliche Richtlinie über den konsolidierten Abschluß (Ratsdokument 83/349/EWG), a.a.O., S. 72.

2) Vgl. Coenenberg, A.G.: Jahresabschluß und Jahresabschlußanalyse, a.a.O., S. 511.

3) Vgl. Wysocki, K.v./Wohlgemuth, M.: Konzernrechnungslegung, a.a.O., S. 203.

4) Vgl. Biener, H./Schatzmann, J.: Konzern-Rechnungslegung, a.a.O., S. 43.

5) Vgl. FEE (Hrsg.): Seventh Directive options, a.a.O., S. 32.

das Sachanlagevermögen (fixed assets) von der Zwischenergebniseliminierung ausgenommen werden kann.[1]

Unter Aufwand ist in diesem Zusammenhang nicht nur ein finanzieller, sondern auch ein zeitlicher zu verstehen.[2] Ob die Höhe eines Konzernverrechnungspreises marktüblich ist, läßt sich nur schwer beurteilen,[3] und auch der unbestimmte Rechtsbegriff des unverhältnismäßig hohen Aufwands ist nicht objektivierbar. JÖRIS merkt zu diesem Wahlrecht daher mit Recht kritisch an, daß aufgrund der weitgehenden Ausnahmeregelungen die Gefahr bestehe, daß damit ein Verzicht auf die Eliminierung von Zwischenergebnissen zum Regelfall werde.[4] Im übrigen entstehen Zwischenergebnisse gerade unter marktüblichen Bedingungen und seien insofern in jedem Fall zu eliminieren, wenn ein Konzernabschluß der Generalnorm entsprechen solle.[5] Schließlich wird zu marktüblichen Konditionen auch ein marktüblicher Gewinn als realisiert ausgewiesen, obwohl die Absatzrisiken noch auf dem Konzernverbund lasten.[6] Unabhängig vom Umfang innerkonzernlicher Transaktionen ist der finanzielle und zeitliche Aufwand für die Zwischenergebniseliminierung aufgrund des EDV-Einsatzes jedoch selbst bei geringerem Umfang der Zwischenergebnisse nicht unverhältnismäßig hoch.[7] Folglich ist dieses Mitgliedstaatenwahlrecht wenig sinnvoll. Darüber hinaus ist in Art. 26 Abs. 3 der 7. EGR die Wesentlichkeit sogar explizit unter anderem für die Zwischenergebniseliminierung aufgeführt.[8] Im Hinblick auf den Grundsatz der Wesentlichkeit gilt jedoch das in bezug auf die Schuldenkonsolidierung Gesagte analog.

---

1) Vgl. FEE (Hrsg.): Seventh Directive options, a.a.O., S. 32.

2) Vgl. BIENER, H./SCHATZMANN, J.: Konzern-Rechnungslegung, a.a.O., S. 43.

3) Vgl. WEBER, H.: § 304 Behandlung der Zwischenergebnisse, a.a.O., Rn. 21 f.

4) Vgl. JÖRIS, H.: Probleme bei der Aufstellung und Prüfung des Konzernabschlusses, in: IdW (Hrsg.): Bericht über die Fachtagung 1985 des Instituts der Wirtschaftsprüfer in Deutschland e.V., Düsseldorf 1985, S. 231-244, hier S. 235; zustimmend vgl. MAAS, U./SCHRUFF, W.: Der Konzernabschluß nach neuem Recht, in: WPg, 39. Jg. (1986), Teil I: S. 201-210 und Teil II: S. 237-246, hier S. 242; ähnlich vgl. IDW (Hrsg.): WP-Handbuch 1996, Bd. I, a.a.O., S. 914, Rn. 304.

5) Vgl. MAAS, U./SCHRUFF, W.: Der Konzernabschluß nach neuem Recht, a.a.O., S. 242.

6) Vgl. BUSSE VON COLBE, W./ORDELHEIDE, D.: Konzernabschlüsse, a.a.O., S. 16; BAETGE, J.: Konzernbilanzen, a.a.O., S. 373 f.

7) Vgl. IDW (Hrsg.): WP-Handbuch 1996, Bd. I, a.a.O., S. 914., Rn. 307.

8) BAETGE hält einen Verzicht auf die Zwischenergebniseliminierung nur für zulässig, sofern die Zwischenergebnisse weniger als 5 % des Konzernergebnisses betragen und wenn gleichzeitig ein Verzicht auf die Schuldenkonsolidierung als auch auf die Aufwands- und Ertragskonsolidierung zusammen mit der Zwischenergebniseliminierung diese Grenze nicht überschreitet. Vgl. BAETGE, J.: Konzernbilanzen, a.a.O., S. 374. Die Fragwürdigkeit dieser Kennzahl wird allerdings in bezug auf negative oder zumindest sehr geringe Konzernergebnisse schnell deutlich, so daß aus Praktikabilitätsgründen und zur Objektivierung weitere Überlegungen nötig wären.

Bei der Zwischenergebniseliminierung sind gemäß § 304 HGB nicht nur die Zwischenergebnisse zu eliminieren, sondern auch bestimmte Kostenbestandteile, wie beispielsweise Stücklizenzen, die von konsolidierten Unternehmen erworben wurden.[1] Entsprechend sind einige im Einzelabschluß nicht aktivierungsfähige Kosten, wie beispielsweise konzerninterne Transportkosten, gegebenenfalls zu aktivieren.[2] JÖRIS konstatiert daher, daß § 304 Abs. 1 HGB über die Vorschrift des Art. 26 Abs. 1 Buchstabe c) der 7. EGR hinausgeht und daher nicht bloß von einer Behandlung der Zwischenergebnisse, sondern von einer Abwertung auf die niedrigeren bzw. Aufwertung auf die höheren Konzernherstellungs- oder -anschaffungskosten handelt. Folglich entspricht der Titel des § 304 HBG nicht dessen Inhalt.[3] Unter Berücksichtigung des Art. 26 Abs. 1 Satz 1 der 7. EGR, der auf die Darstellung der Vermögens-, Finanz- und Ertragslage wie in einem Einzelunternehmen zielt, bestehen jedoch keine Unterschiede.

In der deutschen Literatur wird fast ausnahmslos zwischen eliminierungspflichtigen und eliminierungsfähigen Zwischenergebnissen unterschieden.[4] Dabei ergeben sich die eliminierungsfähigen Zwischenergebnisse aus der Differenz zwischen Konzernhöchst- und Konzernmindestwert, wie Abbildung 13 für die Zwischengewinne verdeutlicht.[5]

Da jedoch art- und funktionsgleiche Vermögensgegenstände aufgrund des Gebots der einheitlichen Bewertung im Konzernabschluß nicht nach unterschiedlichen Methoden bewertet werden dürfen und ein einmal ausgeübtes Bewertungswahlrecht dem Stetigkeitsgebot unterliegt, kann es eliminierungsfähige Zwischenergebnisse eigentlich gar nicht geben oder zumindest nur zum Zeitpunkt der erstmaligen Aufstellung eines Konzernabschlusses. Folglich sind sämtliche Differenzen zwischen den jeweiligen Wertansätzen eines Vermögensgegenstands in der HB I bzw. HB II und der Konzernbilanz eliminierungspflichtig.[6]

---

1) Vgl. DUSEMOND, M.: Gegenstand der Zwischenergebniseliminierung gem. § 304 Abs. 1 HGB, in: DStR, 34. Jg. (1996), S. 680-684, hier S. 682 f.

2) Vgl. KÜTING, K./WEBER, C.-P.: Der Konzernabschluß, a.a.O., S. 295; WYSOCKI, K.v./WOHLGEMUTH, M.: Konzernrechnungslegung, a.a.O., S. 194.

3) Vgl. JÖRIS, H.: Probleme bei der Aufstellung und Prüfung des Konzernabschlusses, a.a.O., S. 232.

4) Vgl. BAETGE, J.: Konzernbilanzen, a.a.O., S. 349 ff.; COENENBERG, A.G.: Jahresabschluß und Jahresabschlußanalyse, a.a.O., S. 507 ff; GRÄFER, H./SCHELD, G.: Grundzüge der Konzernrechnungslegung, a.a.O., S. 164 ff.; KÜTING, K./WEBER, C.-P.: Der Konzernabschluß, a.a.O., S. 296 ff.; RUHNKE, K.: Zur Problematik der Bestimmung der Konzernherstellungskosten, in: WPg, 44. Jg. (1991), S. 377-385.

5) Vgl. BARTELS, P.: Zwischenergebniseliminierung und konzerneinheitliche Bewertung, in: WPg, 44. Jg. (1991), S. 739-746, hier S. 741.

6) Vgl. BARTELS, P.: Zwischenergebniseliminierung und konzerneinheitliche Bewertung, a.a.O., S. 742 ff.; WYSOCKI, K.v./WOHLGEMUTH, M.: Konzernrechnungslegung, a.a.O., S. 197.

Abb. 13: Definition des Zwischengewinns

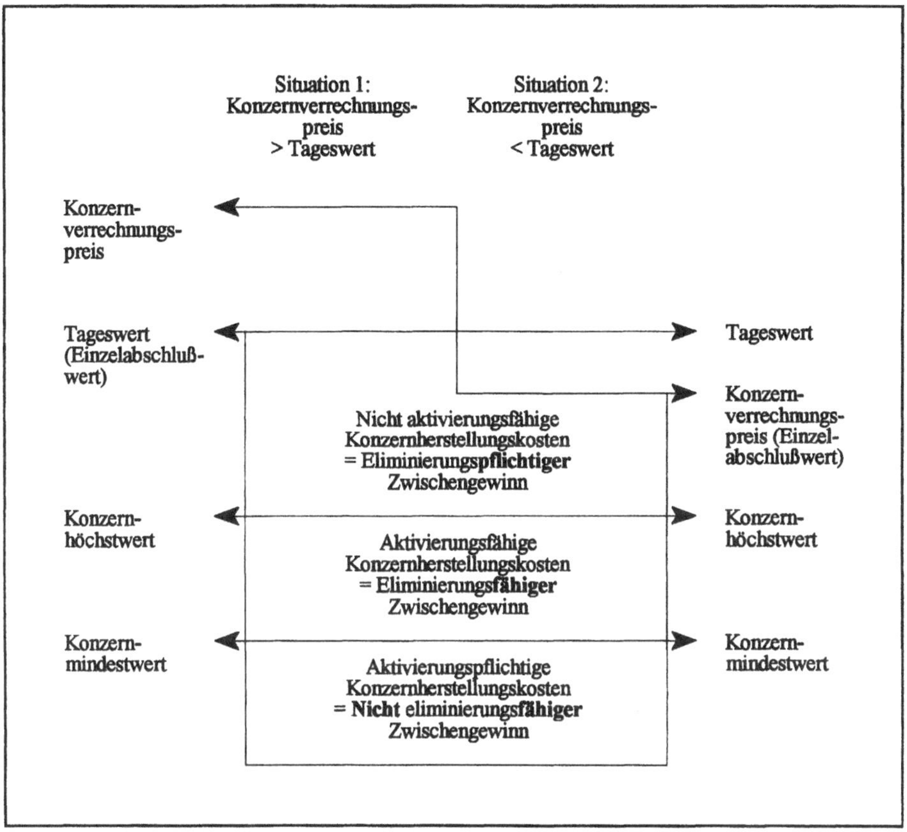

Quelle: In Anlehnung an HEINEN, E.: Handelsbilanzen, a.a.O., S. 429.

Bei Vorhandensein von Minderheiten sind die auf sie entfallenden Zwischenergebnisse grundsätzlich mit dem Ausgleichsposten für Anteile in Fremdbesitz zu verrechnen. Aus Wirtschaftlichkeitsgründen wird zwar vorgeschlagen, eine Verrechnung ausschließlich gegen das Eigenkapital des Mutterunternehmens vorzunehmen.[1)] Da es der Begründung dieser Vorgehensweise durch Computereinsatz an Stichhaltigkeit mangelt, ist dies abzulehnen.

1) Vgl. BRUNS, H.-G.: Eigenkapitalausweis, in: Castan, E. u.a. (Hrsg.): Beck'sches Handbuch der Rechnungslegung, Bd. II, München 1986, C 450, Rz. 45; WYSOCKI, K.v./WOHLGEMUTH, M.: Konzernrechnungslegung, a.a.O., S. 204.

Da sowohl die US-GAAP als auch die IAS Ausnahmen von der Zwischenergebniseliminierung aufgrund des Wesentlichkeitsgrundsatzes erlauben, können sie die Kriterien nicht vollständig erfüllen. Die 7. EGR kann die Kriterien dagegen gar nicht erfüllen, da sie den Mitgliedstaaten temporär gestattet, die Zwischenergebniseliminierung auch anteilig zu erlauben und darüber hinaus eine Ausnahme auch bei Geschäften zu normalen Marktbedingungen erlaubt.

4.4.5 Aufwands- und Ertragskonsolidierung

Für die 7. EGR ist die Aufwands- und Ertragskonsolidierung durch Art. 26 Abs. 1 Buchstabe b) vorgeschrieben. Die deutsche Transformation in § 305 Abs. 1 HGB ist zwar detaillierter, kann aber ebenfalls nicht alle Einzelheiten regeln. Folglich sind die Konsolidierungsgrundsätze, und hier insbesondere der in Art. 26 Abs. 1 Satz 1 der 7. EGR nochmals explizit erwähnte Einheitsgrundsatz, ergänzend heranzuziehen. Die im Rahmen der Aufwands- und Ertragskonsolidierung durchzuführenden konsolidierungstechnischen Verrechnungen und Umbuchungen hängen dabei einerseits von den ihnen zugrundeliegenden konzerninternen Geschäftsvorfällen sowie andererseits von der gewählten Gliederungsform der Konzern-GuV ab.[1)]

In Art. 26 Abs. 3 der 7. EGR ist der Wesentlichkeitsgrundsatz für die Aufwands- und Ertragskonsolidierung explizit aufgeführt. Dieser gilt jedoch auch in den US-GAAP und den IAS. In bezug auf den Grundsatz der Wesentlichkeit gilt das in bezug auf die Schuldenkonsolidierung Gesagte jedoch analog. Die bestehenden Regelungen weisen inhaltlich keine Unterschiede auf. Da sie Ausnahmen von der Aufwands- und Ertragskonsolidierung aufgrund des Wesentlichkeitgrundsatzes erlauben, können sie die Kriterien nicht voll erfüllen.

---

1) Vgl. BAETGE, J.: Konzernbilanzen, a.a.O., S. 379 ff.; sowie ausführlich die Konsolidierungsbeispiele nach dem Gesamtkostenverfahren und dem Umsatzkostenverfahren EBENDA: S. 332 ff.; KÜTING, K./ WEBER, C.-P.: Der Konzernabschluß, a.a.O., S. 317 ff.; TELKAMP, H.-J.: § 305 Aufwands- und Ertragskonsolidierung, a.a.O., Rn. 14 ff.

4.5 Einbeziehung nicht vollkonsolidierter Unternehmen

Tab. 10: Zusammenhang zwischen Intensität der Beziehung zwischen den durch eine Beteiligung verbundenen Unternehmen und der Behandlung im Konzernabschluß nach der 7. EGR

Intensität der Beziehung	**Stellung der beteiligten Unternehmen**	**Einbeziehungsweise**	**Kapitalkonsolidierungsmethode**
Beherrschender Einfluß	Mutter-Tochter-Verhältnis	Vollkonsolidierung	Erwerbsmethode bzw. Interessenzusammenführungsmethode
Gemeinschaftliche Leitung mit anderen Unternehmen	Gemeinschaftsunternehmen	Teilkonsolidierung	Quotenkonsolidierung[1)]
Maßgeblicher Einfluß	assoziierte Unternehmen	konsolidierungsähnliche Bewertung	Equity-Methode
Herstellung einer dauernden (wirtschaftlichen) Verbindung	Beteiligung	keine Konsolidierung, Ausweis der Beteiligung wie in HB II	keine (Anschaffungskostenmethode)

Quelle: In Anlehnung an COENENBERG, A.G.: Jahresabschluß und Jahresabschlußanalyse, a.a.O., S. 470.

Der Konzernabschluß gemäß § 18 AktG sah lediglich die Konsolidierung des Mutterunternehmens und der unter einheitlicher Leitung stehenden Tochterunternehmen vor. Diese scharfe Trennung von Konzern und Markt erwies sich jedoch nicht als realitätskonform.[2)] In den IAS und in der 7. EGR hat sich daher das Stufenkonzept durchgesetzt, das seit Umsetzung der 7. EGR auch in Deutschland gilt. Die Equity-Methode und die Quotenkonsolidierung sind Ausfluß dieses Stufenkonzepts, das die Konsolidierung bzw. Bewertung der in den Konzernabschluß einzubeziehenden Unternehmen vom Grad der Einflußnahme abhängig macht und in vier Stufen unterteilt.[3)] In diesem Sinne bildet der Konzernabschluß den wirtschaftlichen Einflußbereich des Konzerns ab.[4)] Tabelle 10 stellt den mit

1) Gemäß Art. 32 Abs. 1 der 7. EGR können die Mitgliedstaaten die Quotenkonsolidierung für Gemeinschaftsunternehmen vorschreiben oder gestatten. In letzterem Fall ist gemäß Art. 33 Abs. 3 der 7. EGR alternativ die Equity-Methode anzuwenden.

2) Vgl. HERRNBERGER, K.: Quotenkonsolidierung von Gemeinschaftsunternehmen, in: Castan, E. u.a. (Hrsg.): Beck'sches Handbuch der Rechnungslegung, a.a.O., C 500, Rz. 2.

3) Vgl. Abschnitt 4.2.2.

4) Vgl. EISELE, W./RENTSCHLER, R.: Gemeinschaftsunternehmen im Konzernabschluß, a.a.O., S. 311.

steigender Intensität der Einflußnahme zunehmenden Konsolidierungsgrad im Rahmen des Stufenkonzepts dar.

4.5.1 Einbeziehung von assoziierten Unternehmen

In den folgenden Abschnitten wird zunächst die Beteiligungskategorie des assoziierten Unternehmens definiert und dann geklärt, auf welche Art assoziierte Unternehmen in den Konzernabschluß einzubeziehen sind.

4.5.1.1 Assoziierte Unternehmen als Beteiligungskategorie

Zwischen einem maßgeblichen Einfluß[1)] auf ein Unternehmen und der Anwendung der Equity-Methode besteht kein kausaler Zusammenhang. Trotzdem wird in den bestehenden Konzernrechnungslegungssystemen der maßgebliche Einfluß eines Mutterunternehmens auf ein assoziiertes Unternehmen stets als Grundvoraussetzung für die Anwendung der Equity-Methode betrachtet. Hierbei geht Art. 33 Abs. 1 der 7. EGR analog der Regelung bezüglich des beherrschenden Einflusses in Art. 1 Abs. 2 Buchstabe a) von tatsächlicher Ausübung eines maßgeblichen Einflusses aus. Wie schon die einheitliche Leitung bezüglich der verbundenen Unternehmen ist auch der maßgebliche Einfluß bezüglich der assoziierten Unternehmen einer abstrakten Definition kaum zugänglich. Es können nur beispielhaft einige Sachverhalte aufgeführt werden, die das Bestehen eines maßgeblichen Einflusses vermuten lassen.[2)] Diese sind aber vom Rechnungslegungsadressaten nur schwer nachprüfbar. Daher sieht Art. 33 Abs. 1 als objektivierende Vermutung vor, daß bei einem Stimmrechtsanteil von mindestens 20 % die Ausübung eines maßgeblichen Einflusses widerlegbar vermutet wird.[3)] In IAS 28.4 und APB Opinion No. 18, par. 17 wird in Übereinstimmung mit dem Control-Konzept und im Gegensatz zur 7. EGR lediglich die Möglichkeit der Ausübung eines maßgeblichen Einflusses als Anwendungsvoraussetzung verlangt. Der Vermutungsprozentsatz liegt bei ebenfalls 20 % der Stimmrechte, da dieser auf die US-amerikanische Regelung in APB Opinion No. 18 zurückgeht.

In APB Opinion No. 18, par. 17 sowie IAS 28.4 befinden sich also materiell identische Regelungen. Die in Art. 33 Abs. 1 der 7. EGR analog Art. 1 Abs. 2 bestehende zusätzliche

---

1) Eine ausführliche Abhandlung über den maßgeblichen Einfluß unternimmt HINRICHS, S.: Der konzernbilanzielle Begriff des assoziierten Unternehmens, Frankfurt am Main 1989.

2) Vgl. APB Opinion No. 18, par. 17 und IAS 28.5.

3) Vgl. BAETGE, J.: Konzernbilanzen, a.a.O., S. 444; HAVERMANN, H.: Die Equity-Bewertung von Beteiligungen, a.a.O., S. 315 f.; IDW (Hrsg.): WP-Handbuch 1996, Bd. I, a.a.O., S. 948 f., Rn. 434 ff.; MAAS, U./ SCHRUFF, W.: Der Konzernabschluß nach neuem Recht, a.a.O., S. 244.

Voraussetzung einer zu überschreitenden Kapitalbeteiligung, die von den Mitgliedstaaten gemäß Art. 17 der 4. EGR auf maximal 20 % festgesetzt werden darf, ist eine überflüssige Anforderung, die nicht konsistent mit dem Control-Konzept[1)] ist und konsequenterweise weder durch APB Opinion No. 18 noch durch IAS 28 gefordert wird. Paradox ist in diesem Zusammenhang, daß eine Beteiligung erst ab mehr als 20 % des Nennkapitals vermutet wird, während ein maßgeblicher Einfluß bereits ab genau 20 % der Stimmrechte vermutet wird. Dies offenbart die Unstimmigkeit der Vermutungen, die zumindest zu einer Impraktikabilität der Anwendungsvoraussetzungen der Equity-Methode führt.[2)]

Auch wenn die Einflußmöglichkeiten bei gleichem Stimmrechtsanteil bei Aktiengesellschaften und GmbHs unterschiedlich sind,[3)] so ist doch aus Vereinfachungs- und Objektivierungsgründen ein einheitlicher Mindestprozentsatz der Stimmrechte als Anwendungsvoraussetzung für die Equity-Methode wünschenswert. Durch APB Opinion No. 18, par. 17, IAS 28.4 und Art. 33 Abs. 1 der 7. EGR ist der Mindestprozentsatz, bei dem ein maßgeblicher Einfluß oder zumindest die Möglichkeit eines solchen vermutet wird, übereinstimmend auf 20 % festgelegt.

Dieser relativ niedrige Prozentsatz, der keine Anknüpfungspunkte im Aktiengesetz oder im GmbH-Gesetz findet[4)] und ebenfalls noch keine Sperrminorität[5)] gewährt, wurde im angelsächsischen Bereich willkürlich festgelegt[6)] und ist auf das Fehlen des Depotstimmrechts der Banken[7)] in anderen EU-Staaten zurückzuführen, so daß Präsenzmehrheiten dort im allgemeinen niedriger sind als auf den Hauptversammlungen deutscher Aktiengesellschaften.[8)] Der Stimmrechtsanteil, der eine Sperrminorität erlaubt, ist allerdings selbst innerhalb der EU noch unterschiedlich, soll aber vereinheitlicht werden.[9)]

Daher ist die Beteiligungskategorie der assoziierten Unternehmen nicht an einen nur schwierig zu definierenden maßgeblichen Einfluß anzuknüpfen, sondern an das Vorliegen einer objektiven, auf den jeweiligen gesellschaftsrechtlichen Tatbeständen beruhenden Sperrminorität. Diese ist im deutschen Aktiengesetz auf mehr als 25 % festgelegt. Sie

---

1) Zum Control-Konzept vgl. Abschnitt 4.1.1.

2) Vgl. Hinrichs, S.: Der konzernbilanzielle Begriff des assoziierten Unternehmens, a.a.O., S. 68 f.

3) Vgl. Küting, K./Köthner, R./Zündorf, H.: § 311 Definition. Befreiung, in: Küting, K./Weber, C.-P. (Hrsg.): Handbuch der Konzernrechnungslegung, a.a.O., S. 1711-1749, hier Rn. 26 ff.

4) Vgl. Hinrichs, S.: Der konzernbilanzielle Begriff des assoziierten Unternehmens, a.a.O., S. 58.

5) Zur Sperrminorität vgl. auch Abschnitt 4.4.2.1.3.

6) Vgl. Kirsch, H.-J.: Die Equity-Methode im Konzernabschluß, Düsseldorf 1990, S. 148.

7) Das deutsche Depotstimmrecht der Banken wird durch § 135 Abs. 5 i.V.m. § 128 Abs. 2 AktG geregelt.

8) Vgl. Küting, K./Köthner, R./Zündorf, H.: § 311 Definition. Befreiung, a.a.O., Rn. 72.

9) Vgl. Kirsch, H.-J.: Die Equity-Methode im Konzernabschluß, a.a.O., S. 149.

gewährt zwar nicht notwendigerweise das, was unter einem maßgeblichen Einfluß verstanden wird.[1] Es werden jedoch rechtsformunabhängig ausreichend prozeßhemmende, die eigene Position sichernde Rechte gewährt, so daß dies als Grundlage einer objektivierten Bestimmung der Beteiligungskategorie assoziierter Unternehmen geeignet ist.

In bezug auf den nach geltendem Recht geforderten maßgeblichen Einfluß auf assoziierte Unternehmen würde einerseits die Wahrscheinlichkeit der Möglichkeit eines maßgeblichen Einflusses erhöht und dieser andererseits gleichzeitig schwieriger widerlegbar.[2] Selbst das Vorhandensein eines beherrschenden Einflusses durch einen anderen Anteilseigner darf in Anlehnung an APB Opinion No. 18, par. 17 und IAS 28.4, insbesondere bei Halten einer Sperrminorität, nicht zu einer Widerlegung des maßgeblichen Einflusses führen, auch wenn laut KÜTING/WEBER der beherrschende Einfluß eines Anteilseigners den maßgeblichen Einfluß eines anderen ausschließt.[3] Das tatsächliche Bestehen eines maßgeblichen Einflusses kann aber in einer objektivierten Konzernrechnungslegung nicht mehr als Anknüpfungspunkt für die Definition assoziierter Unternehmen herangezogen werden. Somit blieben zur Widerlegung des Vorhandenseins eines assoziierten Unternehmens nur objektiv bestehende Restriktionen wie beispielsweise staatliche Konvertierungs- und Transferbeschränkungen im Ausland. Als Kritik an einem starren Prozentsatz lassen sich zwar die Gestaltungsmöglichkeiten zur Umgehung anführen,[4] diese bestehen aber ohnehin, so daß bei Nichtvorhandensein einer solchen Regelung darüber hinaus bereits allein Argumentationsmöglichkeiten zur Anwendung bzw. Nichtanwendung der Equity-Methode ausreichen.

Der Beteiligungskategorie des assoziierten Unternehmens, auf das ein maßgeblicher Einfluß ausübbar ist, fehlt es in der 7. EGR angesichts der zusätzlichen, aber abweichenden Voraussetzung des Bestehens einer Kapitalbeteiligung an Verständlichkeit, zumal 20 % der Stimmrechte nicht einmal eine Sperrminorität gewähren. Die Verläßlichkeit ist aufgrund der Festlegung der 20%-Grenze als widerlegbare Vermutung statt als verbindliche Voraussetzung ebenfalls nur teilweise gewährleistet. Die US-GAAP sind mangels zusätzlicher Voraussetzung einer Kapitalbeteiligung zumindest teilweise verständlich und aufgrund der

1) Vgl. HINRICHS, S.: Der konzernbilanzielle Begriff des assoziierten Unternehmens, a.a.O., S. 320.

2) Zu Beispielen, die zur Widerlegung des maßgeblichen Einflusses führen können, vgl. FASB: FASB Interpretation No. 35: Criteria for Applying the Equity Method of Accounting for Investments in Common Stock, 1981, in: FASB (Hrsg.): Original Pronouncements, Accounting Standards as of June 1, 1998, a.a.O., Bd. II, S. 664-667, hier pars. 4 und 8; KÜTING, K./KÖTHNER, R./ZÜNDORF, H.: § 311 Definition. Befreiung, a.a.O., Rn. 77 ff.

3) Vgl. KÜTING, K./WEBER, C.-P.: Der Konzernabschluß, a.a.O., S. 363 f.

4) Vgl. KÜTING, K./KÖTHNER, R./ZÜNDORF, H.: § 311 Definition. Befreiung, a.a.O., Rn. 69.

Anwendung bereits im Einzelabschluß relativ gut verläßlich und vergleichbar. Die Vorschrift in den IAS, die Equity-Methode selbst bei Vorhandensein eines beherrschenden Einflusses eines anderen Investors anzuwenden, erfüllt zwar das Kriterium der Verläßlichkeit und Vergleichbarkeit, bleibt aber ohne Notwendigkeit einer Sperrminorität nur teilweise verständlich.

4.5.1.2 Kapitalkonsolidierung nach der Equity-Methode

Die Equity-Methode ist keine typische Methode der Konzernrechnungslegung. Vielmehr darf sie gemäß IAS 28.14b auch im Einzelabschluß auf assoziierte Unternehmen angewandt werden. In den USA ist sie gemäß APB Opinion No. 18, par. 17 sogar zwingend auch im Einzelabschluß anzuwenden, während Art. 59 der 4. EGR i.V.m. Art. 45 der 7. EGR nur ein Mitgliedstaatenwahlrecht vorsieht.

Mit der Equity-Methode werden zwei Ziele verfolgt. Erstens soll die Beteiligung tendenziell mit dem Wert ausgewiesen werden, der dem anteiligen bilanziellen Eigenkapital des assoziierten Unternehmens entspricht.[1] Durch Berücksichtigung von Gewinnthesaurierungen beim Anteilsausweis von assoziierten Unternehmen soll deren wirtschaftliche Expansion und Gewinnakkumulation im Konzernabschluß ausgewiesen werden. Dies verstößt zwar gegen das Anschaffungkostenprinzip, vermindert aber die Bildung stiller Zwangsreserven. Zweitens sollen die Ergebnisse der assoziierten Unternehmen möglichst zeitnah Eingang in den Konzernabschluß finden, also bereits im Jahr ihrer Entstehung und nicht erst periodenverschoben im Jahr der Ausschüttung der Erträge.[2] Damit verstößt die Equity-Methode gegen das Realisationsprinzip, sofern nicht bereits ein Gewinnverwendungsbeschluß vorliegt.

Die Equity-Methode in Art. 33 der 7. EGR entspricht weitgehend der Kapitalkonsolidierung aus Art. 19. Allerdings wird die Beteiligung nicht durch die Aktiva und Passiva aus dem Abschluß des Beteiligungsunternehmens ersetzt.[3] Trotzdem wird, wie bei der Vollkonsolidierung nach der Erwerbsmethode in Art. 19, ein Unterschiedsbetrag als Differenz zwischen den Anschaffungskosten und dem anteiligen Eigenkapital ermittelt.[4]

---

1) Vgl. HAVERMANN, H.: Die Equity-Bewertung von Beteiligungen, a.a.O., S. 316.

2) Vgl. JONAS, H.H.: Die Equity-Methode, in: BFuP, 33. Jg. (1981), S. 550-568, hier S. 551; KÜTING, K./HAYN, B./ZÜNDORF, H.: § 312 Wertansatz der Beteiligung und Behandlung des Unterschiedsbetrags, a.a.O., Rn. 2.

3) Vgl. BIENER, H./SCHATZMANN, J.: Konzern-Rechnungslegung, a.a.O., S. 53.

4) Vgl. KÜTING, K./WEBER, C.-P.: Der Konzernabschluß, a.a.O., S. 365.

Da weder Aktiva und Passiva noch Aufwendungen und Erträge in den Konzernabschluß übernommen werden, sondern der Ausweis der Beteiligung im Finanzanlagevermögen unter der Position Beteiligungen oder Anteile an assoziierten Unternehmen erfolgt,[1] stellt die Equity-Methode insofern eine Quotenkonsolidierung dar[2] und wird daher auch als Teilkonsolidierung[3], kapitalkonsolidierungsähnliches Verfahren, partielle Konsolidierung, Minikonsolidierung, kleine Konsolidierung oder Einzeilenkonsolidierung (one-line consolidation) bezeichnet.[4] Es gibt zwei Varianten der Equity-Methode, nämlich die Buchwertmethode und die Kapitalanteilsmethode, die allerdings zu den gleichen Bilanzsummen und Ergebnissen führen, da im Gegensatz zur Erwerbsmethode bei der Vollkonsolidierung die auf andere Gesellschafter entfallenden stillen Reserven und Lasten nicht berücksichtigt werden. Der Unterschied beschränkt sich auf den Ausweis und ist darüber hinaus nur vorübergehend.[5]

Art. 33 Abs. 2 Buchstabe c) der 7. EGR gibt den Mitgliedstaaten die Möglichkeit, eine der beiden Methoden verbindlich vorzuschreiben. In Griechenland, Großbritannien und Irland ist daher die Buchwertmethode vorgeschrieben, während in Belgien, Frankreich, den Niederlanden und Spanien die Kapitalanteilsmethode vorgeschrieben ist. In Dänemark, Deutschland, Italien, Luxemburg und Portugal können beide Methoden angewandt werden.[6] In den USA existiert dagegen gemäß APB Opinion No. 18, pars. 11-19c lediglich die Buchwertmethode.[7] Das gleiche gilt gemäß IAS 28.6.[8]

---

1) Vgl. KÜTING, K./KÖTHNER, R./ZÜNDORF, H.: § 311 Definition. Befreiung, a.a.O., Rn. 130.

2) Vgl. IDW (Hrsg.): WP-Handbuch 1996, Bd. I, a.a.O., S. 946 f., Rn. 429.

3) Vgl. GRÄFER, H./SCHELD, G.: Grundzüge der Konzernrechnungslegung, a.a.O., S. 194.

4) Vgl. KÜTING, K./HAYN, B./ZÜNDORF, H.: § 312 Wertansatz der Beteiligung und Behandlung des Unterschiedsbetrags, a.a.O., Rn. 6.

5) Vgl. GRÄFER, H./SCHELD, G.: Grundzüge der Konzernrechnungslegung, a.a.O., S. 198 f.; IDW (Hrsg.): WP-Handbuch 1996, Bd. I, a.a.O., S. 947, Rn. 430.

6) Vgl. FEE (Hrsg.): Seventh Directive options, a.a.O., S. 34.

7) Vgl. DEMMING, C.: US-amerikanische Rechnungslegung, in: Gräfer, H./Demming, C. (Hrsg.): Internationale Rechnungslegung, Stuttgart 1994, S. 229-306, hier S. 288; JARNAGIN, B.D.: Financial Accounting Standards, a.a.O., S. 159 ff.; PAHLER, A.J./MORI, J.E.: Advanced Accounting, a.a.O., S. 34 f. Fälschlicherweise von der Kapitalanteilsmethode sprechend vgl. GOEBEL, A.: Die Konzernrechnungslegung nach HGB, IAS und US-GAAP, a.a.O., S. 2492 und KÜTING, K./WEBER, C.-P. (Hrsg.): Internationale Bilanzierung, a.a.O., S. 306.

8) Vgl. IDW (Hrsg.): Rechnungslegung nach International Accounting Standards, a.a.O., S. 327; WOLLMERT, P.: IASC-Rechnungslegung, a.a.O., S. 78.

4.5.1.2.1 Buchwertmethode

Der Ansatz der Beteiligung erfolgt mit dem aus dem Einzelabschluß entnommenen Buchwert, der regelmäßig den Anschaffungskosten entspricht. Bei der erstmaligen Anwendung der Buchwertmethode wird als Differenz zwischen den Anschaffungskosten und dem anteiligen gegebenenfalls neubewerteten Eigenkapital des assoziierten Unternehmens ein Unterschiedsbetrag ermittelt.[1)]

In der 7. EGR wurde zwar davon abgesehen, einheitliche Bewertungsgrundsätze für assoziierte Unternehmen vorzuschreiben. Art. 33 Abs. 3 der 7. EGR gewährt den Mitgliedstaaten diesbezüglich aber das Wahlrecht, dies zu tun. Dänemark, Frankreich, Großbritannien, Italien, die Niederlande, Portugal und Spanien nehmen dieses Wahlrecht in Anspruch und schreiben die Neubewertung vor. In Irland und Luxemburg ist dies zulässig.[2)]

BIENER/SCHATZMANN kritisieren diese Regelung. Sie machen es sich allerdings etwas einfach, wenn sie in Anlehnung an Protokollerklärung Nr. 20 zu Art. 33 Abs. 1 und 2 des Rats und der Kommission der EG konstatieren, es liege kein maßgeblicher Einfluß vor, "wenn die erforderlichen Informationen nicht zur Verfügung stehen."[3)] Schließlich schreibt das Gesellschaftsrecht in keinem Mitgliedstaat diesbezüglich eine Auskunftspflicht vor,[4)] und ein maßgeblicher Einfluß könnte auch mißbräuchlich dazu benutzt werden, dem assoziierten Unternehmen vorzuschreiben, die Informationen zu verweigern.[5)] Das IDW bezeichnet die Einschränkung daher als "notwendig, da trotz des maßgeblichen Einflusses - selbst bei Bestehen einer Sperrminorität - nicht absolut sichergestellt ist, daß das Beteiligungsunternehmen von dem assoziierten Unternehmen die für eine Bewertungsanpassung erforderlichen Informationen bekommt."[6)] Gemäß Art. 33 Abs. 3 der 7. EGR soll die Anwendung der Equity-Methode daher nicht an der Unmöglichkeit der einheitlichen Bewertung scheitern. Statt dessen besteht in diesem Fall lediglich die Verpflichtung, auf den Verzicht der Bewertungsanpassung im Konzernanhang hinzuweisen.[7)] Eine analoge Regelung findet sich in IAS 28.20.

---

1) Vgl. KÜTING, K./WEBER, C.-P.: Der Konzernabschluß, a.a.O., S. 366.

2) Vgl. FEE (Hrsg.): Seventh Directive options, a.a.O., S. 35.

3) BIENER, H./SCHATZMANN, J.: Konzern-Rechnungslegung, a.a.O., S. 54. Anderer Ansicht vgl. IDW (Hrsg.): WP-Handbuch 1996, Bd. I, a.a.O., S. 958, Rn. 469.

4) Vgl. BIENER, H./SCHATZMANN, J.: Konzern-Rechnungslegung, a.a.O., S. 54.

5) Vgl. BÜHNER, R./HILLE, K.: Anwendungsprobleme der Equity-Methode für die Konzernrechnungslegung in der Europäischen Gemeinschaft, in: WPg, 33. Jg. (1980), S. 261-266, hier S. 263.

6) IDW (Hrsg.): WP-Handbuch 1996, Bd. I, a.a.O., S. 952, Rn. 449.

7) Vgl. HAVERMANN, H.: Die Equity-Bewertung von Beteiligungen, a.a.O., S. 318.

Bezüglich des Zeitpunkts für die Ermittlung des Wertansatzes gibt Art. 33 Abs. 2 Buchstabe d) der 7. EGR den Mitgliedstaaten die Möglichkeit, neben dem Zeitpunkt der erstmaligen Anwendung der Methode, den Erwerbszeitpunkt oder, beim Erwerb zu verschiedenen Zeitpunkten, den Zeitpunkt, zu dem das Unternehmen ein assoziiertes Unternehmen geworden ist, zu gestatten oder vorzuschreiben. Dänemark, Frankreich und Portugal schreiben die Berechnung zum Erwerbszeitpunkt vor. Das gleiche gilt für Großbritannien und Irland gemäß FRS 9[1]. In Belgien, Deutschland, Luxemburg und Großbritannien ist dies erlaubt, während die Gesetze in allen anderen Mitgliedstaaten hierzu schweigen.[2] Einem korrekten Bilanzausweis entspricht nur der Erwerbszeitpunkt. Der Zeitpunkt der erstmaligen Anwendung wurde vom Rat aus Vereinfachungsgründen zugelassen, da er den Vorteil bietet, daß sich die Werte aus den Einzelabschlüssen ergeben. Dies kann jedoch zu erheblichen Abweichungen führen, wenn der Erwerbszeitpunkt weit zurückliegt,[3] was im Extremfall zwölf Monate sein kann. Das gleiche gilt bei abweichenden Stichtagen. Aufgrund des nur maßgeblichen Einflusses besteht allerdings regelmäßig kein Einfluß auf eine Änderung des Geschäftsjahrs,[4] so daß dies hingenommen werden muß. Analoge Regelungen finden sich auch in APB Opinion No. 18, par. 19g und IAS 28.18, wobei gemäß IAS 28.19 allerdings zwischen den Stichtagen liegende wesentliche Ereignisse und Geschäfte durch Korrekturen zu berücksichtigen sind.[5] Da dies zu Ermessensspielräumen führt, die mißbräuchlich genutzt werden könnten, ist auf Korrekturen in einer objektivierten Konzernrechnungslegung zu verzichten, zumal auch hier - wie schon bei der Auflösung stiller Reserven und Lasten - das Informationsbeschaffungsproblem besteht.

Der ermittelte Unterschiedsbetrag ist bei erstmaliger Anwendung der Buchwertmethode gesondert auszuweisen, und zwar entweder in der Bilanz als Davon-Vermerk unter dem Beteiligungswert oder im Anhang. Er ist gemäß Art. 33 Abs. 5 auf stille Reserven und Lasten zu untersuchen, die in einer Nebenrechnung den entsprechenden Bilanzpositionen zugeordnet und fortgeführt werden. Dies beeinflußt den Unterschiedsbetrag und somit den Beteiligungswert in Folgeperioden; denn ein verbleibender Unterschiedsbetrag ist analog zu den Regelungen über den Geschäfts- oder Firmenwert ebenfalls in einer Nebenrechnung fortzuführen und beeinflußt daher den Unterschiedsbetrag und Beteiligungswert in Folge-

1) Vgl. ACCOUNTING STANDARDS BOARD: [FRS 9] Associates and joint ventures 1997, in: ICAEW (Hrsg.): Accounting Standards 1998/99, Extant at 30 April 1998, a.a.O., S. 653-700.

2) Vgl. FEE (Hrsg.): Seventh Directive options, a.a.O., S. 34 f.

3) Vgl. BIENER, H./SCHATZMANN, J.: Konzern-Rechnungslegung, a.a.O., S. 54.

4) Vgl. IDW (Hrsg.): WP-Handbuch 1996, Bd. I, a.a.O., S. 960, Rn. 476.

5) Vgl. IDW (Hrsg.): Rechnungslegung nach International Accounting Standards, a.a.O., S. 332 f.

perioden. Darüber hinaus ist der Beteiligungswert in den Folgeperioden um die anteiligen Eigenkapitalveränderungen des assoziierten Unternehmens zu erhöhen oder zu vermindern, wobei Gewinnausschüttungen an konsolidierte Unternehmen hiermit zu verrechnen sind, so daß sie nur eine erfolgsneutrale Vermögensumschichtung darstellen. Da der Bilanzansatz in einer Zeile erfolgt, kann die Buchwertmethode also zu Recht als Einzeilenkonsolidierung bezeichnet werden.[1)] Langfristig entspricht daher der Beteiligungsbuchwert nach der Equity-Methode dem anteiligen Eigenkapital des assoziierten Unternehmens.[2)]

4.5.1.2.2 Kapitalanteilsmethode

Bei der Kapitalanteilsmethode erfolgt der Ansatz der Beteiligung am assoziierten Unternehmen gemäß Art. 33 Abs. 2 Buchstabe b) der 7. EGR nicht mit dem Beteiligungsbuchwert, sondern mit einem dem anteiligen Eigenkapital des assoziierten Unternehmens entsprechenden Betrag.

Dabei ist das Eigenkapital gemäß Art. 33 Abs. 2 Buchstabe b) i.V.m. Abs. 5 mit dem Betrag anzusetzen, der nach Zuordnung stiller Reserven und Lasten entsteht, da für die zugeordneten stillen Reserven und Lasten keine andere Position zur Verfügung steht,[3)] während ein verbleibender Unterschiedsbetrag den Charakter eines Geschäfts- oder Firmenwerts hat und konsequenterweise auch so auszuweisen ist.[4)] Der Ausweis des Geschäfts- oder Firmenwerts erfolgt dabei im Jahr der erstmaligen Anwendung gesondert in der Bilanz oder im Anhang. Aus Sicht der Konzernabschlußadressaten ist ein gesonderter Ausweis auch in Folgeperioden wünschenswert.[5)] Da bei Auftreten eines Geschäfts- oder Firmenwerts in der Konzernbilanz zwei Posten auszuweisen sind, handelt es sich nicht mehr um eine Einzeilenkonsolidierung.[6)]

Analog zur Buchwertmethode werden in den Folgeperioden die Eigenkapitalveränderungen des assoziierten Unternehmens sowie die Auflösung der stillen Reserven und Lasten im Beteiligungsbuchwert berücksichtigt. Abweichend von der Buchwertmethode

---

1) Vgl. KÜTING, K./WEBER, C.-P.: Der Konzernabschluß, a.a.O., S. 368 f.; IDW (Hrsg.): WP-Handbuch 1996, Bd. I, a.a.O., S. 946 f., Rn. 428 ff.

2) Vgl. IDW (Hrsg.): WP-Handbuch 1996, Bd. I, a.a.O., S. 954, Rn. 457.

3) Vgl. HARMS, J.E./KNISCHEWSKI, G.: Quotenkonsolidierung versus Equity-Methode im Konzernabschluß, a.a.O., S. 1357.

4) Vgl. BIENER, H./SCHATZMANN, J.: Konzern-Rechnungslegung, a.a.O., S. 55.

5) Vgl. KÜTING, K./WEBER, C.-P.: Der Konzernabschluß, a.a.O., S. 372.

6) Vgl. ZÜNDORF, H.: Die Konsolidierung von Gemeinschaftsunternehmen auf Grundlage der Equity-Methode und der Quotenkonsolidierung nach neuem Konzernbilanzrecht, Diss., Universität des Saarlandes, Saarbrücken 1987, S. 58.

werden jedoch die Abschreibungen auf den Geschäfts- oder Firmenwert direkt bei diesem berücksichtigt, so daß der Beteiligungsbuchwert hiervon unbeeinflußt bleibt.[1]

4.5.1.2.3 Vergleich und Beurteilung der Methoden

Aufgrund der Berücksichtigung stiller Reserven und Lasten sowie der Eigenkapitalveränderungen im Beteiligungsbuchwert führt die Equity-Methode zu einem eher wahrheitsgetreuen Ausweis der Beteiligungen an assoziierten Unternehmen als bei der Bewertung zu fortgeführten Anschaffungskosten[2] und ist aus Adressatensicht positiv zu beurteilen. Beide Varianten der Equity-Methode führen zu den gleichen Bilanzsummen und finanziellen Ergebnissen. Der Unterschied beschränkt sich auf den nur vorübergehend abweichenden Ausweis.[3]

Bei der Buchwertmethode wird im Gegensatz zur Kapitalanteilsmethode kein Geschäfts- oder Firmenwert separat in der Konzernbilanz ausgewiesen. Das ist insofern von Vorteil, als es die Aussagefähigkeit eines in Folgeperioden zusammengefaßten und eventuell saldierten Postens Geschäfts- oder Firmenwert erhöht. Falls dieser getrennt nach Komponenten ausgewiesen wird, reduziert sich die Anzahl der Komponenten, was zumindest die Übersichtlichkeit erhöht.[4] Andererseits kommt durch den Unterschiedsbetrag ein weiterer Posten in die Bilanz, von dem nicht klar ist, inwieweit er aus stillen Reserven besteht oder einen Geschäfts- oder Firmenwert darstellt. In Folgejahren ist dieser zudem nicht erneut auszuweisen, so daß die Buchwertmethode grundsätzlich weniger informativ ist. Da die Kapitalanteilsmethode zu einem aussagefähigeren Ausweis der Beteiligungen an assoziierten Unternehmen führt,[5] ist sie der Buchwertmethode vorzuziehen. Damit gäbe es auch kein Nebeneinander von zwei Vorgehensweisen der Equity-Methode mehr, wie dies zur Zeit in Übereinstimmung mit der 7. EGR in vielen Mitgliedstaaten noch möglich ist.[6] Aus

---

1) Vgl. GRÄFER, H./SCHELD, G.: Grundzüge der Konzernrechnungslegung, a.a.O., S. 205 f.

2) Vgl. GRÄFER, H./SCHELD, G.: Grundzüge der Konzernrechnungslegung, a.a.O., S. 207 f.

3) Vgl. IDW (Hrsg.): WP-Handbuch 1996, Bd. I, a.a.O., S. 947, Rn. 430; GRÄFER, H./SCHELD, G.: Grundzüge der Konzernrechnungslegung, a.a.O., S. 198 f.

4) Vgl. WEBER, C.-P.: Praxis der Kapitalkonsolidierung im internationalen Vergleich, a.a.O., S. 129.

5) Vgl. BAETGE, J.: Konzernbilanzen, a.a.O., S. 459; KIRSCH, H.-J.: Die Equity-Methode im Konzernabschluß, a.a.O., S. 60.

6) In einer empirischen Studie der C & L DEUTSCHE REVISION enthielten nur in 82 von 100 der auf einen Stichtag im Jahre 1995 aufgestellten deutschen Konzernabschlüsse Angaben bezüglich der Einbeziehung assoziierter Unternehmen. Davon machten nur 73 die geforderte Angabe der Bewertungsmethode. In 58 Fällen wurde die Buchwertmethode und in 15 Fällen die Kapitalanteilsmethode angewandt. In keinem Konzernabschluß wurden beide Methoden gleichzeitig angewandt. Vgl. C & L DEUTSCHE REVISION (Hrsg.): Konzernabschlüsse '95, a.a.O., S. 99, Tz. 133.

Gründen der Verläßlichkeit und Vergleichbarkeit hat ein gesonderter Ausweis des Geschäfts- oder Firmenwerts in der Bilanz zu erfolgen. Dieser darf nicht auf das erste Jahr beschränkt bleiben.

Zu dem bei strenger Auslegung des Art. 33 Abs. 2 Buchstabe a) der 7. EGR nur bei der Buchwertmethode im Rahmen der erstmaligen Anwendung geltenden Anschaffungskostenprinzip gilt das oben in Abschnitt 4.4.2.1.4.3 in bezug auf die Erwerbsmethode Gesagte analog, zumal eine solche Begrenzung beispielsweise nach IAS 28 ebenfalls nicht vorgenommen wird.[1)]

Eine einheitliche Bewertung und Auflösung stiller Reserven kann nicht Voraussetzung für die Anwendung der Equity-Methode auf assoziierte Unternehmen sein. Einerseits ist der für die objektivierte Konzernrechnungslegung definierte maßgebliche Einfluß schwächer als ein beherrschender Einfluß, und andererseits könnte dieser auch dazu benutzt werden, dem assoziierten Unternehmen vorzuschreiben, diese Informationen zu verweigern, um die Anwendung der Equity-Methode zu umgehen.

Der 7. EGR, die die Buchwertmethode und die Kapitalanteilsmethode als gleichwertige Alternativen ansieht, bei erstmaliger Anwendung die Einhaltung des Anschaffungskostenprinzips verlangt und darüber hinaus einen gesonderten Ausweis des Unterschiedsbetrags bzw. des Geschäfts- oder Firmenwerts nur bei erstmaliger Anwendung der Equity-Methode verlangt, mangelt es hier sowohl an Verläßlichkeit als auch an Verständlichkeit. Gemäß IAS 28.6 ist ausschließlich die weniger aussagefähige Buchwertmethode zulässig, so daß Verständlichkeit nur teilweise gegeben ist. Die Verläßlichkeit ist jedoch voll gewährleistet. Das gleiche gilt für die US-GAAP, da in APB Opinion No. 18 ebenfalls ausschließlich die Buchwertmethode geregelt wird.

4.5.1.3 Sonstige Konsolidierungsmaßnahmen

Unabhängig von der gewählten Methode unterliegen gemäß Art. 33 Abs. 7 i.V.m. Art. 26 Abs. 1 Buchstabe c) der 7. EGR auch Lieferungen zwischen assoziierten Unternehmen und Konzernunternehmen der Zwischenergebniseliminierung. Da jedoch die an assoziierte Unternehmen gelieferten Vermögensgegenstände aufgrund der Equity-Methode nicht in die Konzernbilanz übernommen werden, unterliegen sie bei streng am Wortlaut

---

1) Vgl. IDW (Hrsg.): Rechnungslegung nach International Accounting Standards, a.a.O., S. 327.

orientierter Interpretation nicht der Zwischenergebniseliminierung.[1] Folglich beschränkt sich diese auf upstream-Geschäfte.[2]

Die Equity-Methode ist durch die Berücksichtigung des anteiligen Kapitals interessentheoretisch geprägt, so daß eine anteilige Zwischenergebniseliminierung hier methodenkonform wäre. Da in Anwendung der 7. EGR bei Vorliegen eines Einbeziehungsverbots bzw. bei Nichteinbeziehung eines Tochterunternehmens in Ausübung eines Einbeziehungswahlrechts stets zu prüfen ist, ob nicht die Equity-Methode anzuwenden ist, wäre unter Informationsgesichtspunkten für diese Unternehmen auch eine vollständige Zwischenergebniseliminierung wünschenswert. Dies wird durch Art. 33 Abs. 7 der 7. EGR gestattet und ist vom deutschen Gesetzgeber in § 312 Abs. 5 HGB kodifiziert. In der deutschen Literatur wird daher diskutiert, ob die Zwischenergebniseliminierung bei Anwendung der Equity-Methode vollständig oder nur quotal erfolgen sollte. Dabei unterscheiden einige Autoren in Equity-Konsolidierung von nicht in den Konzernabschluß einbezogenen Tochter- und Gemeinschaftsunternehmen, deren Zwischenergebnisse vollständig bzw. anteilig eliminiert werden sollten, und der Equity-Bewertung von typischen assoziierten Unternehmen, für die weder eine einheitliche Bewertung noch eine Zwischenergebniseliminierung erforderlich wäre.[3]

In der Praxis ist es bei typischen assoziierten Unternehmen oft nicht möglich, diese einheitlich zu bewerten und die Zwischenergebnisse zu eliminieren.[4] Problematisch in bezug auf die idealtypische Anwendung der Equity-Methode ist, daß für die Konsolidierung und Zwischenergebniseliminierung vom assoziierten Unternehmen Informationen benötigt werden. Aufgrund des nur maßgeblichen Einflusses auf assoziierte Unternehmen werden diese allerdings im Zweifelsfall wenig geneigt sein, die benötigten Informationen preis-

---

1) Einige Autoren bezeichnen Zwischenergebnisse im Zusammenhang mit assoziierten Unternehmen als Verbundergebnisse und sprechen daher konsequenterweise auch von Verbundergebniseliminierung. Vgl. KÜTING, K./WEBER, C.-P.: Der Konzernabschluß, a.a.O., S. 387; KÜTING, K./HAYN, B./ZÜNDORF, H.: § 312 Wertansatz der Beteiligung und Behandlung des Unterschiedsbetrags, a.a.O., Rn. 218 ff.; SCHRUFF, W.: Einflüsse der 7. EG-Richtlinie auf die Aussagefähigkeit des Konzernabschlusses, a.a.O., S. 297 ff. Diese Bezeichnung soll jedoch im folgenden nicht verwandt werden.

2) Vgl. IDW (Hrsg.): WP-Handbuch 1996, Bd. I, a.a.O., S. 957, Rn. 467; BAETGE, J.: Konzernbilanzen, a.a.O., S. 462 f.; WYSOCKI, K.v./WOHLGEMUTH, M.: Konzernrechnungslegung, a.a.O., S. 208 f.

3) Vgl. BAETGE, J.: Konzernbilanzen, a.a.O., S. 464 f. KIRSCH, H.-J.: Die Equity-Methode im Konzernabschluß, a.a.O., S. 22 und 156 ff., hält die Eliminierung von Zwischenergebnissen bei Interpretation der Equity-Methode als Bewertungsmethode sogar für nicht zulässig.

4) Vgl. BAETGE, J.: Konzernbilanzen, a.a.O., S. 464; C & L DEUTSCHE REVISION (Hrsg.): Konzernabschlüsse '95, a.a.O., S. 107 f., Tz. 154 ff.

zugeben.[1] In Art. 33 Abs. 7 der 7. EGR wird vorgesehen, daß Gewinne und Verluste nur insoweit eliminiert werden sollen, als die betreffenden Tatbestände bekannt und zugänglich sind. Dies spiegelt die gegenüber der einheitlichen Leitung geringeren Einflußmöglichkeiten bei nur maßgeblichem Einfluß wider und trägt damit den Besonderheiten der Assoziierungsverhältnisse Rechnung.[2] Die Formulierung des Artikels deutet also bereits darauf hin, daß bei der Eliminierung weitere Informationsprobleme auftreten.[3] COENENBERG folgert, daß die Zwischenergebniseliminierung aufgrund der Ausnahmeregelung "in der Praxis keine wesentliche Bedeutung erlangen"[4] wird. In APB Opinion No. 18, par. 19, die aus dem Jahre 1971 stammt, als die Equity-Methode noch nicht ausschließlich auf typische assoziierte Unternehmen anzuwenden war, wird eine entsprechende Ausnahmeregelung nicht zugelassen, während IAS 28 eine Zwischenergebniseliminierung gar nicht explizit vorschreibt. Das IDW hält diese jedoch gemäß IAS 28.16 i.V.m. IAS 27.17 für zulässig.[5]

Bei typischen assoziierten Unternehmen befindet sich die Zwischenergebniseliminierung jedoch im Widerspruch zur Einheitstheorie, da assoziierte Unternehmen nicht zur wirtschaftlichen Einheit Konzern gehören und Lieferungen und Leistungen an bzw. von diesen daher als realisiert betrachtet werden müssen.[6] Außerdem ist bei assoziierten Unternehmen aufgrund des nur maßgeblichen Einflusses die Gefahr der Manipulation aufgrund der willkürlichen Festlegung von Konzernverrechnungspreisen als äußerst gering einzuschätzen.[7] Folglich ist eine Gleichbehandlung der Zwischenergebnisse von konsolidierten Unternehmen untereinander und mit typischen assoziierten Unternehmen "mit dem Zweck des konsolidierten Erfolgsausweises, der den Periodenerfolg der wirtschaftlichen Einheit zeigen soll, nicht vereinbar"[8], da typische assoziierte Unternehmen nicht Bestandteil dieser Einheit sind, sondern nur zum wirtschaftlichen Einflußbereich des Konzerns gehören. In Anbetracht der

---

1) Vgl. MÜLLER, E.: Der Konzernabschluß im Konfliktfeld verschiedener Interessen, in: Baetge, J. (Hrsg.): Der Jahresabschluß im Widerstreit der Interessen, Düsseldorf 1983, S. 213-239, hier S. 224 f.

2) Vgl. IDW (Hrsg.): WP-Handbuch 1996, Bd. I, a.a.O., S. 958, Rn. 468.

3) Vgl. HAVERMANN, H.: Die Equity-Bewertung von Beteiligungen, a.a.O., S. 318.

4) COENENBERG, A.G.: Jahresabschluß und Jahresabschlußanalyse, a.a.O., S. 497. Ähnlich vgl. HAVERMANN, H.: Die Equity-Bewertung von Beteiligungen, a.a.O., S. 319.

5) Vgl. IDW (Hrsg.): Rechnungslegung nach International Accounting Standards, a.a.O., S. 331.

6) Vgl. COENENBERG, A.G.: Jahresabschluß und Jahresabschlußanalyse, a.a.O., S. 519 f.; WYSOCKI, K.v.: Das Dritte Buch des HGB 1985 und die Grundsätze ordnungsmäßiger Konzernrechnungslegung, a.a.O., S. 179.

7) Vgl. KÜTING, K./HAYN, B./ZÜNDORF, H.: § 312 Wertansatz der Beteiligung und Behandlung des Unterschiedsbetrags, a.a.O., Rn. 231; SCHRUFF, W.: Einflüsse der 7. EG-Richtlinie auf die Aussagefähigkeit des Konzernabschlusses, a.a.O., S. 300.

8) SCHRUFF, W.: Einflüsse der 7. EG-Richtlinie auf die Aussagefähigkeit des Konzernabschlusses, a.a.O., S. 301.

betriebswirtschaftlichen Fragwürdigkeit und der bei typischen assoziierten Unternehmen darüber hinaus bestehenden Schwierigkeiten bzw. der Unmöglichkeit der einheitlichen Bewertung und Zwischenergebniseliminierung ist im Rahmen einer objektivierten Equity-Methode eine Zwischenergebniseliminierung nicht durchzuführen und eine einheitliche Bewertung nicht als notwendige Voraussetzung zu fordern.[1)]

Weder eine Schuldenkonsolidierung noch eine Aufwands- und Ertragskonsolidierung werden im Rahmen der Equity-Methode durch die 7. EGR, durch IAS 28 oder durch APB Opinion No. 18 verlangt. Für sie gelten grundsätzlich die in bezug auf die Zwischenergebniseliminierung gemachten Aussagen analog. Folglich sind im Rahmen der ausschließlichen Anwendung der Equity-Methode auf typische assoziierte Unternehmen mit Ausnahme der auf Freiwilligkeit beruhenden einheitlichen Bewertung keine sonstigen Konsolidierungsmaßnahmen durchzuführen.

Die 7. EGR, die in bezug auf die Equity-Methode nicht zwischen den einzelnen Unternehmenskategorien Tochterunternehmen, Gemeinschaftsunternehmen und assoziierte Unternehmen unterscheidet, gewährt gerade in bezug auf die Zwischenergebniseliminierung zu viele Wahlrechte und Ausnahmetatbestände, als daß auch nur eins der Kriterien Verläßlichkeit und Verständlichkeit erfüllt werden könnte. In IAS 31.32 ist die Equity-Methode auch als allowed alternative treatment für Gemeinschaftsunternehmen vorgesehen. IAS 28 unterscheidet jedoch nicht zwischen Gemeinschaftsunternehmen und typischen assoziierten Unternehmen und enthält keine Angaben zur Zwischenergebniseliminierung. Der Verweis von IAS 28.16 auf IAS 27 schafft hier jedoch einen unverständlichen, der Verläßlichkeit widersprechenden Ermessensspielraum. Folglich können die beiden Kriterien nicht erfüllt werden. In APB Opinion No. 18, par. 19 wird die Zwischenergebniseliminierung explizit gefordert. Dies ist unverständlich. Darüber hinaus können Informationsdefizite die Unmöglichkeit ihrer Durchführung bewirken, was wiederum, trotz expliziter Durchführungspflicht, zu fehlender Verläßlichkeit führt.

4.5.1.4 Beurteilung der Anwendung der Equity-Methode bei der Bewertung assoziierter Unternehmen

Wie bei den obigen Ausführungen bereits deutlich wurde, bestehen bei der Anwendung der Equity-Methode auf typische assoziierte Unternehmen, auf die eben nur ein maßgeblicher, aber kein beherrschender Einfluß ausgeübt werden kann, erhebliche Probleme bei der

1) Vgl. KÜTING, K./HAYN, B./ZÜNDORF, H.: § 312 Wertansatz der Beteiligung und Behandlung des Unterschiedsbetrags, a.a.O., Rn. 232.

Informationsbeschaffung,[1] die teilweise bereits in Art. 33 der 7. EGR sowie in APB Opinion No. 18 und IAS 28 anklingen. Die Probleme bei Anwendung der Equity-Methode betreffen den Zeitpunkt der erstmaligen Anwendung, den einheitlichen Abschlußstichtag, die einheitliche Bewertung, die Zuordnung stiller Reserven und Lasten, die Eliminierung von Zwischenergebnissen und die gar nicht erst explizit aufgeführte Schuldenkonsolidierung sowie die Aufwands- und Ertragskonsolidierung.

Trotz der angesprochenen Probleme, die zur Beschränkung der Equity-Methode auf die Kapitalkonsolidierung führen, verbleiben der Equity-Methode die Vorteile der zeitnäheren Ergebnisberücksichtigung und des am anteiligen Eigenkapital des assoziierten Unternehmens ausgerichteten Ausweises im Konzernabschluß, so daß - selbst bei Vorliegen erheblicher Informationsdefizite - nicht auf die Kapitalkonsolidierung in Form der Kapitalanteilsmethode zu verzichten ist, auch wenn nicht zuordnungsfähige stille Reserven und Lasten in den Geschäfts- oder Firmenwert eingehen[2] und folglich dessen Schicksal teilen.

4.5.2 Einbeziehung von Gemeinschaftsunternehmen

Gemeinschaftsunternehmen, auch joint ventures[3] genannt, stellen eine Form der wirtschaftlichen Zusammenarbeit zwischen mindestens zwei voneinander unabhängigen Unternehmen dar. Ein solches Gemeinschaftsunternehmen wird in der Regel mit dem Ziel gegründet oder erworben, Aufgaben im gemeinsamen Interesse der Gesellschafterunternehmen auszuführen.

Die stetig steigende Zahl von Gemeinschaftsunternehmen verdeutlicht die zunehmende Bedeutung dieser Form der Unternehmenskooperation. Während die 100 größten deutschen Unternehmen 1992 noch durch 283 Gemeinschaftsunternehmen untereinander verflochten waren, hat sich diese Zahl 1994 auf 349 erhöht.[4] Der besondere Vorzug von Gemein-

---

1) Vgl. KÜTING, K./HAYN, B./ZÜNDORF, H.: § 312 Wertansatz der Beteiligung und Behandlung des Unterschiedsbetrags, a.a.O., Rn. 243.

2) Vgl. KÜTING, K./HAYN, B./ZÜNDORF, H.: § 312 Wertansatz der Beteiligung und Behandlung des Unterschiedsbetrags, a.a.O., Rn. 241, die diese Ansicht allerdings in bezug auf die Buchwertmethode vertreten.

3) Vgl. WEBER, C.-P.: Praxis der Kapitalkonsolidierung im internationalen Vergleich, a.a.O., S. 19. Die große Vielfalt der in der Praxis vorkommenden Gemeinschaftsunternehmen hat zu unterschiedlichen, inhaltlich jedoch weitgehend übereinstimmenden Bezeichnungen geführt. Vgl. ZÜNDORF, H.: Die Konsolidierung von Gemeinschaftsunternehmen auf Grundlage der Equity-Methode und der Quotenkonsolidierung nach neuem Konzernbilanzrecht, a.a.O., S. 7. Das IASC unterteilt in IAS 31.3 ff. den Begriff des joint venture in jointly controlled operations, jointly controlled assets und jointly controlled entities, von denen gemäß IAS 31.25 nur die jointly controlled entities der Konsolidierung unterliegen können, da nur sie eine Unternehmenseigenschaft besitzen.

4) Vgl. MONOPOLKOMMISSION: Wettbewerbspolitik in Zeiten des Umbruchs, Hauptgutachten 1994/1995, Baden-Baden 1996, S. 275.

schaftsunternehmen geht auch aus einer Befragung der Topmanager von 416 deutschen Industrieunternehmen 1993 hervor. Dabei hat sich gezeigt, daß internationale Kooperationen in Form von joint ventures mit paritätischer Beteiligungsstruktur signifikant eher erfolgreich waren als Unternehmen, bei denen das deutsche Gesellschafterunternehmen die Mehrheit der Anteile hielt.[1)]

4.5.2.1 Gemeinschaftsunternehmen als Beteiligungskategorie

Die Definition von Gemeinschaftsunternehmen ist eng verbunden mit den auf diese Beteiligungskategorie anzuwendenden Konsolidierungs- bzw. Bewertungsvorschriften. In Art. 32 der 7. EGR ist die Anzahl der Gesellschafterunternehmen und die Höhe der Beteiligungsquote nicht spezifiziert.[2)] Jedoch muß die Zusammenarbeit im Gemeinschaftsunternehmen auf Dauer angelegt sein und dieses gemeinschaftlich geleitet[3)] werden.[4)] Hierbei ist die Sicht der jeweiligen beteiligten Unternehmen entscheidend.[5)] Nur Unternehmen, gegen deren Willen keine Entscheidungen getroffen werden können, sind an der gemeinsamen Führung unabhängig von ihren Stimmrechts- und Kapitalanteilen beteiligt.[6)] Da auf das Gemeinschaftsunternehmen kein beherrschender Einfluß ausgeübt wird, kann die Vollkonsolidierung nicht zur Anwendung kommen.[7)]

Als Methode zur Einbeziehung von Gemeinschaftsunternehmen in einen Konzernabschluß ist durch Art. 32 Abs. 1 der 7. EGR die Quotenkonsolidierung als Mitgliedstaatenwahlrecht kodifiziert und in IAS 31.25 sogar als bevorzugte Methode genannt. In den USA

---

1) Vgl. RAFFÉE, H./EISELE, J.: Joint Ventures - nur die Hälfte floriert, in: HBM, 16. Jg. (1994), III. Quartal, S. 17-22, hier S. 18.

2) Folglich sind auch nicht paritätische Verteilungen der Kapitalanteile möglich. Vgl. EISELE, W./RENTSCHLER, R.: Gemeinschaftsunternehmen im Konzernabschluß, a.a.O., S. 310.

3) Der in Art. 32 Abs. 1 der 7. EGR verwandte Begriff "leitet" ist in den meisten Mitgliedstaaten nicht definiert oder abgeändert. Vgl. FEE (Hrsg.): Seventh Directive options, a.a.O., S. 34. Die Begriffe "leitet" in Art. 32 Abs. 1 der 7. EGR und "führt" in § 310 Abs. 1 HGB sollen als synonym betrachtet werden.

4) Vgl. GRÄFER, H./SCHELD, G.: Grundzüge der Konzernrechnungslegung, a.a.O., S. 187; SCHINDLER, J.: Konsolidierung von Gemeinschaftsunternehmen: Ein Beitrag zu § 310 HGB, in: BB, 42. Jg. (1987), S. 158-166, hier S. 158 f. Zu verschiedenen Möglichkeiten, die gemeinsame Führung in Gemeinschaftsunternehmen zu organisieren, vgl. ausführlich NORDMEYER, A.: Die Einbeziehung von Joint Ventures in den Konzernabschluß, in: WPg, 47. Jg. (1994), S. 301-312, hier S. 301 ff.

5) Vgl. ZÜNDORF, H.: Die Konsolidierung von Gemeinschaftsunternehmen auf Grundlage der Equity-Methode und der Quotenkonsolidierung nach neuem Konzernbilanzrecht, a.a.O., S. 15.

6) Vgl. EISELE, W./RENTSCHLER, R.: Gemeinschaftsunternehmen im Konzernabschluß, a.a.O., S. 311.

7) Vgl. SCHINDLER, J.: Konsolidierung von Gemeinschaftsunternehmen: Ein Beitrag zu § 310 HGB, a.a.O., S. 159 f. Anderer Ansicht vgl. ausführlich NORDMEYER, A.: Die Einbeziehung von Joint Ventures in den Konzernabschluß, a.a.O., S. 301 ff., der abwegigerweise differenziert zwischen gemeinschaftlicher einheitlicher Leitung, die zur Vollkonsolidierung führen soll, und gemeinsamer Leitung, die zur Quotenkonsolidierung führen kann.

ist die Quotenkonsolidierung dagegen gemäß ARB No. 51 grundsätzlich nicht zulässig, so daß im Regelfall gemäß SFAS 94, par. 15 die Equity-Methode anzuwenden ist. Für bestimmte Arten von Gemeinschaftsunternehmen und in bestimmten Branchen wird die Quotenkonsolidierung jedoch trotzdem angewandt.[1] Darüber hinaus wird in den USA die generelle Einführung der Quotenkonsolidierung für Gemeinschaftsunternehmen diskutiert.[2]

Art. 32 Abs. 1 der 7. EGR gewährt den Mitgliedstaaten die Möglichkeit, die Quotenkonsolidierung im Falle gemeinschaftlich geführter Unternehmen zu gestatten oder vorzuschreiben. Nur in Frankreich ist die Quotenkonsolidierung unter den genannten Voraussetzungen vorgeschrieben, während sie in allen anderen Mitgliedstaaten außer Griechenland erlaubt ist. In Belgien wird die Quotenkonsolidierung empfohlen, während sie in Italien auf Beteiligungen von über 20 % und im Falle der Börsennotierung auf Beteiligungen von über 10 % beschränkt ist. In Großbritannien und Irland ist die Quotenkonsolidierung auf joint ventures ohne eigene Rechtspersönlichkeit beschränkt.[3] In Frankreich und den Niederlanden war die Quotenkonsolidierung bereits vor der Verabschiedung der 7. EGR üblich.[4]

Unter Objektivierungsgesichtspunkten kann von einem Gemeinschaftsunternehmen sinnvollerweise nur gesprochen werden, wenn die beteiligten Unternehmen das Gemeinschaftsunternehmen einerseits gemeinsam leiten und andererseits gleichzeitig im Besitz einer Sperrminorität sind, da sich der Einfluß auf die gemeinsame Leitung mit abnehmendem Kapital- und Stimmrechtsanteil ebenfalls vermindert.[5] Unter diesen Voraussetzungen können an einem Gemeinschaftsunternehmen nur maximal drei Unternehmen beteiligt sein, die jeweils über eine Beteiligung von mehr als 25 % verfügen.[6] Bei geringerer Beteiligungsquote können vertragliche Vereinbarungen, die lediglich festlegen, daß zumindest Leitungsentscheidungen von besonderer Bedeutung gemeinsam getroffen werden, nicht Basis einer objektivierten Definition von Gemeinschaftsunternehmen sein, da sie schwierig konkretisierbar und daher auslegbar und umgehbar sind. Darüber hinaus ist analog zur Anwendung des

---

1) Vgl. EISOLT, D.: US-amerikanische und deutsche Konzernrechnungslegung, a.a.O., S. 293 ff.

2) Vgl. EISOLT, D.: US-amerikanische und deutsche Konzernrechnungslegung, a.a.O., S. 295 f.; PAHLER, A.J./ MORI, J.E.: Advanced Accounting, a.a.O., S. 24.

3) Vgl. FEE (Hrsg.): Seventh Directive options, a.a.O., S. 34.

4) Vgl. BARTHOLOMEW, E.G./BROWN, A./MUIS, J.W.: Konzernabschlüsse in Europa, a.a.O., S. 73 ff.; HOFFMANN-BECKING, M./RELLERMEYER, K.: Gemeinschaftsunternehmen im neuen Recht der Konzernrechnungslegung, in: Havermann, H. (Hrsg.): Bilanz- und Konzernrecht, Festschrift für Reinhard Goerdeler, a.a.O., S. 199-220, hier S. 210.

5) Vgl. KÜTING, K.: Die Quotenkonsolidierung nach der 7. EG-Richtlinie, a.a.O., S. 813.

6) Nach Ansicht von SCHINDLER dürften Gemeinschaftsunternehmen mit mehr als vier Partnern äußerst selten sein. Vgl. SCHINDLER, J.: Konsolidierung von Gemeinschaftsunternehmen: Ein Beitrag zu § 310 HGB, a.a.O., S. 164.

Control-Konzepts als Voraussetzung für die Vollkonsolidierung von Tochterunternehmen für die Definition von Gemeinschaftsunternehmen ebenfalls lediglich auf die Möglichkeit der gemeinsamen Leitung abzustellen und nicht auf die tatsächliche Ausübung, da diese nicht objektivierbar ist.

In den bestehenden Systemen sind Gemeinschaftsunternehmen - abweichend von dem erarbeiteten Objektivierungsvorschlag - als ein gemeinschaftlich geleitetes Unternehmen definiert, ohne daß für den Stimmrechtsanteil ein Mindestprozentsatz festgelegt ist. Die Beteiligungskategorie Gemeinschaftsunternehmen wird von den bestehenden Systemen also weder verläßlich noch verständlich festgelegt.

4.5.2.2 Einbeziehungsmethoden

Die Einbeziehung von Gemeinschaftsunternehmen erfolgt in den bestehenden Systemen entweder nach der Quotenkonsolidierung oder der Equity-Methode. Diese beiden Einbeziehungsarten werden im folgenden auf ihre Eignung für Gemeinschaftsunternehmen untersucht.

4.5.2.2.1 Quotenkonsolidierung

Bevor die anteilmäßige Einbeziehung eines Gemeinschaftsunternehmens in den Konzernabschluß durchgeführt werden kann, muß zunächst die Höhe der Einbeziehungsquote berechnet werden. Gemäß dem auf Art. 32 Abs. 1 der 7. EGR basierenden § 310 Abs. 1, 2. Halbsatz HGB stellt der Kapital- und nicht der Stimmrechtsanteil des Mutterunternehmens am Gemeinschaftsunternehmen die Berechnungsgrundlage für dessen quotale Einbeziehung in den Konzernabschluß dar.[1)] Aus Art. 32 der 7. EGR und IAS 31 ergibt sich, daß mit Ausnahme der nur quotalen Konsolidierung ansonsten bei der Quotenkonsolidierung grundsätzlich analog zur Vollkonsolidierung vorzugehen ist. Die Quotenkonsolidierung ist also kein neues Konsolidierungsverfahren, sondern beschränkt lediglich die Kapitalkonsolidierung nach der Erwerbsmethode sowie die Schuldenkonsolidierung, die Zwischenergebniseliminierung und die Aufwands- und Ertragskonsolidierung auf den Kapitalanteil.[2)]

Im Gegensatz zur Vollkonsolidierung erfolgt daher bei der Quotenkonsolidierung konsequenterweise auch kein Minderheitenausweis, da die Bilanzpositionen nur entsprechend der

---

1) Vgl. Budde, W.D./Suhrbier, H.: § 310 [Gemeinschaftsunternehmen], in: Budde, W.D. u.a. (Hrsg.): Beck'scher Bilanz-Kommentar, a.a.O., S. 1634-1651, hier Anm. 55.

2) Vgl. Eisele, W./Rentschler, R.: Gemeinschaftsunternehmen im Konzernabschluß, a.a.O., S. 313.

Beteiligungsquote konsolidiert werden. Insofern stellt die Quotenkonsolidierung eine Mischform aus Vollkonsolidierung und Equity-Methode dar, da einerseits zwar sämtliche Posten des Jahresabschlusses übernommen werden, diese aber andererseits nur anteilig in den Konzernabschluß eingehen.[1] Folglich führen die Buchwert- und Neubewertungsmethode bei der Quotenkonsolidierung zwingend zum gleichen Konzernabschluß, da die Anteile der Minderheiten weder bei den Buchwerten noch bei den stillen Reserven und Lasten berücksichtigt werden.[2]

Dabei gibt es durchaus Unterschiede in der Durchführung der Quotenkonsolidierung, die allerdings aus einer ebenfalls unterschiedlichen Durchführung der Kapitalkonsolidierung von Tochterunternehmen resultieren. So ist beispielsweise in Frankreich auch bei der quotalen Konsolidierung von Gemeinschaftsunternehmen eine unbegrenzte Neubewertung möglich.[3] Das gleiche gilt auch gemäß IAS 31.27 i.V.m. IAS 27.15, IAS 22.32 ff. und IAS 22.59 ff.

4.5.2.2.2 Equity-Methode

Der Umkehrschluß aus Art. 32 Abs. 3 der 7. EGR besagt, daß Gemeinschaftsunternehmen, die nicht quotal konsolidiert werden, auf die aber ein maßgeblicher Einfluß ausgeübt wird, nach der Equity-Methode in den Konzernabschluß einzubeziehen sind. In IAS 31.32 wird die Equity-Methode als allowed alternative treatment zugelassen. In den USA stellt die Equity-Methode den Regelfall für die Einbeziehung dar. Ausnahmen bestehen lediglich für bestimmte Branchen. Bei der Anwendung der Equity-Methode auf Gemeinschaftsunternehmen wird grundsätzlich analog zur Behandlung assoziierter Unternehmen vorgegangen.[4]

1) Vgl. Schindler, J.: Konsolidierung von Gemeinschaftsunternehmen: Ein Beitrag zu § 310 HGB, a.a.O., S. 160.

2) Vgl. Schindler, J.: Konsolidierung von Gemeinschaftsunternehmen: Ein Beitrag zu § 310 HGB, a.a.O., hier S. 161; Eisele, W./Rentschler, R.: Gemeinschaftsunternehmen im Konzernabschluß, a.a.O., S. 314.

3) Vgl. Altmeier, D./Kaiser, U./Kebbe, T./Kretschmar, M./Maier, F./Schenkel, M.: Bilanzpolitische Gestaltungsmöglichkeiten in Frankreich, a.a.O., S. 175.

4) Vgl. Abschnitt 4.5.1.

4.5.2.2.3 Vergleich und Beurteilung der Methoden

Ein Wahlrecht zwischen Quotenkonsolidierung und Equity-Methode eröffnet erhebliche konzernabschlußpolitische Gestaltungsspielräume[1)] und ist von daher abzulehnen. Der grundlegende Unterschied zwischen der Quotenkonsolidierung und der Equity-Methode besteht darin, daß die Quotenkonsolidierung im Gegensatz zur Equity-Methode alle Positionen der Konzernbilanz und Konzern-GuV betragsmäßig beeinflußt.[2)]

Gegen die Quotenkonsolidierung wird eingewandt, daß sie kein den tatsächlichen Verhältnissen entsprechendes Bild der Vermögens-, Finanz- und Ertragslage des Konzerns vermittelt, weil sie aus folgenden Gründen der Einheitstheorie widerspricht:

- Aktiva und Passiva gehen nur anteilig in die Konzernbilanz ein.[3)]
- In der Konzernbilanz werden Aktiva und Passiva gezeigt, über die der Konzern nicht allein verfügen kann.
- Der Minderheiteneinfluß wird nicht gezeigt, weil das Eigenkapital nur anteilig in die Konzernbilanz übernommen wird.
- Konzerninterne Geschäftsvorfälle und Beziehungen werden nur anteilig eliminiert.[4)]

Das aus der Einheitstheorie abgeleitete Prinzip der Vollkonsolidierung mit vollständiger Übernahme aller Bilanz- und GuV-Posten wird durch das Prinzip der Quotenkonsolidierung durchbrochen. Die Ausnahmeregelung wird durch das Mitgliedstaatenwahlrecht, die Quotenkonsolidierung zu gestatten oder vorzuschreiben, offensichtlich.[5)] Die Quotenkonsolidierung stellt eine Alternative zur Equity-Methode und Anschaffungskostenmethode

---

1) Vgl. ausführlich die Beispiele bei HARMS, J.E./KNISCHEWSKI, G.: Quotenkonsolidierung versus Equity-Methode im Konzernabschluß, a.a.O., S. 1356 ff.; SCHINDLER, J.: Konsolidierung von Gemeinschaftsunternehmen: Ein Beitrag zu § 310 HGB, a.a.O., S. 161 ff.; ZÜNDORF, H.: Die Konsolidierung von Gemeinschaftsunternehmen auf Grundlage der Equity-Methode und der Quotenkonsolidierung nach neuem Konzernbilanzrecht, a.a.O., S. 50 ff. sowie die Übersichten zu den zahlreichen, die abschlußpolitischen Spielräume eröffnenden Wahlrechten EBENDA: S. 208 f. Die konkreten Auswirkungen der Anwendung der jeweiligen Methoden auf die Vermögens-, Finanz- und Ertragslage sind von der individuellen Datensituation im Konzern abhängig. Die Quotenkonsolidierung führt aber tendenziell zu einer höheren Bilanzsumme, einem niedrigeren Finanzanlagevermögen und bei erheblicher Fremdfinanzierung zu einer niedrigeren Eigenkapitalquote. Vgl. EBENDA: S. 202 ff.

2) Vgl. KLEIN, H.-D.: Konzernbilanzpolitik, a.a.O., S. 375.

3) BAETGE spricht hier davon, daß es in der Realität gar kein Bruchteilseigentum des den Konzernabschluß aufstellenden Unternehmens an den jeweiligen Aktiva und Passiva des Gemeinschaftsunternehmens gibt. Vgl. BAETGE, J.: Konzernbilanzen, a.a.O., S. 425.

4) Vgl. GRÄFER, H./SCHELD, G.: Grundzüge der Konzernrechnungslegung, a.a.O., S. 189. Einen Widerspruch zur Einheitstheorie sehen ebenfalls EISELE, W./RENTSCHLER, R.: Gemeinschaftsunternehmen im Konzernabschluß, a.a.O., S. 313.

5) Vgl. KLÖS, H.L.: Die 7. gesellschaftliche Richtlinie über den konsolidierten Abschluß (Ratsdokument 83/349/EWG), a.a.O., S. 69.

dar. Isoliert betrachtet weist die Quotenkonsolidierung gegenüber diesen einen höheren Informationswert auf, da sie sich nicht nur auf das Eigenkapital und eine das auf assoziierte Unternehmen entfallende Ergebnis gesondert darstellende GuV-Position beschränkt, sondern alle Aktiva und Passiva sowie Aufwendungen und Erträge quotal konsolidiert.[1] Darüber hinaus finden auch noch eine quotale Schuldenkonsolidierung, Zwischenergebniseliminierung[2] und Aufwands- und Ertragskonsolidierung statt. Folglich wird hier das Kapitalstrukturrisiko im Gegensatz zur Equity-Methode richtig ausgewiesen.[3]

VON WYSOCKI und ZÜNDORF halten dagegen die Equity-Methode grundsätzlich für die adäquate Bilanzierungsmethode für Gemeinschaftsunternehmen, da eine Quotenkonsolidierung zu einer Vermischung vollkonsolidierter mit quotal konsolidierten Posten führe, was die Aussagefähigkeit einschränke.[4] Dem ist jedoch entgegenzuhalten, daß ein Konzernabschluß in jedem Fall zu einer Vermischung der Einzelabschlußpositionen der Tochterunternehmen miteinander als auch zu einer Vermischung mit den Einzelabschlußpositionen des Mutterunternehmens führt. Da jedoch selbst im Einzelabschluß unterschiedlich bewertete Vermögensgegenstände in den einzelnen Bilanzpositionen zusammengefaßt werden, ist diese Kritik als vordergründig anzusehen.[5]

Laut BAETGE wird der mögliche Widerspruch aus quotaler Einbeziehung und Einheitsgrundsatz im Konzernabschluß dadurch gelöst, "daß für die Konsolidierung das Gemeinschaftsunternehmen gedanklich in zwei Teile zerlegt wird: in einen zum Konzern gehörenden Teil sowie einen anderen Teil, der als konzernfremd behandelt wird."[6] Im übrigen ist § 297 Abs. 3 Satz 1 nicht eindeutig der Einheits- oder Interessentheorie zuzuordnen.[7] Die Konzerntheorien können lediglich als Beurteilungsmaßstab für einen Konzernabschluß gelten, in den ausschließlich vollkonsolidierte Tochterunternehmen eingehen. Sofern

---

1) Vgl. ZÜNDORF, H.: Die Konsolidierung von Gemeinschaftsunternehmen auf Grundlage der Equity-Methode und der Quotenkonsolidierung nach neuem Konzernbilanzrecht, a.a.O., S. 212.

2) Vgl. WYSOCKI, K.v./WOHLGEMUTH, M.: Konzernrechnungslegung, a.a.O., S. 205 ff.. Die Zwischenergebniseliminierung ist gemäß Art. 33 Abs. 7 i.V.m. Art. 26 Abs. 1 Buchstabe c) der 7. EGR auch im Rahmen der Equity-Methode durchzuführen, soweit die betreffenden Tatbestände bekannt oder zugänglich sind. Vgl. Abschnitt 6.1.2.

3) Vgl. EISELE, W./RENTSCHLER, R.: Gemeinschaftsunternehmen im Konzernabschluß, a.a.O., S. 319 f..

4) Vgl. WYSOCKI, K.v.: Das Dritte Buch des HGB 1985 und die Grundsätze ordnungsmäßiger Konzernrechnungslegung, a.a.O., S. 179 f.; ZÜNDORF, H.: Die Konsolidierung von Gemeinschaftsunternehmen auf Grundlage der Equity-Methode und der Quotenkonsolidierung nach neuem Konzernbilanzrecht, a.a.O., S. 212.

5) Vgl. EISELE, W./RENTSCHLER, R.: Gemeinschaftsunternehmen im Konzernabschluß, a.a.O., S. 320.

6) BAETGE, J.: Konzernbilanzen, a.a.O., S. 412.

7) Vgl. BAETGE, J.: Konzernbilanzen, a.a.O., S. 423.

Gemeinschaftsunternehmen und assoziierte Unternehmen existieren, wird jedoch eine Orientierung an der Informationsfunktion des Konzernabschlusses als Darstellung des wirtschaftlichen Einflußbereichs des Konzerns notwendig.[1)]

Durch einen Vorspaltenausweis der quotal konsolidierten Aktiva und Passiva sowie der Aufwendungen und Erträge kann der Vorwurf der Bilanzierung eines Wertekonglomerats behoben werden.[2)] Dies kann sich allerdings nachteilig auf die Übersichtlichkeit des Konzernabschlusses auswirken, insbesondere, wenn weitere Davon-Vermerke existieren. Eine Zusammenfassung der Vorspalten zu einem gesonderten Abschluß würde aber auch nicht zu einer übersichtlicheren Darstellung führen.[3)] In IAS 31.28 wird als gleichberechtigte Alternative entweder ein Vorspaltenausweis (separate line items) der quotal konsolidierten Beträge gefordert oder bei Verzicht auf einen Vorspaltenausweis (line-by-line reporting format) i.V.m. IAS 31.47 zumindest verlangt, die anteiligen Konzernabschlußposten der Rechenwerke für die aggregierten Beträge Anlagevermögen, Umlaufvermögen, kurzfristige und langfristige Schulden sowie Aufwendungen und Erträge anzugeben.[4)] Den höchsten Informationswert weist natürlich ein Vorspaltenausweis in den Rechenwerken auf, auch wenn dadurch der Konzernabschluß etwas unübersichtlicher wird.[5)] Daher ist er die aus Adressatensicht zu bevorzugende Ausweisvariante.

Die Equity-Methode verzerrt die Vermögens-, Finanz- und Ertragslage, sofern wesentliche Konzernaktivitäten auf Gemeinschaftsunternehmen entfallen.[6)] Gemeinschaftsunternehmen sind regelmäßig größere Unternehmen, deren Finanzierung nicht allein von einem Unternehmen getragen werden kann bzw. dessen Risiko auf mehrere Unternehmen verteilt werden soll. Sie werden jeweils von zwei oder mehreren Unternehmen aufgrund vertrag-

---

1) Vgl. SCHINDLER, J.: Konsolidierung von Gemeinschaftsunternehmen: Ein Beitrag zu § 310 HGB, a.a.O., S. 164; EISELE, W./RENTSCHLER, R.: Gemeinschaftsunternehmen im Konzernabschluß, a.a.O., S. 319.

2) Vgl. KÜTING, K.: Die Quotenkonsolidierung nach der 7. EG-Richtlinie, in: BB, 36. Jg. (1983), S. 804-814, hier S. 813; SCHINDLER, J.: Konsolidierung von Gemeinschaftsunternehmen: Ein Beitrag zu § 310 HGB, a.a.O., S. 164.

3) Vgl. SCHINDLER, J.: Konsolidierung von Gemeinschaftsunternehmen: Ein Beitrag zu § 310 HGB, a.a.O., hier S. 164.

4) Vgl. GIDLEWITZ, H.-J.: Internationale Harmonisierung der Konzernrechnungslegung, a.a.O., S. 253. In IAS 31.47 ist kein Ort angegeben, wo diese Angaben gemacht werden sollen.

5) Vgl. RUHNKE, K./KLUGE, C.: Gemeinschaftsunternehmen im Konzernabschluß nach International Accounting Standards und HGB, in: RIW, 42. Jg. (1996), S. 577-584, hier S. 584; SCHINDLER, J.: Konsolidierung von Gemeinschaftsunternehmen: Ein Beitrag zu § 310 HGB, a.a.O., hier S. 165 f. Anderer Ansicht KLEBER, H.: IAS 31 Bilanzierung von Gemeinschaftsprojekten (Financial Reporting of Interests in Joint Ventures, in: Baetge, J./Dörner, D./Kleekämper, H./Wollmert, P. (Hrsg.): Rechnungslegung nach International Accounting Standards (IAS), a.a.O., S. 1237-1280, hier Rn. 69.

6) Vgl. BAETGE, J.: Konzernbilanzen, a.a.O., S. 430 f.

licher Vereinbarungen gemeinschaftlich geleitet, so daß der Einfluß der beteiligten Unternehmen insofern eine andere Qualität als bei assoziierten Unternehmen hat. Folglich dürfte auch das Problem der Informationsbeschaffung geringer als bei assoziierten Unternehmen sein, da es bei Gemeinschaftsunternehmen kein beherrschendes Unternehmen gibt, das Informationen verwehren könnte, so daß bei annähernd paritätischer Verteilung der Kapitalanteile allein ein zu hoher Aufwand bei gemeinsamer Führung durch viele verschiedene Unternehmen entstehen kann. Daher muß die auf der Stufenkonzeption beruhende Quotenkonsolidierung als die adäquate Konsolidierungsmethode für Gemeinschaftsunternehmen angesehen werden. Dies wird indirekt durch die Praxis bestätigt. In einer Untersuchung, deren Gegenstand die Analyse von 50 deutschen Konzerngeschäftsberichten von Kapitalgesellschaften aus der Industrie-, Handels- und Verkehrsbranche mit einem Abschlußstichtag im Jahr 1990 war, wurde in den Erläuterungen zum Konsolidierungskreis von zehn Konzernen angegeben, daß sie Gemeinschaftsunternehmen quotal in den Konzernabschluß einbeziehen, während nur drei Konzerne diese nach der Equity-Methode bilanzierten.[1)]

Zur Verbesserung der Aussagefähigkeit des Konzernabschlusses ist ein Vorspaltenausweis[2)] der quotal konsolidierten Aktiva und Passiva sowie der Aufwendungen und Erträge verpflichtend vorzusehen.[3)] Aufgrund der regelmäßig hohen Bedeutung von Gemeinschaftsunternehmen für die jeweiligen Mutterunternehmen sollte die Anwendung der Quotenkonsolidierung unabhängig vom Bestehen eines Konzerns verpflichtend sein.

Die 7. EGR gewährt das abzulehnende Wahlrecht zwischen Quotenkonsolidierung und Equity-Methode. Daher kann sie auch die Kriterien Verläßlichkeit und Verständlichkeit nicht erfüllen. In IAS 31.25 ist die Quotenkonsolidierung als bevorzugte Methode genannt, und IAS 31.28 i.V.m. IAS 31.47 fordern darüber hinaus weitere Informationen, so daß Verläßlichkeit und Verständlichkeit relativ gut erfüllt werden. In den USA ist die Quotenkonsolidierung eigentlich nicht erlaubt, was unverständlich ist. Aufgrund dieser Vorschrift ist die Verläßlichkeit dagegen sehr hoch. Da in der Praxis die Quotenkonsolidierung

---

1) Vgl. HEYDEMANN, B./KOENEN, S.: Die Abgrenzung des Konsolidierungskreises bei Kapitalgesellschaften in Theorie und Praxis, a.a.O., S. 2259 f.

2) Verschiedentlich wird angemerkt, daß ein Vorspaltenausweis die Übersichtlichkeit beeinträchtige und daher Anhanginformationen vorzuziehen seien. Dem ist allerdings entgegenzuhalten, daß den beiden Rechenwerken die größere Publizität zukommt und die Informationen im Anhang aufgrund der Fülle der sonstigen Informationen den Einblick in die tatsächlichen Verhältnisse eher noch stärker beeinträchtigt. Vgl. SCHINDLER, J.: Konsolidierung von Gemeinschaftsunternehmen: Ein Beitrag zu § 310 HGB, a.a.O., S. 164 f.

3) Vgl. RUHNKE, K./KLUGE, C.: Gemeinschaftsunternehmen im Konzernabschluß nach International Accounting Standards und HGB, a.a.O., S. 584; SCHINDLER, J.: Konsolidierung von Gemeinschaftsunternehmen: Ein Beitrag zu § 310 HGB, a.a.O., S. 165.

bisweilen trotzdem Anwendung findet, ist die Verläßlichkeit jedoch nicht voll, sondern nur relativ gut gewährleistet.

4.5.3 Anwendungsbereich der Equity-Methode

Wird ein Tochterunternehmen gemäß Art. 13 und 14 der 7. EGR nicht auf der Grundlage der Vollkonsolidierung in den Konzernabschluß einbezogen, so ist nach geltendem Recht stets zu prüfen, ob es nicht die in Art. 33 geregelten Voraussetzungen eines assoziierten Unternehmens erfüllt,[1] da, selbst wenn kein beherrschender Einfluß ausgeübt werden kann, ein Tochterunternehmen noch einem maßgeblichen Einfluß unterliegen könnte, so daß sich der in Abbildung 14 dargestellte Assoziierungskreis ergibt.

Abb. 14: Assoziierungskreis nach der 7. EGR

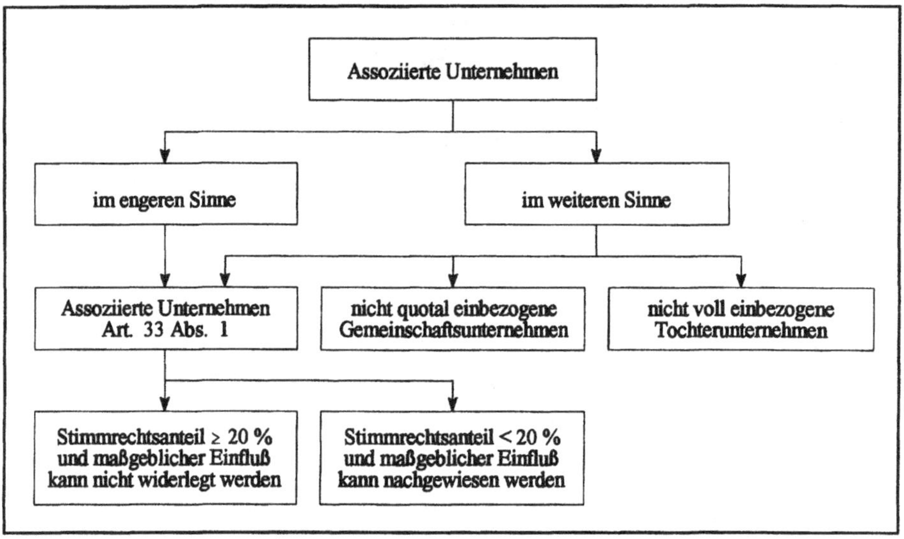

Quelle: In Anlehnung an DUSEMOND, M.: Die Abgrenzung des Konsolidierungskreises im engeren und weiteren Sinne, a.a.O., S. 1737.

In den USA bestand früher durch ARB No. 51 eine Verpflichtung zur Anwendung der Equity-Methode, wenn ein Tochterunternehmen aufgrund eines Einbeziehungsverbots nicht vollkonsolidiert wurde. Dies hat sich jedoch durch SFAS No. 94 geändert. Hiernach sollen Tochterunternehmen, die nur vorübergehend oder gar nicht der Kontrolle des Mutterunter-

1) Vgl. BIENER, H./SCHATZMANN, J.: Konzern-Rechnungslegung, a.a.O., S. 53; DUSEMOND, M.: Die Abgrenzung der Konsolidierungskreises im engeren und weiteren Sinne, a.a.O., S. 1734.

nehmens unterliegen, auch nicht nach der Equity-Methode bewertet werden, sondern entsprechend der Beteiligungsabsicht im Anlage- oder Umlaufvermögen unter Berücksichtigung des Niederstwertprinzips angesetzt werden.[1] Das gleiche gilt auch gemäß IAS 27.13. Dies entspricht der tatsächlichen Situation des Konzerns am ehesten und ist daher die sinnvollste Verfahrensweise.

Wenn Restriktionen der Geschäfts- und Finanzpolitik, wie beispielsweise Konvertierungs- und Transferbeschränkungen im Ausland, die einzige Ausnahme von der Konsolidierungspflicht in Form eines Konsolidierungsverbots darstellen, kann die Equity-Methode trotz ihrer normalerweise höheren Aussagefähigkeit aus den gleichen Gründen ebenfalls nicht angewandt werden. Konvertierungs- und Transferbeschränkungen können zur Thesaurierung von Gewinnen führen, die dann den Equity-Wert erhöhen, obwohl die Beschränkungen eher Anlaß zu einer Abschreibung auf den niedrigeren beizulegenden Wert gäben.[2] Hier führte die Equity-Methode zu einem offensichtlichen Mißverhältnis von Bilanzausweis und tatsächlichem Wert.[3] Dies wird auch dadurch deutlich, daß selbst assoziierte Unternehmen, wenn sie gemäß IAS 28.8 nur zur Weiterveräußerung erworben wurden oder gemäß IAS 28.11b langfristigen Beschränkungen unterliegen, nicht nach der Equity-Methode zu bewerten sind. Analoges gilt gemäß IAS 31 unter den gleichen Voraussetzungen auch für quotalkonsolidierte oder nach der Equity-Methode bewertete Gemeinschaftsunternehmen. Folglich ist davon auszugehen, daß auf Tochterunternehmen, die nur zur Weiterveräußerung erworben wurden oder langfristigen Beschränkungen unterliegen, ebenfalls kein maßgeblicher Einfluß ausgeübt wird und diese konsequenterweise im Rahmen einer objektivierten Konzernrechnungslegung auch nicht mit der Equity-Methode zu bewerten sind. Wird ein Tochter- oder Gemeinschaftsunternehmen nach geltendem Recht aufgrund untergeordneter Bedeutung nicht konsolidiert, so ist ebenfalls davon auszugehen, daß die untergeordnete Bedeutung auch von der Anwendung der Equity-Methode befreit.[4]

---

1) Vgl. EISOLT, D.: US-amerikanische und deutsche Konzernrechnungslegung, a.a.O., S. 296 ff.; FÄRBER, T./JANSEN, M./KOCH, P./LEIDINGER, P.W./RAUSCH, A.: Bilanzpolitische Gestaltungsmöglichkeiten in den USA, a.a.O., S. 88 f. Ursprünglich war hier sogar ein Anwendungsverbot vorgesehen, von dem das FASB aufgrund kritischer Äußerungen aus der Praxis vorerst absah. Vgl. SFAS No. 94, pars. 24 und 53.

2) Die Equity-Bewertung unterliegt allerdings auch der Kontrolle durch das Niederstwertprinzip. Vgl. EBELING, R.M.: Die Einheitsfiktion als Grundlage der Konzernrechnungslegung, a.a.O., S. 392; KÜTING, K./HAYN, B/ZÜNDORF, H.: § 312 Wertansatz der Beteiligung und Behandlung des Unterschiedsbetrags, a.a.O., Rn. 81 ff.

3) Vgl. PAHLER, A.J./MORI, J.E.: Advanced Accounting, a.a.O., S. 33 f.

4) Vgl. KÜTING, K./WEBER, C.-P.: Der Konzernabschluß, a.a.O., S. 364 f. Anderer Ansicht sind SCHRUFF, W.: Einflüsse der 7. EG-Richtlinie auf die Aussagefähigkeit des Konzernabschlusses, a.a.O., S. 280; BUSSE VON COLBE, W./CHMIELEWICZ, K.: Das neue Bilanzrichtlinien-Gesetz, a.a.O., S. 341; THEISEN, M.R.: Der Konzern, a.a.O., S. 367.

In einer objektivierten Konzernrechnungslegung darf jedoch eine Ausnahmeregel aufgrund der Wesentlichkeit nicht bestehen. Dies ist eine sinnvolle Verfahrensweise, die sicherstellt, daß die Equity-Methode nur auf typische assoziierte Unternehmen,[1] also den Assoziierungskreis i.e.S., Anwendung findet und nicht zu einer Ersatzkonsolidierungsmethode für untypische assoziierte Unternehmen, nämlich unkonsolidierte Tochter- und Gemeinschaftsunternehmen, wird.

Die Anwendung der Equity-Methode auf assoziierte Unternehmen und der Quotenkonsolidierung auf Gemeinschaftsunternehmen kann aufgrund der höheren Aussagefähigkeit gegenüber der Anschaffungskostenmethode nicht davon abhängig gemacht werden, daß das Vorhandensein eines Tochterunternehmens zur Konzernrechnungslegungspflicht führt. Eine entsprechende Regelung findet sich für die Equity-Methode in APB Opinion No. 18, par. 17, die die Anwendung der Equity-Methode im Einzelabschluß zwingend vorschreibt, während IAS 28.14b dies freistellt und Art. 59 der 4. EGR i.V.m. Art. 45 der 7. EGR nur ein Mitgliedstaatenwahlrecht vorsieht.

Die US-GAAP entsprechen hier der Forderung der ausschließlichen Anwendung der Equity-Methode auf typische assoziierte Unternehmen und damit dem Kriteriun der Verständlichkeit nicht ganz. Verläßlichkeit ist jedoch voll gewährleistet. Die 7. EGR, die hier noch auf dem Stand der US-GAAP vor Einführung von SFAS No. 94 im Jahre 1987 verharrt, vermag die Kriterien dagegen nicht zu erfüllen. Die IAS lassen die Equity-Methode lediglich als allowed alternative treatment für Gemeinschaftsunternehmen nicht jedoch für nicht konsolidierte Tochterunternehmen zu. Daher führen sie hier zu relativ guter Verläßlichkeit und Verständlichkeit.

---

1) Vgl. BAETGE, J.: Konzernbilanzen, a.a.O., S. 437, der sinnvoller differenziert in typische assoziierte Unternehmen, auf die lediglich ein maßgeblicher und kein beherrschender Einfluß ausgeübt wird oder die einer gemeinsamen Führung unterliegen und untypische assoziierte Unternehmen, nämlich unkonsolidierte Tochter- und Gemeinschaftsunternehmen.

4.6 Steuerabgrenzung

Werden Ertragsteuern nicht als Gewinnbestandteil, sondern als Aufwand betrachtet, ergibt sich aus den Grundsätzen der Unternehmensfortführung und der Periodenabgrenzung das Problem der Steuerabgrenzung. Da der tatsächliche Steueraufwand nicht unbedingt in einem sinnvollen Zusammenhang zum handelsrechtlichen Ergebnis steht, wird gleichzeitig versucht, den Steueraufwand durch den Ausweis latenter Steuern weitgehend an das handelsrechtliche Ergebnis bzw. an das Konzernergebnis anzupassen.[1] Andernfalls kann es in Extremfällen passieren, daß im handelsrechtlichen Abschluß trotz eines Jahresfehlbetrags ertragsabhängige Steuern ausgewiesen werden oder daß im umgekehrten Fall zwar ein Gewinn ausgewiesen wird, aber keine ertragsabhängigen Steuern.[2] Die latenten Steuern stellen eine fiktive Steuerschuld in der Handelsbilanz dar, die dazu dient, die aufgrund des steuerrechtlichen Gewinns entstandene Ertragsteuerschuld in einen erklärbaren Zusammenhang zum handelsrechtlichen Ergebnis zu stellen. Dies ist notwendig, wenn aufgrund unterschiedlicher Bilanzierungsvorschriften in der Handelsbilanz ein anderer Gewinn als in der Steuerbilanz ausgewiesen wird.[3]

Es gibt verschiedene Methoden zur Errechnung latenter Steuern und ebenfalls verschiedene Möglichkeiten des Ausweises. So gibt es ein GuV-orientiertes und ein bilanzorientiertes Ermittlungskonzept. Latente Steuern können entweder in der Bilanz oder im Anhang ausgewiesen werden. Sie können verrechnet oder separat angegeben werden. Außerdem ist im Jahresabschluß ein Ausweis unter verschiedenen Positionen denkbar.

Die 7. EGR bezieht sich in Art. 29 Abs. 4 ausschließlich auf eine passive Abgrenzung, so daß die Mitgliedstaaten über eine Zulassung einer aktivischen Abgrenzung selber entscheiden konnten.[4] Darüber hinaus wird keine Methode vorgegeben. Da gemäß § 306 HGB latente Steuern unabhängig davon auszuweisen sind, ob sie auf der Aktiv- oder

---

1) Vgl. BAETGE, J.: Konzernbilanzen, a.a.O., S. 497; PFANNSCHMIDT, A.: Ertragsteuern im Konzernabschluß, in: Albach, H./Klein, G. (Hrsg): Harmonisierung der Konzernrechnungslegung in Europa, a.a.O., S. 219-245, hier S. 221 f.

2) Vgl. KÜTING, K./WEBER, C.-P.: Der Konzernabschluß, a.a.O., S. 333.

3) Vgl. COENENBERG, A.G.: Jahresabschluß und Jahresabschlußanalyse, a.a.O., S. 264; DUSEMOND, M./ HAYN, B.: Latente Steuern im Rahmen der Erstellung der Handelsbilanz II, in: BB, 52. Jg. (1997), S. 407-411, hier S. 407; PELLENS, B.: Internationale Rechnungslegung, a.a.O., S. 213.

4) Vgl. BIENER, H./SCHATZMANN, J.: Konzern-Rechnungslegung, a.a.O., S. 62; PFANNSCHMIDT, A.: Ertragsteuern im Konzernabschluß, a.a.O., S. 234.

Passivseite entstehen, geht die deutsche Transformation über die Anforderungen der 7. EGR hinaus.[1)]

In einer FEE-Studie wurde festgestellt, daß in den Einzelabschlüssen, im Gegensatz zu den Konzernabschlüssen, oft keine latenten Steuern erscheinen. Dies läßt sich für Belgien, Deutschland, Frankreich, Griechenland und Luxemburg damit begründen, daß die Einzelabschlüsse in diesen Mitgliedstaaten auch für steuerliche Zwecke verwendet werden, was notwendigerweise dazu führt, daß aus Wirtschaftlichkeitsgründen entweder kein zweiter Einzelabschluß erstellt wird oder die Abweichungen auf das Notwendige begrenzt werden.[2)] Besonders deutlich wurde das für die untersuchten französischen Einzel- und Konzernabschlüsse. Während in den Einzelabschlüssen latente Steuern kaum vorkamen, wurden sie in allen untersuchten Konzernabschlüssen angegeben.[3)] Die Ursache liegt darin, daß der Ausweis latenter Steuern bisher gegen französische Grundsätze verstieß und erst durch Umsetzung der EG-Richtlinien toleriert wird.[4)] Dies macht deutlich, daß es insbesondere für die Konzernabschlüsse einer Regelung für den Bereich der latenten Steuern bedarf.

4.6.1 Methoden der Differenzenermittlung für die Abgrenzung latenter Steuern

Die beiden Methoden der Ermittlung von Differenzen als Grundlage für die Bildung latenter Steuern sind das GuV-orientierte Timing-Konzept und das bilanzorientierte Temporary-Konzept.

4.6.1.1 GuV-orientiertes Timing-Konzept

Nach den in Deutschland geltenden Regeln und der herrschenden Meinung werden latente Steuern in Höhe des Differenzbetrags zwischen der tatsächlichen und der auf Basis des handelsrechtlichen Ergebnisses berechneten Steuerschuld gebildet. Je nachdem, welches Ergebnis höher ist, entstehen aktive oder passive latenten Steuern.[5)] Hierzu ist anzumerken, daß die Bedeutung latenter Steuern in Ländern, in denen aufgrund eines Maßgeblichkeits-

---

1) Vgl. PFANNSCHMIDT, A.: Ertragsteuern im Konzernabschluß, a.a.O., S. 235.

2) Vgl. FEE (Hrsg.): FEE Survey 1991, a.a.O., S. 230.

3) Vgl. FEE (Hrsg.): FEE Survey 1991, a.a.O., S. 228 f.

4) Vgl. SCHOLTISSEK, W.: Der konsolidierte Abschluß in Frankreich - Überblick über das Gesetz No. 85-11 vom 3.1.1985, a.a.O., S. 472.

5) Vgl. COENENBERG, A.G.: Jahresabschluß und Jahresabschlußanalyse, a.a.O., S. 264; DUSEMOND, M./ HAYN, B.: Latente Steuern im Rahmen der Erstellung der Handelsbilanz II, in: BB, 52. Jg. (1997), S. 407-411, hier S. 407.

prinzips die handelsrechtlichen Vorschriften den steuerrechtlichen weitgehend entsprechen, eher gering ist. Die ersten Konzepte zur Steuerabgrenzung wurden daher auch in angelsächsischen Ländern entwickelt.[1)]

Gemäß § 306 HGB sind latente Steuern nur für ergebniswirksame zeitlich begrenzte Differenzen zwischen zu versteuerndem Gewinn und handelsrechtlichem Ergebnis zu bilden, die sich in den Folgeperioden wieder ausgleichen. Dies wird auch als GuV-orientiertes Timing-Konzept bezeichnet, das eher die zutreffende Darstellung der Ertragslage in den Vordergrund stellt.[2)] Für permanente Differenzen werden keine latenten Steuern gebildet, da sie sich in der Zukunft nicht wieder ausgleichen, so daß hier kein Grund zur Steuerabgrenzung besteht. Einige Autoren unterscheiden noch weiter in quasi-permanente Differenzen, die sich zwar im Zeitablauf wieder aufheben, so daß hier grundsätzlich latente Steuern zu bilden wären. Da dies jedoch nicht automatisch geschieht, sondern einer unternehmerischen Disposition unterliegt, ist nicht bekannt, ob, wann oder in welcher Höhe sie sich ausgleichen. Folglich seien ebenfalls keine latenten Steuern zu bilden. Verdeutlicht wird dies bei Betrachtung des Extremfalls, nämlich wenn sich die Differenzen erst bei Liquidation des Unternehmens ausgleichen. Hier würde die Bildung latenter Steuern nach der in Deutschland herrschenden Meinung dem Grundsatz der Unternehmensfortführung widersprechen.[3)]

Eine weitere Unterscheidung in quasi-permanente Differenzen ist jedoch nicht sachgerecht. Selbst wenn nicht bekannt ist, ob, wann und in welcher Höhe sich Differenzen des Mutterunternehmens ausgleichen, so ändert das nichts am Bestehen einer zeitlich befristeten Differenz. Wenn sich diese erst durch eine unternehmerische Disposition bei Liquidation oder Verkauf des Tochterunternehmens ausgleicht, ist damit lediglich die maximale zeitliche Befristung ausgeschöpft. Ihre Berücksichtigung bei der Steuerabgrenzung verstößt also nicht unbedingt gegen den Grundsatz der Unternehmensfortführung, zumal dieser für den Konzern als Ganzen gewahrt bleibt, auch wenn ein Tochterunternehmen aus dem Konzernverbund ausscheidet. Da darüber hinaus unklar ist, "welcher Zeitraum als überschaubar

---

1) Vgl. COENENBERG, A.G.: Jahresabschluß und Jahresabschlußanalyse, a.a.O., S. 264; PFANNSCHMIDT, A.: Ertragsteuern im Konzernabschluß, a.a.O., S. 220 f.

2) Vgl. PELLENS, B.: Internationale Rechnungslegung, a.a.O., S. 213.

3) Vgl. BUSSE VON COLBE, W./ORDELHEIDE, D.: Konzernabschlüsse, a.a.O., S. 36 f.; COENENBERG, A.G./HILLE, K.: IAS 12 Bilanzierung von Ertragsteuern (Accounting for Taxes on Income), in: Baetge, J./Dörner, D./Kleekämper, H./Wollmert, P. (Hrsg.): Rechnungslegung nach International Accounting Standards (IAS), a.a.O., S. 397-441, hier Rn. 22; PELLENS, B.: Internationale Rechnungslegung, a.a.O., S. 215; WYSOCKI, K.v./WOHLGEMUTH, M.: Konzernrechnungslegung, a.a.O., S. 250 f.

anzusehen ist und ob klare Abgrenzungskriterien überhaupt festgelegt werden können"[1], ist auf eine über zeitliche und permanente Differenzen hinausgehende Differenzierung zu verzichten.

4.6.1.2 Bilanzorientiertes Temporary-Konzept

Übereinstimmend mit der handelsrechtlichen Regelung sah auch IAS 12.11 (reformatted 1994) lediglich die Einbeziehung der timing differences in die Berechnung der latenten Steuern vor. Eine grundlegende Neuerung in IAS 12 (revised 1996)[2], der sich nicht nur begrifflich eng an das im Februar 1992 verabschiedete SFAS 109[3] anlehnt, ist die Anwendung des bilanzorientierten Temporary-Konzepts, das nicht mehr von timing differences, sondern von temporary differences spricht und eher auf eine zutreffende Darstellung der Vermögenslage abzielt. Der inhaltliche Unterschied liegt in der Orientierung der temporary differences an Ansatz- und Bewertungsunterschieden in Handels- und Steuerbilanz - und nicht mehr nur an den Auswirkungen bezogen auf den Gewinn, wie vorher in IAS 12 (reformatted 1994). Das bilanzorientierte Temporary-Konzept schließt die aufgrund des GuV-orientierten Timing-Konzepts entstehenden Differenzen ein und geht über dieses hinaus. Auch quasi-permanente Differenzen fallen unter diesen Begriff und müssen, im Gegensatz zur HGB-Vorschrift, für die Berechnung der latenten Steuern berücksichtigt werden.[4]

1) LASER, H.: Latente Steuern, in: Castan, E. u.a. (Hrsg.): Beck'sches Handbuch der Rechnungslegung, Bd. I, München 1986, B 235, Rz. 48.

2) Wenn im folgenden von IAS 12 ohne weiteren Zusatz gesprochen wird, ist stets IAS 12 in der aktuellen, Fassung von 1996 gemeint.

3) Vgl. FASB: Statement of Financial Accounting Standards No. 109: Accounting for Income Taxes, 1992, in: FASB: Original Pronouncements, Accounting Standards as of June 1, 1998, a.a.O., Bd. I, S. 1412-1481.

4) Vgl. ARBEITSKREIS "RECHNUNGSLEGUNG DER EG-KOMMISSION" DER GEFIU: Möglichkeiten und Grenzen der Anpassung deutscher Konzernabschlüsse an die Grundsätze des International Accounting Standards Committee (IASC), Teil I: S. 1137-1143 und Teil II: S. 1185-1191, hier S. 1187; COENENBERG, A.G./ HILLE, K.: Latente Steuern nach der neu gefaßten Richtlinie IAS 12, in: DB, 50. Jg. (1997), S. 537-544, hier S. 537 ff.; FÖRSCHLE, G./KRONER, M.: International Accounting Standards: Offene Fragen zur künftigen Steuerabgrenzung, in: DB, 49. Jg. (1996), S. 1633-1639, hier S. 1633 f.; PELLENS, B.: Internationale Rechnungslegung, a.a.O., S. 213 ff. sowie S. 425; WOLLMERT, P.: Gegenwärtige und künftige Behandlung latenter Steuern im IASC-Abschluß, in: Dörner, D./Wollmert, P. (Hrsg.): IASC-Rechnungslegung, a.a.O., S. 83-98, hier S. 87 f.

4.6.2 Entstehungsbereiche latenter Steuern

Latente Steuern können einerseits auf Einzelabschlußebene, sogenannte primäre latente Steuern, und andererseits auf Konzernabschlußebene, sogenannte sekundäre latente Steuern, entstehen.[1] Aus deutscher Sicht wird streng zwischen diesen Ebenen unterschieden, da für sekundäre latente Steuern sowohl eine Aktivierungs- als auch eine Passivierungspflicht gemäß § 306 HGB besteht. Resultierend aus dem deutschen Imparitätsprinzip gemäß § 274 HGB besteht für einen Passivsaldo bei den primären latenten Steuern zwar ebenfalls eine Passivierungspflicht in Form einer Rückstellung, für einen Aktivsaldo besteht jedoch lediglich ein Aktivierungswahlrecht in Form einer Bilanzierungshilfe.[2] Aus betriebswirtschaftlicher Sicht ist auch für aktive latente Steuern, die aus dem Einzelabschluß resultieren, eine Ansatzpflicht sinnvoll,[3] da nur so gewährleistet ist, daß sich ein periodengerecht ermittelter, dem Einzel- und Konzernabschluß entsprechender Steueraufwand ergibt.[4] Darüber hinaus könnte die Anwendung der Equity-Methode eine Steuerabgrenzung notwendig machen, die in Abhängigkeit vom jeweils bestehenden System entweder zu den primären oder den sekundären latenten Steuern zu rechnen ist.

4.6.2.1 Vorbereitende Maßnahmen auf Einzelabschlußebene

Bevor die Konsolidierung der Einzelabschlüsse erfolgen kann, müssen noch vorbereitende Maßnahmen durchgeführt werden. Als mögliche Ursachen für die Entstehung latenter Steuern auf Einzelabschlußebene kommen insbesondere folgende in Betracht:

- **Originäre latente Steuern der Einzelabschlüsse**

  Zunächst sind latente Steuern in den Einzelabschlüssen der zu konsolidierenden Tochterunternehmen zu ermitteln. Diese sind in den Konzernabschluß zu übernehmen.[5]

---

1) Vgl. BAETGE, J.: Konzernbilanzen, a.a.O., S. 512.

2) Vgl. ARBEITSKREIS "RECHNUNGSLEGUNG DER EG-KOMMISSION" DER GEFIU: Möglichkeiten und Grenzen der Anpassung deutscher Konzernabschlüsse an die Grundsätze des International Accounting Standards Committee (IASC), a.a.O., S. 1187.

3) Vgl. BUSSE VON COLBE, W./ORDELHEIDE, D.: Konzernabschlüsse, a.a.O., S. 118.

4) Vgl. BAETGE, J.: Konzernbilanzen, a.a.O., S. 498.

5) Vgl. BAUMANN, K.-H.: § 306 Steuerabgrenzung, in: Küting, K./Weber, C.-P. (Hrsg.): Handbuch der Konzernrechnungslegung, a.a.O., S. 1595-1609, hier Rn. 11.

- **Anpassung der Einzelabschlüsse an die einheitliche Bilanzierung im Konzernabschluß**

  Die für den Konzernabschluß einheitlich anzuwendenden Bilanzierungsvorschriften sind auf die Einzelabschlüsse der zu konsolidierenden Tochterunternehmen zu übertragen. Sofern hierdurch zeitlich befristete Differenzen entstehen, sind diese durch Bildung latenter Steuern zu berücksichtigen.[1)] Bei Anwendung des bilanzorientierten Temporary-Konzepts sind darüber hinaus noch quasi-permanente Differenzen zu berücksichtigen.

- **Währungsumrechnung der Einzelabschlüsse**

  Die Währungsumrechnung führt nach der in Deutschland herrschenden Meinung nicht zur Bildung latenter Steuern, da bei den hier entstehenden Differenzen, sofern sie überhaupt erfolgswirksam behandelt werden, nicht bekannt ist, ob, wann und in welcher Höhe sie sich ausgleichen.[2)] Hier ist der Zusammenhang zwischen dem Umrechnungsergebnis und dem Veräußerungs- oder Liquidationsergebnis so vage, daß selbst das Vorliegen quasi-permanenter Unterschiede zu verneinen ist.[3)] Im übrigen unterliegen alle Abschlußpositionen der Währungsumrechnung, also auch der Steueraufwand selbst. Folglich steht er in einem grundsätzlich korrekten Verhältnis zum Ergebnis. Die Durchführung einer Steuerabgrenzung ist insofern gar nicht notwendig.

  Nach IAS 12.38-41 ist dagegen grundsätzlich für die Differenz zwischen dem Reinvermögen des Tochterunternehmens, das sich aus den in den Konzernabschluß übernommenen umgerechneten Aktiva und Passiva ergibt, und dem Buchwert der Beteiligung im Abschluß des Mutterunternehmens eine Steuerabgrenzung vorzunehmen, obwohl es bei Währungskursänderungen gar nicht zu zukünftigen Steuerminder- oder -mehrzahlungen im Ausland kommt. Der in

---

1) Vgl. Löhr, D.: Ansatz von latenten Steuern bei abweichender Bilanzierung und Bewertung in der Handelsbilanz II, in: DB, 48. Jg. (1995), S. 1921-1925, hier S. 1921 f. Nach deutschem Recht gehört die einheitliche Bewertung in § 308 HGB nicht zum Vierten Titel des Zweiten Unterabschnitts im Zweiten Abschnitt des Dritten Buchs des HGB und ist damit gemäß § 306 HGB im Gegensatz zum einheitlichen Ansatz in § 300 Abs. 2 HGB abwegigerweise nicht verpflichtend für die Bildung aktiver Steuerlatenzen heranzuziehen. Vgl. Wysocki, K.v./Wohlgemuth, M.: Konzernrechnungslegung, a.a.O., S. 255 f.

2) Vgl. Baetge, J.: Konzernbilanzen, a.a.O., S. 511 f.; Debus, C.: Latente Steuern, in: Castan, E. u.a. (Hrsg.): Beck'sches Handbuch der Rechnungslegung, München 1986, Bd. II, C 440, Rz. 127 ff.

3) Vgl. Baumann, K.-H.: § 306 Steuerabgrenzung, a.a.O., Rn. 17. IAS 12.38b fordert dagegen explizit die Bildung latenter Steuern für bilanzielle Bewertungsunterschiede aus der Währungsumrechnung.

Konzernwährung umgerechnete Betrag entspricht nämlich nicht der Ergebnisdifferenz, die der Besteuerung unterliegt. Folglich ist für die Währungsumrechnungsdifferenzen die Voraussetzung künftiger Steuerminder- oder -mehrzahlungen nicht gegeben.[1)]

Konsequenterweise berücksichtigen die US-GAAP gemäß SFAS 109.118-119 bei der Steuerabgrenzung keine Währungsumrechnungsdifferenzen aus der Umrechnung nicht-monetärer Vermögensgegenstände bei der Anwendung der Zeitbezugsmethode. Gründe sind die Schwierigkeiten bei der Berechnung der zugrunde liegenden Wertdifferenz und die Steuerabgrenzung auf einen Sachverhalt, dem kein Ergebnis zugrunde liegt.[2)]

Insgesamt muß daher auf eine auf der Währungsumrechnung basierende Steuerabgrenzung verzichtet werden, da sie in keinem verläßlichen Zusammenhang mit zukünftigen Steuerminder- oder -mehrzahlungen steht.

4.6.2.2 Konsolidierungsmaßnahmen

Als Konsolidierungsmaßnahmen sind alle Maßnahmen zu verstehen, die ausgehend von den angepaßten und umgerechneten Einzelabschlüssen zum Konzernabschluß führen. Die folgenden Konsolidierungsmaßnahmen sollen darauf untersucht werden, ob sie Anlaß zur Bildung sekundärer latenter Steuern geben.

- **Kapitalkonsolidierung**

  Die Kapitalkonsolidierung nach der Interessenzusammenführungsmethode soll hier nicht betrachtet werden, da sie gemäß 4.4.2.2 nicht Teil der objektivierten Konzernrechnungslegung ist. Außerdem erfolgt die Interessenzusammenführungsmethode stets erfolgsneutral ohne Auflösung stiller Reserven oder Lasten.[3)]

  Die Kapitalkonsolidierung nach der Erwerbsmethode ist zu unterscheiden in die erfolgsneutrale Erstkonsolidierung und die erfolgswirksame Folgekonsolidierung.[4)] Da die Erstkonsolidierung erfolgsneutral ist, fehlt hier gemäß dem in § 306 HGB verankerten GuV-orientierten Timing-Konzept eigentlich der Grund für die

---

1) Vgl. Debus, C.: Latente Steuern, a.a.O., Rz. 245 f.

2) Vgl. Debus, C.: Latente Steuern, a.a.O., Rz. 247.

3) Vgl. Coenenberg, A.G.: Jahresabschluß und Jahresabschlußanalyse, a.a.O., S. 540.

4) Vgl. Dusemond, M./Hayn, B.: Latente Steuern aus Konsolidierungsmaßnahmen, in: BB, 52. Jg. (1997), S. 983-968, hier S. 983.

Steuerabgrenzung. Die Erfolgswirksamkeit erhöhter Abschreibungen in Folgeperioden wird unter der Prämisse der Unternehmensfortführung in der Zukunft nicht ausgeglichen, so daß es sich hierbei formalrechtlich um permanente Differenzen handelt, die keinen Anlaß zur Bildung latenter Steuern geben.[1)]

Um jedoch einen für die Adressaten der Konzernrechnungslegung ebenfalls wichtigen, zutreffenden Ausweis der Vermögenslage zu erreichen, wird selbst in der deutschen Kommentarliteratur im Zuge der erfolgsneutralen Erstkonsolidierung eine erfolgsneutrale Steuerabgrenzung befürwortet.[2)] Dies steht weder in Einklang mit Art. 29 Abs. 4 der 7. EGR noch mit § 306 HGB, die für erfolgsneutrale Vorgänge wie die Erstkonsolidierung eine Steuerabgrenzung nicht zulassen, sondern entspricht dem bilanzorientierten Temporary-Konzept. So legt IAS 12.57 fest, daß latente Steuern konsistent zu den Transaktionen und Ereignissen zu erfassen sind, aus denen sie resultieren. Somit sind latente Steuern für erfolgswirksame Transaktionen und Ereignisse erfolgswirksam und für erfolgsneutrale Transaktionen und Ereignisse erfolgsneutral zu bilden.[3)]

Zur Erreichung eines zutreffenden Ausweises der Vermögenslage ist auch für den in der Zukunft abzuschreibenden Geschäfts- oder Firmenwert eine Abgrenzung passiver latenter Steuern vorzunehmen,[4)] selbst wenn dies die in Deutschland herrschende Meinung auf Basis des § 306 HGB ablehnt[5)] und sowohl gemäß SFAS 109.30 als auch gemäß IAS 12.15a und IAS 12.21 für Geschäfts- oder Firmenwerte keine Steuerabgrenzung vorzunehmen ist, sofern eine spätere Abschreibung mit steuerlicher Wirkung nicht möglich ist. Daß der Geschäfts- oder Firmenwert eine Residualgröße aus der Kapitalkonsolidierung ist,[6)] kann unwidersprochen akzeptiert werden. Eine Begründung dafür, daß er nicht der Steuer-

---

1) Vgl. DEBUS, C.: Latente Steuern, a.a.O., Rz. 142 ff.; IDW (Hrsg.): WP-Handbuch 1996, Bd. I, a.a.O., S. 999, Rn. 607 und S. 1001, Rn. 613; KÜTING, K./WEBER, C.-P.: Der Konzernabschluß, a.a.O., S. 339 f.

2) Vgl. SCHNICKE, C./FISCHER, N.: § 306 HGB, in: Budde, W.D. u.a. (Hrsg.): Beck'scher Bilanz-Kommentar, a.a.O., S. 1580-1594, hier Anm. 11.

3) Vgl. COENENBERG, A.G./HILLE, K.: Latente Steuern nach der neu gefaßten Richtlinie IAS 12, a.a.O., S. 542; DIES.: IAS 12 Bilanzierung von Ertragsteuern (Accounting for Taxes on Income), a.a.O., Rn. 88.

4) Vgl. DUSEMOND, M./HAYN, B.: Latente Steuern aus Konsolidierungsmaßnahmen, a.a.O., S. 984; SCHNICKE, C./FISCHER, N.: § 306 HGB, a.a.O., Anm. 11 f.

5) Vgl. ADS: § 306 HGB, S. 631, Rn. 29; BUSSE VON COLBE, W./ORDELHEIDE, D.: Konzernabschlüsse, S. 269; IDW (Hrsg.): WP-Handbuch 1996, Bd. I, a.a.O., S. 922, Rn. 340.

6) Vgl. IAS 12.31.

abrenzung unterliegt, ist es jedoch nicht. Vielmehr ist es abwegig, den Konsolidierungsausgleichsposten in einen der Steuerabgrenzung unterliegenden Teil, die stillen Reserven und Lasten, und einen nicht der Steuerabgrenzung unterliegenden Restbetrag, den Geschäfts- oder Firmenwert, zu unterteilen, da das Mutterunternehmen über die Ermessensspielräume bei der nicht objektivierbaren Ermittlung der Zeitwerte[1)] gleichzeitig Einfluß auf die Höhe der Steuerabgrenzung hätte. Was für den positiven Geschäfts- oder Firmenwert gilt, muß konsequenterweise auch für den negativen Firmenwert gelten.

In IAS 12.19 sowie SFAS 109.260 ist festgelegt, daß eine sich im Zuge der Erstkonsolidierung ergebende und erfolgsneutral zu bildende latente Steuerschuld den Geschäfts- oder Firmenwert beeinflußt. Dies führt jedoch zu äußerst fragwürdigen Ergebnissen. So ist es möglich, daß ein ursprünglich nicht vorhandener Geschäfts- oder Firmenwert bei einer Erstkonsolidierung erst dadurch entsteht, daß die Bildung latenter Steuern in einem zuvor nicht vorhandenen Geschäfts- oder Firmenwert erfolgsneutral gegengebucht wird.[2)] Daher ist es besser, die erfolgsneutrale Bildung einer latenten Steuerschuld als Passivtausch mit dem Eigenkapital durchzuführen. Außerdem stellte sich bei der hier vorgeschlagenen Steuerabgrenzung auf den Geschäfts- oder Firmenwert ansonsten die Frage, ob die Veränderung des Geschäfts- oder Firmenwerts aufgrund der Steuerabgrenzung auf die aufgelösten stillen Reserven selbst auch noch der Steuerabgrenzung unterläge.

Die Regelungen der US-GAAP in SFAS 109 entsprechen in bezug auf die Steuerabgrenzung im Rahmen der Kapitalkonsolidierung weitgehend IAS 12[3)] und sind aufgrund der Steuerabgrenzung bei der Erstkonsolidierung zwar verläßlich, aber durch ihre Ausnahmeregelungen für den Geschäfts- oder Firmenwert nur teilweise verständlich. Die 7. EGR gibt keinen Anlaß zur Steuerabgrenzung bei der Erstkonsolidierung, ist darüber hinaus nur für eine passive Steuerabgrenzung verpflichtend und zu allgemein gehalten. Daher eröffnet sie Interpretationsspielräume, so daß verläßliche und verständliche Ergebnisse unmöglich sind.

---

1) Vgl. Abschnitt 4.4.2.1.4.1.

2) Vgl. FÖRSCHLE, G./KRONER, M.: International Accounting Standards: Offene Fragen zur künftigen Steuerabgrenzung, a.a.O., S. 1637.

3) Vgl. DEBUS, C.: Latente Steuern, a.a.O., Rz. 254 f.

- **Aufwands- und Ertragskonsolidierung**

  Bei der Aufwands- und Ertragskonsolidierung werden lediglich erfolgsneutrale Umgliederungen und Saldierungen von Aufwendungen und Erträgen vorgenommen, die keine Auswirkungen auf die Ertragshöhe haben. Folglich bieten sie keine Grundlage für eine Steuerabgrenzung.[1)]
- **Schuldenkonsolidierung**

  Sofern bei der Schuldenkonsolidierung echte Differenzen[2)] entstehen, sind diese in der Regel erfolgswirksam und zeitlich begrenzt, so daß hier latente Steuern zu bilden sind,[3)] und zwar unabhängig vom angewandten Konzept.
- **Zwischenergebniseliminierung**

  Bei Zwischengewinnen und -verlusten muß nach der in Deutschland herrschenden Meinung zunächst geprüft werden, ob die Leistung vom Empfänger veräußert oder erfolgswirksam abgeschrieben wird oder ob es sich um nicht abnutzbares Anlagevermögen handelt. In letzterem Fall entstehen quasipermanente Differenzen, da nicht bekannt ist, wann sie sich durch außerplanmäßige Abschreibungen oder Verkauf ausgleichen. Wegen des Grundsatzes der Unternehmensfortführung geben sie im Gegensatz zu den übrigen Zwischenergebnissen keinen Anlaß zur Bildung latenter Steuern.[4)]

  IAS 12 stimmt weitgehend mit der deutschen Verfahrensweise überein, jedoch ist auch für die quasi-permanenten Differenzen eine Steuerabgrenzung vorzunehmen. In SFAS 109.124 wird nicht auf die Wertdifferenzen in den jeweiligen Handels- und Steuerbilanzen abgestellt, sondern vielmehr direkt auf die vom Verkäufer auf den Veräußerungsgewinn gezahlte Steuer. Dies führt dazu, daß kein Steuerabgrenzungsbedarf besteht, wenn der Verkäufer aufgrund einer Verlustsituation keine Steuern zahlen muß.[5)]

---

1) Vgl. DUSEMOND, M./HAYN, B.: Latente Steuern aus Konsolidierungsmaßnahmen, a.a.O., S. 983.

2) Vgl. Abschnitt 4.4.3.

3) Vgl. BAETGE, J.: Konzernbilanzen, a.a.O., S. 517 ff.; BAUMANN, K.-H.: § 306 Steuerabgrenzung, a.a.O., Rn. 26; DEBUS, C.: Latente Steuern, a.a.O., Rz. 157; DUSEMOND, M./HAYN, B.: Latente Steuern aus Konsolidierungsmaßnahmen, a.a.O., S. 985.

4) Vgl. BAETGE, J.: Konzernbilanzen, a.a.O., S. 514 ff.; BUSSE VON COLBE, W./ORDELHEIDE, D.: Konzernabschlüsse, a.a.O., S. 394; DEBUS, C.: Latente Steuern, a.a.O., Rz. 166 ff.

5) Vgl. DEBUS, C.: Latente Steuern, a.a.O., Rz. 260 f.

Für den Konzernabschluß widerspricht die amerikanische Verfahrensweise sowohl gegen das Kriterium der Verläßlichkeit als auch der Verständlichkeit, weil einerseits früher oder später eine abzugrenzende Steuerzahlung normalerweise anfallen wird und andererseits das Konzernergebnis in keinem erklärbaren Zusammenhang mit den Steueraufwendungen steht. Dies macht aufgrund der bereits angeführten Kritik an der Nichtsteuerabgrenzung für quasi-permanente Differenzen IAS 12 zur verläßlichsten und verständlichsten Verfahrensweise bezüglich der Steuerabgrenzung auf Zwischenergebnisse.

4.6.2.3 Equity-Methode

Bei der Equity-Methode werden im Beteiligungsbuchwert nicht ausgeschüttete Gewinne erfolgswirksam berücksichtigt. Da jedoch ein Ausschüttungszeitpunkt nicht bekannt ist und es sich bei voraussichtlich dauerhafter Thesaurierung um quasi-permanente Differenzen handelt, ist nach der in Deutschland herrschenden Meinung und bei formalrechtlicher Auslegung von § 306 HGB von der Bildung latenter Steuern abzusehen.[1]

In IAS 12 ist für diesen Sachverhalt grundsätzlich eine Steuerabgrenzung verpflichtend vorgesehen. Allerdings wird dies in IAS 12.39 verboten, wenn das Mutterunternehmen Einfluß auf die Durchführung von Gewinnausschüttungen des assoziierten Unternehmens hat und gleichzeitig mit einer Ausschüttung in absehbarer Zeit nicht zu rechnen ist.[2] Dies ist unverständlich und bezieht sich regelmäßig auf Tochterunternehmen, die mit der Equity-Methode bewertet werden. Aus Objektivierungsgründen wurde in dieser Arbeit allerdings die ausschließliche Anwendung der Vollkonsolidierung auf Tochterunternehmen für notwendig erachtet.

Die Regelungen in SFAS 109 sind wieder weitgehend analog zu IAS 12. In SFAS 109.31a wird die Steuerabgrenzung jedoch für quasi-permanente Differenzen bei ausländischen assoziierten Unternehmen verboten. Eine Begründung für diese Ausnahmeregelung wird nicht geliefert. Für die 7. EGR gilt das in 4.6.2.2 in bezug auf die Kapital-

---

1) Vgl. BAETGE, J.: Konzernbilanzen, a.a.O., S. 533; BAUMANN, K.-H.: § 306 Steuerabgrenzung, a.a.O., Rn. 34. IAS 12.38a fordert jedoch explizit die Bildung latenter Steuern für bilanzielle Bewertungsunterschiede aus der Equity-Methode. DEBUS, C.: Latente Steuern, a.a.O., Rz. 177, sieht dies zumindest als praktikabel an.

2) Vgl. DEBUS, C.: Latente Steuern, a.a.O., Rz. 266; COENENBERG, A.G./HILLE, K.: IAS 12 Bilanzierung von Ertragsteuern (Accounting for Taxes on Income), a.a.O., Rn. 68.

konsolidierung Gesagte analog. Die IAS und US-GAAP sind zwar verläßlich in bezug auf ihre allgemeinen Regelungen; ihre Ausnahmeregelungen bleiben jedoch unverständlich.

4.6.3 Ermittlung latenter Steuern

Die zu ermittelnden Differenzen basieren auf einzelnen Geschäftsvorfällen. Aus diesem Grund ist die theoretisch richtige Methode bei der Ermittlung latenter Steuern die Einzeldifferenzenbetrachtung. Die herrschende Meinung in Deutschland sieht die Gesamtdifferenzenbetrachtung als sinnvolle Alternative an, sofern die Einzeldifferenzenbetrachtung zu einem unangemessen hohen Arbeitsaufwand führt, und weil diese darüber hinaus in mehrstufigen Konzernen nicht mehr praktikabel ist.[1] Dies ist jedoch abzulehnen, weil auch hier wieder mit unbestimmten Rechtsbegriffen argumentiert wird. Darüber hinaus wäre die bei der bilanzorientierten Temporary-Methode übliche Unterscheidung in erfolgsneutrale und erfolgswirksame Bildung latenter Steuern in Abhängigkeit von den ihnen zugrunde liegenden Geschäftsvorfällen oder Ereignissen nicht möglich.

Zur Abgrenzung der latenten Steuern gibt es in der Praxis grundsätzlich zwei relevante Methoden, die Verbindlichkeitsmethode (liability method) und die Abgrenzungsmethode (deferral method). Die Abgrenzungsmethode dient der richtigen Periodisierung des Steueraufwands, also einer Verteilung des tatsächlichen Steueraufwands anhand des handelsrechtlichen Ergebnisses. Bei der Bildung oder Auflösung der latenten Steuern sind entsprechend die Steuersätze zugrunde zu legen, die bei ihrer Entstehung galten. Bei der Verbindlichkeitsmethode steht dagegen die korrekte Darstellung der Steuerforderungen und -verbindlichkeiten in der Bilanz im Vordergrund. Da die Höhe der zukünftigen Steuern von den zukünftigen Steuersätzen abhängig ist, werden diese bei der Berechnung der latenten Steuern verwandt.[2] Dies stellt unter Verläßlichkeitsgesichtspunkten die sinnvollere Verfahrensweise dar, weil für den Informationsempfänger ein nach historischen Steuersätzen ermittelter voraussichtlicher Steueraufwand ohne Interesse ist.

---

1) Vgl. BAETGE, J.: Konzernbilanzen, a.a.O., S. 535; COENENBERG, A.G.: Jahresabschluß und Jahresabschlußanalyse, a.a.O., S. 277 ff.; PFANNSCHMIDT, A.: Ertragsteuern im Konzernabschluß, a.a.O., S. 226. Das IDW spricht hier sogar von einer gebotenen Gesamtbetrachtung. Vgl. IDW (Hrsg.): WP-Handbuch 1996, Bd. I, a.a.O., S. 1003 f., Rn. 620.

2) Das IDW stellt allerdings heraus, daß in der Praxis in der Regel mangels besserer Erkenntnisse auf den aktuellen Steuersatz zurückgegriffen wird. Folglich wird der theoretische Unterschied zwischen den Methoden kaum praktische Relevanz entfalten. Vgl. IDW (Hrsg.): WP-Handbuch 1996, Bd. I, a.a.O., S. 1002, Rn. 615.

Beide Methoden waren im IAS-Abschluß nach dem nicht mehr gültigen IAS 12 (reformatted 1994) erlaubt. Der neue IAS 12 ist jedoch nicht nur begrifflich eng an das im Februar 1992 verabschiedete SFAS No. 109 angelehnt. So wie mit IAS 12 die zuvor alternativ vorgesehene Anwendung der Abgrenzungsmethode entfiel und statt dessen ausschließlich die Verbindlichkeitsmethode anzuwenden ist, vollzog sich in den USA bereits zuvor ein Wechsel von der seit Dezember 1967 in APB Opinion No. 11 verankerten Abgrenzungsmethode zur Verbindlichkeitsmethode. Auch in einer Untersuchung der FEE wurde festgestellt, daß die Verbindlichkeitsmethode weitaus häufiger als die Abgrenzungsmethode angewandt wird.[1)]

Bei der Ermittlung des Steuersatzes ist zwischen vorbereitenden Maßnahmen und Konsolidierungsmaßnahmen zu unterscheiden. So bietet sich bei den konsolidierungsvorbereitenden Maßnahmen auf Einzelabschlußebene die Anwendung der Steuersätze der jeweiligen Konzernunternehmen an.[2)] Das gleiche gilt auch auf Konzernabschlußebene. Die theoretisch richtige Lösung ist die Verwendung des lokalen Steuersatzes des betreffenden Konzernunternehmens, wie es in IAS 12.11 gefordert wird.[3)] Für den Fall, daß dies zu einem unangemessen hohen Aufwand oder praktischen Schwierigkeiten führt, halten einige Autoren auch die Verwendung eines Durchschnittssatzes für sinnvoll.[4)] Dies ist jedoch abzulehnen, da sich ein unangemessen hoher Aufwand nicht objektivieren läßt und folglich nur zu Ermessensspielräumen führt, die nicht im Sinne der Adressaten sein können. Außerdem endet die Fiktion der rechtlichen Einheit des Konzerns dort, wo die nationale Steuerhoheit beginnt.[5)]

---

1) Vgl. FEE (Hrsg.): FEE Survey 1991, a.a.O., S. 233.

2) Vgl. LÖHR, D.: Ansatz von latenten Steuern bei abweichender Bilanzierung und Bewertung in der Handelsbilanz II, a.a.O., S. 1922 f.

3) Vgl. COENENBERG, A.G./HILLE, K.: Latente Steuern nach der neu gefaßten Richtlinie IAS 12, a.a.O., S. 539 und 543.

4) Vgl. BAETGE, J.: Konzernbilanzen, a.a.O., S. 534 f.; BAUMANN, K.-H.: § 306 Steuerabgrenzung, a.a.O., Rn. 44; IDW (Hrsg.): WP-Handbuch 1996, Bd. I, a.a.O., S. 1002 f., Rn. 616; COENENBERG, A.G./HILLE, K.: Latente Steuern nach der neu gefaßten Richtlinie IAS 12, a.a.O., S. 543.

5) Vgl. WOLLMERT, P.: Gegenwärtige und künftige Behandlung latenter Steuern im IASC-Abschluß, a.a.O., S. 92.

4.6.4 Ausweis latenter Steuern

Für den Ausweis bedeutet die Anwendung der Gesamtdifferenzenbetrachtung, daß nur entweder saldierte aktive oder passive latente Steuern entstehen können.[1)] IAS 12 verbietet entsprechend der Einzeldifferenzenbetrachtung die Saldierung der aktiven und passiven latenten Steuern, sofern sie sich auf unterschiedliche Steuerbehörden beziehen, erlaubt aber in IAS 12.71-74 einige Ausnahmen. In den USA ist ein saldierter Bilanzausweis grundsätzlich möglich. SFAS 109.43 verlangt allerdings einen separaten Ausweis im Anhang. Die 7. EGR und das HGB lassen eine umfassende Saldierung zu.[2)] Da die Staaten Steuerschuldner und -gläubiger gleichzeitig sind, den Forderungen und Verbindlichkeiten aber keine Leistungsgeschäfte zugrunde liegen und die Staaten darüber hinaus keine gewöhnlichen Gläubiger und Schuldner sind, gehen durch eine Saldierung weder wichtige Informationen verloren, noch entstehen besondere Risiken. Durch einen getrennten Ausweis aktiver und passiver latenter Steuern wäre die Informationsfunktion nicht besser erfüllt.

Gemäß SFAS No. 109, par. 41 wird genau wie in der nicht mehr gültigen APB Opinion No. 11, par. 57 in der Fristigkeit in lang- und kurzfristige latente Steuern unterschieden, und zwar abhängig von der Position, aus der sie resultieren. So führt das Anlagevermögen zu langfristigen und das Umlaufvermögen zu kurzfristigen latenten Steuern. SFAS No. 96 klassifizierte als kurzfristige latente Steuern nur die, die in der Folgeperiode wirksam werden, während alle anderen als langfristig klassifiziert wurden.[3)] Eine ähnliche Regelung findet sich in IAS 12.70. Die 7. EGR enthält bezüglich der Fristigkeit keine Aussagen. Die Nichtberücksichtigung von Fristigkeiten in der Bilanz ist aufgrund des hohen Aufwands bei der Ermittlung dieser fiktiven Steuerschuld hinnehmbar, zumal eine Zuordnung nicht immer möglich ist.

Die 7. EGR sieht bezüglich des Ausweises ein Wahlrecht zwischen einem gesonderten Ausweis in der Bilanz oder im Anhang vor. Aus Gründen der besseren Vergleichbarkeit stellt hier ein Bilanzausweis die sinnvollere Alternative dar. Für die GuV sind keine Vorschriften in der 7. EGR enthalten. Ein Ausweis zusammen mit den effektiven Steuern in dem Posten "Steuern vom Einkommen und vom Ertrag" stellt hier zwar eine zulässige

---

1) Vgl. BAETGE, J.: Konzernbilanzen, a.a.O., S. 539.

2) Vgl. ARBEITSKREIS "RECHNUNGSLEGUNG DER EG-KOMMISSION" DER GEFIU: Möglichkeiten und Grenzen der Anpassung deutscher Konzernabschlüsse an die Rechnungslegungsgrundsätze des International Accounting Standards Committee (IASC), a.a.O., S. 1187.

3) Vgl. HAUCK, A./MICHEL, U.: Neue Vorschriften zur Bilanzierung latenter Steuern in den USA, in: WPg, 45. Jg. (1992), S. 451-455, S. 454.

Verfahrensweise dar. Aufgrund der Tatsache, daß die latenten Steuern eine fiktive Position darstellen, sind die latenten Steueraufwendungen und -erträge allerdings besser gesondert unterhalb der "Steuern vom Einkommen und vom Ertrag" auszuweisen.[1)]

4.6.5 Exkurs: Einfluß der Übernahmemöglichkeit steuerlicher Werte auf die Aussagefähigkeit der Konzernrechnungslegung

Art. 29 Abs. 5 der 7. EGR gibt den Mitgliedstaaten das Wahlrecht, den Unternehmen beim Ansatz der Aktiva die Beibehaltung von Wertberichtigungen aufgrund steuerlicher Vorschriften zu gestatten, sofern diese im Anhang angegeben und begründet werden. Das hat zur Konsequenz, daß für diese Fälle keine Differenzen für zu erwartende Steuermehraufwendungen in Folgejahren entstehen und folglich auch keine latenten Steuern zu bilden sind. Für externe Bilanzadressaten ist jedoch beispielsweise eine erhöhte steuerliche Abschreibung und folglich eine zukünftig bessere Ergebnissituation, die konsequenterweise auch zu einer höheren Steuerbelastung führt, allein dem Anhang entnehmbar. Dies führt zu einer Verschlechterung des Einblicks in die finanziellen Verhältnisse und einer Relativierung der Bedeutung latenter Steuern,[2)] so daß auf dieses Wahlrecht im Interesse der Verläßlichkeit, Verständlichkeit und Vergleichbarkeit zu verzichten ist.[3)]

4.6.6 Beurteilung und Vergleich der Steuerabgrenzung

Vor einer Gesamtbeurteilung der Steuerabgrenzung soll noch einmal kurz auf einzelne wichtige Aspekte eingegangen werden. Die Regelungen der US-GAAP und der IAS enthalten bezüglich der Steuerabgrenzung kaum materielle Differenzen. Sie unterscheiden sich von der 7. EGR durch eine andere Vorgehensweise, die zur Berücksichtigung auch quasi-permanenter Differenzen für die Bildung latenter Steuern führt, und geben die Verbindlichkeitsmethode vor. Das in den US-GAAP und den IAS verankerte bilanzorientierte Temporary-Konzept schließt das GuV-orientierte Timing-Konzept ein und geht über dieses hinaus. Wegen der Abbildung quasi-permanter Differenzen sowie wegen der unterschiedlichen Behandlung erfolgswirksamer und erfolgsneutraler Differenzen ist es umfassender und informativer als das GuV-orientierte Timing-Konzept. Durch das nur

---

1) Vgl. COENENBERG, A.G.: Jahresabschluß und Jahresabschlußanalyse, a.a.O., S. 288 f.; PFANNSCHMIDT, A.: Ertragsteuern im Konzernabschluß, a.a.O., S. 241. BAETGE, J.: Konzernbilanzen, a.a.O., S. 539, schlägt dagegen einen Vorspaltenausweis bzw. einen Davon-Vermerk vor.

2) Vgl. PFANNSCHMIDT, A.: Ertragsteuern im Konzernabschluß, a.a.O., S. 240.

3) Vgl. Abschnitt 4.4.1.4.

durch einige Ausnahmen aufgeweichte Saldierungsverbot aktiver und passiver latenter Steuern und die Aufspaltung in kurz- und langfristige latente Steuern geben die US-GAAP und die IAS zwar grundsätzlich mehr Informationen. Diese sind vom Adressaten aber gar nicht unbedingt in dieser Detaillierung gefordert und verwertbar.

Für den Bereich der Steuerabgrenzung kann daher insgesamt festgestellt werden, daß die 7. EGR weder verläßlich noch verständlich ist. Die weitgehend identischen Regelungen der US-GAAP und der IAS erfüllen das Kriterium der Verläßlichkeit zwar voll, das Kriterium der Verständlichkeit wird jedoch durch die IAS nur teilweise, durch die US-GAAP dagegen relativ gut erfüllt.

4.7 Konzernanhang, Konzernlagebericht sowie ergänzende Berichte und Zusatzangaben

Neben den beiden Rechenwerken als den Hauptbestandteilen der Konzernrechnungslegung sind den Adressaten in Konzernanhang, Konzernlagebericht und ergänzenden Berichten zusätzliche Angaben zu machen.

4.7.1 Konzernanhang

Gemäß Art. 16 Abs. 1 der 7. EGR ist der Konzernanhang integraler Bestandteil des Konzernabschlusses. Daher sollen im folgenden seine Funktion, sein Inhalt und seine Gestaltung erläutert werden. Den notes kommen im Rahmen der US-GAAP und der IAS eine ähnliche Bedeutung zu.

4.7.1.1 Funktion

Der Anhang hat gemäß Art. 16 Abs. 3 der 7. EGR zusammen mit den Rechenwerken ein den tatsächlichen Verhältnissen entsprechendes Bild der Vermögens-, Finanz- und Ertragslage zu vermitteln. Die allgemeine Informationsfunktion des Konzernanhangs läßt sich präzisieren durch Erläuterung, Ergänzung, Entlastung und Korrektur der Konzernbilanz und -GuV.[1)]

Die erläuternde Funktion wird ausgeübt durch Kommentierung und Interpretation der Konzernbilanz- und -GuV-Positionen. Ergänzende Funktion haben Informationen, die sich nicht unmittelbar auf die Konzernbilanz und -GuV beziehen. Eine entlastende Funktion kommt dem Konzernanhang dadurch zu, daß diverse Ausweiswahlrechte dem Konzernabschlußersteller erlauben, Informationen von den Rechenwerken in den Konzernanhang zu verlagern.[2)] Da der Anhang als gleichberechtigter dritter Bestandteil des Jahresabschlusses neben Bilanz und GuV tritt,[3)] ist es theoretisch gleichgültig, wo Informationen gegeben werden. Tatsächlich verdienen Bilanz und Gewinn- und Verlustrechnung als ziffernorientierte, komprimierte Bestandteile des Jahresabschlusses das Hauptaugenmerk. Sie müssen auch ohne ausführliches Studium des Anhangs interpretierbar bleiben. Es hilft wenig, wenn wichtige Informationen aufgrund von Ausweiswahlrechten in den Anhang ausgelagert

---

1) Vgl. BAETGE, J.: Konzernbilanzen, a.a.O., S. 585; WYSOCKI, K.v./WOHLGEMUTH, M.: Konzernrechnungslegung, a.a.O., S. 318.

2) Vgl. BAETGE, J.: Konzernbilanzen, a.a.O., S. 585 f.

3) Vgl. BIENER, H.: Handelsrechtliche Grundsatzfragen der 4. und 7. EG-Richtlinie, a.a.O., S. 316 und 325.

werden und zu viele Bilanzierungs- und Konsolidierungswahlrechte, den Anhang zusätzlich aufblähend und mit Informationen überfrachtend, dort erläutert werden müssen, so daß sein Umfang dem eines Romans entspricht,[1] aus dem wichtige Informationen nur mühsam extrahiert werden können und deshalb bisweilen verborgen bleiben, zumal es keine vorgeschriebene Gliederung für den Anhang gibt.

Für einen ausländischen Investor ist eine übersichtliche Bilanz oder GuV auf einer Seite oder Doppelseite sicherlich leichter zu verstehen als die ihm nicht auf den ersten Blick geordnet erscheinende mehrseitige Prosa im Anhang. Folglich ist VEIT zuzustimmen, daß "der Anhang im Vergleich zur Bilanz das schwächere Publizitätsmittel ist."[2] Auch GRÄFER/SCHELD stellen fest, daß Konzernbilanz und -GuV die Instrumente sind, die primär die Daten zur Darstellung eines der Generalnorm entsprechenden Bildes enthalten.[3] EVERLING spricht dem Anhang neben den Rechenwerken sogar nur eine Hilfsfunktion zu.[4]

Daher sind den in der 7. EGR enthaltenen Bilanzierungs- und Konsolidierungswahlrechten eindeutige Regelungen vorzuziehen, wobei eine Ausweispflicht in den Rechenwerken bevorzugt wird, so daß quantitative Informationen zur Entlastung des Anhangs in die Bilanz und GuV zu verlagern sind. Das erhöht deren Aussagefähigkeit, entlastet den Anhang und erleichtert so die Unterscheidung von wichtigen und unwichtigen Angaben. Insofern ist die Entlastungsfunktion unter die Erläuterungsfunktion zu subsumieren. Durch die Objektivierung der Konzernrechnungslegung verlieren Erläuterungs-, Ergänzungs- und Entlastungsfunktion weitgehend an Bedeutung. Der Anhang wird übersichtlicher und besser analysierbar.

Darüber hinaus kommt dem Konzernanhang noch eine gewisse korrigierende Funktion zu, und zwar insbesondere in Deutschland aufgrund der von der 7. EGR abweichenden Transformation der Generalnorm, die ein Abweichen von Einzelregelungen zur Herstellung eines der Generalnorm entsprechenden Bildes verbietet und statt dessen den Anhang explizit als Korrekturinstrument bestimmt. Gemäß einer Protokollerklärung zur 7. EGR reicht es zur Darstellung eines der Generalnorm entsprechenden Bildes aber normalerweise

---

1) Vgl. HOFFMANN, W.-D.: Anmerkungen über den Grundsatz der Wesentlichkeit im Anhang, in: BB, 39. Jg. (1986), S. 1050-1057, hier S. 1051 ff.; SCHNEIDER, D.: Wozu eine Reform des Jahresabschlusses? Oder: Jahresabschluß im Lichte der Temperaturmessung, a.a.O., S. 153.

2) VEIT, K.-R.: Der derivative Firmenwert als Bilanzierungshilfe, a.a.O., S. 1094. Vgl. auch SCHINDLER, J.: Konsolidierung von Gemeinschaftsunternehmen: Ein Beitrag zu § 310 HGB, a.a.O., S. 165.

3) Vgl. GRÄFER, H./SCHELD, G.: Grundzüge der Konzernrechnungslegung, a.a.O., S. 227.

4) Vgl. EVERLING, W.: Konzernrechnungslegung, a.a.O., S. 146.

aus, die gesetzlichen Vorschriften einzuhalten, so daß ergänzende Angaben nur in Ausnahmesituationen zu machen sind.[1] Dies entspricht auch weitgehend der Auffassung des IASC, das sich keine Situationen vorstellen kann, die zu einem Abweichen von Einzelvorschriften Anlaß geben könnten.[2]

4.7.1.2 Inhalt

In der 7. EGR ergeben sich die Angaben, die im Konzernanhang zu machen sind, einerseits direkt aus den einzelnen Vorschriften und andererseits aus Art. 34. Im Zweifelsfall sind noch Angaben zu machen, um ein der Generalnorm entsprechendes Bild darzustellen. Darüber hinaus dürfen auch noch freiwillige ergänzende Angaben gemacht werden. Das IASC hat keinen separaten IAS vorgesehen, in dem sich über die Vorschriften der einzelnen IAS hinaus Angaben für den Konzernanhang befinden. Das gleiche gilt für die US-GAAP.

Im Gegensatz zu den Rechenwerken des Konzernabschlusses bietet sich im Konzernanhang die Möglichkeit, über quantitative Angaben hinaus auch verbale Aussagen zu treffen. Als im Konzernanhang nach der 7. EGR vorkommende Informationsausprägungen lassen sich Angaben, Aufgliederungen, Erläuterungen, Darstellungen, Begründungen[3] und Hinweise[4] identifizieren.

4.7.1.3 Gestaltung

Bezüglich der Gestaltung des Konzernanhangs enthalten weder die EG-Richtlinien noch die IAS oder US-GAAP[5] verbindliche Vorgaben. Um dem Kriterium der Verständlichkeit im Sinne von Klarheit und Übersichtlichkeit zu entsprechen, bietet es sich an, den Konzernanhang in sieben Abschnitte zu unterteilen.[6]

---

1) Vgl. BIENER, H./SCHATZMANN, J.: Konzern-Rechnungslegung, a.a.O., S. 59.

2) Vgl. ACHLEITNER, A.-K./PEJIC, P.: Des Abschlusses neue Kleider, a.a.O., S. 2038; sowie Abschnitt 4.1.

3) Vgl. SELCHERT, F.W./KARSTEN, J.: Inhalt und Gliederung des Anhangs, in: BB, 40. Jg. (1985), S. 1889-1894, hier S. 1890.

4) Vgl. SELCHERT, F.W./KARSTEN, J.: Inhalt und Gliederung des Konzernanhangs, in: BB, 41. Jg. (1986), S. 1258-1264, hier S. 1258.

5) Die notes lassen sich allgemein in drei Bereiche unterteilen, und zwar summary of significant accounting policies, explanatory notes und supplementary information notes. Letztere enthalten allerdings Angaben, die zusätzliche Berichte wie Segmentberichte oder entsprechend der 7. EGR Teile des Lageberichts darstellen. Vgl. HALLER, A.: Die Grundlagen der externen Rechnungslegung in den USA, a.a.O., S. 365 ff.

6) Vgl. SELCHERT, F.W./KARSTEN, J.: Inhalt und Gliederung des Konzernanhangs, a.a.O., S. 1259.

1. Angaben und Begründungen zum Konsolidierungskreis.
2. Angaben, Erläuterungen und Begründungen zu den Konsolidierungsmethoden und konsolidierungsspezifischen Positionen.
3. Angaben und Begründungen zur Form der Darstellung von Konzernbilanz und Konzern-Gewinn- und Verlustrechnung.
4. Angaben, Aufgliederungen, Darstellungen, Erläuterungen und Begründungen zu einzelnen Positionen von Konzernbilanz und Konzern-Gewinn- und Verlustrechnung bezüglich der Bilanzierung.
5. Angaben zum Konzernergebnis.
6. Zusätzliche Angaben zur Vermittlung eines der Generalnorm entsprechenden Bildes der Vermögens-, Finanz- und Ertragslage.
7. Ergänzende Angaben.

4.7.1.4 Vergleich und Beurteilung der einzelnen Regelungen

Eine Beurteilung der einzelnen Regelungen in bezug auf den Grad der Erfüllung der einzelnen Kriterien läßt sich sicherlich durchführen. Dies ist aber wenig sinnvoll, da die Objektivierung spätestens bei ergänzenden oder verbalen Angaben an ihre Grenzen stößt. Daher soll dies hier nicht erfolgen, um nicht den Anschein zu erwecken, durch Objektivierung, der hier die Ansatzpunkte fehlen, ließe sich ein besseres Ergebnis erzielen, zumal der Konzernanhang kein aus der Konzernrechnungslegung originär erwachsener Abschlußbestandteil ist, sondern bereits im Einzelabschluß geregelt und lediglich um konzernspezifische Inhalte ergänzt wird.

4.7.2 Konzernlagebericht

Die Vorschriften für den Konzernlagebericht in Art. 36 der 7. EGR wurden fast wörtlich aus den Vorschriften für den Lagebericht des Einzelabschlusses in Art. 46 der 4. EGR übernommen, wobei die besonderen Verhältnisse des Konzerns zu berücksichtigen sind.[1)] Der Konzernlagebericht hat in bezug auf den Konzernabschluß eine Ergänzungsfunktion, wobei er nicht nur vergangenheits- und stichtagsbezogene, sondern auch zukunftsorientierte Informationen liefert.[2)]

---

1) Vgl. BIENER, H./SCHATZMANN, J.: Konzern-Rechnungslegung, a.a.O., S. 64.

2) Vgl. WYSOCKI, K.v./WOHLGEMUTH, M.: Konzernrechnungslegung, a.a.O., S. 334 f.

Entsprechend den EG-Richtlinien enthält der Konzernlagebericht vier Berichte als Mindestbestandteile.[1] Der Wirtschaftsbericht hat als Pflichtbestandteil den Geschäftsverlauf im abgelaufenen Geschäftsjahr und die Lage des Konzerns darzustellen. Die drei Sollbestandteile sind im Sinne einer Mindestanforderung ebenfalls als Pflichtbestandteile zu interpretieren.[2] Dabei handelt es sich um einen Nachtragsbericht, der über wesentliche Ereignisse zwischen Geschäftsjahresende und Erstellung des Konzernlageberichts berichten soll, einen Prognosebericht, der die zukünftige Entwicklung abschätzen soll, und einen Forschungsbericht, der die für die zukünftige Entwicklung wichtigen Bereiche Forschung und Entwicklung erläutern soll.[3] Da die obigen Berichte Mindestanforderungen darstellen, können im Konzernlagebericht darüber hinaus noch freiwillige Angaben gemacht werden. Deutsche Konzerne müssen den Konzernlagebericht durch das Gesetz zur Kontrolle und Transparenz im Unternehmensbereich (KonTraG)[4] neuerdings gemäß § 315 Abs. 1 HGB um einen Risikobericht ergänzen, der auf die Risiken der künftigen Entwicklung eingeht.[5]

Das IASC sieht einen Konzernlagebericht zwar nicht explizit vor, fordert aber zumindest Angaben, die Bestandteil eines solchen sind. So sind gemäß IAS 10.28 dem Nachtragsbericht entsprechende und in IAS 38.115-116 dem Forschungsbericht entsprechende Informationen anzugeben.[6] Ähnliches gilt auch nach US-GAAP.[7]

Die Abkopplung der Daten des Lageberichts vom Anhang ist aufgrund der prospektiven, wertenden Elemente sinnvoll. Die Bedeutung des Lageberichts, obwohl laut EG-Richtlinien nicht Bestandteil des Jahres- und Konzernabschlusses,[8] wird eindrucksvoll von SEMLER beschrieben: "Mit der Abfassung des Lageberichts leistet das Geschäftsführungsorgan seine

---

1) Vgl. IDW (Hrsg.): WP-Handbuch 1996, Bd. I, a.a.O., S. 1038, Rn. 731.

2) Vgl. BUSSE VON COLBE, W./ORDELHEIDE, D.: Konzernabschlüsse, a.a.O., S. 538; IDW (Hrsg.): WP-Handbuch 1996, Bd. I, a.a.O., S. 1039, Rn. 734.

3) Vgl. GRÄFER, H./SCHELD, G.: Grundzüge der Konzernrechnungslegung, a.a.O., S. 243 ff.; WYSOCKI, K.v./WOHLGEMUTH, M.: Konzernrechnungslegung, a.a.O., S. 336 f.

4) Vgl. BUNDESTAG: Gesetz zur Kontrolle und Transparenz im Unternehmensbereich (KonTraG) vom 27. April 1998, in: BGBl. 1998, Teil I, Nr. 24 vom 30. April 1998, S. 786-794, hier S. 789.

5) Vgl. BÖCKING, H.-J./ORTH, C.: Offene Fragen und Systemwidrigkeiten bei den neuen Rechnungslegungs- und Prüfungsvorschriften des KonTraG und des KapAEG, in: DB, 51. Jg. (1998), S. 1873-1879, hier S. 1875.

6) Vgl. IDW (Hrsg.): Rechnungslegung nach International Accounting Standards, a.a.O., S. 339 f.

7) Vgl. HALLER, A.: Die Grundlagen der externen Rechnungslegung in den USA, a.a.O., S. 365 ff.

8) Der Lagebericht gehört nicht zum Konzernabschluß i.e.S. und kann gemäß Art. 38 Abs. 2 der 7. EGR, der auf Art. 47 Abs. 1 Unterabsatz 2 der 4. EGR verweist, vom Mitgliedstaat von der Offenlegung nach dem Recht des Mitgliedstaats freigestellt werden und statt dessen nur die bloße Einsichtnahme und antragsgebundene entgeltliche Ausfertigung vorsehen.

unternehmerische Komponente in der Berichterstattung. Hier geht es nicht um eine betriebswirtschaftliche Zahlenanalyse, sondern um eine umfassende unternehmerische Wertung von Lage und Entwicklung, die betriebswirtschaftliche, technische, rechtliche, sozialpolitische und volkswirtschaftliche Aspekte gleichermaßen umfaßt. Im Lagebericht manifestiert sich die unternehmerische Qualifikation von Vorstand oder Geschäftsführung. Nicht jeder verständige Leser eines Geschäftsberichts ist gewillt oder in der Lage, seinen Eindruck über die Gesellschaft vorwiegend ziffernorientiert aus dem Jahresabschluß zu gewinnen. Leistung, Zukunftsaussichten und Risiken eines Unternehmens werden umfassend erst aus einem guten Lagebericht deutlich."[1)] Diese Interpretation des Lageberichts macht ihn zum notwendigen Bestandteil der Konzernrechnungslegung. Eine Beurteilung der Berichtsbestandteile bzw. -inhalte ist zwar durchaus möglich. Analog zu den Ausführungen zum Anhang ist dies jedoch nicht sinnvoll. In bezug auf den durch das KonTraG als neuen Lageberichtbestandteil geforderten und vom Prognosebericht abzugrenzenden Risikobericht schlagen BAETGE/SCHULZE zur Objektivierung der Risikosituation zwar vor, das von ihnen entwickelte Kennzahlensystem anzuwenden. Dieses dient aber auch nur der Zuordnung von Insolvenzwahrscheinlichkeiten und wird spätestens bei der Verwendung von Planabschlüssen fragwürdig.[2)]

4.7.3 Ergänzende Berichte und Zusatzangaben

Da die Koordinierung der Schutzbestimmungen nach Art. 54 Abs. 3 Buchstabe g) des EWG-Vertrags auf einem Mindestniveau erfolgte, sind die Mitgliedstaaten grundsätzlich berechtigt, Regelungen zu erlassen, um einen weitergehenden Schutz zu gewährleisten. Insofern hat Art. 16 Abs. 6 der 7. EGR, der den Mitgliedstaaten die Möglichkeit gibt, über die 7. EGR hinaus zusätzliche Angaben zu gestatten oder vorzuschreiben, lediglich klarstellende Bedeutung. Er sollte jedoch von den Mitgliedstaaten nicht oder nur zurückhaltend angewandt werden, um gegebenenfalls bestehendes Recht abzubilden, da sonst Schranken errichtet würden, die einer Harmonisierung zuwiderliefen. Darüber hinaus erschwerte dies unter Umständen die durch die 7. EGR in Art. 7 vorgesehene und nach Art. 8 mögliche

---

1) SEMLER, J.: Erläuterungs- und Lagebericht, Quartalsberichte sowie Formen der Publizität, in: Bierich, M./ Busse von Colbe, W./Laßmann, G./Lutter, M. (Hrsg.): Rechnungslegung nach neuem Recht, a.a.O., S. 177-210, hier S. 200.

2) Vgl. BAETGE, J./SCHULZE, D.: Möglichkeiten der Objektivierung der Lageberichterstattung über "Risiken der künftigen Entwicklung", in: DB, 51. Jg. (1998), S. 937-948, hier S. 943 ff.

gegenseitige Anerkennung von Konzernabschlüssen aus anderen Mitgliedstaaten für die Befreiung von Stufenabschlüssen.[1)]

In Belgien, Frankreich, Griechenland, Irland, Portugal und Großbritannien sind zusätzliche Angaben in unterschiedlichem Umfang vorgeschrieben, wobei Frankreich und Portugal darüber hinaus explizit auch noch zusätzliche Angaben gestatten. In Spanien ist es ebenfalls explizit gestattet, zusätzliche Angaben zu machen.[2)]

Die Unternehmen scheinen sich jedoch an den Minimalforderungen der Rechnungslegung zu orientieren. So gab es in einer Untersuchung der FEE in Belgien, Griechenland und Luxemburg von den untersuchten Einzelabschlüssen nicht einen, der freiwillige zusätzliche Informationen enthielt, zumindest nicht in einem bedeutsamen Umfang, während in anderen Mitgliedstaaten bisweilen Kapitalflußrechnungen (funds statements) in den Jahresabschlüssen, insbesondere von börsennotierten Unternehmen, enthalten waren. In Konzernabschlüssen, auch von nicht börsennotierten Unternehmen, ist in der Regel eine höhere Bereitschaft in bezug auf freiwillige zusätzliche Angaben festzustellen. In Italien waren in allen Konzernabschlüssen von börsennotierten Unternehmen zusätzliche Informationen enthalten, während Konzernabschlüsse von nicht börsennotierten Unternehmen entweder nicht existierten oder keine zusätzlichen Informationen enthielten. Nur in Frankreich sind neben Kapitalflußrechnungen in größerem Umfang noch zusätzliche Angaben festzustellen. Das beruht allerdings darauf, daß diese Angaben einer rechtlichen Verpflichtung entspringen, die in anderen Mitgliedstaaten nicht besteht.[3)] Insofern tendieren praktisch alle Unternehmen dazu, über die Erfüllung der Mindestanforderungen hinaus kaum zusätzliche Angaben zu machen. In Anbetracht der Tatsache, daß selbst die Pflichtangaben im Anhang nicht in dem Maße verwertet werden, wie die Zahlen in der Bilanz und der Gewinn- und Verlustrechnung, ist die Forderung nach Zusatzangaben im Anhang in bezug auf die Harmonisierung ohnehin nicht besonders geeignet.[4)] Hier spielt sicherlich eine Rolle, daß Jahresabschlußanalyse primär eine Kennzahlenanalyse ist[5)] und die Jahresabschlußpolitik daher ebenfalls kennzahlenorientiert ist.

---

1) Vgl. BIENER, H./SCHATZMANN, J.: Konzern-Rechnungslegung, a.a.O., S. 31.

2) Vgl. FEE (Hrsg.): Seventh Directive options, a.a.O., S. 30 f.

3) Vgl. FEE (Hrsg.): 1992 FEE Analysis, a.a.O., S. 8 und 30 ff.

4) Vgl. BUSSE VON COLBE, W.: Rechnungslegungsziele und Ansätze zur internationalen Harmonisierung der Rechnungslegung deutscher Unternehmen, a.a.O., S. 379.

5) Vgl. WERNER, U.: Die Berücksichtigung nichtnumerischer Daten im Rahmen der Bilanzanalyse, in: WPg, 43. Jg. (1990), S. 369-376, hier S. 370.

Im Rahmen der EG-Richtlinien wäre jedoch darüber nachzudenken, ob nicht zusätzliche Rechenwerke im Zuge einer weiteren Harmonisierung verbindlich vorzuschreiben sind. Dabei ist neben einer Segmentberichterstattung[1)] insbesondere an eine Kapitalflußrechnung[2)] zu denken, da ein Instrument zur Analyse der Finanzlage hier bisher fehlt, denn die Bilanz dient primär der Darstellung der Vermögenslage und die GuV primär der Darstellung der Ertragslage. Darüber hinaus ist vom IASC durch IAS 7 und in den USA durch SFAS No. 95[3)] die Erstellung einer Kapitalflußrechnung vorgeschrieben. Der europäische Richtliniengeber hat in Protokollerklärung Nr. 8 zu Art. 16 Abs. 1 ausdrücklich festgestellt, daß die Mitgliedstaaten ermächtigt sind, die Erstellung und Offenlegung einer Kapitalflußrechnung zu verlangen.[4)] Auch der deutsche Gesetzgeber verpflichtet durch das KonTraG neuerdings in § 297 Abs. 1 HGB alle nach dem HGB Konzernabschlüsse aufstellende Unternehmen, Kapitalflußrechnungen und Segmentberichterstattungen in den Anhang zu integrieren.[5)] Darüber hinaus könnte auch noch ein Ergebnis je Aktie[6)] als prägnante Kennzahl nach einheitlichen Regeln ermittelt werden. Dies sind allerdings Angaben und Rech-

---

1) Zu den Gründen für eine Segmentberichterstattung sowie deren Aufbau und Inhalt vgl. ausführlich BERNARDS, O.: Zur Bilanzanalyse diversifizierter Unternehmen, in: BB, 50. Jg. (1995), S. 1283-1287; RISSE, A.: International Accounting Standards Committee: Standardentwurf zur Segmentberichterstattung, in: DB, 49. Jg. (1996), S. 747 f.; VEIT, R./BERNARDS, O.: Anforderungen an die Segmentberichterstattung im internationalen Vergleich, in: WPg, 48. Jg. (1995), S. 493-499; FASB: Statement of Financial Accounting Standards No. 131: Disclosures about Segments of an Enterprise and Related Information, 1997, in: FASB (Hrsg.): Original Pronouncements, Accounting Standards as of June 1, 1998, a.a.O., Bd. I, S. 2048-2078.

2) Der Hauptfachausschuß des IDW hat jedoch zusammen mit dem Arbeitskreis "Finanzierungsrechnung" der Schmalenbach-Gesellschaft/Deutsche Gesellschaft für Betriebswirtschaft e.V. eine gemeinsame Stellungnahme herausgegeben, die den Anforderungen von IAS 7 entspricht und zu einer einheitlicheren Ausgestaltung freiwillig erstellter Kapitalflußrechnungen beitragen soll. Vgl. HFA DES IDW/ARBEITSKREIS "FINANZIERUNGSRECHNUNG" DER SCHMALENBACH-GESELLSCHAFT/DEUTSCHE GESELLSCHAFT FÜR BETRIEBSWIRTSCHAFT E.V.: Stellungnahme HFA 1/1995: Die Kapitalflußrechnung als Ergänzung des Jahres- und Konzernabschlusses, in: WPg, 48. Jg. (1995), S. 210-213; WYSOCKI, K.v.: Angleichung von Kapitalflußrechnungen an internationale Standards, a.a.O., S. 466 f.

3) Vgl. FASB: Statement of Financial Accounting Standards No. 95: Statement of Cash Flows, 1987, in: FASB (Hrsg.): Original Pronouncements, Accounting Standards as of June 1, 1998, a.a.O., Bd. I, S. 1045-1088.

4) Vgl. BIENER, H./SCHATZMANN, J.: Konzern-Rechnungslegung, a.a.O., S. 30.

5) Vgl. FÖRSCHLE, G./GLAUM, M./MANDLER, U.: Internationale Rechnungslegung und Kapitalaufnahmeerleichterungsgesetz - Meinungswandel bei Führungskräften deutscher Unternehmungen, a.a.O., S. 2284; PELLENS, B./BONSE, A./GASSEN, J.: Perspektiven der deutschen Konzernrechnungslegung, a.a.O., S. 788 f.

6) Im Börsenzulassungsprospekt muß gemäß § 21 Abs. 2 i.V.m. § 25 BörsZulV auch die Angabe von Ergebnis und Dividende je Aktie gemacht werden, obwohl das ansonsten weder von der 4. und 7. EGR noch vom deutschen Handelsrecht verlangt wird. Vgl. darüber hinaus FASB: Statement of Financial Accounting Standards No. 128: Earnings per Share, 1997, in: FASB (Hrsg.): Original Pronouncements, Accounting Standards as of June 1, 1998, a.a.O., Bd. I, S. 1940-2008; Exposure Draft E52 Earnings Per Share.

nungen, die zwar für den Konzernabschluß besondere Bedeutung haben, aber analog zu Anhang und Lagebericht keine speziellen Probleme der Konzernrechnungslegung darstellen, sondern bereits im Rahmen der Einzelabschlüsse ihre Berechtigung haben. Sie sind daher nicht Gegenstand der Objektivierung der Konzernrechnungslegung.

5 Zusammenfassung der Ergebnisse aus den Einzelbeurteilungen und Durchführung der Nutzwertanalyse

Die in den einzelnen Abschnitten dieser Arbeit durchgeführte Beurteilung der einzelnen Regelungen der verschiedenen hier betrachteten bestehenden Systeme sind in der folgenden Tabelle 11 zusammengetragen.

Hierbei fällt zunächst auf, daß das Gesamtergebnis (Ergebnis 1) von US-GAAP und IAS annähernd gleich gut ist (0,5673 bzw. 0,5625), während das der 7. EGR wesentlich schlechter ausfällt (0,1538). Darüber hinaus ist ersichtlich, daß alle bestehenden Systeme eine höhere Verläßlichkeit als Verständlichkeit aufweisen. Das ist nicht verwunderlich, denn was nicht verläßlich ist, kann auch nicht verständlich sein. Die 7. EGR schneidet bei beiden Kriterien aufgrund der wesentlich höheren Anzahl an Wahlrechten und Ermessensspielräumen wesentlich schlechter ab.

Bei höherer Gewichtung (Ergebnis 2) der Verläßlichkeit (0,6), die als Grundvoraussetzung der Rechnungslegung gelten kann, und niedrigerer Gewichtung der Verständlichkeit (0,4) verbessern sich die Ergebnisse der bestehenden Systeme. Die Höhergewichtung der Verläßlichkeit führt zu einem Auseinanderdriften der US-GAAP (0,5827) und der IAS (0,5712), da erstere zwar eine etwas geringere Verständlichkeit aufweisen, aber eine höhere Verläßlichkeit, der ja ein höheres Gewicht beigemessen wird. Das Ergebnis der 7. EGR verbessert sich zwar ebenfalls (0,1558), bleibt aber weit abgeschlagen.

Durch Konzentration auf die Regelungen, die allein die Vollkonsolidierung mit Ausnahme der Steuerabgrenzung betreffen, und gleicher Gewichtung der beiden Kriterien (Ergebnis 3; Abschnitte 4.2 bis 4.4), verbessert sich das Ergebnis der US-GAAP (0,6111), während sich das der IAS (0,5486) verschlechtert. Das Ergebnis der 7. EGR (0,1944) verbessert sich ebenfalls, wobei die beiden Kriterien jetzt gleichauf liegen. Aus einer höheren Gewichtung (Ergebnis 4) der Verläßlichkeit (0,6) und niedrigeren Gewichtung der Verständlichkeit (0,4) lassen sich in bezug auf die Konsolidierung von Tochterunternehmen keine neuen Erkenntnisse mehr gewinnen.

Die Ergebnisse zeigen, daß für die einzelnen betrachteten Konzernrechnungslegungssysteme entsprechend den vorgeschlagenen Regelungen noch erheblicher Objektivierungsbedarf besteht, um eine höhere Verläßlichkeit und Verständlichkeit für den Adressaten zu erreichen.

Tab. 11: Nutzwertanalyse

	7. EGR		US-GAAP		IAS	
	Verläß-lichkeit	**Verständ-lichkeit**	**Verläß-lichkeit**	**Verständ-lichkeit**	**Verläß-lichkeit**	**Verständ-lichkeit**
4.1 Ausprägung der Generalnorm	0,25	0,25	0,25	0,25	1	1
4.2 Anknüpfungstatbestände für die Konzernrechnungslegungspflicht						
Anknüpfungstatbestände im Unterordnungskonzern	0	0	0,75	0	0,5	0,5
Befreiungen von der Konzernrechnungs-legungspflicht für Unterordnungskonzerne	0	0	1	0,75	0,5	0,5
Anknüpfungstatbestände im Gleichordnungskonzern	0	0	1	1	1	1
4.3 Konsolidierungskreis						
Konsolidierungskreis i.e.S.	0	0	0,75	0,75	0,75	0,75
Änderungen im Konsolidierungskreis	0	0	0,5	0,5	0	0
4.4 Vollkonsolidierung verbundener Unternehmen						
Vorbereitung der Einzelabschlüsse für die Einbeziehung in den Konzernabschluß						
Stichtag des Konzernabschlusses und der Einzelabschlüsse	0,75	0,75	0,75	0,75	0,75	0,75
Einheitliche Bewertung	0,75	0,75	1	1	0,75	0,75
Wertberichtigungen aufgrund steuerlicher Vorschriften	0	0	1	1	1	1
Währungsumrechnung	0	0	0,5	0,5	0,5	0,5
Kapitalkonsolidierung nach der Erwerbsmethode						
Buch-/Neubewertungsmethode	0	0	1	0	0,75	0
Anwendung des streng pagatorischen Anschffungskostenprinzips	0	0	0	0	0	0
Positiver Geschäfts- oder Firmenwert	0	0	0,5	0,5	0,5	0,5
Negativer Geschäfts- oder Firmenwert	0	0	0	0	0	0
Saldierung positiver und negativer Geschäfts- oder Firmenwerte	0,5	0,5	1	1	1	1
Kapitalkonsolidierung nach der Interessenzusammenführungsmethode	0	0	0	0	0	0
Schuldenkonsolidierung	0,75	0,75	0,75	0,75	0,75	0,75
Zwischenergebniseliminierung	0	0	0,75	0,75	0,75	0,75
Aufwands- und Ertragskonsolidieurng	0,75	0,75	0,75	0,75	0,75	0,75

	7. EGR		US-GAAP		IAS	
	Verläß-lichkeit	**Verständ-lichkeit**	**Verläß-lichkeit**	**Verständ-lichkeit**	**Verläß-lichkeit**	**Verständ-lichkeit**
4.5 Einbeziehung nicht vollkonsolidierter Unternehmen						
Einbeziehung von assoziierten Unternehmen						
Assoziierte Unternehmen als Beteiligungskategorie	0,5	0	0,75	0,75	1	0,5
Kapitalkonsolidierung nach der Equity-Methode	0	0	1	0,5	1	0,5
Sonstige Konsolidierungsmaßnahmen	0	0	0	0	0	0
Einbeziehung von Gemeinschaftsunternehmen						
Gemeinschaftsunternehmen als Beteiligungskategorie	0	0	0	0	0	0
Einbeziehungsmethoden	0	0	0,75	0	0,75	0,75
Anwendungsbereich der Equity-Methode	0	0	1	0,75	0,75	0,75
4.6 Steuerabgrenzung	0	0	1	0,75	1	0,5
Summe	**4,25**	**3,75**	**16,75**	**12,75**	**15,75**	**13,5**
Anzahl der Objektivierungsbereiche	26	26	26	26	26	26
Kriterienerfüllung ohne Gewichtung	0,1635	0,1442	0,6442	0,4904	0,6058	0,5192
Ergebnis 1 (Mittelwert der Kriterienerfüllung)	0,1538		0,5673		0,5625	
Gewichtung	0,6	0,4	0,6	0,4	0,6	0,4
Ergebnis 2 (Gewichtung 0,6 zu 0,4)	0,1558		0,5827		0,5712	
Kriterienerfüllung ohne Gewichtung (nur Vollkonsolidierung ohne Steuerabgrenzung)	0,1944	0,1944	0,6667	0,5556	0,5694	0,5278
Ergebnis 3 (Mittelwert nur Vollkonsolidierung ohne Steuerabgrenzung)	0,1944		0,6111		0,5486	
Gewichtung	0,6	0,4	0,6	0,4	0,6	0,4
Ergebnis 4 (nur Vollkonsolidierung ohne Steuerabgrenzung und Gewichtung 0,6 zu 0,4)	0,1944		0,5528		0,6222	

6 Schlußbetrachtung

Ziel dieser Arbeit war im Interesse der Adressaten die Objektivierung der Konzernrechnungslegung durch Vermeidung oder zumindest weitgehende Einschränkung von Wahlrechten und Ermessensspielräumen. Wenn alle Wahlrechte und Ermessensspielräume abgeschafft oder zumindest weitgehend eingeschränkt sind, beschränkt sich das jahresabschlußpolitische Instrumentarium primär auf sachverhaltsgestaltende Maßnahmen.[1]

Im zweiten Kapitel wurden die Grundlagen der Konzernrechnungslegung der verschiedenen Staaten und Organisationen vorgestellt, die sich mit der Harmonisierung der Konzernrechnungslegungsvorschriften beschäftigen oder maßgeblichen Einfluß darauf ausübten und noch ausüben. Darüber hinaus wurden in einem Exkurs die Konzernrechnungslegungstheorien erläutert, auf die in der Literatur ständig Bezug genommen wird.

Im dritten Kapitel wurden die konzeptionellen Grundlagen einer objektivierten Konzernrechnungslegung gelegt. So wurde der Konzern als wirtschaftliche Einheit definiert. Als Adressaten wurden die Kapitalgeber des der Konzernrechnungslegung unterliegenden Mutterunternehmens identifiziert und deren Information als Zweck der Konzernrechnungslegung deduziert, unter den sich die Rechenschafts- und Kompensationsfunktion subsumieren lassen. Die Ausschüttungsbemessungsfunktion und die Besteuerungsgrundlage werden nicht als unmittelbare Zwecke der Konzernrechnungslegung angesehen, auch wenn sie aus Sicht der Kapitalgeber durchaus wünschenswert sind und der Informationsfunktion nicht widersprechen. Da Wahlrechte und Ermessensspielräume der Vergleichbarkeit grundsätzlich widersprechen, ist die Objektivierung als notwendige Voraussetzung für die Erfüllung der Informationsfunktion anzusehen. Die grundlegenden Voraussetzungen der Konzernrechnungslegung sind wie schon beim Einzelabschluß die Unternehmensfortführung und die perioden- und verursachungsgerechte Erfolgsermittlung. Als qualitative Kriterien der Berücksichtigung von Informationen sind Verläßlichkeit und - als notwendige Nebenbedingung - Verständlichkeit anzusehen. Das Vorsichtsprinzip gehört mangels Objektivierbarkeit nicht dazu. Es findet jedoch in den aus der periodengerechten Gewinnermittlung abgeleiteten Prinzipien der Realisation und Imparität eine gewisse Berücksichtigung. Durch den EDV-Einsatz verlieren die Prinzipien der Rechtzeitigkeit, Wesentlichkeit und Wirtschaftlichkeit als Schwellen für die Berücksichtigung von Informationen zugunsten des Vollständigkeitsprinzips an Bedeutung. Abschließend wurden im dritten Kapitel kurz die Bestandteile des Konzernabschlusses und ihre Zwecke genannt.

---

1) Vgl. KÜTING, K./WEBER, C.-P.: Interrnationale Bilanzierung, a.a.O., S. 19 ff.

Im vierten Kapitel, dem Hauptteil der Arbeit, wurden anhand der ausgewählten Kriterien Objektivierungsvorschläge erarbeitet und die einzelnen Regelungen der bestehenden Systeme bewertet. In Abschnitt 4.1 wurde der Generalnorm aufgrund mangelnder Objektivierbarkeit lediglich eine erklärende Funktion zugewiesen.

Als Anknüpfungstatbestand der Konzernrechnungslegungspflicht stellte sich in Abschnitt 4.2 das theoretisch richtige Konzept der einheitlichen Leitung aufgrund der mangelnden Objektivierbarkeit als dem Control-Konzept unterlegen heraus. Befreiungen von der Konzernrechnungslegungspflicht sind nur Personengesellschaften zu gewähren, die nicht den Kapitalmarkt nutzen, da hier außer Lieferanten keine weiteren Adressaten der Konzernrechnungslegung existieren. Aufgrund der theoretischen Unzulänglichkeiten bei der Festlegung der Kriterien für das Vorhandensein von Gleichordnungskonzernen, der mangelnden Dauerhaftigkeit und Objektivierbarkeit sowie der geringen praktischen Bedeutung ist auf eine Konzernrechnungslegungspflicht für Gleichordnungskonzerne zu verzichten. In Abschnitt 4.3 wurde festgestellt, daß der Konsolidierungskreis i.e.S. lediglich aus Tochterunternehmen besteht, wobei Ausnahmen von der Einbeziehung ausschließlich bei andauernden Beschränkungen oder einer Weiterveräußerungsabsicht zu gewähren sind, und zwar in Form eines Einbeziehungsverbots.

Die Vollkonsolidierung verbundener Unternehmen wird in Abschnitt 4.4 behandelt. In Abschnitt 4.4.1 wurden zunächst vorbereitende Maßnahmen betrachtet. Dabei ist ein einheitlicher Stichtag von Konzernabschluß und allen Einzelabschlüssen sinnvoll. Die Gliederung der Zahlenwerke bedarf ebenfalls noch einer Vereinheitlichung. Dies ist jedoch kein konzernrechnungslegungsspezifisches Problem, sondern betrifft bereits den Einzelabschluß und wurde daher nicht beurteilt. Eine einheitliche Bewertung stellt aus Adressatensicht eine notwendige Voraussetzung für die korrekte Interpretation der Konzernrechnungslegungsinformationen dar, während Wertberichtigungen aufgrund steuerlicher Vorschriften diese verhindern und folglich abzulehnen sind. Als Methode der Währungsumrechnung hat sich aus Adressatensicht die Stichtagskursmethode den anderen betrachteten Methoden als überlegen erwiesen.

Abschnitt 4.4.2 beschäftigte sich mit der Kapitalkonsolidierung. Dabei ist die Neubewertungsmethode der Buchwertmethode vorzuziehen, wobei aufgrund der Nichtanwendung des strengen pagatorischen Anschaffungskostenprinzips und zum korrekten Ausweis des Minderheiteneinflusses eine Bewertung über die historischen Anschaffungskosten hinaus sowie der Ansatz eines den Minderheiten zuzurechnenden Geschäfts- oder Firmenwerts aus Adressatensicht sinnvoll ist. Des weiteren ist ein negativer Geschäftswert analog zu dem positiven Geschäfts- oder Firmenwert zu behandeln, so daß stille Reserven und Lasten vollständig aufgelöst und verteilt werden, ohne daß dabei eine besondere Reihenfolge zu beachten wäre. Die Abschreibungsdauer sollte jeweils fünf Jahre betragen und linear erfolgen. Der Interessenzusammenführungsmethode ist die Erwerbsmethode selbst bei Vorliegen der zwölf Voraussetzungen in APB Opinion No. 16 und der Durchführung des Größentests in FRS 6 vorzuziehen, weil trotz der zahlreichen Voraussetzungen und Objektivierungsversuche nur schwer kontrollierbar ist, ob es sich nicht doch um einen Kauf handelt.

Für die Abschnitte 4.4.3 bis 4.4.5 gilt, daß Ausnahmen von der Schuldenkonsolidierung, der Zwischenerfolgseliminierung sowie der Aufwands- und Ertragskonsolidierung aufgrund der Wesentlichkeit nicht zu machen sind. Darüber hinaus sind diese Konsolidierungen nicht bloß kapitalanteilig, sondern vollständig durchzuführen.

In Abschnitt 4.5 wurde die Einbeziehung nicht vollkonsolidierter Unternehmen betrachtet. Dabei hat sich die Anwendung der Equity-Methode in Form der Kapitalanteilsmethode für typische assoziierte Unternehmen in bezug auf die Aussagefähigkeit der Buchwertmethode als überlegen erwiesen. Unter Objektivierungsgesichtspunkten ist von einer Vermutung des maßgeblichen Einflusses abzusehen und statt dessen ein assoziiertes Unternehmen als ein Unternehmen zu definieren, an dem das beteiligte Unternehmen eine Sperrminorität hält. Diese gewährt zwar nicht notwendigerweise das, was unter einem maßgeblichen Einfluß verstanden wird. Unabhängig von der Rechtsform werden jedoch ausreichend prozeßhemmende, die eigene Position sichernde Rechte gewährt, so daß dies zur objektivierten Bestimmung der Beteiligungskategorie assoziierte Unternehmen geeignet erscheint. Die Equity-Methode ist dann verpflichtend anzuwenden, sofern nicht die gleichen Ausnahmetatbestände wie bei der Vollkonsolidierung zu einem Verbot führen. Da auf assoziierte Unternehmen kein beherrschender Einfluß ausgeübt wird, sind neben der Kapitalkonsolidierung keine sonstigen Konsolidierungsmaßnahmen durchzuführen.

In bezug auf Gemeinschaftsunternehmen hat sich die Quotenkonsolidierung der Equity-Methode als überlegen erwiesen, da hier nicht nur ein Posten Gemeinschaftsunternehmen in der Bilanz auftaucht, sondern alle Bilanzposten unter Konsolidierung innerkonzernlicher Vorgänge anteilig in die Konzernbilanz übernommen werden. Der Vorwurf der Bilanzierung eines Wertekonglomerats wird durch einen verpflichtenden Vorspaltenausweis gegenstandslos. Die Quotenkonsolidierung soll jedoch nur auf Gemeinschaftsunternehmen angewandt werden, an denen gleichzeitig eine Sperrminorität gehalten wird, da mit geringerem Beteiligungsanteil einerseits der Einfluß auf des Gemeinschaftsunternehmen abnimmt und sich andererseits die Anzahl der beteiligten Unternehmen erhöht, wodurch eine gemeinsame Führung grundsätzlich schwieriger wird. Dadurch soll die für ein Gemeinschaftsunternehmen bestimmende gemeinschaftliche Leitung objektiviert werden. Liegen die hier genannten Voraussetzungen vor, ist eine Ausnahme von der Quotenkonsolidierung nur analog der Vollkonsolidierung in Form eines Verbots zu machen, so daß zu Anschaffungskosten zu bewerten ist. Auch Tochterunternehmen, die einem Konsolidierungsverbot unterliegen, sind zu Anschaffungskosten zu bewerten. Die Anwendung der Equity-Methode führte hier zu zweifelhaften Ergebnissen. Folglich sollte die Equity-Methode nur auf typische assoziierte Unternehmen, also den Assoziierungskreis i.e.S., Anwendung finden und nicht zu einer Ersatzkonsolidierungsmethode für untypische assoziierte Unternehmen, nämlich unkonsolidierte Tochter- und Gemeinschaftsunternehmen, werden. Dies wird in Abbildung 15 dargestellt.

Abb. 15: Abgrenzung der Voraussetzungen für die Anwendung der Voll- und Quotenkonsolidierung und der Equity-Methode sowie den Ansatz zum Anschaffungswert nach der objektivierten Konzernrechnungslegung

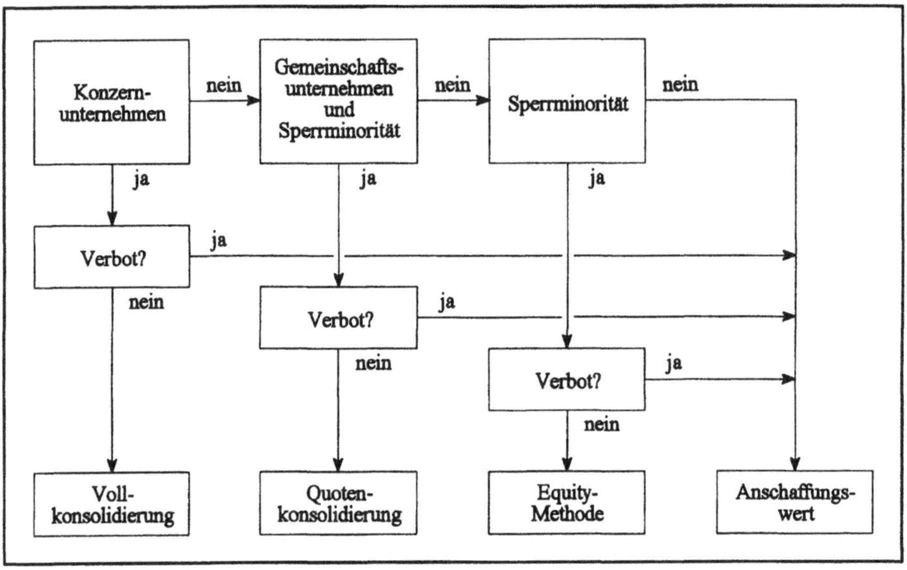

Für die Steuerabgrenzung hat sich im Abschnitt 4.6 die Anwendung der bilanzorientierten Verbindlichkeitsmethode in Form einer Einzeldifferenzenbetrachtung als die zweckadäquateste Vorgehensweise erwiesen.

Im Abschnitt 4.7 wurde festgestellt, daß sich Anhang und Lagebericht in Ergänzung der beiden Zahlenwerke Bilanz und GuV, die primär die Vermögens- und Ertragslage darstellen, grundsätzlich einer Objektivierung entziehen und im übrigen keine ausschließlich konzernrechnungslegungsspezifischen Sachverhalte darstellen, sondern bereits auf Einzelabschlußebene geregelt werden müssen. In jedem Fall sollten eine Kapitalflußrechnung zur Darstellung der Finanzlage sowie eine Segmentberichterstattung feste Bestandteile des Konzernabschlusses werden, so daß den Adressaten für ihre Entscheidungen eine umfangreiche und zugleich komprimierte Informationsbasis zur Verfügung steht.

Die vorliegende Arbeit hat gezeigt, daß die 7. EGR aufgrund der Vielzahl der vorhandenen Wahlrechte, die zwar einheitlich für die EU gelten, jedoch von den Mitgliedstaaten und Unternehmen unterschiedlich ausübbar sind und unterschiedlich ausgeübt werden, zu einer Entharmonisierung auf nationaler Ebene geführt haben, da die Wahlrechte der 7. EGR die zuvor auf nationaler Ebene vorhandenen bisweilen noch übertrafen. Damit einher geht gleichzeitig ein geringer Objektivierungsgrad. So ahnte BRÖNNER bereits 1981, zwei Jahre bevor die 7. EGR verabschiedet wurde, daß sich eine Harmonisierung der Rechnungslegung bei der raschen Entwicklung der Weltwirtschaft "nicht nur auf eine abgegrenzte Anzahl von Ländern beschränken könne, selbst wenn es sich dabei um einen so relativ großen Bereich wie die europäische Gemeinschaft handelt."[1] BIENER räumt zwar ein, daß es nicht das Ziel der Harmonisierung sein könne, "das deutsche Bilanzrecht um jeden Preis zu erhalten."[2] Tatsächlich war die deutsche Seite aber offensichtlich auch nicht bereit, bisherige deutsche Methoden im Rahmen des Harmonisierungsprozesses gänzlich aufzugeben, so daß einige Mitgliedstaatenwahlrechte darauf zurückzuführen sind.[3]

Auch in der US-amerikanischen Konzernrechnungslegung sind noch diverse Wahlrechte und Ermessensspielräume enthalten, die der Informationsfunktion widersprechen. Dies kann auch durch die Generalnorm als overriding principle nicht geheilt werden, da sie sich als unbestimmter Rechtsbegriff grundsätzlich einer Objektivierung entzieht. In diesem Zusammenhang ist auf die IAS hinzuweisen, die zwar unter starkem anglo-amerikanischem Einfluß stehen, in denen aber im Gegensatz zu den US-GAAP die Generalnorm nicht als overriding principle definiert ist.

Im Verlauf dieser Arbeit wurden zahlreiche Vorschläge zu einer Objektivierung der Konzernrechnungslegung gemacht, die natürlich nicht abschließend sein können, wohl aber eine weitgehende Objektivierung erlauben. Es war jedoch nicht Ziel dieser Arbeit, für alle konzernrechnungslegungsspezifischen Zweifelsfälle, die auf Kommentarebene behandelt

---

1) BRÖNNER, H.: Die Harmonisierung von Rechnungslegung und Abschlußprüfung in der Europäischen Gemeinschaft (EG) aus Sicht der Wirtschaftsprüfer, a.a.O., S. 509.

2) BIENER, H.: Handelsrechtliche Grundsatzfragen der 4. und 7. EG-Richtlinie, a.a.O., S. 322.

3) Hier ist beispielsweise an die einheitliche Leitung in Art. 1 Abs. 2 der 7. EGR als Grundlage der Aufstellungspflicht zu denken.

werden, eine eindeutige Lösung anzubieten. Darüber hinaus wurden die bestehenden Systeme - die 7. EG-Richtlinie, die IAS und die US-GAAP - einer Nutzwertanalyse unterzogen. Dabei hat sich gezeigt, daß eine weitgehende Objektivierung möglich ist, von der die bestehenden Systeme, vor allem die 7. EG-Richtlinie, allerdings noch weit entfernt sind.

Inwieweit die hier gemachten Vorschläge Eingang in eine harmonisierte Konzernrechnungslegung finden, ist nicht abzusehen. Es wäre jedoch im Interesse der Adressaten zu wünschen, daß der hier erarbeiteten Objektivierung der Konzernrechnungslegung nicht nur eine ideelle Bedeutung zukommt, sondern im fortschreitenden Harmonisierungsprozeß Berücksichtigung findet.

Literaturverzeichnis

ACCOUNTING STANDARDS BOARD: [FRS 1] Cash flow statements (revised 1996), 1996, in: ICAEW (Hrsg.): Accounting Standards 1998/99, Extant at 30 April 1998, London 1998, S. 313-356

ACCOUNTING STANDARDS BOARD: [FRS 2] Accounting for subsidiary undertakings, 1992, in: ICAEW (Hrsg.): Accounting Standards 1998/99, Extant at 30 April 1998, London 1998, S. 357-398

ACCOUNTING STANDARDS BOARD: [FRS 6] Acquisitions and mergers, 1994, in: ICAEW (Hrsg.): Accounting Standards 1998/99, Extant at 30 April 1998, London 1998, S. 559-594

ACCOUNTING STANDARDS BOARD: [FRS 9] Associates and joint ventures, 1997, in: ICAEW (Hrsg.): Accounting Standards 1998/99, Extant at 30 April 1998, London 1998, S. 653-700

ACHLEITNER, A.-K./PEJIC, P.: Des Abschlusses neue Kleider, in: DB, 49. Jg. (1996), S. 2037-2043

ADLER, H./DÜRING, W./SCHMALTZ, K.: Rechnungslegung und Prüfung der Unternehmen, Teilband 3, 6. Aufl., Stuttgart 1996

AICPA: Accounting Research Bulletin No. 51: Consolidated Financial Statements, 1959, in: FASB (Hrsg.): Original Pronouncements, Accounting Standards as of June 1, 1998, Bd. II, Norwalk, Connecticut 1998, S. 74-79

AICPA (Hrsg.): Accounting Trends & Techniques, 42. Aufl., New York 1988

AICPA (Hrsg.): Accounting Trends & Techniques, 50. Aufl., Jersey City 1996

ALLENSPACH, M.: Konzernrechnungslegung aus Internationaler Sicht, Zürich 1992

ALTMEIER, D./KAISER, U./KEBBE, T./ KRETSCHMER, M./MAIER, F./SCHENKEL, M.: Bilanzpolitische Gestaltungsmöglichkeiten in Frankreich, in: Küting, K./Weber, C.-P. (Hrsg.): Internationale Bilanzierung, Herne/Berlin 1994, S. 154-180

AMEN, M.: Die Kapitalflußrechnung als Rechnung zur Finanzlage, in: WPg, 48. Jg. (1995). S. 498-509

APB: APB Opinion No. 16: Business Combinations, 1970, in: FASB (Hrsg.): Original Pronouncements, Accounting Standards as of June 1, 1998, Bd. II, Norwalk, Connecticut 1998, S. 201-222

APB: APB Opinion No. 17: Intangible Assets, 1970, in: FASB (Hrsg.): Original Pronouncements, Accounting Standards as of June 1, 1998, Bd. II, Norwalk, Connecticut 1998, S. 223-229

APB: APB Opinion No. 18: The Equity Method of Accounting for Investments in Common Stock, 1971, in: FASB (Hrsg.): Original Pronouncements, Accounting Standards as of June 1, 1998, Bd. II, Norwalk, Connecticut 1998, S. 230-238

APB: APB Opinion No. 20: Accounting Changes, 1971, in: FASB (Hrsg.): Original Pronouncements, Accounting Standards as of June 1, 1998, Bd. II, Norwalk, Connecticut 1998, S. 244-258

ARBEITSKREIS "RECHNUNGSLEGUNGSVORSCHRIFTEN DER EG-KOMMISSION" DER GEFIU: Währungsumrechnung im Einzel- und Konzernabschluß, in: DB, 46. Jg. (1993), S. 745-748

ARBEITSKREIS "RECHNUNGSLEGUNGSVORSCHRIFTEN DER EG-KOMMISSION" DER GEFIU: Möglichkeiten und Grenzen der Anpassung deutscher Konzernabschlüsse an die Rechnungslegungsgrundsätze des International Accounting Standards Committee (IASC), in: DB, 48. Jg. (1995), Teil I: S. 1137-1143 und Teil II: S. 1185-1191

ASC: [SSAP 2] Disclosure of accounting policies, 1971, in: ICAEW (Hrsg.): Accounting Standards 1998/99, Extant at 30 April 1998, London 1998, S. 45-51

ASC: [SSAP 25] Segmental reporting, 1971, in: ICAEW (Hrsg.): Accounting Standards 1998/99, Extant at 30 April 1998, London 1998, S. 295-310

AUDITING STANDARDS BOARD: Statement on Auditing Standards No. 58: Reports on Audited Financial Statements, in: JofA, July 1988, S. 174-188

AUDITING STANDARDS BOARD: Statement on Auditing Standards No. 69: The Meaning of *Present Fairly in Conformity With Generally Accepted Accounting Principles* in the Independent Auditor's Report, in: JofA, March 1992, S. 108-111

BACHEM, R.G.: Berücksichtigung negativer Geschäftswert in Handels-, Steuer- und Ergänzungsbilanz, in: BB, 48. Jg. (1993), S. 967-973

BACHEM, R.G.: Der "negative Geschäftswert" - eine Schimäre als Steuersparmodell?, in: BB, 48. Jg. (1993), S. 1976-1978

BACHEM, R.G.: Zur Diskussion um den negativen Geschäftswert, in: BB, 50. Jg. (1995), S. 350-353

BAETGE, J.: Möglichkeiten der Objektivierung des Jahreserfolges, Düsseldorf 1970

BAETGE, J.: Konzernbilanzen, 3. Aufl., Düsseldorf 1997

BAETGE, J./APELT, B.: Publizität kleiner und mittelständischer Kapitalgesellschaften und Harmonisierung der Rechnungslegung, in: BFuP, 44. Jg. (1992), S. 393-411

BAETGE, J./DÖRNER, D./KLEEKÄMPER, H./WOLLMERT, P. (Hrsg.): Rechnungslegung nach International Accounting Standards (IAS), Stuttgart 1997

BAETGE, J./HERRMANN, D.: Probleme der Endkonsolidierung im Konzernabschluß, in: WPg, 48, Jg. (1995), S. 225-232

BAETGE, J./KIRSCH, H.-J.: § 297 Inhalt, in: Küting, K./Weber, C.-P.: Handbuch der Konzernrechnungslegung, 2. Aufl., Stuttgart 1998, S. 1063-1092

BAETGE, J./ROß, H.-P.: Was bedeutet »fair presentation«?, in: Ballwieser, W. (Hrsg.): US-amerikanische Rechnungslegung, 3. Aufl., Stuttgart 1998, S. 29-45

BAETGE, J./SCHULZE, D.: IAS 27 Konzernrechnungslegung sowie Bilanzierung von Beteiligungen an verbundenen Unternehmen (Consolidated Financial Statements and Accounting for Investments in Subsidiaries), in: Baetge, J./Dörner, D./Kleekämper, H./Wollmert, P. (Hrsg.): Rechnungslegung nach International Accounting Standards (IAS), Stuttgart 1997, S. 983-1074

BAETGE, J./SCHULZE, D.: Möglichkeiten der Objektivierung der Lageberichterstattung über "Risiken der künftigen Entwicklung", in: DB, 51. Jg. (1998), S. 937-948

BALLWIESER, W.: Die Einflüsse des neuen Bilanzrechts auf die Jahresabschlußanalyse, in: Baetge, J. (Hrsg.): Bilanzanalyse und Bilanzpolitik, Düsseldorf 1989, S. 15-49

BARTELS, P.: Zwischenergebniseliminierung und konzerneinheitliche Bewertung, in: WPg, 44. Jg. (1991), S. 739-746

BARTHOLOMEW, E. G./BROWN, A./MUIS, J. W.: Konzernabschlüsse in Europa, Wiesbaden 1981

BARTKE, G.: Besteht eine Verpflichtung zur Aufstellung eines Konzernabschlusses für Gleichordnungskonzerne nach dem Aktiengesetz und dem Publizitätsgesetz?, in: zfbf, 32. Jg. (1980), S. 209-237

BASTIAN, J./BEAUJEAN, R.: Bilanzpolitische Gestaltungsmöglichkeiten in Großbritannien, in: Küting, K./Weber, C.-P. (Hrsg.): Internationale Bilanzierung, Herne/Berlin, 1994, S. 94-124

BAUER, J.: Zur Rechtfertigung von Wahlrechten in der Bilanz, in: BB, 36. Jg. (1981), S. 766-772

BAUMANN, K.-H.: § 306 Steuerabgrenzung, in: Küting, K./Weber, C.-P. (Hrsg.): Handbuch der Konzernrechnungslegung, 2. Aufl., Stuttgart 1998, S. 1595-1609

BAUMGARTNER, B.: Integrationsschritte bei der Einführung einer IASC-Rechnungslegung am Beispiel der Oerlikon-Bührle Holding AG, in: Dörner, D./Wollmert, P. (Hrsg.): IASC-Rechnungslegung, Düsseldorf 1995, S. 27-39

BAYER AG: Geschäftsbericht 1994

BEINE, F./GORA, V.: Bedeutung außenstehender Gesellschafter für die Vermögens- und Finanzlage im Konzernabschluß, in: DStR, 35. Jg. (1997), S. 1419-1424

BERNARDS, O.: Zur Bilanzanalyse diversifizierter Unternehmen, in: BB, 50. Jg. (1995), S. 1283-1287

BERTSCH, A.: Rechnungslegung von Konzernunternehmen, Heidelberg 1994

BFH: Urteil vom 21.4.1994 - IV R 70/92, BStBl. II 1994, S. 745-749

BIENER, H.: Handelsrechtliche Grundsatzfragen der 4. und 7. EG-Richtlinie, in: Bierich, M./ Busse von Colbe, W./Laßmann, G./Lutter, M. (Hrsg.): Rechnungslegung nach neuem Recht, Wiesbaden 1980, S. 307-332

BIENER, H.: Die Rechnungslegungsempfehlungen des IASC und deren Auswirkungen auf die Rechnungslegung in Deutschland, in: BFuP, 45. Jg. (1993), S. 345-356

BIENER, H.: Wäre die Übernahme der allgemein anerkannten Rechnungslegungsgrundsätze der Vereinigten Staaten von Amerika nachteilig?, in: Baetge, J. (Hrsg.): Die deutsche Rechnungslegung vor dem Hintergrund internationaler Entwicklungen, Düsseldorf 1994, S. 123-134

BIENER, H.: Bedeutung und Chancen der IASC-Vorschriften als internationale Rechnungslegungsnorm, in: Dörner, D./Wollmert, P. (Hrsg.): IASC-Rechnungslegung, Düsseldorf 1995, S. 9-25

BIENER, H./SCHATZMANN, J.: Konzern-Rechnungslegung, Düsseldorf 1983

BLECKMANN, A.: Die Richtlinie im Europäischen Gemeinschaftsrecht und im Deutschen Recht, in: Leffson, U./Rückle, D./Großfeld, B. (Hrsg.) Handwörterbuch unbestimmter Rechtsbegriffe im Bilanzrecht des HGB, Köln 1986, S. 11-28

BLOHM, H./LÜDER, K.: Investition, 8. Aufl., München 1995

BÖCKING, H.-J./ORTH, C.: Offene Fragen und Systemwidrigkeiten bei den neuen Rechnungslegungs- und Prüfungsvorschriften des KonTraG und des KapAEG, in: DB, 51. Jg. (1998), S. 1873-1879

BOHL, J.: Die Anwendung von IASC-Grundsätzen auf Konzernabschlüsse französischer Großunternehmen, in: DB, 49. Jg. (1996), S. 995-999

BOLDT, H.: Die Europäische Union, Mannheim 1995

BORCHERT, D.: § 275 Gliederung, in: Küting, K./Weber, C.-P. (Hrsg.): Handbuch der Rechnungslegung, 4. Aufl., Stuttgart 1995, S. 1651-1736

BORN, K.: Rechnungslegung international, 2. Aufl., Stuttgart 1999

BOVERMANN, B.: Die Umrechnung der Jahresabschlüsse ausländischer Tochterunternehmen für den Weltabschluß in der EG unter dem Aspekt seiner Informationsfunktion, Frankfurt am Main 1988

BRETZKE, W.-R.: Funktionen und Folgen der Verwendung objektivistischer Wertkonventionen bei der Unternehmensbewertung, in: WPg, 28. Jg. (1975), S. 125-131

BRÖNNER, H.: Die Harmonisierung von Rechnungslegung und Abschlußprüfung in der Europäischen Gemeinschaft (EG) aus der Sicht der Wirtschaftsprüfer, in: BFuP, 33. Jg. (1981), S. 500-509

BRUNS, H.-G.: Eigenkapitalausweis, in: Castan, E. u.a. (Hrsg.): Beck'sches Handbuch der Rechnungslegung, Bd. II, München 1986, C 450

BUDDE, W.D./SUHRBIER, H.: § 310 [Gemeinschaftsunternehmen], in: Budde, W.D. u.a. (Hrsg.): Beck'scher Bilanz-Kommentar, 3. Aufl., München 1995, S. 1634-1651

BUHLEIER, C./HELMSCHROTT, H.: Auf dem Weg zu den Weltstandards bei der Konzernrechnungslegung?, in: BB, 52. Jg. (1997), S. 775-779

BUHLEIER, C./HELMSCHROTT, H.: Die neue Strategie der Europäischen Union zur Harmonisierung der Rechnungslegung und ihre möglichen Auswirkungen auf Deutschland, in: DStR, 34. Jg. (1996), S. 354-360

BÜHNER, R.: Aussagefähigkeit des Konzernabschlusses in der Management-Holding, in: DB, 47. Jg. (1994), S. 437-444

BÜHNER, R.: Reaktionen des Aktienmarktes auf die Einführung von Management-Holdings, in: ZfB, 66. Jg. (1996), S. 5-27

BÜHNER, R./HILLE, K.: Anwendungsprobleme der Equity-Methode für die Konzernrechnungslegung in der Europäischen Gemeinschaft, in: WPg, 33. Jg. (1980), S. 261-266

BUNDESMINISTER DER JUSTIZ: Erste Verordnung zur Änderung der Konzernabschlußbefreiungsverordnung vom 9. Juni 1993, in: BGBl. 1993, Teil I, Nr. 29 vom 23.06.1993, S. 916

BUNDESMINISTER DER JUSTIZ: Verordnung über befreiende Konzernabschlüsse und Konzernlageberichte von Mutterunternehmen mit Sitz in einem Staat, der nicht Mitglied der Europäischen Wirtschaftsgemeinschaft ist, zur Durchführung des Artikels 11 der Siebenten Richtlinie 83/349/EWG des Rates vom 13. Juni 1983 (Konzernabschlußbefreiungsverordnung - KonBefrV) vom 15. November 1991, in: BGBl. 1991, Teil I, Nr. 63 vom 29.11.1991, S. 2122

BUNDESTAG: Begründung zum Entwurf eines Aktiengesetzes, in: Bundestags-Drucksache IV/171 vom 03.02.1962, S. 92-263

BUNDESTAG: Gesetz zur Durchführung der Vierten, Siebenten und Achten Richtlinie des Rates der Europäischen Gemeinschaften zur Koordinierung des Gesellschaftsrechts (Bilanzrichtlinien-Gesetz - BiRiLiG) vom 19. Dezember 1985, in: BGBl. 1985, Teil I, Nr. 62 vom 24. Dezember 1985, S. 2355-2433

BUNDESTAG: Gesetz zur Kontrolle und Transparenz im Unternehmensbereich (KonTraG) vom 27. April 1998, in: BGBl. 1998, Teil I, Nr. 24 vom 30. April 1998, S. 786-794

BUNDESTAG: Gesetz zur Verbesserung der Wettbewerbsfähigkeit deutscher Konzerne an Kapitalmärkten und zur Erleichterung der Aufnahme von Gesellschafterdarlehen (Kapitalaufnahmeerleichterungsgesetz - KapAEG) vom 20. April 1998, in: BGBl. 1998, Teil I, Nr. 22 vom 23. April 1998, S. 707-709

BUNGERT, H.: Die Stellung der Limited Liability Company im US-amerikanischen Recht, in: IStR, 2. Jg. (1993), S. 174-179

BUSSE VON COLBE, W.: Neuere Entwicklungstendenzen in der Konzernrechnungslegung, in: WPg, 31. Jg. (1978), S. 652-660

BUSSE VON COLBE, W.: Aufstellung internationaler Konzernabschlüsse - Ein Bericht aus dem Arbeitskreis Weltabschlüsse -, in: Bierich, M./Busse von Colbe, W./Laßmann, G./Lutter, M. (Hrsg.): Rechnungslegung nach neuem Recht, Wiesbaden 1980, S. 287-306

BUSSE VON COLBE, W.: Rechnungslegungsziele und Ansätze zur internationalen Harmonisierung der Rechnungslegung deutscher Unternehmen, in: Ballwieser, W. (Hrsg.): US-amerikanische Rechnungslegung, 3. Aufl., Stuttgart 1998, S. 369-387

BUSSE VON COLBE, W.: Zur Anpassung der Rechnungslegung von Kapitalgesellschaften an internationale Normen, in: BFuP, 47. Jg. (1995), S. 373-391

BUSSE VON COLBE, W./CHMIELEWICZ, K.: Das neue Bilanzrichtlinien-Gesetz, in: DBW, 46. Jg. (1986), S. 289-347

BUSSE VON COLBE, W./ORDELHEIDE, D.: Konzernabschlüsse, 6. Aufl., Wiesbaden 1993

C & L DEUTSCHE REVISION (Hrsg.): Konzernabschlüsse '95, Düsseldorf 1997

CASTAN, E.: Gliederung der Bilanz, in: Castan, E. u.a. (Hrsg.): Beck'sches Handbuch der Rechnungslegung, Bd. I, München 1986, B 200

CASTAN, E.: Rechnungslegung in der Europäischen Gemeinschaft, München 1993

CHMIELEWICZ, K.: Vereinheitlichung durch ein rechtsformunabhängiges Rechnungslegungs gesetz, in: Bierich, M./Busse von Colbe, W./Laßmann, G./Lutter, M, (Hrsg.): Rechnungslegung nach neuem Recht, Wiesbaden 1980, S. 15-52

CHOPPING, D./SKERRATT, L.: Applying GAAP 1995/96, 4. Aufl., Central Milton Keynes 1995

COENENBERG, A.G.: Jahresabschluß und Jahresabschlußanalyse, 16. Aufl., Landsberg/Lech 1997

COENENBERG, A.G.: Einheitlichkeit oder Differenzierung von internem und externem Rechnungswesen: Die Anforderungen der internen Steuerung, in: DB, 48. Jg. (1995), S. 2077-2083

COENENBERG, A.G./HILLE, K.: IAS 12 Bilanzierung von Ertragsteuern (Accounting for Taxes on Income), in: Baetge, J./Dörner, D./Kleekämper, H./Wollmert, P. (Hrsg.): Rechnungslegung nach International Accounting Standards (IAS), Stuttgart 1997, S. 397-441

COENENBERG, A.G./HILLE, K.: Latente Steuern nach der neu gefaßten Richtlinie IAS 12, in: DB, 50. Jg. (1997), S. 537-544

CONNOR, J.E.: Accounting for the Upward Float in Foreign Currencies, in: JofA, June 1972, S. 39-44

DAIMLER-BENZ AG: Form 20-F - Listing on the New York Stock Exchange 1993

DAVIS, M.: APB 16: Time to Reconsider, in: JofA, October 1991, S. 99-107

DEBUS, C.: Latente Steuern, in: Castan, E. u.a. (Hrsg.): Beck'sches Handbuch der Rechnungslegung, München 1986, Bd. II, C 440

DEMMING, C.: Grundlagen der Internationalen Rechnungslegung, München 1997

DEMMING, C.: US-amerikanische Rechnungslegung, in: Gräfer, H./Demming, C. (Hrsg.): Internationale Rechnungslegung, Stuttgart 1994, S. 229-306

DUCKSTEIN, G./DUSEMOND, M.: Aus der Währungsumrechnung resultierende Eigenkapitaldifferenzen in einem international tätigen Konzern, in: DB, 48. Jg. (1995), S. 1673-1678

DUSEMOND, M.: Die Abgrenzung des Konsolidierungskreises im engeren und weiteren Sinne, in: DB, 47. Jg. (1994), S. 1733-1741

DUSEMOND, M.: Zur Aufstellungspflicht von Konzernabschlüssen und Konzernlageberichten, in: BB, 49. Jg. (1994), S. 2034-2042

DUSEMOND, M.: Gegenstand der Zwischenergebniseliminierung gem. § 304 Abs. 1 HGB, in: DStR, 34. Jg. (1996), S. 680-684

DUSEMOND, M.: Endkonsolidierung und erfolgsneutrale Verrechnung des Geschäfts- oder Firmenwerts, in: DB, 50. Jg. (1997), S. 53-57

DUSEMOND, M./HAYN, B.: Latente Steuern aus Konsolidierungsmaßnahmen, in: BB, 52. Jg. (1997), S. 983-968

DUSEMOND, M./HAYN, B.: Latente Steuern im Rahmen der Erstellung der Handelsbilanz II, in: BB, 52. Jg. (1997), S. 407-411

DUSEMOND, M./WEBER, C.-P./ZÜNDORF, H.: § 301 Kapitalkonsolidierung, in: Küting, K./ Weber, C.-P. (Hrsg.): Handbuch der Konzernrechnungslegung, 2. Aufl., Stuttgart 1998, S. 1153-1454

EBELING, R.M.: Die Einheitsfiktion als Grundlage der Konzernrechnungslegung, Stuttgart 1995

EBERT, M.: Einflußgrößen des britischen Accounting, Frankfurt am Main 1990

ECKES, B./WEBER, C.-P.: § 302 Kapitalkonsolidierung bei Interessenzusammenführung, in: Küting, K./Weber, C.-P. (Hrsg.): Handbuch der Konzernrechnungslegung, 2. Aufl., Stuttgart 1998, S. 1455-1489

EISELE, W./RENTSCHLER, R.: Gemeinschaftsunternehmen im Konzernabschluß, in: BFuP, 41. Jg. (1989), S. 309-324

EISOLT, D.: US-amerikanische und deutsche Konzernrechnungslegung, Hamburg 1992

EISOLT, D.: Die rechtlichen Grundlagen der amerikanischen Konzernrechnungslegung, in: AG, 38. Jg. (1993), S. 209-233

EISOLT, D.: Konzernrechnungslegungspflicht nach HGB und US-amerikanischen Vorschriften, in: WPg, 46. Jg. (1993), S. 344-353

EISOLT, D.: Konsolidierungskreis deutscher und amerikanischer Konzernabschlüsse, in: BB, 49. Jg. (1994), S. 467-472

EISOLT, D.: Aktuelle Überlegungen zu befreienden Konzernabschlüssen nach § 292 HGB, in: BB 50. Jg. (1995), S. 1127-1132

EISOLT, D./VERDENHALVEN, W.: Behandlung von Börseneinführungskosten nach US-GAAP, in: DStR, 37. Jg. (1999), S. 816-820

ELLERICH, M.: Praktische Probleme bei erstmaliger Konzernrechnungslegung im GmbH-Konzern, in: BB, 45. Jg. (1990), S. 1377-1388

ELLROTT, H./SCHMIDT-WENDT, D.: § 255 Anschaffungs- und Herstellungskosten, in: Budde, W.D. u.a. (Bearb.): Beck'scher Bilanz-Kommentar, 3. Aufl., München 1995, S. 639-757

ELMENDORFF, W.: Harmonisierung der Rechnungslegungsvorschriften in der Europäischen Wirtschaftsgemeinschaft, in: WPg, 20. Jg. (1967), S. 621-628

ELSCHEN, R.: Gegenstand und Anwendungsmöglichkeiten der Agency-Theorie, in: zfbf, 43. Jg. (1991), S. 1002-1012

ELSCHEN, R.: Shareholder Value und Agency-Theorie - Anreiz- und Kontrollsysteme für Zielsetzungen der Anteilseigner, in: BFuP, 43. Jg. (1991), S. 209-220

EVERLING, W.: Konzernrechnungslegung, Herne/Berlin 1990

EWERT, R.: Rechnungslegung, Gläubigerschutz und Agency-Probleme, Wiesbaden 1986

EWERT, R./SCHENK, G.: Offene Fragen bei der Kapitalkonsolidierung im mehrstufigen Konzern, in: BB, 46. Jg. (1993), Beilage 14 zu Heft 20, S. 1*-14*

FÄRBER, T./JANSEN, M./KOCH, P./LEIDINGER, P.W./RAUSCH, A.: Bilanzpolitische Gestaltungsmöglichkeiten in den USA, in: Küting, K./Weber, C.-P. (Hrsg.): Internationale Bilanzierung, Herne/Berlin 1994, S. 64-93

FASB: FASB Interpretation No. 35: Criteria for Applying the Equity Method of Accounting for Investments in Common Stock, 1981, in: FASB (Hrsg.): Original Pronouncements, Accounting Standards as of June 1, 1998, Bd. II, Norwalk, Connecticut 1998, S. 664-667

FASB: FASB Interpretation No. 4: Applicability of FASB Statement No. 2 Business Combinations Accounted for by the Purchase Method, 1975, in: FASB (Hrsg.): Original Pronouncements, Accounting Standards as of June 1, 1998, Bd. II, Norwalk, Connecticut 1998, S. 518-520

FASB: Statement of Financial Accounting Concepts No. 1: Objectives of Financial Reporting by Business Enterprises, 1978, in: FASB (Hrsg.): Original Pronouncements, Accounting Standards as of June 1, 1998, Bd. II, Norwalk, Connecticut 1998, S. 1005-1020

FASB: Statement of Financial Accounting Concepts No. 2: Qualitative Characteristics of Accounting Information, 1980, in: FASB (Hrsg.): Original Pronouncements, Accounting Standards as of June 1, 1998, Bd. II, Norwalk, Connecticut 1998, S. 1021-1055

FASB: Statement of Financial Accounting Concepts No. 3: Elements of Financial Statements of Business Enterprises, 1980, in: FASB (Hrsg.): Original Pronouncements, Accounting Standards as of June 1, 1998, Bd. II, Norwalk, Connecticut 1998, S. 1056-1057

FASB: Statement of Financial Accounting Concepts No. 4: Objectives of Financial Reporting by Nonbusiness Organizations, 1980, in: FASB (Hrsg.): Original Pronouncements, Accounting Standards as of June 1, 1998, Bd. II, Norwalk, Connecticut 1998, S. 1059-1081

FASB: Statement of Financial Accounting Concepts No. 5: Recognition and Measurement in Financial Statements of Business Enterprises, 1984, in: FASB (Hrsg.): Original

Pronouncements, Accounting Standards as of June 1, 1998, Bd. II, Norwalk, Connecticut 1998, S. 1084-1107

FASB: Statement of Financial Accounting Concepts No. 6: Elements of Financial Statements, 1985, in: FASB (Hrsg.): Original Pronouncements, Accounting Standards as of June 1, 1998, Bd. II, Norwalk, Connecticut 1998, S. 1108-1161

FASB: Statement of Financial Accounting Standards No. 52: Foreign Currency Translation, 1981, in: FASB (Hrsg.): Original Pronouncements, Accounting Standards as of June 1, 1998, Bd. I, Norwalk, Connecticut 1998, S. 501-531

FASB: Statement of Financial Accounting Standards No. 94: Consolidation of All Majority-Owned Subsidiaries, 1987, in: FASB (Hrsg.): Original Pronouncements, Accounting Standards as of June 1, 1998, Bd. I, Norwalk, Connecticut 1998, S. 1032-1044

FASB: Statement of Financial Accounting Standards No. 95: Statement of Cash Flows, 1987, in: FASB (Hrsg.): Original Pronouncements, Accounting Standards as of June 1, 1998, Bd. I, Norwalk, Connecticut 1998, S. 1045-1088

FASB: Statement of Financial Accounting Standards No. 109: Accounting for Income Taxes, 1992, in: FASB (Hrsg.): Original Pronouncements, Accounting Standards as of June 1, 1998, Bd. I, Norwalk, Connecticut 1998, S. 1412-1481

FASB: Statement of Financial Accounting Standards No. 128: Earnings per Share, 1997, in: FASB (Hrsg.): Original Pronouncements, Accounting Standards as of June 1, 1998, Bd. I, Norwalk, Connecticut 1998, S. 1940-2008

FASB: Statement of Financial Accounting Standards No. 131: Disclosures about Segments of an Enterprise and Related Information, 1997, in: FASB (Hrsg.): Original Pronouncements, Accounting Standards as of June 1, 1998, Bd. I, Norwalk, Connecticut 1998, S. 2048-2078

FEE (Hrsg.): FEE European Survey of Published Accounts 1991, London und New York 1991

FEE (Hrsg.): 1992 FEE analysis of European accounting and disclosure practices, London und New York 1992

FEE (Hrsg.): Seventh Directive options and their implementation, London und New York 1993

FEY, G.: Kritik am Bilanzierungsgremium, in: Blick durch die Wirtschaft, Nr. 124 vom 1.7.1996, S. 9

FLICK, H.F.W./JANKA, W.: Steuerliche Charakteristika der U.S.-Holdinggesellschaft, in: DStR, 29. Jg. (1991), Teil I: S. 1037-1042, Teil II: S. 1069-1075

FLIESS, O.: Konzernabschluß in Großbritannien, Frankfurt am Main 1991

FÖRSCHLE, G.: § 275 Gliederung, in: Budde, W.D. u.a. (Hrsg.): Beck'scher Bilanz-Kommentar, 3. Aufl., München 1995, S. 1067-1144

FÖRSCHLE, G.: § 301 Kapitalkonsolidierung, in: Budde, W.D. u.a. (Hrsg.): Beck'scher Bilanz-Kommentar, 3. Aufl., München 1995, S. 1487-1532

FÖRSCHLE, G./GLAUM, M./MANDLER, U.: Internationale Rechnungslegung und Kapitalaufnahmeerleichterungsgesetz - Meinungswandel bei Führungskräften deutscher Unternehmungen, in: DB, 51. Jg. (1998), S. 2281-2288

FÖRSCHLE, G./KRONER, M.: International Accounting Standards: Offene Fragen zur künftigen Steuerabgrenzung, in: DB, 49. Jg. (1996), S. 1633-1639

FÖRSCHLE, G./KRONER, M./MANDLER, U.: Internationale Rechnungslegung: US-GAAP, HGB und IAS, 2. Aufl., Bonn 1996

FRAUNE, C.: Börsennotierung deutscher Aktiengesellschaften in den USA, in: RIW, 40. Jg. (1994), S. 126-141

FRÍAS, Á.G./ZINSER, T.: Das System der Konzernbesteuerung im neuen spanischen Körperschaftsteuergesetz, in: IStR, 5. Jg. (1996), S. 570-574

GEIGER, A.: Interpretation des negativen Geschäftswerts im Rahmen einer ökonomischen Analyse, in: DB, 49. Jg. (1996), S. 1533-1535

GEIGER, R.: EG-Vertrag, 2. Aufl., München 1995

GELHAUSEN, W./MUJKANOVIC, R.: Auswertung zur Währungsumrechnung im Konzernabschluß, in: DStR, 33. Jg. (1995), S. 1724-1730

GIDLEWITZ, H.J.: Internationale Harmonisierung der Konzernrechnungslegung, Frankfurt am Main 1996

GIEßLER, O.: Der "passive Ausgleichsposten" in der Bilanz - nichts anderes als ein negativer Geschäftswert?, in: DStR, 33. Jg. (1995), S. 699-702

GIEßLER, O.S.: Der negative Geschäftswert - Bilanzielle Anerkennung und Behandlung, in: BB, 51. Jg. (1996), S. 1759-1765

GOEBEL, A.: Die Konzernrechnungslegung nach HGB, IAS und US-GAAP, in: DB, 48. Jg. (1995), S. 2489-2492

GOEBEL, A.: Die Aussagefähigkeit der Rechnungslegung von Konzernen, in: DStR, 34. Jg. (1996), S. 637-643

GOEBEL, A./FUCHS, M.: Rechnungslegung nach den International Accounting Standards vor dem Hintergrund des deutschen Rechnungslegungsrechts für Kapitalgesellschaften, in: DStR, 32. Jg. (1994), S. 874-880

GOEBEL, A./FUCHS, M.: Die Anwendung der International Accounting Standards in den Konzernabschlüssen deutscher Kapitalgesellschaften, in: BB, 50. Jg. (1995), S. 2363-2365

GÖRLING, H.: Die Verbreitung zwei- und mehrstufiger Unternehmensverbindungen, in: AG, 38. Jg. (1993), S. 538-547

GRÄFER, H./SCHELD, G.: Grundzüge der Konzernrechnungslegung, 4. Aufl., Berlin 1998

GREEß, W.: Einzelprobleme des Jahresabschlusses durch die 4. EG-Richtlinie, in: Bierich, M./Busse von Colbe, W./Laßmann, G./Lutter, M. (Hrsg.): Rechnungslegung nach neuem Recht, Wiesbaden 1980, S. 155-174

GROMANN, H.-G.: Die Gleichordnungskonzerne im Konzern- und Wettbewerbsrecht, Köln u.a. 1979

GROßFELD, B.: Generalnorm (ein den tatsächlichen Verhältnissen entsprechendes Bild der Vermögens-, Finanz- und Ertragslage), in: Leffson, U./Rückle, D./Großfeld, B. (Hrsg.): Handwörterbuch unbestimmter Rechtsbegriffe im HGB, Köln 1986, S. 192-204

GROTHERR, S.: Die konsolidierte Konzernbesteuerung in Frankreich und ihre Übertragbarkeit ins deutsche Konzernsteuerrecht, in: AG, 40. Jg. (1995), S. 403-415

GROTHERR, S.: Die konsolidierte Konzernbesteuerung von spanischen Aktiengesellschaften, in: IStR, 4. Jg. (1995), S. 16-24

GRUND, M.: Internationale Entwicklung und Bilanzrecht - Reform oder Resignation?, in: DB, 49. Jg. (1996), S. 1293-1296

HAEGER, B./ZÜNDORF, H.: Abgrenzung des Konsolidierungskreises nach der wirtschaftlichen Zugehörigkeit, in: DB, 44. Jg. (1991), S. 1841-1848

HALLER, A.: Die Grundlagen der externen Rechnungslegung in den USA, 4. Aufl., Stuttgart 1994

HALLER, A.: Die "Generally Accepted Accounting Principles", in: zfbf, 42. Jg. (1990), S. 751-777

HALLER, A.: Wesentliche Ziele und Merkmale US-amerikanischer Rechnungslegung, in: Ballwieser, W. (Hrsg.): US-amerikanische Rechnungslegung, 3. Aufl., Stuttgart 1998, S. 1-27

HANSEN, H.: Der Anteil der Privatpersonen am Aktienbesitz ging weiter zurück, in: AG, 40. Jg. (1995), S. R419-R422

HARMS, J.E.: § 303 Schuldenkonsolidierung, in: Küting, K./Weber, C.-P. (Hrsg.): Handbuch der Konzernrechnungslegung, 2. Aufl., Stuttgart 1998, S. 1491-1521

HARMS, J.E./KNISCHKNISCEWSKI, G.: Quotenkonsolidierung versus Equity-Methode im Konzernabschluß, in: DB 38. Jg. (1985), S. 1353-1359

HARMS, J.E./KÜTING, K.: Perspektiven der Konzernbesteuerung, in: BB, 37. Jg. (1982), S. 445-455

HARTLE, J.: Möglichkeiten der Entobjektivierung der Bilanz - Eine ökonomische Analyse, Frankfurt am Main 1984

HARTLE, J.: Grundlagen und Grundsätze des Konzernabschlusses, in: Castan, E. u.a. (Hrsg.): Beck'sches Handbuch der Rechnungslegung, Bd. II, München 1986, C 10

HARTMANN, B.: Neuere Tendenzen der Unternehmensbewertung - Zur Diskussion um einen "objektivierten" Unternehmenswert, in: zfbf, 33. Jg. (1981), S. 1090-1099

HARTMANN-WENDELS, T.: Agency-Theorie und Publizitätspflicht nichtbörsennotierter Kapitalgesellschaften, in: BFuP, 44. Jg. (1992), S. 412-425

HAUCK, A./MICHEL, U.: Neue Verschriften zur Bilanzierung latenter Steuern in den USA, in: WPg, 45. Jg. (1992), S. 451-455

HAVERMANN, H.: Offene Fragen der Konzernrechnungslegung, in: IdW (Hrsg.): Bericht über die Fachtagung 71 des Instituts der Wirtschaftsprüfer in Deutschland e.V., Düsseldorf 1971, S. 29-37

HAVERMANN, H.: Der Konzernabschluß nach neuem Recht - ein Fortschritt?, in: Havermann, H. (Hrsg.): Bilanz und Konzernrecht, Festschrift für Reinhard Goerdeler, Düsseldorf 1987, S. 173-197

HAVERMANN, H.: Die Equity-Bewertung von Beteiligungen, in: WPg, 40. Jg. (1987), S. 315-320

HAYN, S.: Die International Accounting Standards, in: WPg, 47. Jg. (1994), Teil I: S. 713-721 und Teil II: S. 749-755

HAYN, S.: Die Bilanzierung immaterieller Vermögenswerte im internationalen Vergleich, in: IStR, 5. Jg. (1996), Teil I: S. 354-360 und Teil II: S. 405-408

HEINEN, E.: Handelsbilanzen, 12. Aufl., Wiesbaden 1986

HERRMANN, D.: Die Änderung von Beteiligungsverhältnissen im Konzernabschluß, Düsseldorf 1994

HERRMANN, D.: Probleme der Übergangskonsolidierung im Konzernabschluß, in: WPg, 47. Jg. (1994), S. 821-832

HERRNBERGER, K.: Quotenkonsolidierung von Gemeinschaftsunternehmen, in: Castan, E. u.a. (Hrsg.): Beck'sches Handbuch der Rechnungslegung, Bd. II, München 1986, C 500

HERTZ, R.H./DITTMAR, N.W. JR./LIS, S.J./DECKER, W.E. JR./MURRAY, R.J.: The Coopers & Lybrand SEC Manual, 7. Aufl., New York u.a. 1997

HEURUNG, R.: Der negative Geschäftswert im Bilanzrecht, in: DB, 48. Jg. (1995), S. 385-392

HEYDEMANN, B./KOENEN, S.: Die Abgrenzung des Konsolidierungskreises bei Kapitalgesellschaften in Theorie und Praxis, in: DB, 45. Jg. (1992), S. 2253-2260

HFA DES IDW: Zur Bestätigung der Übereinstimmung eines handelsrechtlichen Konzernabschlusses mit den Standards des IASC, in: WPg, 48. Jg. (1995), S. 705-706

HFA DES IDW/ARBEITSKREIS "FINANZIERUNGSRECHNUNG" DER SCHMALENBACH-GESELLSCHAFT/DEUTSCHE GESELLSCHAFT FÜR BETRIEBSWIRTSCHAFT E.V.: Stellungnahme HFA 1/1995: Die Kapitalflußrechnung als Ergänzung des Jahres- und Konzernabschlusses, in: WPg, 48. Jg. (1995), S. 210-213

HINRICHS, S.: Der konzernbilanzielle Begriff des assoziierten Unternehmens, Frankfurt am Main 1989

HINZ, M.: Zweck und Inhalt des Jahresabschlusses und Lageberichts, in: Castan, E. u.a. (Hrsg.): Beck'sches Handbuch der Rechnungslegung, Bd. I, München 1986, B 100

HOFFMANN, W.-D.: Anmerkungen über den Grundsatz der Wesentlichkeit im Anhang, in: BB, 41. Jg. (1986), S. 1050-1057

HOFFMANN, W.D.: Zur ertragsteuerlichen Behandlung eines negativen Kaufpreises bzw. Geschäftswertes, in: DStR, 32. Jg. (1994), S. 1762-1766

HOFFMANN-BECKING, M./RELLERMEYER, K.: Gemeinschaftsunternehmen im neuen Recht der Konzernrechnungslegung, in: Havermann, H. (Hrsg.): Bilanz und Konzernrecht, Festschrift für Reinhard Goerdeler, Düsseldorf 1987, S. 199-220

HOLTMANN, M.: Betriebswirtschaftliche Überlegungen zum Konzern vor dem Hintergrund des EG-Binnenmarktes 1992, in: Albach, H./Klein, G. (Hrsg.): Harmonisierung der Konzernrechnungslegung in Europa, Wiesbaden 1990, S. 11-24

HOPCROFT, T.: Rechnungslegung und Grundsätze der Abschlußprüfung in Großbritannien und Deutschland - Ein Vergleich -, Accounting and Auditing Standards and Principles in the United Kingdom and Germany - A Comparison -, Düsseldorf 1995

HOPT, K.J.: Die Publizität von Kapitalgesellschaften - Grundsätzliche Überlegungen zum Stand nach der 4. EG-Richtlinie und zur Reformdiskussion in den USA, in: ZGR, 9. Jg. (1980), S. 225-253

HOSSFELD, C.: Der Vergleich ausgewählter Bilanzierungsgrundsätze in Deutschland und Frankreich, in: BB, 51. Jg. (1996), S. 1707-1713

HULLE, K. VAN: Das Europäische Bilanzrecht, in: WPK-Mitt., 33. Jg. (1994), S. 9-17

HÜTTCHE, T.: International Accounting Standards in Deutschland - Aufbruchstimmung oder Abschiedsschmerz?, in: RIW, 42. Jg. (1996), S. 1018-1025

IDW (Hrsg.): Rechnungslegung nach International Accounting Standards, Düsseldorf 1995

IDW (Hrsg.): WP-Handbuch 1996, Bd. I, 11. Aufl., Düsseldorf 1996

IJIRI, Y.: Measurement in Current Accounting Practices: A Reply, in: The Accounting Review, Vol. 47 (1972), S. 510-526

INHOFFEN, A.O./POHLIG, R.: Bericht über die Diskussion, in: Bierich, M./Busse von Colbe, W./Laßmann, G./Lutter, M. (Hrsg.): Rechnungslegung nach neuem Recht, Wiesbaden 1980, S. 101-103

INTERNATIONAL ACCOUNTING STANDARDS COMMITTEE: Proposed International Accounting Standard: Presentation of Financial Statements; Exposure Draft E53, in: WPg, 49. Jg. (1996), S. 663-675

INTERNATIONAL ACCOUNTING STANARDS COMMITTEE (Hrsg.): International Accounting Standards 1996, London 1996

INTERNATIONAL ACCOUNTING STANDARDS COMMITTEE (Hrsg.): International Accounting Standards 1997 - Deutsche Fassung, Stuttgart 1998

JACOBI, M.: Technische Aspekte bei der Umstellung auf eine IASC-Rechnungslegung am Beispiel der Ciba, in: Dörner, D./Wollmert, P. (Hrsg.): IASC-Rechnungslegung, Düsseldorf 1995, S. 41-55

JACOBS, O.H./SPENGEL, C.: Ertragsbesteuerung von Konzernen in Deutschland und Frankreich - Eine vergleichende Analyse unter besonderer Berücksichtigung der Behandlung konzerninterner Transaktionen, in: IStR, 3. Jg. (1994), Teil I: S. 100-104 und Teil II: S. 146-151

JARNAGIN, B.D.: Financial Accounting Standards, 18. Aufl., Chicago 1996

JONAS, H.: Aufstellung konsolidierter Abschlüsse nach den Richtlinien der Securities and Exchange Commission, in: DB, 25. Jg. (1972), S. 1785-1794

JONAS, H.: Deutsches Aktienrecht und SEC-Vorschriften als Grundlage der konsolidierten Weltbilanz, in: BB, 25. Jg. (1972), Beilage Nr. 4/1972 zu Heft Nr. 18, S. 58-67

JONAS, H.H.: Zur Problematik der 4. EG-Richtlinie, in: DB, 31. Jg. (1978), Teil I: S. 1361-1366, Teil II: S. 1409-1415 und Teil III: S. 1457-1464

JONAS, H.H.: Die Equity-Methode, in: BFuP, 33. Jg. (1981), S. 550-568

JONAS, H.H.: Der Konzernabschluß, Stuttgart 1986

JÖRIS, H.: Probleme bei der Aufstellung und Prüfung des Konzernabschlusses, in: IdW (Hrsg.): Bericht über die Fachtagung 1985 des Instituts der Wirtschaftsprüfer in Deutschland e.V., Düsseldorf 1985, S. 231-244

JUNG, U.: Währungsumrechnung im Konzernabschluß, Marburg 1991

KÄFER, K.: Probleme der Konzernbilanzen, in: Käfer, K./Münstermann, H.: Konzernbilanzen, Zürich 1958 (2. Neudr. 1969), S. 9-40

KINNE, S.: Der konzernbilanzielle Firmenwert von Tochterunternehmen, Frankfurt am Main 1989

KIRCHNER, C./SCHWARTZE, A.: Umsetzung der EG-Rechnungslegungsrichtlinien in nationales Recht, in: WPg, 38. Jg. (1985), S. 397-404

KIRSCH, H.-J.: Die Equity-Methode im Konzernabschluß, Düsseldorf 1990

KIRSCH, H.-J.: Die "Anwendung" von International Accounting Standards in Konzernabschlüssen deutscher Mutterunternehmen, in: DB, 48. Jg. (1995), S. 1773-1778

KLEBER, H.: IAS 31 Bilanzierung von Gemeinschaftsprojekten (Financial Reporting of Interests in Joint Ventures, in: Baetge, J./Dörner, D./Kleekämper, H./Wollmert, P. (Hrsg.): Rechnungslegung nach International Accounting Standards (IAS), Stuttgart 1997, S. 1237-1280

KLEBER, H.: Unterschiede und Annäherungsmöglichkeiten deutscher und amerikanischer/ internationaler Rechnungslegung, in: Baetge, J. (Hrsg.): Die deutsche Rechnungslegung vor dem Hintergrund internationaler Entwicklungen, Düsseldorf 1994, S. 67-89

KLEEKÄMPER, H.: Rechnungslegung aus Sicht des IASC, in: Baetge, J. (Hrsg.): Die deutsche Rechnungslegung vor dem Hintergrund internationaler Entwicklungen, Düsseldorf 1994, S. 41-65

KLEEKÄMPER, H.: Aktivitäten und Tendenzen im IASC, in: Dörner, D./Wollmert, P. (Hrsg.): IASC-Rechnungslegung, Düsseldorf 1995, S. 99-127

KLEEKÄMPER, H.: Aktuelle Entwicklungen beim IASC, in: BFuP, 47. Jg. (1995), S. 414-431

KLEEKÄMPER, H.: IASC - Das Trojanische Pferd der SEC?, in: Ballwieser, W. (Hrsg.): US-amerikanische Rechnungslegung, 3. Aufl., Stuttgart 1998, S. 351-367

KLEIN, H.D.: Konzernbilanzpolitik, Heidelberg 1989

KLOOS, G.: Die Transformation der 4. EG-Richtlinie (Bilanzrichtlinie) in den Mitgliedstaaten der Europäischen Gemeinschaft, Berlin 1993

KLÖS, H. L.: Die 7. gesellschaftsrechtliche Richtlinie über den konsolidierten Abschluß (Ratsdokument 83/349/ EWG), in: DBW, 44. Jg. (1984), S. 63-78

KNOBLAUCH, P.: Die vierte EG-Richtlinie, Frankfurt am Main 1978

KOHLMANN, U.: Möglichkeiten und Grenzen der Aussagefähigkeit von Teilkonzernabschlüssen, München 1986

KPMG (Hrsg.): Rechnungslegung nach US-amerikanischen Grundsätzen, Düsseldorf 1997

KRAG, J./MÜLLER, H.: Zur Zweckmäßigkeit von Teilkonzernabschlüssen der 7. EG-Richtlinie für Minderheitsgesellschafter, in: BB, 40. Jg. (1985), S. 307-312

KRAWITZ, N.: Die Abgrenzung des Konsolidierungskreises, in: WPg, 49. Jg. (1996), S. 342-357

KRIPKE, H.: The SEC and corporate disclosure: regulation in search of a purpose, New York 1979

KUBIN, K.W.: Die Konzernrechnungslegung in den USA, in: Sonnemann, E. (Hrsg.): Rechnungslegung, Prüfung, Wirtschaftsrecht und Steuern in den USA, Wiesbaden 1989, S. 95-120

KUBIN, K.W.: Die Relevanz ausländischer Rechnungslegungsgrundsätze, in: Sonnemann, E. (Hrsg.): Rechnungslegung, Prüfung, Wirtschaftsrecht und Steuern in den USA, Wiesbaden 1989, S. 3-16

KUBIN, K.W./LÜCK, W.: Zur funktionalen Währungsumrechnungsmethode in internationalen Konzernabschlüssen, in: BFuP, 36. Jg., S. 357-383

KUHLEWIND, A.-M.: Die amerikanische Gewinn- und Verlustrechnung: Ermittlung und Darstellung des Unternehmenserfolgs im amerikanischen Jahresabschluß, in: Ballwieser, W. (Hrsg.): US-amerikanische Rechnungslegung, 3. Aufl., Stuttgart 1998, S. 189-221

KÜHN, K.-P.: Rechnungslegungs-, Prüfungs- und Publizitätsvorschriften in Frankreich, in: Boehmer, H.v. (Hrsg.): Deutsche Unternehmen in Frankreich - Leitfaden für die Wirtschaftspraxis -, Stuttgart 1991, S. 199-240

KUPSCH, P./ACHTERT, F.: Der Grundsatz der Bewertungseinheitlichkeit in Handels- und Steuerbilanz, in: BB, 52. Jg. (1997), S. 1403-1411

KURON, I.: Der Konsolidierungskreis, in: Albach, H./Klein, G. (Hrsg.): Harmonisierung der Konzernrechnungslegung in Europa, Wiesbaden 1990, S. 25-58

KÜTING, K.: Die Quotenkonsolidierung nach der 7. EG-Richtlinie, in: BB, 36. Jg. (1983), S. 804-814

KÜTING, K.: Zur Problematik des Ausgleichspostens für Anteile an Fremdbesitz im Rahmen des zukünftigen Konzernbilanzrechts, in: ZfB, 54. Jg. (1984), S. 548-568

KÜTING, K.: Aktuelle Fragen der Kapitalkonsolidierung, in: DStR, 33. Jg. (1995),Teil I: S. 192-196 und Teil II: S. 229-235

KÜTING, K.: Willkürliche Bilanzierungspraxis, in: Blick durch die Wirtschaft, Nr. 157 vom 15.08.1996, S. 1 f.

KÜTING, K.: Der Wahrheitsgehalt deutscher Bilanzen, in: DStR, 35. Jg. (1997), S. 84-91

KÜTING, K./DUSEMOND, M./NARDMANN, B.: Ausgewählte Probleme der Kapitalkonsolidierung in Theorie und Praxis, in: BB, 49. Jg. (1994), Beilage 8 zu Heft 14/1994, S. 1*-18*

KÜTING, K./HAYN, S.: Der internationale Konzernabschluß als Eintrittskarte zum weltweiten Kapitalmarkt, in: BB, 50. Jg. (1995), S. 662-672

KÜTING, K./HAYN, S.: Der Aussagewert eines angelsächsischen Konzernabschlusses im Vergleich zum HGB-Abschluß, in: AG, 41. Jg. (1996), S. 49-71

KÜTING, K./HAYN, S.: Die Konzernrechnungslegung wird internationaler, in: Blick durch die Wirtschaft, Nr. 128 vom 05.07.1996, S. 1 f.

KÜTING, K./HAYN, B.: Erst- und Endkonsolidierung nach der Erwerbsmethode, in: DStR, 35. Jg. (1997), S. 1941-1948

KÜTING, K./HAYN, S.: Globalisierung der Bilanzregeln, in: Blick durch die Wirtschaft, Nr. 12 vom 17.01.1997, S. 11

KÜTING, K./HÜTTEN, C.: Der Geschäftsbericht als Publizitätsinstrument, in: BB, 51. Jg. (1996), S. 2671-2679

KÜTING, K./KÖTHNER, R./ZÜNDORF, H.: § 311 Definition. Befreiung, in: Küting, K./Weber, C.-P. (Hrsg.): Handbuch der Konzernrechnungslegung, 2. Aufl., Stuttgart 1998, S. 1711-1749

KÜTING, K./WEBER C.-P.: Der Konzernabschluß, 5. Aufl., Stuttgart 1999

KÜTING, K./WEBER, C.-P. (Hrsg.): Internationale Bilanzierung, Herne/Berlin 1994

KÜTING, K./WEBER, C.-P./ZÜNDORF, H.: Praxis der Konzernbilanzanalyse, Stuttgart 1990

KÜTING, K./ZÜNDORF, H.: Die Ermittlung der Minderheitenanteile im Rahmen der Buchwert- und Neubewertungsmethode des künftigen Konzernbilanzrechts, in: BB, 40. Jg. (1985), S. 1166-1173

KÜTING, K./HAYN, B./ZÜNDORF, H.: § 312 Wertansatz der Beteiligung und Behandlung des Unterschiedsbetrags, in: Küting, K./Weber, C.-P. (Hrsg.) Handbuch der Konzernrechnungslegung, 2. Aufl., Stuttgart 1998, S. 1751-1856

LANG, J.: Grundsätze ordnungsmäßiger Buchführung I - Begriff, Bedeutung, Rechtsnatur -, in: Leffson, U./Rückle, D./Großfeld, B. (Hrsg.): Handwörterbuch unbestimmter Rechtsbegriffe im HGB, Köln 1986, S. 221-240

LANGE, S.: Die Wahl des Konzernbilanzstichtags, in: DStR, 31. Jg. (1993), S. 774-778

LANGENBUCHER, G.: Umrechnung von Fremdwährungsabschlüssen, in: Küting, K./ Weber, C.-P. (Hrsg.): Handbuch der Konzernrechnungslegung, 2. Aufl., Stuttgart 1998, S. 633-673

LASER, H.: Latente Steuern, in: Castan, E. u.a. (Hrsg.): Beck'sches Handbuch der Rechnungslegung, Bd. I, München 1986, B 235

LAULE, G.: Gesellschaftsrecht in den USA, in: Sonnemann, E. (Hrsg.): Rechnungslegung, Prüfung, Wirtschaftsrecht und Steuern in den USA, Wiesbaden 1989, S. 205-232

LAUPENMÜHLEN, M.: Internationale Rechnungslegungsprinzipien im Vergleich, in: IStR, 3. Jg. (1994), Teil I: S. 399-408 und Teil II: S. 460-464

LEFFSON, U.: Transnationale Einflüsse auf das Bilanzrecht, in: Gross, G. (Hrsg.): Der Wirtschaftsprüfer im Schnittpunkt nationaler und internationaler Entwicklung, Festschrift für Klaus v. Wysocki, Düsseldorf 1985, S. 1-16

LEFFSON, U.: Wesentlich, in: Leffson, U./Rückle, D./ Großfeld, B. (Hrsg.): Handwörterbuch unbestimmter Rechtsbegriffe im HGB, Köln 1986, S. 434-447

LEFFSON, U.: Die Grundsätze ordnungsmäßiger Buchführung, 7. Aufl., Düsseldorf 1987

LIENER, G.: The Function of a European Capital Market from a Corporate Perspective, in: ZfB, 63. Jg. (1993), S. 613-622

LIENER, G.: Accounting Standards Required of Global Corporations by the International Capital Markets, in: ZfB, 65. Jg. (1995), S. 741-751

LÖHR, D.: Ansatz von latenten Steuern bei abweichender Bilanzierung und Bewertung in der Handelsbilanz II, in: DB, 48. Jg. (1995), S. 1921-1925

LORENSEN, L.: The Temporal Principle of Translation, in: JofA, August 1972, S. 48-54

LÜCK, W.: Materiality in der internationalen Rechnungslegung, Wiesbaden 1975

LUTTER, M.: Rechtliches Gewicht und rechtspolitische Bedeutung der 4. Richtlinie, in: Bierich, M./Busse von Colbe, W./Laßmann, G./Lutter, M. (Hrsg.): Rechnungslegung nach neuem Recht, Wiesbaden 1980, S. 3-13

LUTTER, M.: Europäisches Unternehmensrecht, 4. Aufl., Berlin/New York 1996

MAAS, U./SCHRUFF, W.: Der Konzernabschluß nach neuem Recht, in: WPg, 39. Jg. (1986), Teil I: S. 201-210 und Teil II: S. 237-246

MAAS, U./SCHRUFF, W.: Befreiende Konzernrechnungslegung von Mutterunternehmen mit Sitz außerhalb der EG, in: WPg, 44. Jg. (1991), S. 765-772

MANSCH, H./STOLBERG, K./WYSOCKI, K.V.: Die Kapitalflußrechnung als Ergänzung des Jahres- und Konzernabschlusses, in: WPg, 48. Jg. (1995), S. 185-203

MERKT, H.: US-amerikanisches Gesellschaftsrecht, Heidelberg 1991

MEYER, H.: Der Geschäfts- oder Firmenwert im Unternehmenskaufvertrag, Hamburg 1991

MÖHLMANN, T./DIETHARD, K.: Zur Operationalisierung der "untergeordneten Bedeutung" in der Konzernrechnungslegung, in: BB, 51. Jg. (1996), S. 205-211

MONOPOLKOMMISSION: Wettbewerbspolitik auf allen Märkten, Hauptgutachten 1994/1995, Baden-Baden 1996

MOXTER, A.: Grundsätze ordnungsmäßiger Unternehmensbewertung, 2. Aufl., Wiesbaden 1983

MUJKANOVIC, R.: Der derivative Geschäftswert im handelsrechtlichen Jahresabschluß, in: BB, 49. Jg. (1994), S. 894-898

MUJKANOVIC, R.: Der negative Geschäftswert in der Steuerbilanz des Erwerbers eines Betriebs oder Mitunternehmeranteils, in: WPg, 47. Jg. (1994), S. 522-528.

MUJKANOVIC, R./HEHN, B.: Währungsumrechnung im Konzern nach International Accounting Standards, in: WPg, 49. Jg. (1996), S. 605-615

MÜLLER, E.: Der Konzernabschluß im Konfliktfeld verschiedener Interessen, in: Baetge, J. (Hrsg.): Der Jahresabschluß im Widerstreit der Interessen, Düsseldorf 1983, S. 213-239

MÜLLER, H.: Die Umrechnung der Jahresabschlüsse ausländischer Konzernunternehmen und die Verrechnung der daraus resultierenden Umrechnungsdifferenzen, Bochum 1986

MUTTER, S.: Der Geschäftswert - ein Chamäleon?, in: BB, 49. Jg. (1994), S. 472-473

NARRAINA, L./WASSERMEYER, F./VIEGNER, J./MAYR, S./STEICHEN, A./DOEK, H.A./ LEITNER, R./KOLB, A./ZSCHIEGNER, H.: Vergleichende Darstellung der steuerlichen

Regelungen zur Verrechnung von Gewinnen, und Verlusten im Konzern ("Organschaft") in: IWB, Nr. 19 vom 10.10.1991, Fach 10 International, Gruppe 2, S. 829-852

NIEDERSÄCHSISCHES FINANZGERICHT: Urteil vom 24.10.1991, XII 706/84, nicht rkr., EFG 1993, S. 15-18

NIEHUS, R.J.: "Materiality" ("Wesentlichkeit") - Ein Grundsatz der Rechnungslegung auch im deutschen Handelsrecht?, in: WPg, 34. Jg. (1981), S. 1-14.

NIEHUS, R.J.: Die 7. EG-Richtlinie und die "Pooling-of-Interests"-Methode einer konsolidierten Rechnungslegung, in: WPg, 36. Jg. (1983), S. 437-446

NIEHUS, R.J.: Vor-Bemerkungen zu einer Konzernbilanzrichtlinie, in: WPg, 37 Jg. (1984), Teil I: 285-289 und Teil II: S. 320-326

NIEHUS, R.J.: 7. EG-Richtlinie = "US GAAP"? - "Duale" Konzernrechnungslegung in Frankreich, 44. Jg. (1991), Teil I: S. 1-8 und Teil II: S. 34-39

NIEHUS, R.J.: "Befreiender" Konzernabschluß - Wer "befreit" eigentlich wen?, Gastkommentar in: DB, 48. Jg. (1995), Heft 4, S. I

NIEHUS, R.J.: Die neue "Internationalität" deutscher Konzernabschlüsse, in: DB, 48. Jg. (1995), S. 1341-1345

NIEHUS, R.J./SCHOLZ, W.: Ausübung von Konsolidierungswahlrechten und Berichterstattung im Anhang der Konzern-GmbH, in: GmbHR, 75. Jg. (1984), S. 217-226

NORDMEYER, A.: Die Einbeziehung von Joint Ventures in den Konzernabschluß, in: WPg, 47. Jg. (1994), S. 301-312

O.V.: Konzernbilanzen, in: WT, 4. Jg. (1935), S. 326

O.V.: Beresford defends FASB actions, in: JofA, January 1989, S. 17

O.V.: Die Konsolidierer sind keine Außenseiter mehr, in: HB, Nr. 233 vom 4.12.1990, S. 18

O.V.: Nutzungsdauer bei Geschäftswert grundsätzlich nicht kürzer als 15 Jahre, in: DStR, 32. Jg. (1994), S. 901-902

O.V.: Internationaler Konzernabschluß - Änderung des § 292 HGB?, in: DB, 48. Jg. (1995), S. 1926

O.V.: Vereinbarung zwischen IASC und IOSCO, in: FN-IDW, 1995, S. 365 f.

O.V.: Internationale Konzernbilanzen künftig ausreichend, in: Die Welt, Nr. 66-12 vom 18.3.1996, S. 12

O.V.: Software für Bilanzprobleme, in: Blick durch die Wirtschaft, Nr. 161 vom 21.8.1996, S. 1

O.V.: "SAP wird das umsatzstärkste deutsche Wertpapier in Wall Street", in: FAZ, Nr. 176 vom 1.8.1998, S. 18

O.V.: Neue Regel erschwert Fusionen, in: HB, Nr. 78 vom 23./24.4.1999, S. 22

OBERST, O.: Beitrag zur Frage der Konzernbilanz, in: ZfhF, 24. Jg. (1930), S. 209-234

ORDELHEIDE, D.: Anwendungsbereich und Erstkonsolidierung, in: Castan u.a. (Hrsg.): Beck'sches Handbuch der Rechnungslegung, Bd. II, München 1986, C 401

ORDELHEIDE, D.: Der Konzern als Gegenstand betriebswirtschaftlicher Forschung, in: BFuP, 38. Jg. (1986), S. 293-312

ORDELHEIDE, D.: Endkonsolidierung nach der Erwerbsmethode, in: Castan, E. u.a. (Hrsg.): Beck'sches Handbuch der Rechnungslegung, Bd. II, München 1986, C 403

ORDELHEIDE, D.: Kapitalkonsolidierung und Konzernerfolg, in: WPg, 40. Jg. (1987), S. 309-315

ORDELHEIDE, D.: Notwendigkeiten und Probleme der Weiterentwicklung der EG-Bilanzrichtlinien und des deutschen Konzernabschlußrechts, in: Baetge, J. (Hrsg.): Die deutsche Rechnungslegung vor dem Hintergrund internationaler Entwicklungen, Düsseldorf 1994, S. 11-39

OSBAHR, U.: Offenlegung und Veröffentlichung des Jahresabschlusses, in: Castan, E. u.a. (Hrsg.): Beck'sches Handbuch der Rechnungslegung, Bd. I, München 1986, B 610

OSER, P.: Erfolgsneutral verrechnete Geschäfts- und Firmenwerte aus der Kapitalkonsolidierung im Lichte der Entkonsolidierung, in: WPg, 48. Jg. (1995), S. 266-275

OSER, P.: Aktuelle Entwicklungen im Recht befreiender Konzernabschlüsse, in: DStR, 34. Jg. (1996), S. 34-39

OSSADNIK, W.: Auswirkungen der Umrechnung von Fremdwährungsabschlüssen auf die Lagedarstellung des Konzerns, in: WPg, 44. Jg. (1991), Teil I: S. 285-294 und Teil II: S. 327-332

OSSADNIK, W.: Grundsatz und Interpretation der "Materiality", in: WPg, 46. Jg. (1993), S. 617-629

OSSADNIK, W.: Umrechnung von Fremdwährungsposten bei der Konzern-Rechnungslegung, in: DStR, 32. Jg. (1994), S. 1393-1397

OSSADNIK, W.: Zur Diskussion um den "negativen Geschäftswert", in: BB, 49. Jg. (1994), S. 747-752

OSSADNIK, W.: Materiality als Grundsatz externer Rechnungslegung, in: WPg, 48. Jg. (1995), S. 33-42

OSSADNIK, W.: Zur Diskussion um den "negativen Geschäftswert", in: BB, 50. Jg. (1995), S. 1527-1530

OTTE, H.-H.: Gestaltungsspielräume bei der Erwerbskonsolidierung nach § 301 HGB, in: BB, 43. Jg. (1988), S. 100-105

PAHLER, A.J./MORI, J.E.: Advanced Accounting, 6. Aufl., Fort Worth u.a. 1997

PEEMÖLLER, V.H./HUSMANN, R.: Stand und Entwicklung der Währungsumrechnung ausgewählter Konzerne in Deutschland, in: DB, 49. Jg. (1996), S. 101-107

PELLENS, B.: Der Informationswert von Konzernabschlüssen, Wiesbaden 1989

PELLENS, B.: Internationale Rechnungslegung, 2. Aufl., Stuttgart 1998

PELLENS, B./BONSE, A./GASSEN, J.: Perspektiven der deutschen Konzernrechnungslegung, in: DB 51. Jg. (1998), S. 785-792

PELLENS, B./FÜLBIER, U./ACKERMANN, U.: International Accounting Standards Committee: Deutscher Einfluß auf Arbeit und Regelungen, in: DB, 49 Jg. (1996), S. 285-291

PFANNSCHMIDT, A.: Ertragsteuern im Konzernabschluß, in: Albach, H./Klein, G. (Hrsg.): Harmonisierung der Konzernrechnungslegung in Europa, Wiesbaden 1990, S. 219-245

POPPER, K. R.: Logik der Forschung, 10. Aufl., Tübingen 1994

PRICEWATERHOUSECOOPERS: Understanding IAS, 2. Aufl., o.O. 1998

PROBST, H.: Mehr angloamerikanische Rechnungslegung in der EG durch geänderte Verfahren?, in: BFuP, 44. Jg. (1992), S. 426-440

PUSECKER, D./SCHRUFF, L.: Anschaffungswertprinzip und "negativer Geschäftswert", in: BB, 51. Jg. (1996), S. 735-742

RAFFÉE, H./EISELE, J.: Joint Ventures - nur die Hälfte floriert, in: HBM, 16. Jg. (1994), III. Quartal, S. 17-22

RAMMERT, S./WILHELM, H.: Die Kapitalkonsolidierung in der Bilanzierungspraxis deutscher Konzerne, in: WPg, 44. Jg. (1991), Teil I: S. 98-104 und Teil II: S. 131-136

RAT DER EUROPÄISCHEN GEMEINSCHAFTEN: Vierte Richtlinie des Rates vom 25. Juli 1978 aufgrund von Artikel 54 Absatz 3 Buchstabe g) des Vertrages über den Jahresabschluß von Gesellschaften bestimmter Rechtsformen (78/660/EWG), in: ABl. EG Nr. L 222 vom 14.8.1978, S. 11-31

RAT DER EUROPÄISCHEN GEMEINSCHAFTEN: Siebente Richtlinie des Rates vom 13. Juni 1983 aufgrund von Artikel 54 Absatz 3 Buchstabe g) des Vertrages über den konsolidierten Abschluß (83/349/EWG), in: ABl. EG Nr. L 193 vom 18.7.1983, S. 1-17

RAT DER EUROPÄISCHEN GEMEINSCHAFTEN: Richtlinie des Rates vom 23. Juli 1990 über das gemeinsame Steuersystem der Mutter- und Tochtergesellschaften verschiedener Mitgliedstaaten (90/435/EWG), in: ABl. EG Nr. L 225 vom 20.8.1990, S. 6-9

RAT DER EUROPÄISCHEN GEMEINSCHAFTEN: Richtlinie des Rates vom 8. November 1990 zur Änderung der Richtlinien 78/660/EWG und 83/349/EWG über den Jahresabschluß bzw. über den konsolidierten Abschluß hinsichtlich ihres Anwendungsbereichs (90/605/EWG), in: ABl. EG Nr. L 317 vom 16.11.1990, S. 60-62

RAT DER EUROPÄISCHEN GEMEINSCHAFTEN: Richtlinie des Rates vom 8. November 1990 zur Änderung der Richtlinie 78/660/EWG über den Jahresabschluß und der Richtlinie 83/349/EWG über den konsolidierten Abschluß hinsichtlich der Ausnahme für kleine und mittlere Gesellschaften sowie der Offenlegung von Abschlüssen in Ecu (90/604/EWG), in: ABl. EG Nr. L 317 vom 16.11.1990, S. 57-59

RÄTSCH, H.: Kritische Betrachtungen zu Konzernabschlüssen in den USA und in der Bundesrepublik, in: Schwarz, H./ Berber, K.H. (Hrsg.): Betriebswirtschaftslehre und Wirtschaftspraxis, Festschrift für Konrad Mellerowicz, Berlin 1961, S. 277-288

RIESE, J.: Die Konzern-Gewinn- und Verlustrechnung, in: Albach, H./Klein, G. (Hrsg.): Harmonisierung der Konzernrechnungslegung in Europa, Wiesbaden 1990, S. 95-116

RINZA, P./SCHMITZ, H.: Nutzwert-Kosten-Analyse, 2. Aufl., Düsseldorf 1992

RISSE, A.: Standard-Setting beim IASC: Mitwirkungsmöglichkeiten aus deutscher Sicht, in: RIW, 41. Jg. (1995), S. 830-834

RISSE, A.: International Accounting Standards Committee: Standardentwurf zur Segmentberichterstattung, in: DB, 49. Jg. (1996), S. 747-748

ROGLER, S.: Gewinn- und Verlustrechnung nach dem Umsatzkostenverfahren, Wiesbaden 1990

ROGLER, S.: Vermittelt das Umsatzkostenverfahren ein besseres Bild der Ertragslage als das Gesamtkostenverfahren?, in: DB, 45. Jg. (1992), S. 749-752

ROST, P.: Der internationale Harmonisierungsprozeß der Rechnungslegung, Frankfurt am Main 1991

RUHNKE, K.: Zur Problematik der Bestimmung der Konzernherstellungskosten, in: WPg, 44. Jg. (1991), S. 377-385

RUHNKE, K.: Erstellung einer internen Konzernrichtlinie, in: DB, 47. Jg. (1994), S. 893-899

RUHNKE, K./KLUGE, C.: Gemeinschaftsunternehmen im Konzernabschluß nach International Accounting Standards und HGB, in: RIW, 42. Jg. (1996), S. 577-584

RUPPERT, B.: Währungsumrechnung im Konzernabschluß, Düsseldorf 1993

RUPPERT, B.: Die Bedeutung des § 297 Abs. 3 S. 1 HGB für die Konzernrechnungslegung, in: Baetge, J. (Hrsg.): Rechnungslegung und Prüfung 1994, Düsseldorf 1994, S. 71-118

RWE AG: Geschäftsbericht 1997/98

SAHNER, F./SAUERMANN, K.: § 294 Einzubeziehende Unternehmen Vorlage- und Auskunftspflichten, in: Küting, K./Weber, C.-P. (Hrsg.): Handbuch der Konzernrechnungslegung, 2. Aufl., Stuttgart 1998, S. 1041-1046

SAHNER, F./SAUERMANN, K.: § 295 Verbot der Einbeziehung, in: Küting, K./Weber, C.-P. (Hrsg.): Handbuch der Konzernrechnungslegung, 2. Aufl., Stuttgart 1998, S. 1047-1052

SAHNER, F./TAPPRICH, J.: Zur Ermittlung der Anteile anderer Gesellschafter bei der Anwendung der Buchwertmethode gem. § 301 Abs. 1 Satz 2 Nr. 1 HGB 1985, in: DB 39. Jg. (1986), S. 2501-2504

SAUTHOFF, J.-P.: Zum bilanziellen Charakter negativer Firmenwerte im Konzernabschluß, in: BB, 52. Jg. (1997), S. 619-623

SCHEFFLER, E.: Konzernmanagement, München 1992

SCHEIBE-LANGE, I.: Die Informationsanforderungen der Gewerkschaften an die Rechnungslegung, in: Baetge, J. (Hrsg.): Der Jahresabschluß im Widerstreit der Interessen, Düsseldorf 1983, S. 47-67

SCHEREN, M.: Konzernabschlußpolitik, Stuttgart 1993

SCHERING AG: Geschäftsbericht 1994

SCHERRER, G.: Konzernrechnungslegung, München 1994

SCHERRER, G.: § 301 Kapitalkonsolidierung, in: Hofbauer, M.A./Kupsch, P. u.a. (Hrsg.): Bonner Handbuch Rechnungslegung, Bonn 1996

SCHEUCHZER, M.: Ertragsbesteuerung von Konzernen in den Niederlanden aus betriebswirtschaftlicher Sicht, in: IStR, 3. Jg. (1994), S. 562-568

SCHEUCHZER, M.: Konzernbesteuerung in der Europäischen Union, Bielefeld 1994

SCHILDBACH, T.: Der Konzernabschluß als Ausschüttungsbemessungsgrundlage, in: WPg, 46. Jg. (1993), Teil I: S. 53-63 und Teil II: S. 94-98

SCHILDBACH, T.: Rechnungslegung nach US-GAAP: Hoffnung und Wirklichkeit, in: BB, 54. Jg. (1999), Teil I: S. 359-365 und Teil II: S. 411-415

SCHILDBACH, T./KOENEN, S.: Die GmbH & Co. KG ist grundsätzlich konzernrechnungslegungspflichtig, in: WPg, 44. Jg. (1991), S. 661-668

SCHINDLER, J.: Der Ausgleichsposten für Anteile anderer Gesellschafter nach § 307 HGB, in: WPg, 39. Jg. (1986), S. 588-596

SCHINDLER, J.: Konsolidierung von Gemeinschaftsunternehmen: Ein Beitrag zu § 310 HGB, in: BB, 42. Jg. (1987), S. 157-166

SCHINDLER, J.: Die steuerliche Berücksichtigung von Konzernstrukturen in Großbritannien, in: WPg, 47. Jg. (1994), S. 337-344

SCHINDLER, M.: Blick in Buxtehudes Vergangenheit, 2. Aufl., Buxtehude 1993

SCHNEIDER, D.: Gliederungs-, Ansatz- und Bewertungswahlrechte für den Jahresabschluß, in: Bierich, M./Busse von Colbe, W./Laßmann, G./Lutter, M. (Hrsg.): Rechnungslegung nach neuem Recht, Wiesbaden 1980, S. 81-100

SCHNEIDER, D.: Wozu eine Reform des Jahresabschlusses? Oder: Jahresabschluß im Lichte der Temperaturmessung, in: Baetge, J. (Hrsg.): Der Jahresabschluß im Widerstreit der Interessen, Düsseldorf 1983, S. 131-155

SCHNICKE, C./FISCHER, N.: § 306 HGB, in: Budde, W.D. u.a. (Hrsg.): Beck'scher Bilanz-Kommentar, 3. Aufl., München 1995, S. 1580-1594

SCHOLTISSEK, W.: Der konsolidierte Abschluß in Frankreich - Überblick über das Gesetz No. 85-11 vom 3.1.1985, in: RIW, 31. Jg. (1985), S. 467-472

SCHOLTISSEK, W.: Ergänzung der Vorschriften über den Konzernabschluß in Frankreich - Plan Comptable Général 1986 - Übergangsregelungen, in: RIW, 33. Jg. (1987), S. 762-774

SCHOLTISSEK, W.: Ergänzung der Vorschriften über den Konzernabschluß in Frankreich - Überblick über das Dekret No. 86-221 vom 17.2.1986 zum Gesetz Nr. 85-11 vom 3.1.1985, in: RIW, 33. Jg. (1987), S. 283-289

SCHÖNBORN, N.: Funktionale Währungsumrechnung im Konzernabschluß, Idstein 1993

SCHREIB, H.P.: Der Jahresabschluß aus der Sicht der Streubesitzaktionäre, in: Baetge, J. (Hrsg.): Der Jahresabschluß im Widerstreit der Interessen, Düsseldorf 1983, S. 315-343

SCHREIBER, U.: Die Bedeutung der US-amerikanischen Rechnungslegung für die Besteuerung von Gewinnen und Ausschüttungen, in: Ballwieser, W. (Hrsg.): US-amerikanische Rechnungslegung, 3. Aufl., Stuttgart 1998, S. 44-94

SCHRUFF, L.: Rechnungslegung und Prüfung der AG und GmbH nach neuem Recht (4. EG-Richtlinie), Düsseldorf 1978

SCHRUFF, L. (Hrsg.): Entwicklung der 4. EG-Richtlinie, Düsseldorf 1986

SCHRUFF, W.: Einflüsse der 7. EG-Richtlinie auf die Aussagefähigkeit des Konzernabschlusses, Berlin 1984

SCHRUFF, W.: Umsetzung der 4. EG-Richtlinie in den Mitgliedstaaten der Europäischen Gemeinschaft, in: Baetge, J. (Hrsg.): Bilanzanalyse und Bilanzpolitik, Düsseldorf 1989, S. 363-394

SCHWARK, E.: Probleme der Unternehmenspublizität im Lichte der 4. und 7. gesellschaftsrechtlichen EG-Richtlinie, in: AG, 23. Jg. (1978), S. 269-279

SEC: Form 10, in: SEC: SEC Handbook, Rules and Forms for Financial Statements and Related Disclosures, as of October 15, 1991, Chicago 1991, S. 30,083-33,086

SEC: Form 10-K, in: SEC Guidelines, Rules and Regulations 1995, Boston, Massachusetts 1995

SEC: Form 10-Q, in: SEC Guidelines, Rules and Regulations 1995, Boston, Massachusetts 1995

SEC: Form S-1, in: SEC Guidelines, Rules and Regulations 1995, Boston, Massachusetts 1995

SEC: Regulation 14A, in: SEC Guidelines, Rules and Regulations 1995, Boston, Massachusetts 1995

SEC: Regulation S-K, in: SEC Guidelines, Rules and Regulations 1995, Boston, Massachusetts 1995

SEC: Regulation S-X, in: SEC Guidelines, Rules and Regulations 1995, Boston, Massachusetts 1995

SEIBERT, U.: Gesetzentwurf zur Herabsetzung des Mindestnennbetrags der Aktien, in: AG, 38. Jg. (1993), S. 315-318

SEIDEL, M.: Die Rechtsangleichung zur Herstellung des gemeinsamen Marktes und der Wirtschaftsunion, in: Gustav-Stresemann-Institut e.V. (Hrsg.): Einführung in die Rechtsfragen der europäischen Integration, Köln 1969, S. 207-217

SELCHERT, F.W./KARSTEN, J.: Inhalt und Gliederung des Anhangs. Ein Gestaltungsvorschlag, in: BB 40. Jg. (1985) S. 1889-1894

SELCHERT, F.W./KARSTEN, J.: Inhalt und Gliederung des Konzernanhangs, in: BB 41. Jg. (1986) S. 1258-1264

SELLING, H.-J.: Spanische Konzernbesteuerung aufgrund konsolidierter Jahresabschlüsse, in: RIW, 33. Jg. (1987), S. 291-298

SEMLER, J.: Erläuterungs- und Lagebericht, Quartalsberichte sowie Formen der Publizität, in: Bierich, M./Busse von Colbe, W./Laßmann, G./Lutter, M. (Hrsg.): Rechnungslegung nach neuem Recht, Wiesbaden 1980, S. 177-210

SERVE, U.: Die Notwendigkeit zur Modifikation der Grundsätze ordnungsmäßiger Buchführung im Rahmen der Konzernrechnungslegung, in: WPg, 46. Jg. (1993), S. 653-662

SIEBOURG, P.: § 290 Pflicht zur Aufstellung, in: Küting, K./Weber, C.-P. (Hrsg.): Handbuch der Konzernrechnungslegung, 2. Aufl., Stuttgart 1998, S. 933-975

SIEBOURG, P.: § 293 Größenabhängige Befreiungen, in: Küting, K./Weber, C.-P. (Hrsg.): Handbuch der Konzernrechnungslegung, 2. Aufl., Stuttgart 1998, S. 1025-1040

SIEGEL, T./BAREIS, P.: Der "negative Geschäftswert" - eine Schimäre als Steuersparmodell?, in: BB, 48. Jg. (1993), S. 1477-1485

SIEGEL, T./BAREIS, P.: Zum "negativen Geschäftswert" in Realität und Bilanz, in: BB, 49. Jg. (1994), S. 317-322

SONNEMANN, E.: Institutionelle und konzeptionelle Grundlagen der externen Rechnungslegung in den USA, in: Sonnemann, E. (Hrsg.): Rechnungslegung, Prüfung, Wirtschaftsrecht und Steuern in den USA, Wiesbaden 1989, S. 17-52

STATISTISCHES BUNDESAMT (Hrsg.): Statistisches Jahrbuch 1998 für die Bundesrepublik Deutschland, Wiesbaden 1998

STREIM, H./KLAUS, H.: Zur Rechnungslegung, Prüfung und Publizität der GmbH & Co. KG, in: BB, 49. Jg. (1994), S. 1109-1116

TELKAMP, H.-J.: § 305 Aufwands- und Ertragskonsolidierung, in: Küting, K./Weber, C.-P. (Hrsg.): Handbuch der Konzernrechnungslegung, 2. Aufl., Stuttgart 1998, S. 1557-1593

THEISEN, M.R.: Der Konzern, Stuttgart 1991

TRÜTZSCHLER, K.: Konsolidierungsgrundsätze, in: Küting, K./Weber, C.-P. (Hrsg.): Handbuch der Konzernrechnungslegung, 2. Aufl., Stuttgart 1998, S. 623-631

VEIT, K.-R.: Zur Bedeutung formeller Bilanzpolitik, in: DB, 47. Jg. (1994), S. 2509-2514

VEIT, R./BERNARDS, O.: Anforderungen an die Segmentberichterstattung im internationalen Vergleich, in: WPg, 48. Jg. (1995), S. 493-499

VOß, R.: Steuern in Europa, in: DStR, 29. Jg. (1991), S. 925-932

WEBER, C.-P.: Praxis der Kapitalkonsolidierung im internationalen Vergleich, Stuttgart, 1991

WEBER, C.-P./ZÜNDORF, H.: § 307 Anteile anderer Gesellschafter, in: Küting, K./ Weber, C.-P. (Hrsg.): Handbuch der Konzernrechnungslegung, 2. Aufl., Stuttgart 1998, S. 1611-1626

WEBER, C.-P./ZÜNDORF, H.: § 309 Behandlung des Unterschiedsbetrags, in: Küting, K./ Weber, C.-P. (Hrsg.): Handbuch der Konzernrechnungslegung, 2. Aufl., Stuttgart 1998, S. 1641-1664

WEBER, C.-P./ZÜNDORF, H.: Der Posten "Geschäfts- oder Firmenwert" im Konzernabschluß, in: DB, 42. Jg. (1989), S. 333-340

WEBER, H.: § 304 Behandlung der Zwischenergebnisse, in: Küting, K./Weber, C.-P. (Hrsg.): Handbuch der Konzernrechnungslegung, 2. Aufl., Stuttgart 1998, S. 1523-1556

WEBER, J.: Einführung in das Controlling, 7. Aufl., Stuttgart 1998

WEBER-BRAUN, E.: Umsetzung der 7. EG-Richtlinie in den EG-Mitgliedstaaten, in: Küting, K./Weber, C.-P. (Hrsg.): Handbuch der Konzernrechnungslegung, 2. Aufl., Stuttgart 1998, S. 3-14

WEBER-BRAUN, E.: Umsetzung der Richtlinien in den EU-Mitgliedstaaten, in: Küting, K./ Weber, C.-P. (Hrsg.): Handbuch der Rechnungslegung, 4. Aufl., Stuttgart 1995, S. 3-24

WECHSLER, D.: Mishmash Accounting, in: Forbes, 27.11.89, S. 192

WEIN, E.A.: Die betriebswirtschaftliche Aussagefähigkeit der Konzern-Rechnungslegung nach dem Aktiengesetz, Köln und Opladen 1968

WELLKAMP, L.: Der Gleichordnungskonzern - Ein Konzern ohne Abhängigkeit?, in: DB, 31. Jg. (1993), S. 2517-2521

WENZEL, P.: Konsolidierungssoftware für konzerngebundene Unternehmen, in: DB, 47. Jg. (1994), S. 490-491

WERNER, U.: Die Berücksichtigung nichtnumerischer Daten im Rahmen der Bilanzanalyse, in: WPg, 43, Jg. (1990), S. 369-376

WETZEL, W.: Zur Harmonisierung der Rechnungslegung, in: WPK-Mitt., 34. Jg. (1995), S. 206-208

WIEDEMANN, H.: Gesellschaftsrecht, Band I Grundlagen, München 1980

WILLIAMS, J.R.: 1999 Miller GAAP Guide, San Diego u.a. 1999

WOLLMERT, P.: Gegenwärtige und künftige Behandlung latenter Steuern im IASC-Abschluß, in: Dörner, D./Wollmert, P. (Hrsg.): IASC-Rechnungslegung, Düsseldorf 1995, S. 83-98

WOLLMERT, P.: IASC-Rechnungslegung, Stuttgart 1995

WÜSTEMANN, J.: US-GAAP: Modell für das deutsche Bilanzrecht?, in: WPg, 49. Jg. (1996), S. 421-431

WYATT, A.R./YOSPE, J.F.: Wake-Up Call To American Business: International Accounting Standards Are On The Way, in: JofA, July 1993, S. 80-85

WYSOCKI, K.V.: Zwei Jahre Konzernrechnungslegung nach dem AktG 1965, in: WPg, 23. Jg. (1970), Teil I: S. 97-103 und Teil II: S. 124-133

WYSOCKI, K.V.: Weltbilanzen als Planungsobjekte und Planungsinstrumente multinationaler Unternehmungen, in: zfbf, 23. Jg. (1971), S. 682-700

WYSOCKI, K.V.: Das Dritte Buch des HGB 1985 und die Grundsätze ordnungsgemäßer Konzernrechnungslegung, in: WPg, 39. Jg. (1986), S. 177-181

WYSOCKI, K.V.: Angleichung von Kapitalflußrechnungen an internationale Standards, in: zfbf, 47. Jg. (1995), S. 466-475

WYSOCKI, K.V./WOHLGEMUTH, M.: Konzernrechnungslegung, 4. Aufl., Düsseldorf 1996

ZACHERT, M.: Erschließung des US-amerikanischen Eigenkapitalmarkts durch das American Depositary Receipt, in: DB, 46. Jg. (1993), S. 1985-1988

ZACHERT, M.: Zugangshindernisse und Zugangsmöglichkeiten zum US-amerikanischen Eigenkapitalmarkt aus Sicht eines deutschen Unternehmens, in: AG, 39. Jg. (1994), S. 207-222

ZÜNDORF, H.: Die Konsolidierung von Gemeinschaftsunternehmen auf Grundlage der Equity-Methode und der Quotenkonsolidierung nach neuem Konzernbilanzrecht, Diss. Universität des Saarlandes, Saarbrücken 1987

ZWINGMANN, L.: Der Geschäfts- und Firmenwert sowie der Unterschiedsbetrag aus der Kapitalkonsolidierung im Konzernabschluß, in: BB, 49. Jg (1994), S. 2314-2318

ZWINGMANN, L.: Zur Einbeziehung von Tochterunternehmen in den Konzernabschluß - Kritik an den Vorschriften der §§ 295 und 296 HGB, in: DStR, 32. Jg. (1994), S. 1547-1552

Peter Lang · Europäischer Verlag der Wissenschaften

Kammel, Andreas

Strategischer Wandel und Management Development

Integriertes Konzept, theoretische Grundlagen und praktische Lösungsansätze

Frankfurt/M., Berlin, Bern, Bruxelles, New York, Oxford, Wien, 2000. 779 S.
Forum Personalmanagement. Bd. 3
Herausgegeben von Michel E. Domsch und Désirée H. Ladwig
ISBN 3-631-36809-7 br. DM 168.–*

Die Arbeit wurde mit dem Heinrich-Büssing-Preis 2000 der Stiftung zur Förderung der Wissenschaften an der Technischen Universität Carolo-Wilhelmina zu Braunschweig ausgezeichnet.
Strategische Managementkompetenzen sind zentrale Komponenten dauerhafter Wettbewerbsvorteile von Organisationen. Mit dieser Arbeit wird das Ziel verfolgt, einen theoriegestützten konzeptionellen Bezugsrahmen und ein problemspezifisches heuristisches Wissenspotential für die Lösung strategiebezogener Problemstellungen des Management Development zu schaffen. Der Ansatz erhebt den Anspruch, ein stärker in das Gesamtkonzept des Managements des strategischen Wandels integriertes Konzept zu repräsentieren, durch das eine Organisation sich unter fortlaufend veränderten Bedingungskonstellationen eher als bei der herkömmlichen Führungskräfteentwicklung in einer Position befindet, die ihr ausreichende Kompetenzen und Handlungsspielräume zu „richtigen" strategischen Problemlösungen bietet. Das theoretisch fundierte Gesamtkonzept dient dazu, den strategischen Gestaltungsabsichten zu einer tragfähigeren Ausgangsbasis zu verhelfen.

Aus dem Inhalt: Konzeptionelle Grundlagen des strategischen Managements und der Führungskräfteentwicklung – Ressourcen- und kompetenzenbezogene Betrachtung von Unternehmen – Lernen in und von Organisationen – Lerntheoretische Grundlagen und Personalentwicklung – Strategische Ausdifferenzierung von Management Development

Frankfurt/M · Berlin · Bern · Bruxelles · New York · Oxford · Wien
Auslieferung: Verlag Peter Lang AG
Jupiterstr. 15, CH-3000 Bern 15
Telefax (004131) 9402131
*inklusive Mehrwertsteuer
Preisänderungen vorbehalten

FSC
www.fsc.org
MIX
Papier | Fördert
gute Waldnutzung
FSC® C083411

Kolibri 360 GmbH
Ferdinand-Jühlke-Straße 7
99095 Erfurt, Deutschland
produktsicherheit@kolibri360.de

Druck:
CPI Druckdienstleistungen GmbH
im Auftrag der
Kolibri 360 GmbH
Ferdinand-Jühlke-Str. 7
99095 Erfurt